V&R

Alexander Thomas
Stefan Kammhuber
Sylvia Schroll-Machl (Hg.)

Handbuch Interkulturelle Kommunikation und Kooperation

Band 2: Länder, Kulturen und interkulturelle Berufstätigkeit

Mit 7 Abbildungen und 6 Tabellen

Vandenhoeck & Ruprecht

Bibliografische Information Der Deutschen Bibliothek

Die Deutsche Bibliothek verzeichnet diese Publikation in der Deutschen
Nationalbibliografie; detaillierte bibliografische Daten sind im Internet
über <http://dnb.ddb.de> abrufbar.

ISBN 3-525-46166-6

Satz: Satzspiegel, Nörten-Hardenberg
Druck und Bindung: Hubert & Co., Göttingen

■ Inhalt

II. Interkulturelle Tätigkeitsfelder

◼ Vorwort

Eine allgemeine Einführung zur Thematik gebe ich in Band 1 des »Handbuch Interkulturelle Kommunikation und Kooperation«. – Während der Band 1 mit dem Untertitel »Grundlagen und Praxisfelder« das theoretische und methodische Wissen vermittelt und Hilfsmittel zur eigenständigen Problemanalyse und Problembearbeitung anbietet, liefert der vorliegende Band wichtige Informationen über handlungsrelevante Kulturstandards in bestimmten Ländern und einen Einblick in Problemstellungen und Lösungswege zentraler Berufsfelder mit einer interkulturellen Schwerpunktsetzung.

Im ersten Teil des vorliegenden Bandes werden Ergebnisse der Kulturstandardforschung in verschiedenen Ländern und den dabei zutage tretenden Kulturunterschieden geboten.

Nach einer Einführung in die Möglichkeiten und Grenzen der Kulturstandardmethode, die davon ausgeht, dass Kulturstandards als zentrale Merkmale nationalkulturell typischer Orientierungssysteme das Wahrnehmen, Denken, Empfinden und Handeln von Personen bestimmen, werden nationalkulturelle Besonderheiten europäischer, amerikanischer, asiatischer und afrikanischer Länder behandelt. Dabei geht es nicht vorrangig um die Vermittlung landeskundlicher Informationen, sondern um die Herausarbeitung kulturtypischer Merkmale und Unterschiede zu deutschen Verhaltensgewohnheiten, die für eine gelungene interkulturelle Kommunikation und Kooperation zielführend sind.

Die dargestellten Befunde beruhen ausschließlich auf empirischen Forschungsarbeiten der jeweiligen Autoren, die auf der Kulturstandardforschung aufbauen. Zu den meisten der behandelten Länder gibt es bereits Trainingsmaterialien zur Vorbereitung auf die Zusammenarbeit mit Partnern aus den genannten Nationen (ebenfalls im Verlag Vandenhoeck & Ruprecht erschienen).

Der zweite Teil dieses Bandes enthält berufsfeldspezifische Darstellungen. In den letzten Jahrzehnten war zu beobachten, dass immer mehr Bereiche unseres gesellschaftlichen Lebens sich den mit der Internationalisierung und Globalisierung verbundenen Herausforderungen stellen müssen. Es ist die Erkenntnis gewachsen, dass Wissen über kulturelle Besonderheiten, ein hohes Maß an Sensibilität für kulturell bedingte Unterschiede bei Werten, Normen und Verhaltensregeln und ein ausreichendes Maß an interkultureller Kompetenz erforderlich sind, um beruflich erfolgreich zu sein und komplexe Problemsituationen professionell zu meistern. So wird hier dargestellt, welche kulturell bedingten Probleme in Tätigkeitsfeldern wie interkulturelles Management, interkulturelle Personalentwicklung, interkulturelles Marketing, aber auch interkulturelle Wissenschaftskooperation, interkulturelle Entwicklungszusammenarbeit und internationale Militäreinsätze zu beobachten sind und welche Lösungsmöglichkeiten sich anbieten und bewährt haben.

Aber nicht nur bei berufsbedingten Einsätzen im Ausland, sondern auch in der Zusammenarbeit mit ausländischen Mitbürgern im eigenen Land sind neue Herausforderungen zu bewältigen. Dargestellt und analysiert werden die Tätigkeitsfelder Migration und Integration, interkulturelle Aspekte medizinischer und psychotherapeutischer Praxis, Rechtsverständnis und Rechtspraxis aus interkultureller Perspektive und Interkulturalität in der Schule. Damit sind zwar gesellschaftspolitisch wichtige und drängende Problemfelder angesprochen, doch ist die Liste keineswegs vollständig, zumal mit einem wachsenden Bedarf nach fundierten Kenntnissen und sachkundiger Unterstützung der professionellen Arbeit von Fach- und Führungskräften in der Beschäftigung mit Problemen der interkulturellen Kommunikation und Kooperation in unserem Land zu rechnen ist.

Wer das in diesem Band versammelte Expertenwissen sorgfältig studiert, wird allerdings zweifellos schon recht gut in der Lage sein, selbstständig Antworten und Lösungen auf neue interkulturelle Herausforderungen zu generieren – sei es, dass er sich wissenschaftlich mit interkulturellen Problemstellungen befasst oder im beruflichen Alltag Erfolg versprechende Lösungen entwickeln, durchsetzen und verantworten muss. Forscher wie Praktiker stehen, was ihre Kenntnisse über kulturelle Bedingtheiten unserer Lebenswelten und die Kompetenzen des Umgangs mit ihnen betrifft, trotz des bereits Erreichten noch am Anfang dynamisch sich verändernder Entwicklungen.

Alexander Thomas

■ Einführung

Internationalisierung und Globalisierung vieler Bereiche unserer Gesellschaft schreiten ständig voran. Im Berufsleben, in Schule, Studium sowie Aus- und Fortbildung und im privaten Leben nehmen Anzahl und Intensität der Kontakte zu Menschen aus anderen Kulturen immer mehr zu. Für viele ist die berufsbedingte Zusammenarbeit mit nichtdeutschen Partnern im Ausland oder an ihrem Arbeitsplatz in Deutschland schon eine Selbstverständlichkeit. In den Medien überwiegen nicht selten schon die täglichen Nachrichten über Ereignisse in Europa und den USA, aber auch in geographisch und kulturell fernen Ländern die berichtenswerten nationalen Ereignisse.

Für den modernen Menschen reicht es nicht mehr aus, diese Informationen aus aller Welt einfach nur irgendwie aufzunehmen, sondern von ihm wird verlangt – und es gehört auch zu seinem Selbstverständnis –, sich darüber ein eigenes und sachlich fundiertes Urteil zu bilden. Wer über die globale Wirtschaftsentwicklung, die internationalen Bemühungen um den globalen Klima- und Umweltschutz, über den Stand der Sicherheitspolitik auf europäischer – transatlantischer – und transkontinentaler Ebene über die globale Armutsbekämpfung und die wirtschaftliche Stellung Deutschlands im globalen Wettbewerb so weit informiert sein will, dass er im Diskurs um Meinung und Gegenmeinung ernst genommen wird und bestehen kann, muss aktuell und qualifiziert informiert sein. Niemand, der zu den Fach- und Führungskräften in unserer Gesellschaft, auf welchen Hierarchieebenen auch immer, gehören will, kann sich der Beschäftigung mit globalen und auf der internationalen politischen Bühne diskutierten Themen mehr entziehen, auch wenn er selbst nicht direkt im globalen Geschäft handelnd tätig ist. Ein gewisses Maß an internationaler Handlungskompetenz wird auf jeden Fall verlangt.

Zweifelsohne sind die mit der Globalisierung und Internationalisierung vieler gesellschaftlicher Bereiche zusammenhängenden Anforderungen sowie die Entwicklung einer Kompetenz zur Bewältigung dieser Anforderungen zentrale Themen des beginnenden 21. Jahrhunderts. Historisch betrachtet sind dies aber keineswegs neue Themen. In der Menschheitsgeschichte hat es immer schon Zeiten gegeben, in denen aus militärpolitischen, wirtschaftspolitischen, machtpolitischen, religiösen und anderen Gründen eine Intensivierung transkontinentaler und damit auch interkultureller Prozesse stattfand. Dabei ging es immer um die Erweiterung und Stabilisierung von Macht und Einfluss von einem Machtzentrum auf andere Machtzentren, auf Länder, Kulturen und Kontinente. Die jüngsten Forschungen über die Bedeutung von Fernhandelsstraßen zu Land (z. B. Seidenstraße, Weihrauchstraße, Gewürzstraße, Salzkarawanenwege) oder zur See (Nord-West-Passage, Straße von Malakka, Transatlantikroute, Beringstraße) haben anschaulich belegt, dass im Gefolge von Wirtschafts- und Handelsbeziehungen, aber auch Eroberungszügen, eine Ausbreitung religiöser Vorstellungen (z. B. Ausbreitung des Hinduismus, Buddhismus, Christentums und Islams) stattgefunden hat und dass dies noch bis in die Neuzeit hinein am Beispiel der weltumspannenden Verbreitung politisch-ideologischer Systeme (Kolonialismus, Marxismus, Kapitalismus) zu beobachten ist. Der internationale und globale Güter- und Ideenaustausch vollzog sich allerdings in früheren Zeiten über Jahrzehnte, wenn nicht über Jahrhunderte hinweg. Oft konnte erst die spätere Geschichtsforschung die globalen Zusammenhänge, Ausbreitungsgebiete und Entwicklungszentren erschließen. Wohingegen den beteiligten und betroffenen Menschen in ihrer Zeit diese Prozesse und Vernetzungen weitgehend verborgen blieben, da sie über kein so weit gespanntes Informationsnetz verfügten, das es ihnen erlaubt hätte, transkontinentale Prozesse dieser Art zu überblicken.

Durch den rasanten Fortschritt der Verkehrs- und Nachrichtentechnologie des letzten Jahrhunderts erreichte die Internationalisierung und Globalisierung zweifelsohne eine neue Dimension und Qualität aufbauend auf den Erkenntnissen moderner Wissenschaft und Technik. Informationen können ohne Zeitverzögerung weltweit verbreitet werden und stehen nahezu jedem Interessenten zu relativ geringen Kosten zur Verfügung. Der internationale Austausch von Personen, globales Reisen und weltweite Informationsbeschaffung sind schon lange kein Luxus mehr für Begüterte, sondern unterliegen dem Massenkonsum.

Ein Ende der Entwicklungen in der Verkehrs- und Nachrichtentechnologie, die dem modernen Menschen ungeahnte Möglichkeiten internationaler und globaler Mobilität verschaffen, ist nicht abzusehen und ihr Entwicklungstempo ist auch nicht aufzuhalten. Es bleibt allerdings die Frage, ob die an dieser Entwicklung als Produzenten und Konsumenten beteiligten Personen von ihrer psychischen Grundstruktur her, das heißt von ihrer Fähigkeit, Informationen aufzunehmen und zu verarbeiten (Wahrnehmung), ihrer Fähigkeit, die gewonnenen Informationen zu analysieren und zu bewerten (Denken, Urteilen), in ihrer Fähigkeit, ein adäquates Emotionsmanagement zu betreiben (Gefühle und Empfindungen) und ihrer Fähigkeit zu effizientem und die individuelle Bedürfnislage zufrieden stellende Handlungen zu planen und zu realisieren (Handlungsausführung) den gegebenen Anforderungen gerecht werden können. Hier sind durchaus Zweifel angebracht, wenn man bedenkt, dass in vielen Bereichen die technischen und sozialen Entwicklungen ein Gestaltungspotenzial für ein normales Leben und eine hohe Lebensqualität bereitstellen, dass aber die potenziellen Nutznießer aufgrund ihrer historischen, stammesgeschichtlichen und individuellen Entwicklungsgeschichte noch gar nicht in der Lage sind, den sich bietenden Reichtum auszuschöpfen. Dieses Phänomen ist im Bereich der Techniknutzung längst bekannt. So gibt es beispielsweise im Anlagenbau technologisch hoch entwickelte Maschinen- und Systemkomponenten, die eine Fülle von unterschiedlichen Funktionen erfüllen können, von denen aber in der Praxis nur 50 Prozent ihrer Potenziale ausgeschöpft werden, weil die Systemnutzer die sich bietenden vielfältigen Einsatzmöglichkeiten entweder nicht kennen oder aufgrund von Gewohnheiten und Traditionen immer wieder ein spezifisches Problemlösungsverfahren favorisieren, das zwar den Systemeinsatz möglich und sinnvoll macht, das vorhandene Potenzial aber nur suboptimal ausschöpft.

Im technischen Bereich begegnet man dieser suboptimalen Praxis mit einer Qualifizierungsinitiative der Systemnutzer, was nicht selten zu einem qualitativen Sprung des gesamten Problemlösungsverfahrens führt und eine komplette Neuorientierung aller beteiligten Personen erforderlich werden lässt. Nicht viel anders stellen sich die Probleme und mögliche Problemlösungen im hier diskutierten Bereich des Umgangs und der Nutzung der durch die Internationalisierung und Globalisierung der Welt sich ergebenden Entwicklungspotenziale auf makrosozialer, also gesellschaftlicher Ebene, wie auch auf mikrosozialer Ebene, also der individuellen Lebensplanung und Entwicklung im beruflichen und privaten Leben.

Die folgenden Beispiele aus unterschiedlichen Jahrhunderten und unterschiedlichen Kulturregionen zeigen, um welche zu entwickelnden interkulturellen Kompetenzen es hierbei geht.

1. Bilanz interkultureller Erfahrungen

In einem 1900 in Deutschland erschienenen, aus dem Englischen übersetzten Buch von Arthur H. Smith mit dem Titel »Chinesische Charakterzüge« findet sich im Vorwort eine Bemerkung über die enormen Schwierigkeiten, die Menschen aus westlichen Ländern im Umgang mit Chinesen erwarten: »Ganz genauso äußert sich auch Sir Robert Hart, der Generaldirektor des chinesischen Zolldienstes, der länger als vier Jahrzehnte im Reich der Mitte gelebt hat. ›China ist wirklich ein schwer zu verstehendes Land. Vor ein paar Jahren glaubte ich endlich so weit gekommen zu sein, etwas von seinen Angelegenheiten zu wissen, und ich suchte, meine Ansichten darüber zu Papier zu bringen. Heute komme ich mir wieder wie ein vollkommener Neuling vor. Wenn ich jetzt aufgefordert würde, drei oder vier Seiten über China zu schreiben, würde ich nicht recht wissen, wie ich dies anfangen sollte. Nur eins habe ich gelernt. In meinem Vaterlande heißt es gewöhnlich: Laß dich nicht biegen, und wenn es dabei auch zum Bruche kommt. In China dagegen gerade umgekehrt: Laß dich biegen, aber lass es nicht zum Bruche kommen‹« (S. 1). Während es also in westlichen Ländern eine Tugend darstellt, an seinen einmal gefassten Überzeugungen und Wertvorstellungen festzuhalten, selbst dann, wenn man dadurch den Bruch mit seiner sozialen Umwelt riskiert, so gilt für Chinesen, wie Sir Robert Hart feststellt, genau das Umgekehrte. Das Festhalten an eigenen Überzeugungen, Werten und Normen ist zwar wichtig, aber nur so lange, wie es nicht zum Abbruch der viel wichtigeren sozialen Beziehungen zu den Menschen im engeren oder weiteren Umfeld führt. Dies zu verstehen und sein Verhalten in der interkulturellen Begegnung mit chinesischen Partnern darauf einzustellen oder auf solche kulturellen Unterschiede keine Rücksicht zu nehmen und einfach sein eigenes kulturelles Orientierungssystem gegenüber den Partnern durchzusetzen, hat nachhaltige Folgen für die Kommunikation und Kooperation sowohl im wirtschaftlichen wie auch im privaten Lebensbereich.

2. Fremdkulturelle Erfahrungen

Der Manager eines großen deutschen Industrieunternehmens mit global orientierter Geschäftstätigkeit berichtet von seinen Erfahrungen in Ostasien und den USA:
»Ich habe zunächst drei Jahre in Ostasien gearbeitet und wurde dann in die USA versetzt. In Asien überfällt einen die Fremdheit gleich am ersten Tag, man spürt sie wie einen Hammerschlag. Es dauert Monate bis man beginnt, hinter der Fremdheit auch Vertrautes zu entdecken. In den USA habe ich es umgekehrt erlebt. Manche Äußerlichkeit mutet zwar zunächst auch fremd an, beispielsweise die Architektur der Städte, aber doch nicht so fremd wie in Asien. Ich habe das, was ich sah, auch ständig in Bezug zu Deutschland gesetzt. Ich habe mich mit Hoffnung, öfter aber auch mit Sorge gefragt: Wann wird es bei uns auch so sein wie hier? Schon in dieser Frage kommt ein gewisses Maß an Nähe zwischen Deutschland und den

USA zum Ausdruck! Mit den Menschen kam ich in den USA zunächst sehr gut zurecht: ›Leute wie du und ich‹, dachte ich. Aber je länger ich da war, desto fremder wurden sie mir – und dies in vielen Bereichen. Aus der heutigen Distanz betrachtet, würde ich immer noch sagen, dass die Unterschiede insgesamt viel geringer sind als die zu meinen ostasiatischen Partnern, aber es gab in den USA Momente, da war ich mir dessen gar nicht mehr so sicher, und zwar deshalb, weil vieles nicht so verlief, wie ich das erwartet hatte. Aber ein großer Unterschied war wohl meine Herangehensweise an die beiden Kulturen: in Asien habe ich Fremdheit erwartet und dann manche Gemeinsamkeit gefunden, in Amerika habe ich Gemeinsamkeit erwartet und bin auf viel Fremdes gestoßen.«

Ein US-amerikanischer Trainer, der Manager auf den Arbeitseinsatz in Deutschland vorbereitet, bemerkt:»Die meisten Deutschen unterschätzen die Unterschiede zwischen den USA und Deutschland. Umgekehrt ist es etwas anders: Deutschland ist bei uns in den Medien, und überhaupt in unserem Alltag, viel weniger präsent. Aber natürlich haben wir ein ganzes Bündel von Klischees im Kopf, wenn wir an Deutschland denken. Dabei sind wir auch nicht ganz frei von Misstrauen. Aufgrund der Ereignisse im Zusammenhang mit dem Zweiten Weltkrieg, der Nachkriegsgeschichte und den aktuellen Entwicklungen im Zusammenhang mit Rechtsradikalismus und Fremdenfeindlichkeit in Deutschland. Unsere Manager, die nach Deutschland geschickt werden, fallen jedenfalls gelegentlich auf den Bauch, schon deshalb, weil sie denken, sie selbst seien schlicht und einfach besser als die Deutschen – technisch und natürlich erst recht moralisch. Weiterhin ist festzustellen, dass einige bedeutende deutsche Unternehmen in den letzten Jahren große Schwierigkeiten auf dem amerikanischen Markt hatten. Eine Weile haben sie die Ursache dafür vor allem in den Wechselkursschwankungen und ähnlichen ›Schicksalsschlägen‹ gesehen. Aber inzwischen hat man sich zu der Erkenntnis durchgerungen, dass falsches Auftreten ihrer Repräsentanten in den USA einen viel bedeutsameren Anteil an den Misserfolgen hatte. Man macht sich inzwischen Gedanken darüber, was es heißt, in den USA ›richtig‹ und ›angemessen‹ aufzutreten.«

Erwartungen in Bezug auf den anderen, aber auch in Bezug auf die eigene Position gegenüber dem anderen, prägen offensichtlich die fremdkulturelle Wahrnehmung, das Erleben von Fremdartigkeit oder Gleichartigkeit, die Erfahrung von kultureller Distanz und daraus zu ziehenden Konsequenzen. Weiterhin wird deutlich, dass ein gewisses Maß an Bereitschaft und Fähigkeit zur Reflexion dessen, was man im Umgang mit ausländischen Partners täglich erlebt, notwendig ist, um einen Prozess des interkulturellen Lernens und darauf aufbauend, des Verstehens beziehungsweise des Erfassens von Bedingungen interkulturellen Handelns zu entwickeln, also interkulturelle Kompetenz zu realisieren.

3. Kulturelle Inkompetenz

Ein gar nicht so ungewöhnliches Fernschreiben von einem nigerianischen Kunden an einen deutschen Maschinenbauer lautet: »Sehr geehrter Herr ... X ...! Vielen Dank für Ihre geleistete Unterstützung. Wir haben beschlossen, dass Ihr Herr ... Y ... Nigeria morgen verlässt. Wir sind der Meinung, dass es für ihn keinen Sinn hat, seinen Aufenthalt hier weiterzuführen. Was die Frage seiner Rückkehr bezüglich der Erledigung des Auftrags betrifft, sind wir der Meinung, dass wir einen anderen Spezialisten aus Deutschland benötigen, der sich besser darstellen kann, toleranter ist und der mit Menschen einer anderen Kultur bei der Vermittlung seiner Fachkenntnisse wirklich zusammenarbeiten kann. Eine solche Person sollte nicht nur Kenntnisse über mechanische Vorgänge besitzen, sondern auch über angemessene Fähigkeiten zur Auftragserledigung verfügen. Wenn Ihre Firma über keine adäquate Ersatzkraft für Herrn ... Y ... verfügt, dann ist es auf keinen Fall sinnvoll, Herrn ... Y ... wieder zurückzuschicken. Wir werden dann mit unserem eigenen Personal die Produktionslinie anfahren. Ich möchte Sie bitten, mir die Vertragsbedingungen über den Besuch dieses Ersatzspezialisten zusenden. Vielen Dank.«

Fachkenntnisse und technisches Spezialistentum reichen also offensichtlich nicht mehr aus, um im globalen Business erfolgreich zu sein. Die Kunden verlangen mehr, und hier insbesondere ein gewisses Maß an interkultureller Sensibilität, interkulturellem Verstehen und Bereitschaft, sich auf die besonderen kulturellen Regeln, Normen, Sitten und Gebräuche des Einsatzlandes einzustellen. Wer diese Anforderungen nicht erfüllt, wird im internationalen Wettbewerb ohne Erfolgschancen sein und Marktanteile einbüßen. Der Rückruf einer Fachkraft und ihr Ersatz erzeugen neben den nicht unerheblichen realen Kosten einen oft nur schwer zu objektivierenden, aber dennoch vorhandenen mittel- und langfristig wirkenden Imageschaden, indem Vertrauen verspielt wird und über das menschliche Versagen auch die fachliche Kompetenz in Zweifel gezogen wird.

Trotz dieser überzeugenden Belege für die Beachtung und Behandlung kulturbedingter Unterschiede in der internationalen Kooperation und Kommunikation gibt es nicht wenige, die in der Beschäftigung mit kulturellen Einflussfaktoren eher eine akademische Spielerei als eine ernst zu nehmende Aufgabe sehen. Die Konfrontation mit kultureller Andersartigkeit und Fremdheit führt nicht gleichsam automatisch zur Analyse der kulturell bedingten Ursachen für erwartungswidriges und abweichendes Verhalten und zur Bereitschaft, die kulturellen Hintergründe zu verstehen. Dem steht zum Beispiel entgegen die Überlegung, dass mit zunehmender Internationalisierung und Globalisierung die Kulturen sich einander annähern und ähnlicher werden (McDonaldisierung) und auf diese Weise kulturelle Unterschiede immer mehr an Bedeutung verlieren. Tatsächlich sind in Anbetracht von Uniformierungs-, Modernisierungs-, Assimilations- und alle möglichen Formen von Anpassungstendenzen, von Konsumgewohnheiten über die Art der Arbeitsgestaltung bis hin zu Managementstilen starke Konvergenztendenzen zu beobachten. Bei näherer Analyse wird aber deutlich, dass sich hierbei die Anpassungszwänge nicht gleichmäßig auf alle beteiligten Personen verteilen, sondern dass es sich um das Resultat von Anpassungsdiktaten und Anpassungszwängen mächtiger gegenüber weniger potenten Nationen, Gesellschaften, sozialen Gruppierungen mit globalem Einfluss handelt. Mit steigendem Druck zur Konvergenz zeigen sich aber gleichzeitig ebenso massive Tendenzen zur kulturellen Divergenz, das heißt der (Wieder-)Entdeckung und Betonung kultureller Andersartigkeit und Eigenständigkeit verbunden mit dem Bewusstsein und einer gewissen Wertschätzung kultureller Vielfalt im Kontrast zu kultureller Vereinheitlichung und Vermassung. Mit dem Konvergenzargument lassen sich also die Auseinandersetzung mit kulturbedingten Unterschieden und die Notwendigkeit einer Qualifizierung der gesellschaftlich relevanten Fach- und Führungskräfte nicht umgehen.

Ob die kulturellen Unterschiede aus individueller Sicht nun als Belastung oder als Bereicherung erfahren und behandelt werden, ändert nichts an der Tatsache, dass es sie gibt, dass sie auf das Wahrnehmen, Denken, Empfinden und Verhalten einwirken und die Kommunikation und Kooperation zwischen Menschen aus verschiedenen Kulturen nachhaltig beeinflussen. Wer versteht, was hier geschieht, sowohl beim fremdkulturellen Partner wie bei sich selbst, warum sich vieles so und nicht anders vollzieht und wie man mit kulturellen Differenzen so umgehen kann, dass sie die eigene und die gemeinsame Zielerreichung fördern und nicht behindern und warum sich die internationale/interkulturelle Zusammenarbeit für beide Partner zufrieden stellend entwickelt, der hat gegenüber anderen Formen des Umgangs mit interkultureller Fremdheit einen produktiven Gewinn erzielt. Das hat zweifelsohne einen Wettbewerbsvorteil.

Damit sich dieser soziale, humane und materielle Gewinn, wo immer er möglich ist, auch tatsächlich einstellt, wurde dieses Handbuch geschaffen.

Die diesem Handbuch zugrunde liegende Überzeugung für eine erfolgreiche interkulturelle Kommunikation und Kooperation ist in dem einer über dreitausend Jahre alten chinesischen Weisheit entlehnten Satz enthalten: »Nur wer den fremdkulturellen Partner *und* sich selbst gut kennt, kann in allen Kommunikations- und Kooperationssituationen erfolgreich sein.«

Das Erfassen, Studieren und Verstehen fremdkultureller Werte, Normen, Sitten, Gebräuche, Verhaltensregeln, Menschen- und Weltbilder, kurzum des fremdkulturellen Orientierungssystems, reicht also nicht aus. Hinzukommen muss ebenso das bewusste Erfassen, Reflektieren, Vergleichen und Verstehen des eigenkulturellen Orientierungssystems auf der Grundlage des alltäglichen beruflichen und privaten Lebens, das aber inzwischen so selbstverständlich geworden ist und so routinemäßig zum Einsatz kommt, dass es niemandem mehr bewusst ist. Zur Entwicklung der Schlüsselqualifikation »Interkulturelle Handlungskompetenz« sind das zwar die Grundvoraussetzungen, aber das anzustrebende Qualitätsniveau ist erst dann erreicht, wenn es gelingt, das Potenzial aus beiden kulturellen Orientierungssystemen für beide Partner gleichermaßen zur Zielerreichung (Effizienz) und zur Erhöhung der Lebensqualität (Zufriedenheit) zu optimieren.

Alexander Thomas

I. Kulturunterschiede: Ergebnisse der Kulturstandardforschung

Stefan Kammhuber/Sylvia Schroll-Machl

1. Möglichkeiten und Grenzen der Kulturstandardmethode

Häufig werden interkulturelle Trainer und Coaches mit dem Wunsch von Teilnehmern nach einem »Weltkulturatlas« konfrontiert, der zu möglichst allen Kulturregionen die wichtigsten Informationen in kurzen Regeln enthält. Jeder seriöse Weiterbildner steckt dann in einem Dilemma. Er oder sie weiß, dass das vollständige Verstehen bereits von nur *einer* Kulturregion ein nahezu unmögliches Unterfangen bedeutet, und ist sich gleichzeitig bewusst, dass die Personen ein Kulturwissen erwerben müssen, das sie befähigt, in ihrem interkulturellen (Berufs-)Alltag flexibel zu handeln. Ein zu detailliertes System, das alle denkbaren Aspekte und Perspektiven zu integrieren versucht und deshalb nur einen sehr eng umrissenen Weltausschnitt erfassen kann, stellt einerseits für den Lernenden eine Überforderung dar wie andererseits einfache Verhaltensregeln an der Komplexität und Vielfältigkeit der interkulturellen Alltagswirklichkeit zwangsläufig scheitern müssen. Eine weitere Möglichkeit, dem Teilnehmerwunsch ansatzweise zu entsprechen, bietet sich durch das Verwenden von kulturallgemeinen Dimensionen (siehe Bd. 1, Kap. I, 1.4), anhand derer verschiedene Kulturregionen miteinander verglichen werden können. Allerdings taugen solche Modelle aufgrund ihrer Allgemeinheit als Hilfestellung für das konkrete Handeln in spezifischen Situationen nur bedingt.

Es bedarf also eines kulturspezifischen Systems von Kategorien, die für ein bestimmtes Handlungsfeld Gültigkeit besitzen, die die Grundlage für das jeweilige Handeln bilden können, für den Lernenden handhabbar sind und im jeweiligen Alltag weiter ausdifferenziert werden können.

Die Kulturstandardforschung hat sich für diesen Zweck als sehr geeignet erwiesen. Sie basiert auf einer systematischen und empirischen Herangehensweise, ist überprüfbar und erweist sich als sehr nützlich für die Praxis. Allerdings birgt der Umgang mit diesem Wissen die Gefahr von Missverständnissen, wenn Kulturstandards nur oberflächlich als Handlungsregeln verstanden und verwendet werden und ihr Entstehungsprozess und Gültigkeitsbereich nicht berücksichtigt wird. Deshalb wird im Folgenden auf die Möglichkeiten und Grenzen diese Methode näher eingegangen.

Die *Kulturstandardforschung* (siehe Bd. 1, Kap. I, 1.1) vertritt ein betont kulturrelativistisches Konzept:
– Ihr Anspruch ist es, die für *eine* spezifische Kultur typische Ausprägung menschlichen Wahrnehmen, Fühlen, Denken und Handeln zu erfassen.
– Ergebnisse der Kulturstandardforschung sind *handlungsfeldspezifisch:* Das jeweilige Handlungsfeld (z. B. Management, Studium, Sprachunterricht usw.) bestimmt den Definitionsbereich für die generierten Kulturstandards. Es stellen sich in unterschiedlichen Handlungsfeldern verschiedene Aufgaben und Handlungszwänge und unterschiedliche Interaktionen sind für die jeweiligen Handlungsfelder charakteristisch. Somit können dem Verhalten in einzelnen Handlungsfeldern verschiedene Kulturstandards zugrunde liegen, weil die jeweilige Situation bestimmte potenzielle Handlungsmöglichkeiten und -alternativen bereit hält. Es spielt also eine Rolle, in welchem Kontext Kulturstandards gewonnen wurden. Wenn für ein Land mehrere Kulturstandard-Forschungsergebnisse in mehreren Handlungsfeldern vorliegen, kann im kritischen Vergleich der Ergebnisse der verschiedenen Handlungsfelder ein vollständigeres, für dieses Land spezifisches Spektrum von Kulturstandards ermittelt werden. Dabei ist zu prüfen: Welche ähnlichen Handlungsbedingungen treten auch in dem interessierenden Handlungsfeld auf? Welche nicht? Welche zusätzlich? Wirken die Kulturstandards in gleicher Weise? In ähnlicher Weise? Doch auch dann gilt: Die entwickelten Kulturstandards sind immer nur ein Ausschnitt aus den gesamten, potenziellen Kulturstandards, die für Kulturbegegnungen in diesem Land typisch sind.
– Kulturstandards resultieren aus einem spezifischen *Erhebungsprozess,* der in einem spezifischen zeitlichen und räumlichen Kontext stattfindet. In ihm wird nach erwartungswidrigen Auffälligkeiten in konkreten Alltagssituationen gefragt. Diese als ungewöhnlich und kritisch erlebten Situationen werden gesammelt, geordnet und nach interdisziplinärer Analyse mit bestimmten Begriffen und Erklärungen, eben den Kulturstandards versehen. Sie sind daher keine generelle Beschreibung einer anderen Kultur, sondern weisen auf verhaltenssteuernde Normen hin, die als anders zur Eigenkultur, das heißt hier: zur deutschen Kultur, erlebt werden. Insofern ist ein Kulturstandard tatsächlich nur im Kontrast zu seinem anderskulturellen Pendant zu verstehen. So mag ein deutscher Angestellter aus den Augen seiner niederländischen Kollegen als hierarchieorientiert wahrgenommen werden, während der gleiche Angestellte aus französischer Perspektive als eher gleichheitsorientiert erscheint.
– Die hier vorgestellten Kulturstandards sind gewonnen aus den interkulturellen Erfahrungen von deutschen Befragten mit anderskulturellen Personen; ob die Kulturstandards auch aus einer anderen kulturellen Perspektive heraus Gültigkeit beanspruchen können und zum Beispiel

für nichtdeutsche Teilnehmer eines interkulturellen Trainings geeignet sind, muss zuvor gründlich geprüft werden.

– Kulturstandards sind kategoriale Bestimmungen und erfüllen deshalb die Funktion von Stereotypen. Sie unterscheiden sich aber von Vorurteilen gegenüber einer anderen Kultur, weil sie nicht vereinfachte, unreflektierte Bemerkungen, Meinungen und Einstellungen über eine Zielkultur widerspiegeln, sondern aus der systematischen Analyse realer und alltäglich erlebter Handlungssituationen heraus konstruiert werden. Um die Aufnahme und Verarbeitung vielschichtiger Lerninhalte, wie Kultur, überhaupt zu ermöglichen, muss zwangsläufig eine Reduktion der Komplexität erreicht werden – ein Vorgang, der permanent in der menschlichen Wahrnehmung und Informationsverarbeitung stattfindet. Genau dazu dienen Stereotypisierungen. Das führt zwar immer wieder zu Verzerrungen, aber ermöglicht erst die Orientierung in neuen Situationen. Entscheidend bleibt, wie bewusst dieser Vorgang vollzogen wird, wie realitätsnah die Stereotype konstruiert sind und wie offen sie gegenüber weiteren Differenzierungen bleiben. So wird beispielsweise aus deutscher Perspektive heraus in vielen Kulturregionen die Betonung der Beziehungsebene als fremd und anders zur eigenen »Sachorientierung« erlebt. Das weist darauf hin, dass die Sachorientierung ein zentrales Element der deutschen Kultur darstellt. Es bedeutet aber nicht, dass sich die Beziehungsorientierung in den unterschiedlichen Kulturregionen immer in der gleichen Weise ausformt. Bei genauerer Betrachtung ähnlich lautender Kulturstandards der verschiedenen Zielkulturen stellen sich sehr wohl Unterschiede heraus, die im Alltagshandeln berücksichtigt werden müssen, will man nicht aus orientierungsstiftenden Stereotypisierungen Vorurteile über eine Zielkultur erzeugen.

– Kulturstandards sind in ihrem zeitlichen Kontext zu verstehen. Sie unterliegen dem sozialem Wandel, der in einer Gesellschaft stattfindet. Bestimmte Normen werden in einer Gesellschaft über lange Perioden bestätigt, indem sie immer wieder im Alltag reproduziert werden. Genausogut ist es möglich, dass sich in bestimmten Handlungsfeldern modifizierte oder gar neue Konventionen des gesellschaftlichen Miteinanders herausbilden: Kulturstandards haben ihre Wurzeln in bestimmten historischen Entwicklungen, sind adaptive Antworten einer Gesellschaft, Nation oder Gruppe auf bestimmte Notwendigkeiten. Sie sind einerseits permanent einem (langsamen) kulturellen Wandel unterworfen und andererseits Ergebnisse besonders prägender Epochen. Sie stellen eine sinnvolle, aktive Verarbeitung der Anforderungen an die Organisation des menschlichen Lebens unter einschneidenden geschichtlichen Bedingungen dar. Der Rhythmus des Entstehens und Vergehens von Kulturstandards bemisst sich dabei mindestens in Generationen, wenn nicht gar in Jahrhunderten.

Es lassen sich somit auf der kulturhistorischen Spurensuche Veränderungen jüngeren Datums ausmachen, aber auch recht alte Fundamente freilegen. Das folgende Kapitel zeichnet die historische Ausdifferenzierung von Kulturstandards exemplarisch im deutsch-französischen Kulturvergleich nach.

– Kulturstandards können als »Denkwerkzeuge« zur Selbst- und Fremdreflexion in interkulturellen Lernprozessen dienen. Sie müssen einer weiteren Differenzierung immer offen stehen, um einer Person als Individuum und nicht ausschließlich als Kulturträger wirklich gerecht werden zu können. Sie sind eher aufzufassen als begründete Fragen, die eine Person an eine interkulturelle Begegnungssituation stellen kann, um sie in ihrer Komplexität angemessen einschätzen und angemessen handeln zu können.

Das Kulturstandardkonzept stellt eine Verbindung zwischen möglichst exakter und empirisch fundierter Erfassung der Komplexität kultureller Werte und Normen einer Gemeinschaft *und* deren Vermittelbarkeit für Kulturfremde dar, zum Beispiel durch interkulturelle Trainings oder durch Lektüre. Es bietet zweifelsfrei folgende Vorteile:
– lebensnahe Strukturierung,
– leichte Verständlichkeit,
– gute Übersichtlichkeit,
– einfache Memorierbarkeit.

Dieses Gerüst muss durch eigene Erfahrungen und Gespräche mit Angehörigen der anderen Kultur differenziert und erweitert werden. Wer glaubt, mit einer bestimmten Anzahl von Kulturstandards eine andere Kultur im Sinne von »abschließenden Antworten« endgültig verstanden zu haben, wird an der Vielfalt und Komplexität menschlichen Lebens im interkulturellen Alltag scheitern. Interkulturelles Lernen ist ein fortdauernder, nicht abzuschließender Prozess.

Evaluationsstudien zu interkulturellen Trainings (Bd. 1, Kap. I, 2.3) zeigen, dass das so verstandene Wissen um Kulturstandards weiteres interkulturelles Lernen kognitiv und emotional erleichtert und dass dieses Wissen für das Handeln in der Praxis sehr hilfreich ist.

Deshalb werden nur die Forschungsergebnisse präsentiert, die auf der Basis der aufwändigen Konstruktionsmethode für Kulturstandards gewonnen wurden (Bd. 1, Kap. I, 2.2). So erklärt sich die Auswahl der Zielkulturen in diesem Kapitel. Um der Sehnsucht nachzukommen, Informationen über möglichst viele Zielkulturen zu erhalten, wird bei den einzelnen Darstellungen in einem letzten Abschnitt eine vorsichtige Generalisierung derjenigen Aspekte vorgenommen, die eine (teils durch laufende Forschung begleitete) *Übertragung* auf weitere Länder zuzulassen scheint. Die historischen, politischen und ökonomischen Hintergründe (Bildungssystem, Wirtschaftsform, Politik, geschichtliche Ereignisse usw.), die zur Ausbildung der geschilderten Kulturstandards geführt haben, sind nicht immer an Landes- oder Sprachgrenzen gebunden und können eine Basis für Ländergrenzen überschreitende Generalisierungen bilden, die in weiteren Kulturstandardstudien permanent überprüft werden.

■ 2. Europa

Isabelle Demangeat/Markus Molz

2.1 Frankreich

Fallbeispiel

Drei Manager arbeiten in einem deutsch-französischen Projekt eng miteinander. Bernd K., Bereichsleiter, Helmut W., Projektleiter für Deutschland,
und Jacques G., Projektleiter für Frankreich. Bei ihren regelmäßigen Treffen ist der Ton freundschaftlich und kumpelhaft, unter Ingenieuren versteht man sich ja – sogar in der Konzernsprache Englisch. So auch an diesem Tag der monatlichen Projektbesprechung, diesmal in Deutschland. Es
steht seit zweieinhalb Wochen an, dass Frankreich Zahlen liefern soll, die
Helmut für die weitere Planung braucht. Er geht davon aus, die Zahlen wie
vorgesehen an diesem Tag zu bekommen. Jacques steigt aber nach der Besprechung in das Taxi zum Flughafen ein – weder Bernd noch Helmut be-
kamen die Zahlen. Kein Wort wurde darüber verloren.

Im Taxi denkt Jacques darüber nach: »Die beiden haben gar nicht nach
den Kennzahlen gefragt – so dringend kann es also nicht sein! Immer dasselbe: Die machen Druck und dann ist es plötzlich nicht mehr so wichtig.
Ich rufe Bernd morgen an – es gibt noch einige Sachen aus der heutigen
Sitzung, die ich klarstellen muss. Und außerdem soll Bernd die Zahlen ab-
segnen, er ist doch Bereichsleiter, nicht der Kollege Helmut, oder? Und das
Frankreichgeschäft ist ja meine Verantwortung! Wenn ich Helmut alles
schicke, nehmen sie uns nie ernst . . .«

Tags darauf schickt Jacques eine E-Mail an Bernd, in der er einen Teil
der Zahlen übermittelt und dazu eine Erklärung, warum sie noch nicht definitiv sind. Außerdem bittet er ihn um ein Gespräch: Er möchte zu einigen
der Themen des Meetings vom Vortag die Sicht des französischen Standorts klarstellen.

Bernd liest die E-Mail und denkt: »Als ob ich nichts Wichtigeres zu tun hätte, als mich um die Kennzahlen von Frankreich zu kümmern . . . Wieso schreibt er, die Zahlen seien noch nicht definitiv und abhängig von unserem Gespräch? Und warum schickt er sie an mich? Ich habe doch die Projektkoordinierung an Helmut delegiert. Der muss da jetzt aber mal Ordnung in die französischen Projektsachen bringen . . . Jacques ist ja ein hervorragender Fachmann – aber für die Orga ist er nicht geboren! Und wieso bringt er heute wieder Themen hoch, die wir gestern eigentlich alle zusammen verabschiedet hatten? Das ist mal wieder unnötiger Aufwand!« Bernd leitet die E-Mail an Helmut weiter (und eine Kopie an Jacques) mit dem Vermerk:»Bitte in Ordnung bringen und für Informationen sorgen. Mit freundlichen Grüßen, Bernd.«

Jacques ärgert sich schwarz:»So ein Chef, der nicht mal direkt antwortet!!« Helmut ärgert sich schwarz, über Jacques:»So was Linkes! Wieso geht er an den Chef!! Und die Zahlen sind nicht mal definitiv . . . Das hätte er doch gestern ansprechen können. Und ich denke mir noch, na ja, warte noch ein bisschen, er hat momentan ja wirklich viel am Hals, er wird schon die Zahlen bringen. Ganz schön blöd! Nun mach ich es wahr: Ich stelle einen anderen ein, der dort die Standortleitung übernimmt und für Ordnung sorgt!«

Die weitere Verschärfung des Konflikts kann man sich ausmalen.

So – oder so ähnlich – entwickeln sich häufig Kooperationssituationen mit den geographisch nahen, kulturell jedoch fernen Partnern aus Frankreich (für ein anderes Fallbeispiel siehe Molz u. Zeutschel 2001).

Analyse der Situation aus beiden nationalkulturellen Perspektiven

Analyse der Situation aus französischer Sicht

Jacques weiß, dass in seinem Unternehmensbereich eine Reorganisation ansteht. Er möchte sicherstellen, dass aus dieser Umstrukturierung keine Nachteile für seinen Standort entstehen; er fühlt sich seinen Leuten sehr verpflichtet.

Er bekommt Helmuts Anfragen wegen der Zahlen in Form mehrerer kurzer E-Mails, die keine Hintergrundinformationen mitliefern. Sinngemäß ist die Antwort von Jacques auf Helmuts Anfrage: Selbstverständlich wird er ihm die angefragten Daten geben. Er wird jemandem von seinem Team damit beauftragen. Aber er möchte eigentlich über die Folgen informiert werden und wüsste gern, was mit diesen Daten passieren soll. Er schlägt auch vor, dass sie beide gemeinsam mit Bernd die absehbaren Veränderungen im nächsten Jahr diskutieren. Aus der Sicht von Jacques ist es von wesentlicher Bedeutung, die Diskussion der Entwicklung im nächsten Jahr mit den aktuellen Zahlen zu verbinden, da beides für ihn sehr stark zusammenhängt. Die Antworten von Helmut darauf empfindet Jacques als sehr vage.

Außerordentlich wichtig erscheint es ihm deshalb jetzt, Garantien des Entscheiders, Bernd, für die Erhaltung des französischen Standorts zu bekommen. Im Projektmeeting kann er vor den anderen nicht offen mit Bernd darüber sprechen, da nur ein Teil der Anwesenden informiert werden darf. Deshalb spricht er mit seinem Kollegen Helmut darüber und versucht, mit Bernd in Kommunikation zu treten. Aus seiner Sicht hat er deutlich genug signalisiert, wie er die Zusammenhänge sieht. Die Handlungen seines Kollegen (z. B. wenig Erklärungen trotz Nachfrage, Umstrukturierung und Projekt zu trennen) deutet er als Hinweis, dass der Standort in Frankreich doch etwas zu befürchten hat. Deshalb wird er Helmut gegenüber immer vorsichtiger und wendet sich immer mehr direkt an den Chef, Bernd. Seine Intention wurde – so meint er – durch seine Kommentare zu den Zahlen deutlich gemacht, nämlich bei der strategischen Entwicklung des Standortes involviert zu werden. Sonst geht er in den Kampf – nicht gern, aber wenn es sein muss ...

Analyse der Situation aus deutscher Sicht

Bernd hat die Projektjahresplanung an Helmut delegiert, weil sie beide am selben Standort sind. Er erwartet gute Ergebnisse, weil er genau weiß, dass die Teammitglieder und -verantwortlichen hervorragend qualifiziert sind, wie zum Beispiel Helmut und Jacques. Seiner Meinung nach sollten Diskussionen über Umstrukturierungen erst nach der Fertigstellung der Jahresplanung geführt werden.

Helmut betrachtet sich qua Projektleiterfunktion als Verantwortlicher für einen Teil des Geschäfts, das am französischen Standort für das Projekt läuft. In dieser Eigenschaft braucht er von seinem Kollegen Jacques Informationen und Kennzahlen zu Produkten und zur Leistung der Abteilungen. Die Projektplanung steht an und er will seine Sachen voranbringen. Er ist überzeugt, klar kommuniziert zu haben – eben schriftlich per E-Mail, um Missverständnisse durch die englische Sprache zu vermeiden. Und außerdem, warum sollte es dieses Jahr anders als bei den anderen Planungen sein?

Er hat Jacques' Bedenken und seine Hinweise zur Umstrukturierung zwar gehört, will sich aber von Entscheidungen, die noch gar nicht verabschiedet sind, in seiner jetzigen Arbeit nicht behindern lassen. Deshalb lässt er sich von Jacques' wiederholten Andeutungen nicht beirren und gibt zu verstehen, dass man selbstverständlich beizeiten miteinander darüber reden werde. Er denkt, zunächst solle aber Jacques die Zahlen bringen und, gerade weil eine Umstrukturierung geplant ist, besonders zuverlässige Arbeit liefern. Dass dies weniger als sonst der Fall ist, irritiert ihn. Um Lösungen von Problemen zu entwickeln und Entscheidungen zu treffen, gibt es schließlich die monatliche Besprechung. Es hätte alles auf den Tisch kommen können.

In der Zeit, in der er auf die Zahlen wartet, wächst Helmuts Gefühl, ausgeliefert und in seiner Arbeit behindert zu werden. Da Umstrukturierungen anstehen, will es seinem Chef Bernd zeigen, dass er in der Lage ist, das gesamte Projekt – auch den französischen Teil – »in Ordnung zu bringen«. Nach der letzten E-Mail aus Frankreich teilt er seinem Vorgesetzten Bernd und seinem Kollegen Jacques G. mit, dass er für die Geschäftsführung der laufenden Geschäfte am französischen Standort einen neuen Mann einstellen möchte, der Jacques bei der Organisation, Verwaltung und bei allem, was nicht die fachliche Geschäftsführung anbelangt, unterstützen würde.

Notwendigkeit einer kulturellen und interkulturellen Analyse

Die Situation ist »doch ganz klar« – so denkt sich jeder. Keiner weiß von der inneren kulturellen Logik der anderen, die jedoch zu ganz unterschiedlichen »Klarheiten« führt.

Um eine Konfliktsituation wie die aus unserem Beispiel zu entschärfen, wird sehr häufig versucht, an den persönlichen Eigenarten der Protagonisten anzusetzen. Sie sollen ihre persönlichen Kommunikationsfertigkeiten verbessern oder »konfliktfähiger« werden. Oder aber es werden die Organisationsstrukturen und -abläufe analysiert und gegebenenfalls verändert, damit die ersehnte Klarheit entsteht. Diese beiden Ansatzpunkte (Person und Organisation) sind selbstverständlich von großer Bedeutung und können fruchtbar genützt werden: Funktionale Strukturen, Zuständigkeiten und Verfahrensregeln sowie hoch entwickelte kommunikative Fertigkeiten der Akteure sind grundlegende Erfolgsfaktoren, gerade auch in der erhöhten Komplexität internationaler Kooperationen.

Für eine Bewältigung der Problemsituation aus dem Fallbeispiel reichen sie jedoch nicht aus. Dies liegt daran, dass die Denk- und Handlungsmuster, die die Protagonisten aufgrund ihre nationalkulturellen Orientierungen zeigen, die jeweilige Wahrnehmung und Gestaltung von Organisation und Kommunikation grundlegend beeinflussen. Wenn sie in ihrer Gegensätzlichkeit nicht bekannt oder nicht bewusst sind, können sie in Analyse, Reflexion und Aktion nicht einbezogen werden.

Die Auseinandersetzung mit der Beschreibung der Kulturstandards – also mit der Beschreibung der kulturellen Binnenlogik jedes Orientierungssystems – ist ein erster Schritt in Richtung Verständigung, weil sie ein Teil der Gesamtsituation, das kulturelle Mind-Set der involvierten Personen, zugänglich macht. Im Anschluss an dieses Verständnis stellt sich die strategische Frage, wie diese gegensätzlich oder inkompatibel erscheinenden Ansichten verknüpft werden können (Demorgon u. Molz 1996).

Mit welchen Kulturstandards haben wir es in der deutsch-französischen Zusammenarbeit immer wieder zu tun? Was müssten Jacques, Bernd und Helmut von der anderen und ihrer eigenen Kultur wissen, um die Eskalation in dem dargestellten Konflikt zu vermeiden?

Französische und deutsche Kulturstandards im Kontrast

Die in dem Fallbeispiel offensichtlich gewordenen Unterschiede in den Wahrnehmungs- und Handlungsperspektiven wollen wir nun systematisieren. Dazu behandeln wir sechs Aspekte, die für jede zielgerichtete und arbeitsteilige Tätigkeit zentral sind: Kommunikationsstil, Rationalität bei der Aufgabenbewältigung, Problemlösungsstrategie, Zeitmanagement, Macht und Einflusswege sowie Entscheidungsprozesse. Weder die deutsche noch die französische Nationalkultur kann mit den extremen Ausprägungen identifiziert werden. Unabhängig von der Nationalkultur stecken in grundsätzlich jedem Vorgehen Anteile beider angesprochenen Varianten (Demorgon u. Molz 1996). Die Gewichtung jedoch ist im Durchschnitt (nicht im Einzelfall) so deutlich voneinander abweichend, dass Situationen wie die im Fallbeispiel zwischen den »fernen Nachbarn« systematisch und nicht zufällig auftreten. Dahingehend ist die Forschungslage sehr eindeutig (Erlinghagen 1996; Helmholt 1994; Horovitz 1978; Laurent 1985; Maurice et al. 1979; Pateau 1999; Pfohl u. Buse 1997; Smith u. Peterson 1996). Keine Variante ist an sich besser oder schlechter. Jede kann mehr oder weniger zu einer Situation passen. Diese Passung zwischen Situation und Handlung ist jedoch im internationalen Kontext nicht so eindeutig gegeben, wie im jeweils nationalen. Der erfolgskritische Einfluss der kulturellen Bedingungen und ihre Trägheit bezüglich Änderungen wird bei grenzüberschreitenden organisationalen Verschränkungen sehr häufig übersehen oder stark unterschätzt (Ihrig 1994), wogegen der homogenisierende Einfluss multinationaler Organisationen überschätzt wird (Laurent 1985).

 Kommunikationsstil: implizite, indirekte, mündliche Botschaften – explizite, direkte, schriftliche Botschaften

Laut deutschem Duden bedeutet »implizit«: »nicht ausdrücklich, nicht deutlich; nur mit enthalten, mitgemeint«. Die französische Definition für

»implicite« aus dem Petit Robert dagegen lautet (übersetzt): »Was virtuell in einer Aussage oder einer Tatsache enthalten ist, ohne formell ausgedrückt zu sein, und durch Deduktion oder Induktion daraus erschlossen werden kann.« Das heißt: Das französische »implicite« ist eine Art Einladung mitzudenken und die Botschaft durch eigenes Weiterdenken zu ergänzen. Die Information ist in der Nachricht also durchaus enthalten, nur steckt die eigentliche Botschaft gerade nicht im Gesagten, sondern im Ungesagten. Dennoch ist sie dem Zuhörer zugänglich, wenn er die aktuelle Situation, den Kontext, die Haltung des Anderen, seine nonverbalen Signale, die gemeinsame Vorgeschichte, den geteilten Bildungshintergrund, den gemeinsamen Erfahrungshorizont als Interpretationshilfen heranzieht. Kommunikation in Frankreich basiert auf der (ebenfalls implizit) geteilten Grundannahme, dass jede explizite Äußerung von einem impliziten, mit gemeinten Teil begleitet wird, der häufig sogar die wesentliche Information enthält, während der explizite Anteil nur den Aufhänger liefert. Implizite Kommunikation kann sich besonders gut in dynamischen, mündlichen Gesprächssituationen entfalten, auch wenn sie darauf nicht beschränkt bleibt. Je wesentlicher die Inhalte, desto eher wird die mündliche Kommunikation gewählt. Stark implizites Kommunikationsverhalten, wie es in Frankreich häufig vorkommt, arbeitet gezielt mit vielfältig interpretierbaren Andeutungen. Dabei durch andere Personen Informationen einholen oder streuen zu lassen, ist durchaus üblich, akzeptiert und erfolgreich. Insgesamt dominiert die Informations-Holschuld, das heißt, es ist weitgehend normal, wenn keine Benachrichtigungen erfolgen und Erklärungen und Begründungen nur auf Nachfrage gegeben werden (Erlinghagen 1996).

Bei einem stark expliziten Kommunikationsverhalten, wie es in der deutschen Kultur üblich ist (siehe Kap. I, 2.3), lässt sich die relevante Information praktisch vollständig dem entnehmen, was ausdrücklich geäußert wurde. Tatbestände und Wünsche werden sehr direkt und möglichst präzise formuliert – insbesondere in einer beruflichen Umgebung. Nur auf das, was auf diese Art und Weise geäußert wird, kann man sich sinnvoll und verlässlich beziehen, besonders wenn dies schwarz auf weiß geschieht. Je wesentlicher die Inhalte, desto eher werden sie der schriftlichen Kommunikation anvertraut. Darüber hinaus erscheint es selbstverständlich, dass relevante Informationen unaufgefordert beziehungsweise vereinbarungsgemäß eingebracht werden (Informations-Bringschuld).

Ungeübte aus stark explizit kommunizierenden Kulturen nehmen die Andeutungen und entsprechende nonverbale Ausdrucksweisen von stärker implizit kommunizierenden Personen nicht wahr, nicht ernst oder dekodieren sie nicht als vollständige Botschaften. Gezielte, bedeutungshaltige Auslassungen werden ebenfalls nicht als Nachrichten erkannt. Es gelingt nicht, systematisch zwischen den Zeilen zu lesen. Ungeübte aus stärker implizit kommunizierenden Kulturen suchen bei betont explizit formulierten Botschaften zum Teil verzweifelt im Kontext nach Interpretationshinweisen. Solche lassen sich natürlich auch immer finden. Die Botschaft wird jedoch dann in einer Weise interpretiert, die gar nicht beabsichtigt war. Dem ausdrücklichen Inhalt dagegen wird zum Teil nicht die gebührende Aufmerksamkeit geschenkt, weil dort – derart offensichtlich – die eigentliche Botschaft nicht vermutet wird. Im einen wie im anderen Fall entstehen sehr leicht Fehlinterpretationen, weil die vorhandenen Informationen aufgrund der selektiven Ausrichtung der Aufmerksamkeit nicht adäquat genutzt werden (Hall u. Hall 1984a).

In der Fallgeschichte wurden viele Appelle von Jacques an Bernd und Helmut überhört. Jacques hat in den Wochen vor dem Monatsmeeting in den Gesprächen mit seinem Kollegen Helmut mehrmals Unterstützung eingefordert, indirekt zwar, aber – so meint er – mit Nachdruck. Helmut jedoch hört keine Fakten und keine klaren Statements und damit hört er eigentlich gar nichts außer vager Andeutungen, die er als nicht zielführend und damit als Zeitverschwendung ansieht. Durch diese Appelle drückte Jacques jedoch sein Vertrauen in seine Kollegen aus. Er hatte sich daraus erhofft, dass Helmut – der am Standort Bernd und andere Chefs öfters sieht – ihm Informationen weitergibt. Stattdessen empfindet er Helmuts Bestehen auf den Zahlen für das Projekt als Versteckspiel und er gewinnt nicht den Eindruck, dass sein Kollege sich für ihn einbringen würde. Für diesen steht dagegen das und nur das an, worüber ausdrücklich diskutiert wird. Seine Anforderungen hat er ausdrücklich schriftlich formuliert, mehrfach. Es ist deshalb klar für ihn, dass diese bei Jacques angekommen sind. In der Sitzung standen andere Themen auf der Tagesordnung. Es erschien Helmut deswegen vollkommen unnötig, an dieser Stelle noch einmal darauf einzugehen.

Rationalität bei der Aufgabenbewältigung: Personorientierung – Sachorientierung

Charakteristisch für eine personorientierte Rationalität (Elias 1969) ist die Bedeutung wechselseitiger informeller Verpflichtungen und Gefälligkeiten in ausgedehnten, organisationsübergreifenden Beziehungsnetzwerken, in die jeder eingebettet sein muss, der es zu etwas bringen möchte. In eher personorientierten Kulturen – wie der französischen – sind gute, vertrauensvolle Beziehungen zu Kollegen (und Vorgesetzten), das heißt eine stimmige Arbeitsatmosphäre und persönliche oder über das Netzwerk vermittelte Bekanntheit, eine zentrale Vorbedingung für produktive Arbeit in einem Team. Es muss immer erst Kontakt, Verbundenheit, »complicité«

hergestellt werden. Einige Ausdrucksformen davon sind der obligatorische Händedruck oder auch die »bises« (Küsschen), der ausgedehnte Smalltalk, das niveauvolle Scherzen und kontinuierliche kleine nonverbale Signale (Helmholt 1994). All dies wird als Basis, als Voraussetzung benötigt, um erfolgreich kooperieren zu können. Orientierung entsteht im intensiven persönlichen Austausch, der sich sehr häufig »einfach so«, also ungeplant ergibt. Der Austausch umfasst immer wieder Themen, die nicht mit der Arbeitsaufgabe als solcher verbunden zu sein scheinen. Das ist jedoch notwendig, da die wahrgenommene Aufgabe eigentlich immer primär darin besteht, eine Person zufrieden zu stellen. Und dazu ist es nötig, diese Person in allen ihren Motiven, Einstellungen und Meinungen zu kennen, nicht nur den arbeitsbezogenen. Die personbezogene Rationalität ist also primär auf die Bewältigung der sozialen Welt ausgerichtet (Elias 1969; Erlinghagen 1996). Die Erledigung bestimmter Aufgaben ist dem untergeordnet. Das wird auch daran deutlich, dass Aufgaben auch kurz vor ihrer Beendigung ohne Probleme unterbrochen oder ganz aufgegeben werden, wenn der soziale Sinn (eine andere Person zufrieden stellen) an dieser Stelle abhanden kommt.

In besonders stark sachorientierten Kulturen, zu denen die deutsche Nationalkultur zu zählen ist, sind dagegen die Werkzeuge, Materialien, Fachkompetenzen, Zahlen und Fakten das A und O. Eine gute Arbeitsleistung jedes Einzelnen und ein sachlich-effizientes Zusammenwirken mit klarer Aufgabenverteilung werden als Grundlagen für qualitativ hochwertige Ergebnisse angesehen. Qualität als solche wirkt wiederum als motivierender Maßstab. Sachorientierte Personen ziehen es vor, so schnell wie möglich »zur Sache« zu kommen, in Aussagen und Haltung nüchtern und objektiv zu bleiben und sich an den Fakten zu orientieren. Im Zuge solcher sachlichen Arbeitsprozesse entstehen ganz nebenbei vertrauensvolle kollegiale Beziehungen. Durch gemeinsam erfolgreich bewältigte Aufgaben verstärken sich die Bindungen. Die sachorientierte Rationalität ist also primär auf die Bewältigung der materiellen Welt ausgerichtet. Die Gestaltung der Beziehungen ordnet sich idealerweise in diesen Rahmen ein.

In dem Fallbeispiel hat Bernd die Projektleitung an Helmut delegiert und damit die Verantwortung für alles, was das Projekt betrifft – einschließlich der Beiträge aus Frankreich. Seine Verantwortung als Bereichsleiter sieht er in der Beurteilung der Ergebnisse. Bei Meetings findet sich keine Zeit für die Pflege der persönlichen Ebene. Gut durchdachte Strukturen und sauber aufgeteilte Aufgaben sind für ihn die Garantie dafür, dass alles effizient funktioniert. Jacques hat Helmut und Bernd stets als verbindlich und zuverlässig erlebt, glaubt sich also gut mit ihnen zu verstehen, auch wenn er sich in den Sitzungen nicht immer wohl fühlt, weil es dort meist so ernst und wenig persönlich zugeht. Die Verunsicherung durch die anstehende Umstrukturierung macht es für ihn notwendig, den persönlichen Bezug jetzt besonders zu stärken. Es ist für ihn äußerst bedeutsam zu wissen, wie fest die Bande zu den deutschen Kollegen tatsächlich sind, denn daran hängt viel, wenn nicht alles, für die Beziehungen zu »seinen Leuten« am französischen Standort und die damit zwangsläufig einhergehenden persönlichen Verpflichtungen. Ohne ein gutes Gefühl will er seine Trümpfe (die Zahlen) nicht festlegen, Zahlen, die doch je nach Situationsgefüge durchaus gestaltet werden könnten. Für Helmut dagegen scheint es keinen anderen Weg zu geben, als die Behinderung und Verlangsamung seiner eigenen Arbeit durch das, was er als »chaotische Organisation« erlebt, durch eine neue Funktionsstelle aufzuheben. Die Personen werden als Funktionsträger betrachtet, die an den geeigneten Stellen positioniert werden müssen, damit die Aufgabe am besten bewältigt werden kann. Der zusätzliche Posten ist von ihm als Unterstützung und Entlastung gedacht, während dies für Jacques einer Degradierung gleichkommt und als Beleg dafür gewertet wird, dass die Situation bereits außerordentlich kritisch geworden ist. Jeder Schritt des einen führt zu einer Verstärkung der entgegengesetzten eigenkulturellen Logik des anderen. Darin besteht der Kern für die Eskalation des Konflikts.

 ## Problemlösungsstrategie: globales, strategisches Denken – spezifisches, regelorientiertes Denken

Globales und strategisches Denken, wie es in der französischen Kultur von klein auf geschätzt und geübt wird, bezieht stets so viele Einflüsse und Zusammenhänge wie möglich in die Überlegungen beim Lösen eines Problems ein. Dies geschieht wie von alleine durch Aktivierung jeglicher aktueller und vergangener Information, bei Bedarf ergänzt durch »Anzapfen« relevanter Informanden aus dem Beziehungsnetzwerk (siehe »personorientierte Rationalität«). All diese Elemente werden in ein möglichst stringentes Gesamtbild organisiert, das stets vom kreativen, individuellen Esprit geprägt ist. Eine thematische Trennung der strukturellen und der projektbezogenen Ebene, der Gegenwart und der Zukunft, der Organisation und der Mitarbeiter kann so gar nicht in den Sinn kommen. Wenn ein französischer Kopf mit solch einer Auftrennung der Gesamtzusammenhänge konfrontiert wird, dann erscheint sie ihm willkürlich. Werden dann nur Teile berücksichtigt, wird dies aufgrund mangelnden Überblicks als unprofessionell angesehen. Erst aus der Gesamtschau heraus erscheint es möglich, weitsichtige und auch originale Strategien zu entwickeln. Originalität wird als wichtig angesehen. Mit Erfolg versprechenden und gleichzeitig anregenden Strategien lassen sich nämlich loyale, kreative und kompetente

Mitarbeiter binden. Mit ihnen besteht automatisch die Gewissheit, die Umsetzung leisten zu können. Dieses Zutrauen verstärkt wiederum die Identifikation der Mitarbeiter. Aus diesem Grund bedarf es keiner detaillierten Problemanalyse.

Die in Deutschland viel stärker verbreitete Denkweise dagegen neigt sehr stark dazu, komplexe Probleme sofort in handhabbar erscheinende Teilprobleme aufzuspalten und sich damit zu befassen, welche davon wie bewältigt werden können. Die Bearbeitung dieser Teilprobleme wird auf die zuständigen beziehungsweise kompetentesten Personen verteilt. Jede analysiert das, was in ihren Bereich fällt, nicht mehr und nicht weniger. Die Bearbeitung einer Aufgabe oder eines Problems richtet sich am besten nach den bewährten Verfahrensregeln, die Sicherheit und Orientierung geben. Wenn jemand die Regeln (also die Sicherheit der Prozesse) verletzt, wird intensiv auf ihre Einhaltung gedrungen.

In unserem Fallbeispiel ist den deutschen Beteiligten völlig unklar, warum Jacques dieses Jahr die Kennzahlen nicht genauso wie in den vorherigen Jahren termingerecht abliefert. Jacques wiederum kommt nicht auf den Gedanken, dass seine deutschen Kollegen gar nicht vordringlich diesen engen Zusammenhang zwischen der geplanten Umstrukturierung und der aktuellen Jahresplanung sehen. Er ist deswegen überzeugt, dass die beiden durch ihren Standortvorteil mehr wissen und ihm informelle Informationen vorenthalten. Bernd und Helmut wiederum kämen nicht im Traum darauf, dass Jacques sie plötzlich verdächtigt, ihm Informationen vorzuenthalten. Ihnen geht es ganz unspektakulär darum, die Jahresplanung wie in jedem anderen Jahr auch ordnungsgemäß abzuwickeln. Gerade in unsicheren Zeiten gilt für sie, die Routineaufgaben besonders konzentriert und sauber zu bewältigen. So halten sie sich für die anstehenden Zusatzaufgaben den Rücken frei (siehe auch »konsekutives Zeitmanagement«). Die gleiche strukturelle Unsicherheit steigert im Gegenteil beim französischen Kollegen das Bedürfnis, mehr über Hintergrundinformationen zu erfahren. Nach seiner kulturell geprägten Erwartung sollten diese ganz selbstverständlich informell zirkulieren, gerade nachdem er mehrfach angedeutet hat, dass er darauf angewiesen ist (siehe »impliziter Kommunikationsstil«). Situationen mit offenem Ausgang schärfen seine strategische Reflexion, die auf der Analyse eigener und fremder Machtpositionen beruht und auf neue Chancen ausgerichtet ist. Er fühlt sich dann dadurch vollauf bestätigt, dass Helmut urplötzlich (so kommt es Jacques vor) einen Geschäftsführer für den französischen Standort einstellen und ihn damit empfindlich schwächen will (siehe »konzentrierte Autorität«). Bei Helmut entspringt dies in Wirklichkeit vorwiegend der Notwendigkeit, die in Frage gestellte Organisation wiederherzustellen. Er käme gar nicht auf die Idee, dass eine solche Entlastung im Sinne einer kollegialen Führung mit fachlicher Aufgabenteilung abgelehnt werden könnte (siehe »verteilte Autorität«, aber auch »sachorientierte Rationalität« und »Konsensorientierung«).

Zeitmanagement: Simultanität – Konsekutivität in der Handlungsorganisation

Die Beispiele über das unterschiedliche Zeitverständnis in Frankreich und Deutschland sind zahlreich und reichen in der Praxis von extremen Klischees (»Wieso hat die Besprechung pünktlich angefangen, wir waren doch in Frankreich?«) bis hin zum gegenseitigen »Austricksen« (»Die gehen sowieso davon aus, dass wir erst später liefern, wieso sollen wir uns beeilen?«). Der tatsächliche kulturelle Hintergrund wird dabei meist übersehen: Wenn wie in Frankreich üblich viele Handlungsstränge gleichzeitig verfolgt werden, sind die Abläufe und Phasen der einzelnen Handlungen weniger von der spezifischen Planung abhängig, als von den parallel aktuell werdenden Anforderungen. Die Prioritäten verändern sich durch diese komplexen Überlagerungen und durch Kontexteinflüsse ständig. Die Organisation von Handlungen in der Zeitschiene wird ganz selbstverständlich immer wieder an die neuen Prioritäten angepasst. Dementsprechend kann ein einmal festgelegter Zeitpunkt für die Ausführung einer bestimmten Handlung lediglich eine grobe Orientierungsmarke sein. Er wird eingehalten, wenn die Realität es erlaubt oder wenn die Dringlichkeit und Wichtigkeit deutlich spürbar sind – er ist aber an sich kein Gebot. Deswegen entsprechen auch Vereinbarungen eher momentanen Absichtserklärungen als verbindlichen Abmachungen. Wichtig zu verstehen ist, dass eine solche flexible simultane Organisation der Handlungen in der französischen Kultur als Grundlage für Effizienz gesehen wird. Diese Flexibilität darf jedoch nicht mit Beliebigkeit verwechselt werden. Das wichtigste Kriterium für die momentane Prioritätensetzung ist die Person, für die eine Handlung durchgeführt wird (vgl. »personorientierte Rationalität«). Die Person, die jeweils am nächsten, am wichtigsten, am mächtigsten ist oder die glaubhaft machen kann, es am dringlichsten zu haben, wird bevorzugt. Simultanität in der Handlungsorganisation bedingt auch eine gestreute Aufmerksamkeit, die wiederum globales assoziatives Denken befördert (siehe »globales Denken beim Problemlösen«).

In der deutschen Kultur ist die Effizienzvorstellung dagegen darin begründet, dass in einer Zeiteinheit möglichst auch nur eine Handlung getätigt und diese zu Ende geführt wird, bevor eine andere begonnen wird (siehe Kap. I, 2.3). Nur so erscheint konzentriertes Arbeiten möglich, welches mit gutem und professionellem Arbeiten gleichgesetzt wird. Die Handlungen haben auch eine klare zeitliche Binnengliederung: Zuerst kommt die Analyse, dann die Planung, danach die Umsetzung und zuletzt die Bewertung und Ergebnisverbreitung. Wenn Anpassungen notwendig werden, weil die wohl durchdachte Planung nicht mit der Realität zur Deckung zu bringen ist, dann sollen gezielte und begründete Abwandlungen eingeführt werden, ohne jedoch das Grundkonzept wieder in Frage zu stellen. Franzosen, die in der Regel von ihrer simultanen Handlungsorganisation überzeugt und geprägt sind, reagieren auf die konsekutive Handlungs- und Organisationsweise ihrer deutschen Kollegen häufig mit dem Eindruck, ihr Entscheidungsspielraum, ihre Flexibilität und ihre Autonomie würden dadurch stark eingeengt oder im Extremfall sogar, dass sie gar nicht mehr selbst denken dürften. Dass diese Möglichkeiten im konsekutiven System selbstverständlich vorgesehen sind, wird nicht wahrgenommen, weil sie hier auf die Vorbereitungsphase einer Handlung konzentriert werden. Deutsche wiederum können häufig in stark simultan organisierten Handlungssträngen überhaupt keine Organisationsprinzipien erkennen. Für sie erscheint alles zufällig, willkürlich und chaotisch. Sie fühlen sich dann sehr leicht befleißigt, hier erst einmal eine »ordentliche« Organisation einzuführen. Die Auseinandersetzungen verhärten sich in deutsch-französischen Kooperationen unnötigerweise stark und schnell, wenn die Beteiligten gegenseitig darauf beharren, dass ihre Vorgehensweise die effizientere sei.

Die Nicht-Einhaltung des Abgabetermins bildet für Jacques ein Teil seiner Botschaft an seinen Chef und seinen Kollegen (siehe »impliziter Kommunikationsstil«). Sie ist hier nicht auf sein Zeitverständnis zurückzuführen, da er bewusst »unpünktlich« abgibt. Jedoch versucht er damit durchaus, auf französische Art Dringlichkeit zu erzeugen und so sein eigentliches Anliegen zu platzieren. Auch die Tatsache, dass für ihn vor, während und nach der Sitzung verschiedene Themen gleichzeitig aktuell sind (die Kennzahlen, die Umstrukturierung, die Verantwortung für seine französischen Mitarbeiter), ist durchaus seiner simultanen Organisation zuzurechnen. Anders seine deutschen Kollegen mit ihrer Arbeitsorganisation »in Scheiben«: zuerst die Zahlen und deren Analyse, dann die Überlegungen zur Umstrukturierung. Darin sehen sie den Erfolgsschlüssel für die Qualität der Arbeit und für eine effiziente Zeiteinteilung.

 Macht und Einflusswege: externale, konzentrierte Autorität – internale, verteilte Autorität

Durch diesen Kulturstandard wird versucht, die Frage zu beantworten, wie in einer Kultur Macht und Einfluss genutzt und gestaltet werden. In dem unternehmerischen Umfeld, auf das wir uns hier konzentrieren, sind in beiden Ländern die hierarchischen Strukturen das Medium, das Macht kanalisiert.

Externale Autorität heißt, dass Macht grundsätzlich als eine Instanz empfunden wird, die dem Individuum gegenübersteht – also »außerhalb«. Das Verhältnis zu dieser Instanz kann sehr unterschiedlich aussehen: von sehr großer Nähe und Anerkennung bis hin zu totaler Ablehnung, von Identifikation bis Kampf über die Stufe der Verhandlung. Autorität wird jedoch nur dann ernst genommen und anerkannt, wenn sie durch eine Person mit einer entsprechenden hierarchischen Funktion auch tatsächlich hier und jetzt repräsentiert und ausgeübt wird (siehe »personorientierte Rationalität«). Wenn Autorität als vorwiegend external erlebt wird, gibt es keinen besonderen Anlass, abstrakte Regeln oder Gesetze zu befolgen. Sie werden bei der Zielerreichung eher als Einschränkungen angesehen, die es möglichst elegant zu umgehen gilt. Entscheidungsmacht ist in der Hierarchiespitze stark konzentriert. Sitzungen werden als Erweiterung der informellen Kommunikation gesehen und dienen dem Abstecken der Positionen, dem Sammeln von Informationen, nicht notwendigerweise der Entscheidung (siehe auch »Dissensorientierung«). Entscheidungen werden von den Verantwortlichen allein getroffen. Sie werden nur auf Nachfrage begründet (vgl. »impliziter Kommunikationsstil«), und es ist üblich, dass Einwände von Betroffenen erst nachträglich, im Zuge der Umsetzung, eingebracht werden können, am besten beiläufig in einem Zwiegespräch mit dem Vorgesetzten oder einem seiner Vertreter. Es wird weiterhin als die Aufgabe der Entscheider angesehen, die Mitarbeiter durch direkten Kontakt oder durch entsprechend bestellte Vertreter zur Ausführung dieser Entscheidungen zu bewegen und sie dabei zu kontrollieren und in ständigem Kontakt mit ihnen zu bleiben. Die Führungsspanne (Anzahl der geführten Mitarbeiter) ist dabei notwendigerweise gering (Lane 1989; Lutz 1976; Maurice et al. 1982). Dadurch sind häufig viele Hierarchieebenen notwendig, über die hinweg unvermeidbar eine mehrfache Brechung der ursprünglichen Entscheidung eintritt, da auf jeder Ebene Anpassungen an die jeweiligen Bedingungen vorgenommen werden (müssen). Die Trennung zwischen Management (Cadres) und der ausführenden Ebene ist sehr strikt. Eine Delegation von Entscheidungen auf die jeweiligen untergeordneten Ebenen würde als Führungsschwäche angesehen und wird daher vermieden (Horovitz 1978; Maurice et al. 1979; Pfohl u. Buse 1997).

In einem System mit stärkerer internaler Autorität, wie es sich in der deutschen Kultur historisch herausgeformt hat, werden organisationale Ziele und Werte dagegen letztlich dadurch wirksam, dass sie zum eigenen, inneren Referenzpunkt des Mitarbeiters geworden sind. Dies geschieht durch konsensorientierte Überzeugung und Verhandlung (siehe »Konsensorientierung«). In Deutschland werden Plattformen geschaffen, wie zum Beispiel Besprechungen, Arbeits- und Projektgruppen, runde Tische, in denen Entscheidungen von allen Anwesenden vorbereitet und getroffen wer-

den. Die Ansicht ist, dass Entscheidungen von allen getragen, das heißt
konkret, dass sie so umgesetzt werden, wie sie gemeinsam verabschiedet
wurden, wenn die Betroffenen vorher einbezogen worden sind. Die Einhaltung von Vereinbarungen und das Erreichen von Zielen muss dadurch
nachher nicht mehr kontinuierlich kontrolliert werden, denn sie sind ja das
Anliegen des Einzelnen selbst. Dadurch können die Hierarchien flacher
sein und die Führungsspannen größer (Lutz 1976; Maurice et al. 1982). Es
wird nicht nur die Ausführung von Aufgaben, sondern auch Entscheidungsverantwortlichkeit delegiert, wenn dies sachlich sinnvoll erscheint
(siehe »sachorientierte Rationalität«). In einem System mit einer eher externalen und konzentrierten Autorität ist der Aufwand der Umsetzung
groß, nachdem die Entscheidung vom Verantwortlichen gefällt worden ist.
In einem System mit einer eher internalen und verteilten Autorität dagegen
ist der Aufwand groß, überhaupt erst einmal zu einer Entscheidung zu
kommen.

Sowohl Jacques wie auch Helmut finden sich in ihrem Vorurteil bestätigt,
dass der Andere sehr an die Hierarchie glaubt. Jacques denkt dies erstens, weil
Helmut neben dem Machtzentrum sitzt und keine Informationen weiterzugeben scheint, und zweitens weil er eine neue Führungsfunktion in Frankreich einführen will; statt Konflikte im Gespräch miteinander zu lösen, wird
eine Machtlösung gefunden. Helmut hat den gleichen Eindruck, weil Jacques
die E-Mail an Bernd schickt und nicht an ihn, der sich doch um diese Fragen
zu kümmern hat. Die Trennung fachlicher und hierarchischer Verantwortung funktioniert in einer Kultur wie der französischen – und die anderer
südeuropäischer Kulturen – eigentlich bestenfalls dann, wenn es keine Unsicherheiten oder Krisenfaktoren gibt. Sonst ist diese in Matrix- oder Projektorganisationen häufig auftretende Unterscheidung durch die grundlegende
Hierarchie aufgehoben (Laurent 1985). Jacques fühlt sich durch die steigende strukturelle Unsicherheit (als Kontextfaktor) nicht so sehr als Projektverantwortlicher, sondern mehr als Chef des französischen Standorts angesprochen. Da es in seinen Augen nicht mehr um die Abwicklung einer
Routineaufgabe, sondern um eine grundlegende strategische Angelegenheit
geht, ist für ihn ganz automatisch Bernd – nicht Helmut – sein Ansprechpartner. Jacques erwartet, dass Bernd aus seiner Position heraus die Entscheidungen trifft. Die Delegation an Helmut erfährt er entweder als Führungsschwäche oder als taktischen Zug, um ihm wiederum implizit etwas über die
(sinkende?) Bedeutung des französischen Standorts mitzuteilen (siehe »impliziter Kommunikationsstil«). Jacques muss aber die Verantwortung für seinen Standort wahrnehmen können, wenn er seiner Position gerecht werden
soll. In diesem (in seinen Augen) instabil gewordenen Machtgefüge kann er
weder Entscheidungen von Helmut akzeptieren noch kann er glauben, dass
Bernd es ernst meint, dass sie die Reorganisationsentscheidungen gemein-

sam treffen würden. Bernd kümmert sich wiederum um nichts; was in dessen Augen bedeutet, dass er erfolgreich delegiert hat. Helmut schließlich kommt aus dem Tritt, weil er wie selbstverständlich bei den Routineaufgaben von der automatischen Wirksamkeit internaler Autorität bei Jacques ausgeht. Dies ist jedoch ein Trugschluss.

 ## Entscheidungsprozesse: Dissensorientierung – Konsensorientierung

Der Dissens, das heißt das Herausstellen von unterschiedlichen Meinungen, ist ein französischer Weg der Konfliktbearbeitung, aber auch der kreativen Lösungsfindung angesichts der Paradoxa starker Hierarchien und weiter Netzwerke. Dissens drückt sich im Kommunikationsverhalten und im Handeln aus. In der Kommunikation entstehen lebhafte Diskussionen, in denen die Sprache und ihre vielen Nuancen gleichzeitig die Kontroverse unterstreichen, wie auch die Beziehungsebene pflegt (siehe »personorientierte Rationalität«). Auf der Handlungsebene bringt der Dissens oft Aktionen hervor, die zum Zweck haben, die Beteiligten zu überraschen – manchmal auch durch eine momentane Verschärfung des Konflikts. Der Ausdruck von Dissens wird sehr häufig von Franzosen dann ausgelebt, wenn die Beziehungen bereits Tragfähigkeit bewiesen haben. Wenn dies nicht der Fall ist, werden die Möglichkeiten der impliziten und indirekten Kommunikation ausgereizt. Anders dagegen der Stil der deutschen Konsensorientierung. Hier wird versucht, alle Betroffenen im Vorfeld einzubeziehen und bei Bedarf auch Experten und Berater hinzuzunehmen. Wichtig ist, dass der Entscheidungsprozess eine gewisse Transparenz hat und alle ihre Meinung einbringen konnten. Nur so erscheint eine Identifikation mit den Entscheidungen und damit die Motivation für deren Umsetzung gegeben.

Jacques würde durchaus erwarten, dass sein Chef und sein Kollege ihm gegenüber – zumindest implizit (siehe »impliziter Kommunikationsstil«) – Unmut darüber äußern, dass er die Zahlen noch nicht beigebracht hat. Er würde dies dann als Ansatzpunkt nutzen, um wiederum seinen Missmut über die Situation auszudrücken. Doch dazu kommt es nicht, denn Bernd und Helmut denken tatsächlich daran, gemeinsam eine Lösung zu finden und zu entscheiden. Doch zuvor muss die in ihren Augen im Konsens getroffene Entscheidung den Jahresbericht herauszubringen bewältigt werden. Nachdem Jacques die Lage als brisant einschätzt, überlegt er jedoch bereits ernsthaft, wie er einen für die Deutschen noch unvorhergeseheneren Sprung machen kann, der ihn besser positioniert als bisher und sie gleichzeitig endlich dazu zwingt, ihrerseits Farbe zu bekennen.

Historische Rahmenbedingungen für die Entwicklung der Kulturstandards

Unser auf realen Ereignissen basierendes Fallbeispiel und seine Analyse machen markante verdeckte Unterschiede im Denken, Handeln und Kommunizieren zwischen Jacques und seinen deutschen Kollegen deutlich. Frankreich ist tatsächlich das europäische Land, in dem deutsche Fach- und Führungskräfte mit Abstand am häufigsten scheitern, und das in einem Ausmaß, das nur vergleichbar ist mit der Problemquote in der Zusammenarbeit mit fernöstlichen Ländern (Bittner u. Reisch 1997). Diese Tatsache trifft nur diejenigen unerwartet, die geographische und kulturelle Nähe gleichsetzen oder automatisch eng verbunden sehen. Doch im deutsch-französischen Verhältnis ist die Korrelation zwischen diesen beiden Faktoren eher gering, und dies beinahe unabhängig von jeweils herangezogenen Vergleichskriterien.

Warum ist das so und warum wird das in absehbarer Zeit auch weiterhin so bleiben? Noch heute funktionieren die Bildungssysteme als ganz besonders sozialisationswirksame Institutionen nach ganz unterschiedlichen Spielregeln (Lasserre et al. 1997; Lutz 1976; Maurice et al. 1982; Picht 1994). Stabile Ausprägungen der Kulturstandards sind damit schon vor dem Eintritt ins Berufsleben vorhanden (Molz 1994). Des Weiteren ist auch heute noch das Verhältnis von Politik und Wirtschaft und ihr jeweiliger Aufbau kaum zu vergleichen (Ammon 1989; Lasserre et al. 1997). Selbst heute wird Literatur, gerade Fachliteratur, wenig oder nur unter großen zeitlichen Verzögerungen über die romanisch-germanische Sprachgrenze hinweg übersetzt und gleichzeitig wird auch noch auf beiden Seiten die Sprache des wirtschaftlich und politisch bedeutendsten Nachbarlands von immer weniger Personen erlernt. Die eminente wirtschaftliche und politische Verflechtung mit ihrer vorläufigen Krönung durch eine gemeinsame Währung erweist sich deshalb genauso wenig als einschlägiges Gegengewicht wie die verschiedenen Austausch- und Begegnungsprogramme. Auf die Gesamtbevölkerung bezogen sind diese eher ein Rinnsal. Die meisten unterstützen außerdem interkulturelles Lernen auf der handlungsrelevanten Ebene nicht gezielt.

Die aktuelle Lage wiederum ergibt sich natürlich nahtlos aus den historischen Entwicklungen. Auch und gerade in den deutsch-französischen Beziehungen ist es nicht müßig zu betonen, dass die historische Verwurzelung von Kulturstandards keine alleinige Angelegenheit der Geschichte des 20. Jahrhunderts ist. Die kulturprägenden historischen Entwicklungen sind in Frankreich und Deutschland schon viel länger ausgesprochen gegensätzlich verlaufen. Der wechselseitige Einfluss war durch die geographische Nähe und eine territorial-demographische Ebenbürtigkeit zwar unausweichlich stark. Doch führte diese Situation häufig zu Machtkämpfen und militärischen Auseinandersetzungen, die Abgrenzung und Eigenständigkeit mehr verstärkten als sich die Unterschiede durch kulturelle Diffusion wieder hätten abmildern können.

Ein Vorstellung von den historischen Kontexten, in denen sich nationalkulturelle Kulturstandards herausgebildet haben, erweist sich grundsätzlich als sehr hilfreich für den Umgang mit den ganz konkreten Auseinandersetzungen von heute (Demorgon 1998; Pateau 1996). Zum einen wird nämlich dadurch verständlich, dass diese Kulturstandards sinnvolle Anpassungen an bestimmte dominante Situationstypen waren (und diese häufig ihrerseits wieder verstärkten). Zum anderen sind die dadurch entstandenen gesellschaftlichen Strukturen die Grundlage für die weiteren Entwicklungen gewesen und damit auch heute noch in bestimmten Formen vorhanden.

Um die oben genannten Kulturstandards als Ergebnis langfristiger historischer Prozesse und Strategien in der gegebenen Kürze verständlich zu machen, gehen wir von zwei allgemeinen Hypothesen aus.

Erste Hypothese: Einheit und Vielfalt bei der Nationenbildung

Die besondere Stabilität bestimmter Kulturstandards einer Nationalkultur auch unter den heutigen zum Teil stark veränderten Rahmenbedingungen lässt sich nur erklären, wenn in verschiedenen Bereichen (Politik, Wirtschaft, Religion, Bildung etc.) einer nationalen Kultur bei aller Komplexität und Widersprüchlichkeit über lange Zeit und insbesondere im Modernisierungsprozess gleichgerichtete oder aber komplementäre Entwicklungen erfolgt sind (Elias 1990; Elias 1976; Münch 1986; Demorgon 1998; Demorgon 1996).

In Frankreich lässt sich hier eine dominante Entwicklung von ursprünglich sehr großer anthropologischer Heterogenität (in Familienstruktur und Sprache, Todd u. LeBras 1981) durch strategische Expansion und Unterwerfung hin zu bedeutender nationalkultureller Homogenität in allen relevanten Bereichen feststellen. Frankreich war schon in vorrevolutionären Zeiten ein zentralisierter Staat mit effektiven Verwaltungs-, aber auch Unterdrückungsmechanismen nach innen. Dieser zentralistische Machtapparat bedeutet gleichzeitig eine ferne Autorität für den Großteil der Bevölkerung, die hingenommen wurde, solange sie sich stark zeigte, die umgangen und bekämpft wurde, wenn sie angreifbar erschien.

In Deutschland verdeckt eine bis heute nachwirkende politisch-administrative Heterogenität regionaler Partikularismen eine zugrunde liegende anthropologische Homogenität (Todd 1990). Deutschland war im europäischen Vergleich eine »verspätete Nation« (wie auch Italien), die ihre Einigkeit erst im ausgehenden 19. Jahrhundert finden konnte, und dies durch einen Krieg nach außen – gegen Frankreich! Die längste Zeit waren also kleinräumige Gesellschaftsstrukturen vorherrschend.

Wir wollen nun zentrale Entwicklungen in den verschiedenen gesellschaftlichen Bereichen und deren Auswirkungen auf die Genese der deutschen und der französischen Nationalkultur andeuten. Dabei gilt es zu beachten, dass die Bereiche analytische Kategorien sind und gerade in historisch weiter zurückliegender Zeit in dieser Form institutionell nicht getrennt waren.

Religion: Frankreich wurde als »die älteste Tochter der Kirche« bezeichnet, war also sehr früh vollständig christianisiert. Die katholische Kirche blieb im französischen Reich durch die Jahrhunderte allein bestimmend mit ihrer apostolischen Ableitung klerikaler Hierarchie, die den fern gerückten, aber gütigen Gott vertritt (durch Beichte, Vergebung bis hin zum Ablasshandel). Gegen andere religiöse Einflüsse wurde immer gewaltsam vorgegangen. Der Franke Charles Martel wehrte 732 die Invasion der Araber im späteren französischen Kernland ab. Die Katharer in Südfrankreich wurden Ende des 12. Jahrhunderts per Inquisition als Ketzer verfolgt und ihre eigenständige, in voller Blüte stehende Kultur in einem Kreuzzug vollständig aufgerieben. Die Hugenotten wurden im 16. und 17. Jahrhundert massiv verfolgt, lediglich unterbrochen durch das Toleranz-Edikt von Nantes, das nur zwei Generationen lang aus rein politischem Kalkül wirksam war. Als es von Ludwig XIV. 1685 aufgehoben wurde, gingen bis zu 300 000 Hugenotten ins Exil. Viele von ihnen waren markanterweise maßgeblich am Aufbau des preußischen Staates beteiligt. Zeitweilig waren ein Viertel der Einwohner Berlins französische Hugenotten!

In Deutschland fand die Christianisierung dagegen zunächst nur in den Teilen statt, bis zu denen das Römische Reich vordringen konnte. In den anderen Gebieten wurde der jeweilige Stammeskult weitergeführt. Im 16. Jahrhundert führte die von Deutschland ausgehende Reformation wiederum zu einer religiösen Vielfalt. Der Augsburger Religionsfriede von 1555 fixierte das Prinzip »Cujus regio, eius religio« – die Bevölkerung hatte die Konfession ihres regionalen Fürsten anzunehmen. Es konnte dadurch vorkommen, dass einzelne Personen zu Lebzeiten mehrfach die Konfession wechseln mussten. Der Anspruch auf Vertretung der absoluten Wahrheit relativierte sich dadurch deutlich. Der Protestantismus konnte sich in Deutschland als bedeutende, aber nicht ausschließliche Kraft etablieren (zumal er selbst wieder in verschiedene Richtungen zerfiel). Eines seiner zentralen Merkmale ist die Unvermitteltheit in der Beziehung zwischen Mensch und Gott. Dadurch wird das klerikale Vermittlungsmonopol aufgelöst. Der Gläubige ist direkt seinem individuellen Gewissen überantwortet. Das von Martin Luther proklamierte »Priestertum aller Gläubigen« sowie die demokratischen Strukturen der protestantischen Gemeinde, in der die geistliche Macht von der Gemeinde beauftragt wird, wurden in Deutschland prägend.

Politik und Verwaltung: Das heutige französische Territorium wurde durch Eroberung und Niederwerfung vollständig in das Römische Reich eingebunden (während dies für das heutige deutsche Gebiet nur südlich der Donau und westlich des Rheins der Fall war). Schon bei Cäsar war von der Rheingrenze die Rede, die unterschiedliche Völker scheiden würde. Nach dem Niedergang des Römischen Reichs übernahm unter den Merowingern die Kirche in Frankreich fast unverändert die noch vorhandenen römischen Verwaltungsstrukturen. Mit der Aufteilung des Reichs von Karl dem Großen (französisch »Charlemagne«) und dem weiteren Zerfall der Teile entstanden rivalisierende Fürstentümer (darin liegt letztlich auch der politische Ursprung der Trennung von Deutschland und Frankreich). In großen Schritten konnten jedoch die Dynastien der Ile de France (Pariser Raum) durch gewonnene Kriege und kluge Heiratspolitik ihren Einfluss ausdehnen. Als Frankreich annähernd seine heutige territoriale Gestalt angenommen hatte, gab es in Deutschland noch über 350 Kleinstaaten (mit jeweils eigenen Maßen, Münzen, Steuern, Politiksystemen etc.). Um das groß gewordene französische Territorium kontrollieren zu können und das Entstehen von Zentren von Gegenmacht zu unterbinden, entwickelte der Königshof ein »Umlaufsystem« für die Adeligen. Nach einer Zeit in der Provinz lebten diese wieder am Hof. Der Königshof, später dann in der Pracht von Versailles, konnte so unangefochten das politische und kulturelle Zentrum werden und bleiben. Die politische Zentralisierung wurde durch die Französische Revolution nicht etwa abgeschwächt, sondern administrativ und im Lauf der Industrialisierung infrastrukturell auch noch verstärkt. Erst in den achtziger Jahren des 20. Jahrhunderts wurden die Nachteile dieser extremen Zentralisierung als so schwerwiegend wahrgenommen, dass Dezentralisierungsmaßnahmen eingeleitet wurden.

Ganz anders in den deutschen Landen (Plural!): Hier wurde der Kaiser von den Fürsten gewählt und reiste selbst von einer Pfalz zur anderen. Er war dadurch abhängig von seinen Untergebenen, politisch äußerst schwach und es konnte sich kein mächtiges politisches Zentrum herausbilden. In Deutschland waren bis weit ins 19. Jahrhundert hinein die regionalen Partikularismen stärker als die einigenden Kräfte, weshalb es Invasionen, wie im Dreißigjährigen Krieg oder durch Napoleon, nichts entgegensetzen konnte. Der französische Königshof hatte dagegen so große Ausstrahlungskraft, dass er an den deutschen Höfen im Kleinformat kopiert wurde, dort aber immer durch selbst gewählte Abkapselung und auch durch die jeweils sehr beschränkte Größe im Kontrast zum Lebensstil der sonstigen Bevölkerung blieb. Die sozialen Schichten funktionierten also bis zum Ende des 19. Jahrhunderts nach unterschiedlichen Idealen, die sich kaum vermischten (Elias 1990). Beide Phänomene, die geographische Zersplitterung und die hermetische Trennung der sozialen Schichten, führten zu einer großen Vielfalt von Milieus.

Wirtschaft: Die französische Wirtschaft stand seit jeher unter der Kuratel der zentralistischen Politik. Die Industrialisierung erfolgte dementsprechend sehr langsam, über mehr als ein Jahrhundert hinweg, bis in die Zeit nach dem Zweiten Weltkrieg hinein. Von den ersten Manufakturen des Königs über den Colbertismus bis zur staatlichen Hochtechnologieplanung und Atomenergiestrategie der Nachkriegszeit zieht sich die Anwendung von strategisch geplanter und von oben nach unten gesteuerter Wirtschaftspolitik hin (Ammon 1989). Der politische Zentralismus findet ein Abbild in die Verkehrsinfrastruktur, die vom ganzen Land sternförmig auf Paris ausgerichtet ist. Dieses Modell reproduziert sich heute mit dem Bau der Hochgeschwindigkeits-Zugstrecken – nur leicht modifiziert – ein weiteres Mal.

Die Industrialisierung erfolgte in Deutschland im Lauf von nicht einmal zwei Generationen. Das hatte einen enormen gesamtgesellschaftlichen Umbruch zur Folge und eine soziale Spaltung zwischen den Gewinnern und den Verlierern dieses Prozesses. Das deutsche Bürgertum konstituiert sich in zwei Gruppen: auf der einen Seite das großindustrielle, reiche und machtvolle Bürgertum, das die Nähe zur Politik suchte, und auf der anderen Seite der ursprünglich regional verankerte, aus der jeweiligen Ständeverfassung hervorgegangene Mittelstand, der noch heute die wesentliche Säule der deutschen Wirtschaft bildet.

Bildung und Sprache: In Frankreich wurde das Bildungssystem strategisch genutzt und entwickelt. Ein Ziel war die Reproduktion der staatlichen Spitzenkräfte. Dazu wurden die Grandes Ecoles geschaffen, hoch selektive Elitehochschulen, die beständig bis heute die große Mehrheit des Führungsnachwuchses für Politik, Verwaltung und Wirtschaft hervorbringen (Barsoux u. Lawrence 1991; Götze 1995). Ein anderes Ziel war es, die staatsbürgerliche und sprachliche Einheit herzustellen, nachdem die politische Einheit so weit konsolidiert war. Die Regionalsprachen und Dialekte wurden moralisch abgewertet und innerhalb von wenigen Generationen mit Hilfe massiver repressiver Strategien verdrängt, die über die zentrale Schulpolitik realisiert wurden. Das Ziel, dass alle Franzosen französisch, und möglichst nur französisch, sprechen, wurde so tatsächlich erreicht – aller-

dings erst Anfang des 20. Jahrhunderts. Die Académie Française, ein kleiner
Kreis von 40 Gelehrten, wacht nicht nur seit ihrer Gründung durch Riche-
lieu 1635 über die Reinheit der französischen Sprache, sondern hat sie in
der bekannten Form letztendlich konstituiert und konstruiert.

In Deutschland kann man dagegen bis heute eine lebendige Vielfalt von
Dialekten feststellen. Trotzdem war es die sprachliche Einheit, durch Luthers Bibelübersetzung befördert und sichtbar gemacht, die die Grundlage
für das Bewusstsein eines gemeinsamen Kulturraumes schuf. Die politische
Nation erwuchs jedoch erst sehr viel später daraus und deckte den deutschen Kulturraum auch nie zuverlässig ab. Bildungsfragen sind in Deutschland bis heute Länderangelegenheit. Die hochdeutsche Schriftsprache öffnete zwar den Zugang zur Bildung, der Dialekt war jedoch gleichzeitig der
emotionale und identitätsbildende Anker (und ist dies für viele heute
noch). Auch in diesem Punkt war die Entwicklung in jeder Hinsicht derjenigen Frankreichs diametral entgegengesetzt.

In der französischen Kultur führte diese starke Homogenisierung in
sämtlichen zentralen Bereichen zur Entstehung eines recht einheitlichen
gemeinsamen Kontextes. Jeder Franzose kann unhinterfragt davon ausgehen, dass er ihn mit anderen Franzosen teilt. Damit ist es praktisch, angenehm und häufig ausreichend, assoziativ mittels Andeutungen, Chiffren,
Abkürzungen zu kommunizieren oder Situationen für sich sprechen zu lassen (Hall u. Hall 1984a, 1990). Kulturen, die implizite, kontextbezogene
Kommunikation betonen (siehe »impliziter Kommunikationsstil«), sind
für Personen anderer Herkunft besonders schwierig, da die Sozialisation in
einen solchen impliziten Kontext praktisch nicht nachgeholt werden kann
und gleichzeitig nur wenig explizite Hinweise auf die geltenden Regeln und
Interpretationen bestehen (Smith 1999; Smith u. Peterson 1996).

Die deutsche Kultur gehört dagegen zu den Weltmeistern der expliziten
und direkten Kommunikation (siehe »expliziter Kommunikationsstil«).
Dies lässt sich aus der starken regionalen Differenzierung in allen wichtigen
gesellschaftlichen Bereichen erklären, kombiniert mit der Jahrhunderte
lang wirksamen Notwendigkeit eines guten Teils einer jeden Generation,
ihr Glück woanders als am Herkunftsort zu suchen. Dies ist typisch für die
in den deutschen Ländern einstmals vorherrschende inegalitäre Stammfa-
milie, in der der älteste Sohn den ganzen Hof erbt und die anderen Kinder,
wenn sie denn heiraten wollen, sich ihre Existenz woanders von Grund auf
selbst aufbauen müssen (Todd 1990; Demorgon 1996).

Zweite Hypothese: Zusammensetzung der Schichtung von Gesellschaftsformationen

Es haben sich in der Menschheitsentwicklung bisher vier grundlegende Gesellschaftsformationen herausgebildet (Demorgon 1996):
- Stammesgesellschaften (aus Gründen der Vereinfachung unterscheiden wir hier nicht zwischen nomadisierenden Jägern und Sammlern beziehungsweise Hirten und den sesshaften Ackerbauern),
- royalistisch-imperialistische Reiche,
- bürgerlich-wirtschaftsorientierte Nationalstaaten
- und zuletzt die aktuell entstehende globale Wissensgesellschaft.

Jede heutige Kultur besteht aus Schichten aller dieser Formationen. Der Unterschied besteht in der jeweiligen »Dicke«, das heißt ihrer Bedeutung, die mit der historischen Dauer und Wirksamkeit als zentralem Organisationsprinzip und dem zeitlichem Abstand von heute aus gesehen zusammenhängt. Eine hinzuwachsende neue Schicht verwächst zwangsläufig immer mit der vorhandenen Grundlage. Von den letzten 1 000 Jahren Geschichte war Frankreich ganz besonders von einer royalistisch-imperialistischen Formation geprägt, während in Deutschland stammesgeschichtliche und bürgerliche Einflüsse in der Bedeutung überwogen und sich miteinander verwoben.

In Frankreich dauerte die royalistisch-imperialistische Epoche ausgesprochen lange an und der Eintritt in das Zeitalter des bürgerlichen marktwirtschaftlichen Nationalstaats geschah eher spät und langsam. Gerade die einflussreichen und damit gesellschaftlich prägenden Bürgerlichen übernahmen die Einstellungen und Haltungen der höfischen Menschen durch engen Kontakt mit ihnen, zum Beispiel in den Salons (Bürgerliche konnten auch in vorrevolutionären Zeiten bereits Minister werden). Das Verständnis des höfischen Systems (Elias 1969) ist damit auch heute noch ein ganz besonderer Schlüssel für das Verständnis der französischen Kultur im Allgemeinen.

Am französischen Königshof war die soziale und häufig auch die wirtschaftliche Existenz vollständig und ohne Ausweichmöglichkeit von der Gunst des Königs und seiner Entourage abhängig. Der wiederum verteilte seine Aufmerksamkeit und seine Ressourcen strategisch so, dass die einzelnen Akteure und Interessengruppen sich untereinander in Schach hielten und ihm kein Rivale und keine Gegenmacht erwuchs. Jeder hatte zu jedem Zeitpunkt einen bestimmten Rang unterhalb des Königs. Allerdings war dieser durch die Schwankungen in der Gunst immer gefährdet. Wenn jemand in der Gunst stieg, fiel notwendigerweise gleichzeitig auch jemand anderes.

An den Rang waren soziale Existenz und personale Identität unmittelbar gekoppelt. Die strikt festgelegte Etikette diente als Instrument für diese soziale
Kontrolle und Differenzierung. Die Aufmerksamkeit war so ständig auf jede
kleine Geste gerichtet, denn jede minimale Abweichung, zum Teil auch nur
als Vermutung, konnte dramatische Folgen für die eigene Existenz haben.
Einfach alles konnte Gunstbeweis oder Gunstentzug bedeuten. Jeder stand
ohne Möglichkeit privaten Rückzugs praktisch 100 Prozent seiner Zeit unter
der Beobachtung der anderen. Menschenbeobachtung, Selbstkontrolle (sie-
he »personorientierte Rationalität«) und Überblick (siehe »globales Denken
beim Problemlösen«) waren unter diesen Bedingungen elementare Überle-
bensmittel. Sie wurden entsprechend stark entwickelt und ausdifferenziert.
Je besser die eigenen Absichten kaschiert und die der anderen unbemerkt
exploriert werden konnte, desto leichter konnte ein Vorteil in Rang und Ansehen errungen werden. Dies geschah auf (und hinter) den vielfältigen ge-
sellschaftlich-kulturellen Ereignissen am Hof. Ein Beruf ausgeübt wurde
nicht. Bis in das 21. Jahrhundert hinein war dezidiert profitorientierte Wirt-
schaftstätigkeit in der Wertehierarchie dementsprechend weit unten angesiedelt, während es wichtig war, distinguiert, interessant und unterhaltsam zu
sein (Elias 1969) und ein äußerst feines Gespür für die persönliche Wünsche,
Schwächen und Stimmungen des Gegenübers zu haben (siehe »personorientierte Rationalität«). Allianzen und Intrigen wechselten sich ab, die unver-
rückbare Bedeutung der Hierarchie blieb (siehe »externale konzentrierte Autorität«).

Der absolutistische Königshof bestand also aus einem weit verzweigten,
für den Einzelnen unausweichlichen sozialen Netzwerk mit starker Kon-
kurrenz um das Prestige der höheren Plätze in der einen steilen, fein abge-
stuften Hierarchie. Dadurch prägte sich eine personorientierte Rationalität
(siehe Beschreibung dieses Kulturstandards) aus, die ganz durch Gefallen,
Ansehen, Gunst und Ehre motiviert war. Sie drückte sich durch einen nu-
ancierten, konversationstauglichen, schnellen, dialogischen, gezielt mehr-
deutigen Kommunikationsstil (siehe Beschreibung dieses Kulturstandards)
aus. Dadurch, dass immer mit vielen Bällen zu jonglieren war (das heißt
ständig wechselnde Beziehungs- und Interessenkonstellationen) und im-
mer die eigene Existenz auf dem Spiel stand, ging kein Weg an einer
globalen und strategischen Denkweise (siehe Beschreibung dieses Kulturstandards) und einer stark simultanen Handlungsorganisation (siehe Beschreibung dieses Kulturstandards) vorbei. Der Königshof wurde in seiner
»Gloire« im Rest des Landes einerseits als Modell und Wunschbild gesehen,
andererseits aber auch als ferne, entrückte Autorität, die durch den Einfluss
der lokalen Statthalter auf das eigene Leben als äußerlich, ungerecht und
unangemessen empfunden wurde. Dadurch entstand eine Dialektik von
Erdulden und Aufbegehren, ein Schwanken zwischen »gute Miene zum bö-

sen Spiel machen« und eine Revolution anzetteln (siehe »externale konzentrierte Autorität«). Als Korrektiv zu einer lastenden, aber als unvermeidlich angesehenen Hierarchie ist davon eine bis heute manchmal kompromisslos erscheinende Dissensorientierung (siehe Beschreibung dieses Kulturstandards) geblieben.

Auf deutschem Territorium kann die chronische Kleinstaaterei als eine Verlängerung ursprünglicher stammeskultureller Traditionen und Partikularismen betrachtet werden, die nur sehr wenig durch die chronisch schwache kaiserliche Gewalt überlagert wurde. Diese lokale Verbundenheit förderte die Identifikation mit der Autorität (siehe »internale verteilte Autorität«). Allerdings gab es in der deutschen Geschichte fast regelmäßig traumatische Brüche und Verwerfungen, vom Dreißigjährigen Krieg über Napoleons Invasion, eine schnelle, massive industrielle Revolution bis zum Desaster der zwei Weltkriege. Jedes Mal spielte dabei ein Aufeinanderprallen verschiedener Gesellschaftsformationen eine zentrale Rolle, womit Deutschland in eine mehrmals sehr kritische Pendelbewegung zwischen mythischen Stammesidentitäten und bürgerlichem Nationalstaat ohne politisch begründete Identität geriet. Darin liegt vermutlich auch das Bedürfnis nach Sicherheit und das besondere Interesse für feste Strukturen und Regeln begründet (siehe »regelorientiertes Denken«). Letztendlich hat sich in Deutschland der moderne bürgerliche wirtschaftsorientierte Habitus also auf der Grundlage regionaler, die Stammeskulturen verlängernder Strukturen entwickelt. Diese überschaubaren Gemeinschaften ermöglichten und erforderten das Konsensprinzip (siehe »Konsensorientierung«). Nur so ließen sich die im Überlebenskampf nötigen konzertierten gemeinschaftlichen Aktionen bewältigen. Sie verlangten außerdem eine klare Aufgabenverteilung in Gruppen. In der industriellen Produktion, die Deutschland viel eher und viel breiter erfasst hat, ist ebenfalls die Sachorientierung dominant. Marktgeschehen, Arbeitsmobilität, Verbürgerlichung und Verstädterung führen außerhalb der Familie zu flüchtigeren, beschränkteren und zweckgebundeneren zwischenmenschlichen Kontakten. Die eigenen (Wirtschafts-)Interessen müssen deutlich artikuliert und durch materielle Arbeit, also Bewältigung der dinglichen Umwelt, erreicht werden (siehe »Sachorientierung bei der Aufgabenbewältigung«).

Mögliche Verallgemeinerungen auf Kulturstandards in anderen Nationalkulturen

Aus der Betrachtung der Unterschiede und Verquickungen der deutschen und der französischen Kulturgeschichte, so holzschnittartig sie hier auch bleiben musste, kann zumindest deutlich werden, warum geographische Nähe nicht notwendigerweise kulturelle Ähnlichkeit bedeutet. Inwiefern lassen sich französische Kulturstandards vor ihrem spezifischen historischen Hintergrund jedoch trotzdem in anderen Ländern wieder finden?

Verallgemeinerungen können nur entlang definierter Kriterien versucht werden. Je nach gewähltem Kriterium können die entstehenden »Familienähnlichkeiten« jedoch ganz unterschiedlich ausfallen. Ein unreflektiertes Kulturraumdenken ist dabei wenig hilfreich, da es bei genauer Betrachtung auf dem einzigen Kriterium der Sprachähnlichkeiten in einer Sprachfamilie beruht. Frankreich kann jedoch schwerlich in jeder Hinsicht als Prototyp für die romanischen Länder herhalten; zu spezifisch war die Genese der französischen Nationalkultur. Dennoch sehen wir wenigstens drei Möglichkeiten der Verallgemeinerung der Erkenntnisse, die sich aus einer Beschäftigung mit den Besonderheiten der französischen Kultur ergeben:

– Verallgemeinerung auf Länder, die ebenfalls einen besonders homogenen Kulturraum zu schaffen vermochten.
– Verallgemeinerung auf Länder, die ebenfalls Erben einer lange Zeit (aus ihrer Warte) erfolgreichen royalistisch-imperialistischen Tradition sind.
– Verallgemeinerung auf Länder, die genauso stark durch den Katholizismus geprägt wurden.

Es erscheint uns wichtig zu verdeutlichen, dass keines dieser Kriterien zu einer ausschließlich sprachlich-kulturraumbezogenen Verallgemeinerung Anlass gibt.

Homogene Kulturräume

Je stärker und länger in einem Land eine religiöse, politisch-administrative, wirtschaftliche und sprachliche Homogenität geschaffen und erhalten werden konnte, desto impliziter und kontextbezogener wird der bevorzugte Kommunikationsstil sein (Demorgon 1996). Das trifft neben Frankreich für Portugal zu, das als eines der ersten europäischen Länder seine noch heute existierende geographische Gestalt fand. Aber auch in Japan entstand nach den extremen Kämpfen und Zerreißproben des Mittelalters ein sehr homogener, jahrhundertelang abgeschotteter Kulturraum, ermöglicht nicht zuletzt durch die Insellage. In Spanien und Großbritannien dagegen ist dies, bedingt durch den starken traditionellen Regionalismus, nur recht eingeschränkt der Fall. In Italien wiederum konnte sich das Erbe des Römischen Reichs (Ästhetizismus, religiöse und sprachliche Einheit) trotz der späteren lang andauernden politischen Zersplitterung (und der wie in Deutschland späten Nationenbildung) als kulturelle Selbstreferenz tatsächlich bis heute erhalten (Hennig 1996), auch wenn die regionale Gliederung und insbesondere das Nord-Süd-Gefälle ebenfalls sehr bedeutsam sind.

Erben imperialistischer Reiche

Nationen, die wie die französische direkt aus einer sich jahrhundertelang reproduzierenden royalistisch-imperialistischen Gesellschaftsformation hervorgegangen sind, teilen bei aller Variationsbreite bestimmte grundlegende Merkmale wie starke soziale Hierarchie und Kontrolle, ferne (und damit als äußerlich erlebte) Autorität, zentrale Bedeutung der Personorientierung und eine universalistische Weltsicht. Dies trifft unmittelbar auf Spanien, Portugal und Großbritannien zu, als Erbe des Habsburger Reichs auch auf Österreich und als Erbe des Osmanischen Reichs auch auf die Türkei. Auch im Fernen Osten gibt es mit China, Japan und Java prominente Beispiele. Zu beachten ist, dass für Italien diese Einflüsse aus den Zeiten des Römischen Reichs viel weiter zurückliegen als für die anderen genannten Länder. Sie sind dort durch andere Phasen (z. B. die der Stadtstaaten, in denen sich Frühformen des Kapitalismus bilden konnten) vielfach gebrochen worden. Zur Bewältigung insgesamt recht wechselhafter gesellschaftspolitischer Bedingungen wurde der italienische »Familismus« zu einem zentralen kulturellen Organisationsprinzip (Hennig 1996), der dort als Gegenpol oder Unterwanderung der Hierarchien und Bürokratien gesehen werden muss.

Katholizismus

Beinahe vollständig katholische Länder, in denen die Reformation keinen bleibenden Einfluss hatte, sind neben Frankreich Spanien, Portugal, Italien, aber beispielsweise auch Polen oder die südamerikanischen Länder. Dies gilt aber auch für Süddeutschland und Österreich. Diese Gebiete teilen trotz regionaler Anpassungen einen ursprünglich religiös gespeisten Wertekanon (Todd 1990). An der Oberfläche drückt er sich bei kooperativer Arbeit durch das prinzipielle Anerkennen formaler hierarchischer Beziehungen aus, gleichzeitig aber durch ein widersprüchlich erscheinendes Verhältnis zum Umgang mit Regeln. Sie werden einerseits anerkannt und geben Orientierung; gleichzeitig ist es ein »nationaler Sport«, sie zu umgehen. Durch besondere Klugheit oder durch Beziehungsnetze bleibt der Einzelne oft vor den Folgen geschützt. Das Nicht-Einhalten von Regeln ist also eine individuelle Entscheidung, die bewusst getroffen wird. Die »Schuld« wird eher durch den Grad von Regelverletzung und durch die Folgen auf die eigene Gruppe definiert als über allgemeine Rechtsmaßstäbe.

Fazit

Kulturelle Unterschiede an sich stellen kein Problem dar. Die Form des Umgangs mit ihnen dagegen entscheidet über eher krisenhafte oder eher produktive Entwicklungsrichtungen. Kulturelle Besonderheiten und Divergenzen einschließlich ihrer Entstehungshintergründe zu kennen ist deshalb zwar notwendig, aber nicht ausreichend, um mit ihnen konkret auch zurechtzukommen oder sie gar als Ressourcen gezielt nutzen zu können. Dazu bedarf es der Entwicklung und des Einsatzes geeigneter Kooperations- und »Interkulturationsstrategien« (siehe z. B. Scholz 1993). Diese wesentliche Frage sprengt jedoch leider den Rahmen dieser Ausführungen. Nur so viel sei gesagt: Es gibt immer mehr als eine Möglichkeit, mit Unterschieden umzugehen (siehe Bd. 1, Kap. II, 3). Daraus ergeben sich auch bei den Strategien zum Umgang mit den Unterschieden wieder mögliche Unterschiede, ad infinitum ...

Dass dies kein Grund für Pessimismus ist, zeigt dieses Kapitel vielleicht auch aus einem anderen Grund: Es wurde in enger deutsch-französischer Ko-Produktion entwickelt und konnte (nach deutschen Maßstäben!) fristgerecht fertig gestellt werden. Es unterlag dabei im Wesentlichen den gleichen, für das Autorenteam durchaus spürbaren Bedingungsfaktoren, wie sie hier beschrieben worden sind. Wie das Ergebnis hoffentlich zeigt, lassen sie sich fruchtbar meistern. Wie wir auch bezeugen können, haben uns die wechselseitigen Spiegelungen mit der nötigen Selbstironie auch viel Spaß gemacht. Ausschlaggebend für einen produktiven Umgang mit den Gegensätzen ist die Kombination mehrerer Analyse- und Handlungsperspektiven: die allgemeinmenschlichen Grundprobleme (Kommunikation, Problemlösen, Zeitmanagement ...), die mögliche Bandbreite im Umgang mit ihnen (zwischen implizit und explizit, global und spezifisch, simultan und konsekutiv ...), die Ebenen (Person, Organisation, Nation ...), die Bereiche (Wirtschaft, Politik, Bildung ...), die geschichtlichen Bedingungen bei der Entwicklung der Gesellschaftsformationen und die aktuellen Strategien zwischen Reproduktion und Veränderung (Demorgon 1996; Demorgon u. Molz 1996).

Literatur

Hinweis: Zur praxisnahen Vertiefung eignen sich in unseren Augen Barsoux u. Lawrence (1990), Breuer (1996), Hall u. Hall (1984a, 1984b, 1990), Fischer (1996), Lichtenberger u. Naulleau (1993), Pateau (1999) und Strübing (1997), die nicht alle im Text zitiert wurden.
Ammon, G. (1989): Der französische Wirtschaftsstil. München.
Barsoux, J.-L.; Lawrence, P. (1990): Management in France. London.

Barsoux, J.-L.; Lawrence, P. (1991): The making of a French manager. Harvard Business Review 69 (4): 58–67.

Bittner, A.; Reisch, B. (1997): Anforderungen an Auslandsmanager. Erfolgs- und Misserfolgsfaktoren beim Auslandseinsatz. Königswinter.

Breuer, J. P. (1996): Deutsch-französisches Kooperationsmanagement. 2 Bände. Laufen.

Demorgon, J. (1996). Complexité des cultures et de l'interculturel. Paris.

Demorgon, J. (1998): Histoires interculturelles des sociétés. Paris.

Demorgon, J.; Molz, M. (1996). Bedingungen und Auswirkungen der Analyse von Kultur(en) und interkulturellen Interaktionen. In: Thomas, A. (Hg.), Psychologie interkulturellen Handelns. Göttingen.

Elias, N. (1969): Die höfische Gesellschaft. Frankfurt a. M.

Elias, N. (1976): Über den Prozess der Zivilisation. Frankfurt a. M.

Elias, N. (1990): Studien über die Deutschen: Machtkämpfe und Habitusentwicklung im 19. und 20. Jahrhundert. Frankfurt a. M.

Erlinghagen, K. (1996): Nationale Umkultur und typisch geprägte Managementsubkultur Frankreichs. Ein qualitativer Deutungsversuch im Komparation zur deutschen Kultur. Hallstadt.

Fischer, M. (1996): Interkulturelle Herausforderungen im Frankreichgeschäft. Kulturanalyse und interkulturelles Management. Wiesbaden.

Götze, K. H. (1995): Französische Affairen. Ansichten von Frankreich. Frankfurt a. M.

Hall, E. T.; Hall, M. R. (1984a): Verborgene Signale. Über den Umgang mit Franzosen. Hamburg.

Hall, E. T.; Hall, M. R. (1984b): Les différences cachées. Comment communiquer avec les Allemands. Hamburg.

Hall, E. T.; Hall, M. R. (1990): Understanding cultural differences. Yarmouth.

Helmholt, K. v. (1994): Kommunikation in internationalen Arbeitsgruppen. München.

Hennig, C. (1996): Überlegungen zum nationalen Habitus Italiens. SSIP-Texte 2. Hilden.

Horovitz, J. H. (1978): Management control in France, Great Britain and Germany. Columbia Journal of World Business, Summer 1978: 16–22.

Ihrig, F. (1994): Deutsch-Französisches Crossinvestment. Saarbrücken.

Lane, C. (1989): Management and Labour in Europe. The Industrial Enterprise in Germany, Britain and France. Aldershot.

Lasserre, R.; Schild, J.; Uterwedde, H. (1997): Frankreich – Politik, Wirtschaft, Gesellschaft. Opladen.

Laurent, A. (1985): The Cultural Diversity of Western Conceptions of Management. In: Joynt, P.; Warner, M. (Hg.), Managing in Different Cultures. Oslo.

Lichtenberger, B.; Naulleau, G. (1993): French-German joint ventures: Cultural conflicts and synergies. International Business Review 2(3): 297–307.

Lutz, B. (1976): Bildungssystem und Beschäftigungsstrukturen in Deutschland und Frankreich. Zum Einfluss des Bildungssystems auf die Gestaltung betrieblicher Arbeitskräftestrukturen. In: Institut für sozialwissenschaftliche Forschung (Hg.), Betrieb – Arbeitsmarkt – Qualifikation I. Frankfurt a. M.

Maurice, M.; Sellier, F.; Silvestre, J.-J. (1982): Politique d'éducation et organisation industrielle en France et en Allemagne. Essai d'analyse sociétale. Paris.

Maurice, M.; Sorge, A.; Warner, M. (1979): Societal Differences in Organizing Manufactural Units. A Comparison of France, West Germany and Great Britain. IIM-Papers 79–15. Berlin.

Molz, M. (1994): Kulturelle Orientierungen im deutsch-französischen Dialog. Unveröff. Diplomarbeit, Universität Regensburg.

Molz, M.; Zeutschel, U. (2001): Interkulturelle Zusammenarbeit Deutschland – Frankreich. In: Domsch, M. E.; Regnet, E.; Rosenstiel, L. v. (Hg.), Führung von Mitarbeitern. Fallstudien zum Personalmanagement. Stuttgart.

Münch, R. (1986): Die Kultur der Moderne, Bd. 2. Ihre Entwicklung in Frankreich und Deutschland. Frankfurt a. M.

Pateau, J. (1999): Die seltsame Alchimie in der Zusammenarbeit von Deutschen und Franzosen. Aus der Praxis interkulturellen Managements. Frankfurt a. M.

Pateau, J. (1996). Managementkulturen im deutsch-französischen Vergleich: Zur praktischen Bedeutung historischen Wissens. In: Wierlacher, A.; Stötzel, G. (Hg.), Blickwinkel. Kulturelle Optik und interkulturelle Gegenstandskonstitution. München.

Pfohl, H.-C.; Buse, H. P. (1997). Führung in kleinen und mittleren Unternehmen in Deutschland und Frankreich. Eine kulturvergleichende empirische Untersuchung. In: Engelhard, J. (Hg.), Interkulturelles Management. Wiesbaden.

Picht, R. (1994): Die Unterschiedlichkeit der Bildungssysteme als Hauptfaktor kultureller Vielfalt in Europa. In: Arzt, H.-G. (Hg.), Europäische Qualifikation durch deutsch-französische Ausbildung? Ludwigsburger Beiträge, Bd. 4. Ludwigsburg.

Scholz, C. (1993): Die richtige Kulturstrategie schafft Synergien. Personalwirtschaft 20(1): 31–36.

Smith, P. B. (1999). Predicting process difficulties in multicultural teams. Psychologische Beiträge 41(3): 356–367.

Smith, P. B.; Peterson, M. F. (1996): In search of the »Euro-manager« Convergences and divergences in event management. In: Breakwell, G. M.; Lyons, E. (Hg.), Changing European Identities: Social Psychological Analysis of Social Change. Woburn, MA.

Strübing, M. (1997). Die interkulturelle Problematik deutsch-französischer Unternehmenskooperationen: Wiesbaden.

Todd, E. (1990). L'invention de l'Europe. Paris.

Todd, E.; LeBras, H. (1981): L'invention de la France. Paris.

Stefan Schmid

2.2 England

Eine Fallgeschichte

Herr Zanker, Mitarbeiter einer deutschen Versicherung, wird von seiner Firma in deren Niederlassung in London entsandt. Dort nehmen ihn seine englischen Kollegen sehr freundlich auf und er hat das Gefühl, sich schnell einzuleben. Besonders leicht macht es ihm der lockere Umgang mit seiner Kollegin Frau Anderson, mit der er das Büro teilt. Die Angebote seiner Kollegen, ihm bei Gelegenheit die Stadt zu zeigen, stimmen ihn zuversichtlich, auch wenn es ihm bisher noch nicht gelungen ist, sich mit jemanden außerhalb der Arbeit zu treffen – außer zu dem »freitäglichen kollektiven, kollegialen Betrinken«, wie er es für sich nennt. Seine Versuche, sich darüber hinaus zu verabreden, selbst mit Frau Anderson, schlagen bisher fehl. Er kann dies schwerlich mit der gezeigten Freundlichkeit in Einklang bringen, aber vielleicht haben ja alle gerade viel zu tun.

Nachdem die erste Abteilungsbesprechung für Herrn Zanker etwas unklar verlaufen war und er danach nicht genau wusste, was zu tun war, nimmt er sich vor, sich in der zweiten stärker zu engagieren: Er fragt bei den einzelnen Präsentationen detailliert nach, bringt seine Einwände vor und stellt die Vorgehensweisen in Deutschland denen in England gegenüber. Es ist ja die Chance eines neuen Mitarbeiters, auch andere Ideen mitzubringen – so denkt er sich – und was hilft es, wenn er nicht versteht, wovon die anderen reden. Nach einer Weile hat er den Eindruck, seine englischen Kollegen würden das Interesse an dem Austausch verlieren. Als er einem von ihnen erklärt, dass er dessen Vorgehen für falsch halte, schaltet sich der Abteilungsleiter ein und meint nur kurz, »thanks, but we are not in Germany«.

Zuerst wundert er sich nur über diese Äußerung, konnte nichts damit anfangen, verstummt aber. Kurz darauf ist die Besprechung beendet und jeder scheint zu wissen, was zu tun ist – nur der Deutsche fragt sich, wie man mit solch vagen Vereinbarungen zusammenarbeiten kann: Welche Vorschläge sind nun abgelehnt, auf welche Veränderungen hat man sich geeinigt und was ist mit seinen Anregungen, die angeblich »worthwhile« waren?

Nach der Sitzung ärgert er sich zusehends und fühlt sich nicht ernst genommen. Er fängt an, sich bei seiner Kollegin zu beklagen und zu schimpfen. Zunächst versucht Frau Anderson ihn zu beschwichtigen, er würde sich schon noch zurechtfinden. Als er dann aber wieder ansetzt, dass sie doch auch zugeben müsse, dass er Recht habe, wird Frau Anderson plötzlich sehr ernst und sagt: »I don't know what it is like in Germany, but here you rather behave decently after such a situation – maybe there is one thing or another for you to learn as well?«

Der Deutsche denkt sich über seine englischen Kollegen:

- So empfindlich sind die hier! Anscheinend ist im Empire alles perfekt und daran darf keiner rütteln.
- Die sind nicht in der Lage, eine Besprechung ordentlich zu moderieren und brauchbare Vorlagen zu erstellen, und wenn einer dann ehrlich ist und sich bemüht, ein bisschen Struktur und Klarheit reinzubringen, dann stört er die ganze Mannschaft in ihrem Burgfrieden.
- Warum hatte mich niemand schon eher darauf hingewiesen, dass ich mich wohl irgendwie falsch verhalte?
- Selbst mir gegenüber sind die nicht völlig aufrichtig, oder warum ist aus all den angebotenen Treffen nie was geworden?
- Und überhaupt scheint Ehrlichkeit nicht deren Stärke zu sein oder was soll das heißen, meine Vorschläge wären wertvoll, und dann wird doch nichts damit gemacht?
- Was sollten auch diese Spitzen dagegen, dass ich aus Deutschland komme? Ich hätte gedacht, dass die Mitarbeiter einer deutschen Firma gegenüber jüngeren Deutschen keine Vorbehalte mehr hegen – warum auch?

Über sich selbst denkt Herr Zanker:

- Ich bin ja nicht hierher geschickt worden, um Däumchen zu drehen – ich kann doch in den Besprechungen nicht nur zuschauen und danach nicht wissen, was zu tun ist.
- Da will ich nur einen guten Eindruck machen und zeigen, dass man trotz aller sprachlicher Beschränkungen nicht nur eine Last, sondern auch eine Unterstützung sein kann, und dann geht das so nach hinten los. Dabei denke ich nach wie vor, dass ich fachlich völlig Recht hatte.
- Wahrscheinlich bin ich als Neuer völlig in ein Minenfeld geraten, habe den wunden Punkt in der Abteilung getroffen, so was gibt es ja überall – aber wieso hat mir das Sarah danach nicht erklärt? Das kann ich doch nicht ahnen.

Wie werden wohl Sarah Anderson und ihre englischen Kollegen den Vorfall erlebt haben?

Beschreibung der zentralen englischen Kulturstandards

In einer Untersuchung zur Entwicklung eines Culture Assimilator Trainings für England konnten folgende englische Kulturstandards definiert werden (Schmid u. Thomas 2003; Schmid 2000).

Selbstdisziplin

Die Redewendung »To keep a stiff upper lip« (wörtlich »eine steife Oberlippe bewahren«) bringt den Kulturstandard »Selbstdisziplin« auf eine knappe Formel, die in England – trotz ihres »hohen« Alters – noch eine weite Verbreitung findet: Es verbirgt sich dahinter, dass Engländer, so weit es sich irgendwie vermeiden lässt, öffentlich keine intensiven Emotionen und Bedürfnissen zeigen, egal ob sie nun Ärger, große Freude oder Ungeduld bewegt. Außenstehenden Einblick in die eigene Gefühlswelt zu gewähren wird vermieden und Gefühlsausbrüche anderer werden als peinlich empfunden. Vielmehr gilt es, stoisch »Haltung« zu bewahren. Man würde sich nie so weit gehen lassen, Ärger offen zu zeigen, zum Beispiel darüber, dass man angerempelt wurde – nein, man entschuldigt sich sogar noch selbst dafür, dass man im Weg stand.

Diese Haltungsethik (Gelfert 1995) wirkt sich auch auf das Darstellen eigener Leistungen und Fähigkeiten aus. Ist man in Deutschland stolz auf das, was man vollbracht hat, und zeigt auch gern sein eigenes Wissen, so ist in England auch hier Zurückhaltung angebracht. Man will sich selbst nicht in den Vordergrund drängen und die eigene Person nicht zu wichtig nehmen. Das Distanzieren und Herunterspielen von persönlichen Errungenschaften ist in England wesentlich angesehener als eine »Mentalität der hochgekrempelten Ärmel«. Man glänzt eher durch das, was man unterlässt, als durch das, was man tut.

Das als Kulturstandard Selbstdisziplin interpretierte Verhalten der Engländer prägt allerdings ebenso stark Stereotype von den Bewohnern der Insel. »Kühl, distanziert und unbeteiligt« sind häufig genannte Attribute, die Deutsche Engländern zuschreiben und die auf diesem Unterschied im Zeigen von Emotionen beruhen.

Ergänzend ist anzufügen, dass sich dieser Kulturstandard etwas auf dem Rückzug zu befinden scheint. Der Tod der Prinzessin von Wales und die durch die Medien mit induzierten hysterischen Trauerreaktionen haben in England kontroverse Debatten zur Bedeutung der Selbstdisziplin für die britische Identität ausgelöst.

Indirekte Kommunikation

Zu den bedeutendsten und am meisten geschützten Werten in der englischen Gesellschaft gehören die Privatsphäre, die Freiheit des Einzelnen, insbesondere dessen Meinungsfreiheit (Haller 1988).

Dies zeigt sich in vielfältiger Weise im Verhalten: Die Privatsphäre des Einzelnen – und dazu werden im Gegensatz zu Deutschland auch politische Überzeugungen, Meinungen zu aktuellen Themen, Vorlieben oder selbst die Arbeitsweise gezählt – sind dessen Angelegenheit. Diesem Bereich nähert man sich als Fremder oder Bekannter überlegt und darauf bedacht, die eigene Sicht der Dinge nicht als die absolut richtige darzustellen. In England gilt wesentlich ausgeprägter als in Deutschland, dass Freiheit vor allem auch die Freiheit ist, anders zu denken.

Kritik wird sehr verhalten und indirekt geäußert. Vorschläge, Bitten und Anweisungen werden häufig in Umschreibungen zum Ausdruck gebracht. Engländer besitzen in der Regel ein differenzierteres Repertoire an Möglichkeiten, Ablehnung oder Kritik zu äußern. Dies kann dazu führen, dass der deutsche Schwellenwert für die Wahrnehmung von Kritik unterschritten wird oder eine Form (z. B. Ironie) gewählt wird, die Deutsche zunächst überhaupt nicht einordnen können.

Formulierungen wie »I am not quite sure, but ...«, »I might be wrong, but ...« oder einfach die häufige Verwendung des Konditional sind nicht Ausdruck einer größeren Unsicherheit oder Unentschlossenheit auf Seiten der Engländer. Sie dienen vielmehr dazu, das Gegenüber nicht vor den Kopf zu stoßen, Achtung vor dessen Meinung zu signalisieren und nicht zu selbstüberzeugt aufzutreten.

Hier wird auch eine Verschränkung mit dem Kulturstandard »Selbstdisziplin« deutlich: Sehr oft geht die Wahrung der Privatsphäre des Anderen mit dem Zurückhalten eigener Ansichten Hand in Hand.

Überspitzt formulierte der Essayist Mikes' diese Haltung: »It may be your personal view, that two and two make four, but you may not state it in a self-assured way, because this is a democratic country and others may be of different opinion« (1946).

Zusammen mit dem Kulturstandard Selbstdisziplin bewirkt dies eine völlig andere Diskussionskultur als in Deutschland. In England wird die eigene Position weniger betont und weniger von anderen Meinungen kontrastiv abgesetzt. Eine Stellungnahme beinhaltet vielmehr eine Wertschätzung bestimmter Aspekte des Vorredners (auch wenn sie manchmal verzweifelt gesucht werden müssen) – dann erst werden ergänzend, mit Formulierungen ähnlich den oben genannten, die eigenen Ansichten angefügt. Ziel der Diskussion ist dabei weniger das Abstecken des Pro und Kontra, sondern die Integration unterschiedlicher Aspekte in einem Kompromiss.

Interpersonale Distanzreduzierung

Der Kulturstandard »interpersonale Distanzreduzierung« beschreibt den für die meisten Engländer typischen Umgang mit Nähe und Distanz im Umgang mit ihren Mitmenschen. Für Engländer ist die Kontaktaufnahme auch zu Fremden – selbstverständlich. Sie wird nicht als aufdringlich empfunden, denn sie erfolgt unter absoluter Wahrung der Privatsphäre und aufgrund der indirekten Kommunikation erwächst zunächst daraus für keinen der Beteiligten eine Verbindlichkeit oder Verpflichtung. In Deutschland hingegen wird Distanz gewahrt, um nicht zu »belästigen«, da der direkte Kommunikationsstil der Deutschen schneller zu Eindeutigkeit und Verbindlichkeit führt.

In diesem Zusammenhang wird die Fähigkeit zum unterhaltsamen Small Talk – auch mit Personen, die einem auf den ersten Blick nicht besonders sympathisch erscheinen – sehr geschätzt, Neugier und Aufdringlichkeit werden in gleichem Maß abgelehnt. Hier wirkt der besondere Schutz der Privatsphäre des Einzelnen und führt nicht zuletzt dazu, dass zum Beispiel Fragen wie »How are you?« zu Floskeln wurden, die nicht wirklich beantwortet werden. Themen, die zu persönliche Bereiche berühren könnten, werden von vornherein ausgeklammert. Wie bereits angeklungen, ist in England das Verständnis von Privatsphäre anders gefasst und umschließt auch Bereiche wie politische Ansichten, über die in Deutschland hingegen mit Vorliebe diskutiert wird.

Auch spontan vorgeschlagene Unternehmungen sind für Deutsche schwierig einzuordnen, denn es liegt nicht immer auf der Hand, ob es sich um ein distanzreduzierendes Element in der Unterhaltung handelt oder um einen wörtlich zu nehmenden Vorschlag. Dementsprechend muss eine positive Reaktion darauf nicht als verbindliche Abmachung bewertet werden, sondern als Bestandteil eines freundlichen Kommunikationsklimas. Ein gewisses Maß an Ausdauer und Geduld im Aufbau von Beziehungen ist also gefordert.

Stellt man die in Deutschland und in England gepflegten Formen des interpersonalen Kontakts gegenüber, so sind viele Gemeinsamkeiten zu entdecken: In beiden Kulturen kommt dem persönlichen, privaten Raum besondere Bedeutung zu. In Deutschland wird dessen Schutz durch distanziertes Verhalten gegenüber nicht näher Bekannten gewährleistet. Eine umfassende Öffnung erfolgt erst im Rahmen von Freundschaften. In England wird eine Kommunikationsform gepflegt, die zwar schneller das Gefühl von Nähe vermittelt, aber die Privatsphäre ebenso deutlich schützt wie in Deutschland. Sie wird ebenfalls nur Freunden zugänglich.

Nicht nur deutsche Gäste in England scheinen mit dieser Form der Kommunikation ihre Schwierigkeiten zu haben, auch der Holländer Renier (1930) stellt in seinem Buch »Sind die Engländer Menschen wie wir?« überspitzt fest: »Das gesprochene Wort spielt in diesem Lande tatsächlich eine so geringe Rolle in der Unterhaltung..., dass nur wenige Leute die Voraussetzung für einen Erfolg darin besitzen. Der eingeführte Fremde schwimmt auf der ... Oberfläche.«

Pragmatismus

Der Kulturstandard Pragmatismus bedingt besonders im Arbeitsleben, an der Schule oder der Universität Verhaltensweisen, die deutschen Normen geradezu entgegenstehen: Man findet bei den Engländern wenig Liebe zu detaillierter, weit reichender Planung, eine profunde Abneigung gegen Prinzipien, deren praktischer Nutzen unklar ist, und eine ablehnende Haltung gegenüber theoretischen Überlegungen, die weit über eigene Erfahrungen hinausgehen. Die logische Konsequenz daraus ist, dass man in England lieber flexibel auf die aktuelle Situation reagiert. Engländer empfinden es oft als einengend und behindernd, sich beispielsweise in Besprechungen an strikt vorgegebene Strukturen halten zu müssen (Stewart et al. 1994).

Eine ausgeprägte Kompromissbereitschaft – *sense of compromise* – paart sich mit dem *muddling through*, dem Sich-irgendwie-Durchwursteln, und ermöglicht den Engländern ein Bestehen in manchmal (für deutsches Empfinden) fast chaotischen Verhältnissen. Kompromiss und Einigung stehen über der ursprünglichen Idee. Wichtig ist es, dass eine Lösung gefunden wird, selbst wenn das sehr viel Zeit in Anspruch nimmt. Diese Flexibilität ist kombiniert mit einer ausgeprägten Toleranz gegenüber ambivalenten Konstellationen, eine Haltung, die sich in Deutschland nie richtig durchsetzen konnte und die die deutsche Vorliebe für eine exakte und ausführliche Planung mitbedingt.

Einen weiteren Aspekt, der mit dem Kulturstandard Pragmatismus gekoppelt ist, bezeichnet man in England als *common sense*, gesunden Menschenverstand. Er spielt bei Entscheidungsfindungsprozessen eine zentrale Rolle. Eine neue Idee wird zunächst immer einer Prüfung unterzogen, inwieweit sie durch Erfahrung abgesichert ist. Je weiter sie sich von bisherigen empirischen Erkenntnissen abhebt, umso skeptischer wird sie beäugt.

Auf dieser Basis haben abstrakte Ideologien, Theorien und Methoden in England zunächst immer einen schweren Stand, bis sie ihre (Un)Tauglichkeit bewiesen haben.

So entsteht ein Gleichgewicht: auf der einen Seite die nüchterne, mit beiden Füßen auf dem Boden stehende Beurteilung *(down to earth)* einer Idee oder eines Vorschlags bezüglich ihres direkten Nutzens und der Chancen ihrer Verwirklichung, auf der anderen Seite wird eine detaillierte Planung nicht mehr für nötig erachtet, denn man bewegt sich ja auf bekanntem Terrain.

Deutlich äußern sich deutsch-englische Unterschiede im Bereich der Wissenschaft: Werden in England besonders Ausführungen geschätzt, die durch große Anschaulichkeit und allgemeine Verständlichkeit glänzen, so ist es in Deutschland eher Usus, dass die Komplexität der wissenschaftlichen Sprache die des Sachverhalts widerspiegelt. Auch liegt in der deutschen Forschung eine stärkere Betonung auf dem theoretischen Unterbau, während in England das Pferd gern anders aufgezäumt wird und zunächst nach empirischen Grundlagen gesucht wird, aus denen dann eine Theorie entwickelt werden kann (Galtung 1983).

Ritualisierte Regelverletzung

Um die Unterschiede in englischer und deutscher Wissenschaftssprache zu verdeutlichen: In England würde dieser Kulturstandard wahrscheinlich »Ventilfunktion« heißen. Für deutsche Besucher auf der Insel ist es oft mit großer Überraschung verbunden festzustellen, dass ihre Gastgeber in ganz bestimmten Situationen Höflichkeit, Anstand und Zurückhaltung über Bord kippen. Geradezu genüsslich wird dann mit diesen Regeln gebrochen, ohne deren sonstige Gültigkeit in Frage zu stellen. Dies kann sich in wilden Feiern und Festen ebenso äußern wie in plötzlich sehr offenem und freizügigem Umgang mit intimen Themen. Der krasse Gegensatz zur sonst üblichen Selbstkontrolle bewirkt, dass diese Abweichungen völlig unerklärlich erscheinen.

Ausgesprochen unwohl fühlen sich Deutsche oft in Situationen, wenn vor allem jüngere Engländer ein recht unbefangenes Verhältnis zu Sexualität, ja sogar besonderes Interesse an diesem Thema an den Tag legen. Teilweise wird dann unter Bekannten in einer Offenheit über intime Gepflogenheit geplaudert, wie es in Deutschland höchstens unter engen Freunden üblich ist. Darüber hinaus stufen Engländer Veranstaltungen wie »tabledances« oder Strip-Einlagen in der Disko bei weitem nicht als »primitiv« oder gar »schmuddelig« ein – ganz im Gegensatz zu Deutschen, die, wenn sie in eine solche Veranstaltung geraten, oft glauben, sich in der Tür geirrt zu haben (Mittag u. Rohner 1990a; Mittag u. Rohner 1990b).

Freitag Abend ist ein Termin, an dem häufig Ereignisse mit dieser »Ventilfunktion« zu erleben sind, ist er nach den *office-hours* doch oft von ausgiebigem Alkoholkonsum geprägt. Allerdings beschränken sich solche »Ausbrüche« auf die Freizeit, was nicht heißen muss, dass Arbeitskollegen nicht mit von der Part(ie)y sind. Im Gegenteil, da Sozialkontakten mit Arbeitskollegen eine große Bedeutung zukommt, geht man häufig abends noch gemeinsam ins Pub. Situationen, in denen sich der Kulturstandard manifestiert, können an das ausgelassene, teils ungehemmte Feiern beim deutschen Fasching erinnern.

Eine weithin bekannte Repräsentationsform dieses Standards ist der schwarze Humor, der sich gerade durch das Brechen von Tabus auszeichnet. In Deutschland wurde dieser respektlose Umgang mit Normen und Regeln, der vor nichts Halt macht, vor allem durch Monty Python bekannt (Gelfert 1998). Im Gespräch können Sarkasmus und Ironie überraschend bissig, fast aggressiv eingesetzt werden, um Ablehnung auszudrücken, die sonst kaum direkt ausgesprochen würde.

Übrigens überraschen deutsche Veranstaltungen mit Ventilfunktionen, wie Karneval und Fasching, Engländer oft auf ähnliche Weise wie das englische Verhalten die Deutschen.

Ritualisierung

Ein sehr wichtiges Konzept in der englischen und auch in der britischen Gesellschaft allgemein, stellt die Ritualisierung dar (Gelfert 1995). Scheint dies auf den ersten Blick nichts anderes zu sein als Konservatismus, so bedeutet die Vielzahl an Ritualen weit mehr als das Festhalten an traditionellen Werten. In einem Land, das sehr vom Individualismus seiner Bewohner geprägt ist, gewährleisten diese Formalien den Zusammenhalt und eine möglichst geringe Reibung in der Gesellschaft. Deutlich tritt dieser Kulturstandard im Rechts- und Staatswesen in Erscheinung. Bildet in Deutschland eine Verfassung nicht nur den rechtlichen, sondern auch den gesellschaftlichen Rahmen des Staates, so wollten sich die Engländer nie auf eine Konstitution einlassen. Ihre Grundwerte sind mit althergebrachten Symbolen und Ritualen verknüpft, deren Abschaffung in den meisten Fällen einen Aufschrei der Entrüstung auslösen würde. Sie repräsentieren eine Verfassung, die nicht real als gesetztes Recht, sondern im Bewusstsein der Bevölkerung existiert. So ist ein weiterer wichtiger Aspekt dieses Kulturstandards die Gewährleistung der Kontinuität in der Gesellschaft durch den betonten Rückgriff auf Elemente aus der Geschichte des Landes (Condor 1996).

Das prominenteste Beispiel hierfür ist die Königsfamilie, der trotz aller Querelen immer noch eine einflussreiche, integrierende Funktion zukommt, die über ihre tatsächliche politische Macht hinausgeht. Dazu zählen aber auch die Zeremonien bei der Eröffnung des Parlaments, die dessen Rang unterstreichen. Die Liste könnte beliebig verlängert werden, sei es um den *woolsack* (gefüllt mit Wolle aus allen Teilen des Königreichs), auf dem der Lordkanzler im Oberhaus präsidiert, die *mace* (Symbol der Autorität des Sprechers des Unterhauses) oder um die vielen Feierlichkeiten anlässlich historisch bedeutsamer Ereignisse (Trafalgar, V-Day).

Der Kulturstandard Ritualisierung äußert sich aber nicht nur auf staatlicher Ebene oder in Feierlichkeiten, sondern wird auch direkt im Leben jedes einzelnen Engländers wirksam.

Zunächst zeigt er sich in der starken Identifikation der Engländer mit Gruppen, denen sie angehören. Diese reicht von einem ausgeprägten Patriotismus über den Stolz auf die eigene Universität (Herkunftsfamilie, Schule, Betrieb) bis hin zur Zugehörigkeit zu bestimmten *societies* oder Clubs. Diese Form der emotionalen Bindung wirkt auf Deutsche sehr befremdlich, denn für sie stellt zum Beispiel die Universität eine anonyme Einrichtung dar, mit der man sich nicht identifiziert, und Nationalstolz wird leicht in der Nähe von Rechtsradikalismus angesiedelt.

So begegnen Deutsche immer wieder nationalen Symbolen wie dem Union Jack (durchaus auch in Studentenzimmern an der Wand zu finden) und sind versucht, deutsche Bewertungsmaßstäbe anzulegen, begegnen also den betreffenden Personen mit einer gewissen Skepsis. Für Engländer ist dies jedoch ganz selbstverständlich, selbst Popgruppen zeigen sich in entsprechender Kleidung oder benutzen Musikinstrumente, die der Union Jack ziert.

Eine besondere Art der Uniformierung sind die strikten *dresscodes*, ungeschriebene Kleiderordnungen, die für bestimmte Berufe gelten, die *white collar jobs* (wörtlich »Berufe mit weißem Kragen«). Sie können aber auch in gewissen Situationen, wie bei Vorstellungsgesprächen oder in Restaurants, bindend sein. Sie lassen überraschend wenig Spielraum und setzen der Individualität klare Grenzen: Mit dem Ziel der Integration in bestimmte Gruppen und um Klassenunterschiede zu verwischen (Beispiel Schuluniform), wird an diesen Kleiderordnungen festgehalten.

Deutschenbild

1996 vergaben 13- bis 15-jährige britische Jugendliche bei einer Befragung den ersten Platz für den bekanntesten Deutschen in England an Adolf Hitler, wobei sich unter den ersten zehn Plätzen neben einer Reihe Sportler nochmals zwei Nazigrößen fanden (Brooker 2000; Sammon 1997). (In Deutschland rangierte die königliche Familie auf den Spitzenplätzen.)

Diese Umfrage reflektiert deutlich, in welchem Ausmaß die deutsch-englische Geschichte der ersten Hälfte des letzten Jahrhunderts das Deutschenbild in England prägt. Die Intensität, mit der diese Stereotypen das Verhalten gegenüber Deutschen in England beeinflussen, stellen sie von ihrer umfassenden Wirksamkeit auf eine Stufe mit einem Kulturstandard.

Nicht zu vernachlässigen sind dabei die Verstärkungen, die alte Stereotype durch tatsächliche kulturelle Differenzen beider Länder erfahren. Die deutsche Abweichung vom englischen Kulturstandard »Selbstdisziplin«, die sich zum Beispiel in einer deutlicheren Selbstdarstellung äußert, schürt das Vorurteil, dass sich die Deutschen für die Besten halten (»Deutschland, Deutschland über alles«). Gleiches gilt für die größere Planungsfreude auf deutscher Seite – sie kann das Stereotyp verstärken, dass die Deutschen tatsächlich alles wie eine Maschine angehen und für alle Eventualitäten ein Programm vorliegen haben müssen.

Die Vorstellung, dass in Deutschland »verzweifelt« nach dem tieferen Sinn und den Zusammenhängen hinter den Dingen gesucht wird, ist so ausgeprägt, dass sogar das Wort »Angst« Eingang in die englische Schriftsprache gefunden hat. Es wird immer dann verwendet, wenn in Deutschland weit verbreitete Sorgen wie Waldsterben, Kernenergie oder Rinderseuche in Stimmungsberichten der englischen Medien auftauchen.

Auch die anderen Stereotype werden nach wie vor in den Medien explizit oder implizit zitiert und selbst renommierte Zeitungen wie der »Guardian« vergessen selten, in Kommentaren über Deutschland mit diesen Deutschenbildern zu spielen. Besonders deutlich wird dies zu Zeiten politischer Krisen (Rinderseuche) oder sportlicher Auseinandersetzung (Fußball-Europameisterschaft in England).

Man sollte sich als Deutscher in England der Tatsache bewusst sein, dass man früher oder später zu einer Auseinandersetzung mit diesen Stereotypen und damit auch mit Teilen der deutschen Geschichte gezwungen sein wird. Sei es dadurch, dass man mit Besorgnis auf Entwicklungen in Deutschland angesprochen, an den Stereotypen gemessen, oder mit Phrasen aus der Zeit des »Dritten Reichs« angesprochen wird. Hier ist es wichtig zu wissen, dass die meisten jungen Engländer nichts von der Tabuisierung von Schlagwörtern (z. B. »Heil Hitler«) aus dem »Dritten Reich« in Deutschland ahnen. Deswegen sind sie sich auch über die Schockwirkung auf Deutsche nicht im Klaren. Zwar gilt gegenüber Deutschen »don't mention the war«, häufig aber ohne konkrete Vorstellung, warum.

Es ist hilfreich, von vornherein individuelle Strategien für den Umgang mit dieser Konfrontation zu entwickeln, die nicht zu nahe an deutschen Stereotypen liegen. Eine gute Möglichkeit scheint der Humor zu bieten, anstatt über aktuelle Verhältnisse in Deutschland zu dozieren.

Der auf Platz zwei gesetzte Deutsche in der oben erwähnten Rangliste, der Fußballstar Jürgen Klinsmann, hat gezeigt, dass das Deutschenbild in England nicht irreversibel ist, sondern dass durch einen selbstironischen Umgang damit nicht nur die Sympathien der Fußballfans gewonnen werden können (Head 2000).

In diesem Sinn wirbt auch eine deutsche Reifenfirma auf der Insel: »Dull, grey and reliable – what do you expect of a German?«

Zurück zur Fallgeschichte

Rekonstruiert man nun auf der Basis dieser Kulturstandards die englische Sichtweise der Situation, so bieten sich folgende Hypothesen an:

Sarah Anderson denkt über sich und ihre englischen Kollegen:
- Wir sind eine sehr erfolgreiche Niederlassung und die Zusammenarbeit in unserer Abteilung läuft im Großen und Ganzen gut.
- Wir mischen uns nicht mehr als nötig in die Aufgaben der anderen ein, geben den Kollegen Anregungen, aber was sie damit machen, ist im Prinzip deren Sache – vorausgesetzt, die Ergebnisse stimmen.
- Alles auf das letzte i-Tüpfelchen ausdiskutieren zu müssen, ist doch völlig unnötig und zermürbend, es ändert sich ohnehin alles sehr schnell – das hat aber nichts mit Unklarheit zu tun.
- Wir waren schon gespannt, wie manche Prozesse unserer Arbeit in Deutschland gehandhabt wurden, doch an Belehrungen sind wir nun wahrlich nicht interessiert.

Sarah Anderson denkt über Herrn Zanker:
- Meine englischen Kollegen und ich hatten den Eindruck, dass Herr Zanker sich schnell eingewöhnen würde, er schloss sich sogar von Anfang unseren gemeinsamen Aktivitäten an.
- Manchmal war er etwas aufdringlich, gerade als er immer wieder versuchte, mit mir ein Date zu bekommen und nicht zu verstehen schien, dass ich nichts wollte. Aber so sind Männer vielleicht manchmal.
- Herr Zanker ist ein kompetenter Kollege, doch dass er nach dem Ablegen seiner ersten sprachlichen Unsicherheiten so von sich überzeugt auftreten würde, war schon äußerst unangenehm. Er übernahm ja förmlich die Leitung der Sitzung.
- Ausgesprochen unverschämt war die Art und Weise, wie Herr Zanker manche Kollegen befragte, ja geradezu verhörte und dabei nichts Positives zu finden schien.
- Hinweise, dass sein Verhalten unangebracht ist, scheint er völlig zu igno-

rieren, unser Abteilungsleiter musste schon ungewöhnlich deutlich werden und auch ich war gezwungen, heftig zu werden.
– Sehr anstrengend und umständlich waren Herrn Zankers Versuche, alles »ordnen und klären« zu müssen, wie er es nannte. Als ob er einem inneren Fahrplan folgen würde, ohne darauf zu achten, ob das denn nun notwendig sei.
– Ich hatte ja von diesem Vorurteil gehört, dass sich Deutsche oft für die heimlichen Weltmeister in allen Disziplinen halten, das habe ich hier auf unangenehme Weise bestätigt bekommen.
– Wenn ich mich wie Herr Zanker daneben benommen habe, dann hoffe ich, dass die anderen dies schnell vergessen, und fange dann nicht auch noch an laut zu schimpfen und zu motzen.

In Bezug auf die beschriebenen Kulturstandards bedeutet dies:
– Selbstdisziplin
  Herr Zanker wollte nach anfänglicher Zurückhaltung zeigen, was er kann, und hat nach der Sitzung seinem Ärger freien Lauf gelassen – aus englischer Sicht wirkt das Aufgeben der Zurückhaltung wie Besserwisserei und das Zeigen seines Ärgers ist schlicht peinlich und schlechter Stil.
– Indirekte Kommunikation
  Die aus den Unterschieden beim Kulturstandard Selbstdisziplin resultierenden Schwierigkeiten werden noch durch den unterschiedlichen Kommunikationsstil verschärft. Eine offene, kritische Diskussion ist aus Herrn Zankers Sicht Grundlage für jede Entscheidung. Es ist ihm wichtig klarzustellen, was an den Vorschlägen richtig/gut und falsch/schlecht ist, um dann daraus *die* beste Lösung zu formen.
  Die Engländer sehen es als notwendig an, zuerst die Arbeit der anderen zu schätzen und lediglich Anregungen und Vorschläge zu geben. Jeder kann seinen Weg gehen – nur wenn unbedingt notwendig, würde man so drastisch dialektisch vorgehen wie Herr Zanker.
– Interpersonale Distanzreduzierung
  Missverständnisse ergeben sich beim Kontakt zwischen Engländern und Deutschen dadurch, dass englisches Kontaktverhalten in Deutschland in das Verhaltensrepertoire freundschaftlichen Umgangs fällt. Es wird also eine Nähe und Freundschaft impliziert, die vom englischen Gegenüber (noch) nicht unbedingt vermittelt werden soll. Die Fehleinschätzungen auf deutscher Seite häufen sich bei Verwendung Distanz reduzierender, nicht wörtlich zu nehmender Elemente in der Konversation. Dies spielt hier nur am Rande eine Rolle, als Herr Zanker die Angebote seiner Kollegen zur gemeinsamen Stadtbesichtigung wörtlich nimmt, was insbesondere bei Sarah Anderson noch das Thema Mann-Frau berührt und

so zu besonderen Verwicklungen führt: Sie vermutet den Versuch eines Rendezvous – er deutet ihre Aussage als freundschaftliches Angebot, sich zu treffen, ohne Hintergedanken an eine romantische Beziehung.

– Pragmatismus

Der Deutsche will eine genaue Planung, die auf einer kritischen Diskussion beruht, aus der die bestmögliche Vorgehensweise hervorgeht. Auf diese einigt man sich und sie ist verbindlich für alle. Für die Engländer gibt es diese Lösung nicht oder sie lässt sich nicht im Vorfeld bestimmen. Alles verändert sich ständig und so ist es sinnvoller, möglichst schnell zu beginnen und das eigene Vorgehen immer wieder anzupassen.

– Ritualisierte Regelverletzung

Dieser Kulturstandard wird hier nur gestreift – Herr Zanker äußert sich etwas verwundert über die ausgelassenen *after-office parties*, die keine Hierarchien zu kennen scheinen. Für die Engländer ist es ein guter Brauch, direkt nach der Arbeit mit den Kollegen das Wochenende einzuläuten. Hinzukommen mag, dass Herr Zanker überrascht ist, dass Engländer Beruf und Freizeit nicht so zu trennen scheinen, wie dies in Deutschland üblich ist.

– Ritualisierung

Dieser Kulturstandard spielt in diesem Beispiel keine wesentliche Rolle.

– Deutschenbild

Spätestens wenn Konflikte auftreten, steuern alte Stereotype gehörig zur Dynamik des Missverstehens bei. Herr Zankers Diskussionsstil wird als Manifestation von »am deutschen Wesen soll die Welt genesen« interpretiert, sein Wunsch nach mehr Struktur vielleicht sogar als typisch militaristisch, organisationsversessen. Die Genervtheit der Engländer im Zusammenhang mit Herrn Zankers Vergleichen zu Deutschland zeigt die Aktivierung dieser Bilder in deren Köpfen. Herr Zanker scheint jedoch ebenfalls auf ein Repertoire an Stereotype zurückgreifen zu können, das die Identifikation von Engländern mit dem »British Empire« betrifft . . .

Kulturhistorische Verankerung

Kulturstandards gleichen einer Momentaufnahme der Kultur, die sie beschreiben. Sie sind weder beständig noch zeitlos gültig, sondern im Wandel und Ergebnis des fortlaufenden Prozesses der Auseinandersetzung einer Gesellschaft mit den Anforderungen, die ihre Umwelt an sie stellt (Thomas 1999).

Die Suche nach den kulturhistorischen Ursprüngen der Kulturstandards und deren Weiterentwicklung ermöglicht ein tiefer gehendes Verstehen der Kultur, raubt den Kulturstandards den Beigeschmack der Beliebigkeit und vermittelt ein Gefühl für Konstanten und stark wandelbaren Elementen in einer Kultur.

In der englischen Geschichte lassen sich fünf Wurzelstränge isolieren, die ein wesentliches Fundament der heutigen Kulturstandards liefern.

1. Eine prägende Rolle in der englischen Gesellschaft kommt dem Idealbild des Gentleman zu, das erstmals Ende des Mittelalters auftaucht. Damals nur für die adelige Oberschicht verbindlich, wurde es durch Annäherung von Mittelschicht und Adel in den folgenden Jahrhunderten für eine immer breitere Bevölkerungsschicht zum Maßstab der Erziehung ihrer Kinder: Höflichkeit, Selbstbeherrschung, Bescheidenheit und Frömmigkeit repräsentierten geschätzte Werte.

   Eine Institutionalisierung dieser Ideale erfolgt in der zweiten Hälfte des 19. Jahrhunderts in den Privatschulen, den so genannten Public Schools. Hier wurden die Kinder der Mittel- und Oberschicht mit der betonten Absicht der Charakterbildung ausgebildet – darunter wurde weniger die Vermittlung intellektuellen Wissens verstanden, sondern es erfolgte eine starke Orientierung am Gentleman-Ideal. Nicht zuletzt galt es als Ziel, die Elite des Landes für die Verwaltung und Beherrschung eines Weltreichs heranzubilden. Eine besondere Bedeutung kam dabei der Entwicklung einer starken Selbstdisziplin zu – die unterworfenen Völker des Kolonialreichs sollten zu ihren Beherrschern aufblicken können. Die staatliche Schulen wurden von dieser Ausrichtung der Bildungseinrichtungen des Adels und der Mittelschicht ebenfalls beeinflusst und so gewannen diese Werte für breite Bevölkerungsschichten zunehmend an Bedeutung (Gelfert 1995).

   Zum Thema Smalltalk: Die Prinzipien des Gentleman-Ideals verlangen schon allein aus Gründen der Höflichkeit, mit relativ Unbekannten ein paar freundliche Worte zu wechseln, die auch ohne Weiteres in ein ungezwungenes Gespräch münden können.

2. England gilt als die Wiege der Demokratie: Bereits 400 Jahre früher als auf dem Kontinent wurde auf der Insel die Leibeigenschaft abgeschafft und bereits 1679 wurden in der Habeas-Corpus-Akte Grundrechte gewährt, die heute Bausteine jeder Demokratie sind. Auf diese Akte beruft man sich in England noch heute, wenn man glaubt, zu Unrecht von der Polizei in Haft gehalten zu werden. In diesem Zusammenhang ein wichtiges und auch heute noch häufig zitiertes Schlagwort ist das des »freeborn Englishman«, das die freiheitlichen Grundrechte betont, die die Engländer mit ihrer Geburt erlang(t)en – eben ganz im Gegensatz zum Kontinent, wo diese annähernd nur in den Städten galten oder erst müh-

sam (wenn überhaupt) im Lauf des Lebens erlangt werden konnten.
Besonders starken Ausdruck findet die Bedeutung der Freiheit im
18. Jahrhundert in den Theorien von John Locke und Adam Smith, die
das Wohl eines Staats und seiner Wirtschaft in direkte Verbindung mit
dem Wohl und der freien Entfaltung des Einzelnen setzen. Diese Theorien werden als Fundament der freien Marktwirtschaft und des Kapitalismus angesehen.

Der Kern des ritualisierten Regelbruchs, nämlich die Vorliebe, einengen-
de Normen drastisch zu durchbrechen, steht ebenfalls in Verbindung
mit der frühen Freisetzung der Engländer. Mäßiger Respekt des »frei(geboren)en Engländers« vor Normen und Regeln, gepaart mit außeror-
dentlicher Lebensfreude, spiegeln sich in den Komödien Shakespeares
(z. B. Falstaff in »The Merry Wives of Windsor«) ebenso wider wie in
Chaucers »Canterbury Tales«, die noch wesentlich weiter zurückreichen.
Der Begriff des »merry England«, des fröhlichen Englands, wurde ebenfalls zu dieser Zeit geprägt.

Der Gegenpol – teilweise sehr restriktive Gesellschaftsnormen – entwickelte sich zu Zeiten der Puritaner und des Viktorianismus. Sie wirkten
und wirken sehr lange in das 20. Jahrhundert nach und haben entscheidend zum heutigen Erscheinungsbild des Kulturstandards »Ritualisierte
Regelverletzung« beigetragen. So vertraten die Puritaner eine sehr strenge Bibelinterpretation, als deren Konsequenz Alkoholkonsum, Glücks-
spiele oder Sexualität entschieden abgelehnt und teilweise tabuisiert
wurden. Die Ablehnung vieler Formen des Genusses zu dieser Zeit
scheint jedoch extremen Regelbruch in eng umschriebenen Situationen
geradezu provoziert zu haben.

Symbolisch wird dieses Janusgesicht der englischen Gesellschaft in den
zwei Personen Mr. Jekyll und Dr. Hyde in dem gleichnamigen Roman
von R. Stevenson dargestellt (Reader 1964).

3. Alfred Weber, Begründer der Kultursoziologie, sah einen Zusammenhang zwischen der Ausprägung pragmatischen Handelns in einer Kultur
mit deren ursprünglichen Bewirtschaftungsformen. In England und in
Zentralasien war dies die Schafzucht, eine weitgehend witterungsunab-
hängige Form der Landwirtschaft, die sehr vorhersehbar war und bei der
gut auf die Erfahrungen der Vorjahre aufgebaut werden konnte. Im Gegensatz dazu förderte die sehr stark vom unkontrollierbaren Wetter abhängige Ackerwirtschaft in Deutschland Planung für alle Eventualitäten
und die Spekulationen über zukünftige Entwicklungen (Münch 1993).
Man braucht allerdings gar nicht so weit in der Geschichte zurückzuge-
hen, um die Spuren des Kulturstandards »Pragmatismus« aufzunehmen.
Nach der Reformation entwickelten sich die philosophischen Strömungen in England in eine andere Richtung als auf dem Kontinent. Die Er-

fahrung wurde als einzig zuverlässige Grundlage der Erkenntnis anerkannt. Diese empiristische Erkenntnislehre (englischer Empirismus) beeinflusst das Denken und Handeln der Engländer bis in die heutigen Tage. Außerdem erfolgte eine starke Ausrichtung der Philosophen an aktuellen, vor allem politischen Problemen; John Locke war einer der
prominentesten und einflussreichsten Repräsentanten dieser Denkweise. Aus dem Empirismus entwickelte sich das Nützlichkeitsdenken (Uti-
litarismus), demzufolge Handlungen nach deren Wirkung und Nutzen
und nicht so sehr nach deren Motiven beurteilt werden sollten. Diese
Gedankenströmungen mündeten in den Liberalismus, der das Wohl des
Staates und das Glück des Einzelnen in dessen größtmöglicher Freiheit
sieht. Die Werthaltungen dieser philosophischen Strömungen haben sicher nicht zuletzt Englands Aufstieg zur führenden Handels- und Welt-
macht des 18. und 19. Jahrhunderts ermöglicht (Haller 1988).
Ein starker Einfluss auf die Entwicklung dieses Gedankenguts ist der
Glaubensgemeinschaft der Puritaner zuzuschreiben. Ihrer Vorstellung,
dass sich Gottgefälligkeit in Erfolg und Prosperität zeigt, forderte eine
utilitaristische Auswahl der Unterfangen, auf die man sich einließ.

4. Die Voraussetzungen für die Ausbildung des Kulturstandards »Ritualisierung« liegen weitgehend in der langen Kontinuität der englischen Geschichte und der Homogenität des Landes. So erfolgte im Jahr 1066 mit
dem Normannen William the Conqueror die letzte Eroberung Englands
und dieser neue Herrscher war klug genug, die alten angelsächsischen
Gesetze, das *common law* weitgehend beizubehalten. Auf dieses Ge-
wohnheitsrecht, das lange Zeit nur mündlich überliefert war, wird noch
heute zurückgegriffen. Seit diesem Zeitpunkt gab es keine tiefer gehen-
den Einschnitte mehr in die Gesellschaftsform, wie dies auf dem Kontinent beispielsweise extrem mit dem Dreißigjährigen Krieg erlebt wurde.
Gerade in Deutschland wäre solch ein Rückgriff auf einigende, gemeinsame Rituale schwerlich möglich – es existieren kaum solche Symbole,
da die Nation erst seit dem Ende des 19. Jahrhunderts besteht und den
Elementen aus der ersten Hälfte des 20. Jahrhunderts solch eine Rolle
absolut nicht zukommen könnte. Die Gemeinschaft Deutschlands kann
sich also nicht durch Kontinuität und gemeinhin akzeptierte Elemente
aus der Vergangenheit des Landes definieren.

5. Die Stereotype gehen zum großen Teil auf die beiden Weltkriege, insbesondere auf den Zweiten Weltkrieg zurück, da England in dessen Verlauf
direkten Angriffen Deutschlands auf sein Territorium ausgesetzt war.
Diese nationale Bedrohung durch die Deutschen hat sich ebenso tief in
das englische Bewusstsein eingegraben wie deren Überwindung in Englands »*finest hour*« (Churchill). Aus dieser Zeit rührt ein verständliches,
tiefes Misstrauen gegenüber Deutschland und jeglichen Tendenzen, die

den Eindruck von übermäßigem Selbstbewusstsein, Machtansprüchen, Militarismus oder Rassismus erwecken. Hinzu kommt, dass sich der Verlierer von den fatalen Kriegsfolgen offensichtlich schneller erholte als die Gewinner und letztendlich wirtschaftlich eine bedeutsamere Position erlangte. Dies stellte die Vorstellungen von Gerechtigkeit völlig auf den Kopf und gab abwertenden, selbstschützenden Vorurteilen weitere Nahrung. Das Bild des zuverlässigen und fleißigen Deutschen, der fast wie ein Automat funktioniert und dementsprechend langweilig und humorlos ist, steht in Verbindung mit dieser Entwicklung.

Generalisierung

In diesem Kapitel wurde bewusst von »englischen Kulturstandards« gesprochen, da sich bei ihrer Anwendung auf die Gesamtheit der britischen Inseln durchaus Beschränkungen ergeben. So ist die Ausprägung der Kulturstandards »indirekte Kommunikation« und »Selbstdisziplin« in Schottland wesentlich schwächer und nimmt selbst in Nordengland schon ab; das Deutschenbild ist in Irland und Schottland weniger stark von den beiden Weltkriegen geprägt. In Schottland zeigt die kulturhistorische Betrachtung stärkere Einflüsse aus Frankreich – eine detaillierte empirische Untersuchung über die Auswirkungen auf die gegenwärtigen Kulturstandards steht noch aus.

Die Gültigkeit der Kulturstandards »indirekte Kommunikation« und »Selbstdisziplin« wird von der Schichtzugehörigkeit beeinflusst – Engländer mit *Working-class*-Hintergrund weichen von deutschen Verhaltensnormen weniger stark ab (Argyle 1994).

Da England lange Zeit Zentrum eines Weltreichs war und (aus europäischer Perspektive) kulturelle Wiege von Ländern wie Australien, Neuseeland und den USA, wirft sich die Frage nach der Generalisierbarkeit englischer Kulturstandards für diese Länder auf.

Puritanisches Gedankengut und die damit verbundene Vorstellung, dass der Erfolg des Einzelnen Zeichen seiner Gottgefälligkeit ist, wurde durch englische Auswanderer in unterschiedlichem Maß in jedes dieser Länder exportiert. Deswegen ist diesen Ländern eine deutliche individualistische Ausrichtung gemeinsam, die Selbstverwirklichung und individuelle Freiheit an oberste Stelle setzt. Genauso teilen die angelsächsisch geprägten Länder eine starke Handlungsorientierung (im Gegensatz zur deutschen Planungsorientierung), die für England mit dem Kulturstandard Pragmatismus beschrieben wurde.

Besonders deutlich scheinen die Auswirkungen auf die indirekte Kommunikation in Neuseeland – in der »Abgeschlossenheit« bewahrten die Nachfahren der Migranten in hohem Maß die Werte der Auswanderer aus dem puritanischen/viktorianischen England. Die Liberalisierungsbewegung der »swinging sixties« hat in England zu einer ausgeprägteren Befreiung von diesen alten viktorianisch-puritanisch geprägten Nomen etwa im Umgang mit Sexualität geführt, vergleicht man dies mit den USA, Neuseeland oder Australien.

Nicht zuletzt fördern die gemeinsame englische Sprache, die gemeinsamen Wurzeln und Vorfahren die Übertragung von gesellschaftlichen Prozessen von einem Land zum nächsten. Dort erfahren diese zwar eine neue Interpretation – für einen Außenstehenden mögen aber zunächst vor allem die Ähnlichkeiten hervortreten.

Literatur

Argyle, M. (1994): The Psychology of Social Class. London.

Brooker, J. (2000): Stereotypes and national identity in Euro 96. In: Emig, R. (Hg.), Stereotypes in Contemporary Anglo-German Relations. London.

Condor, S. (1996) Unimagined Community? Some social psychological issues concerning English national identity. In: Breakwell, G. M.; Lyons, E. (Hg.), Changing European Identities: Social Psychological Analyses of Social Change. Oxford.

Galtung, J. (1983): Struktur, Kultur und intellektueller Stil. Ein vergleichender Essay über sachsonische, teutonische, gallische und nipponische Wissenschaft. Leviathan 11(3): 303–338.

Gelfert, H. D. (1995): Typisch englisch: Wie die Briten wurden, was sie sind. München.

Gelfert, H. D. (1998): Max und Monty. Kleine Geschichte des deutschen und englischen Humors. München.

Haller, T. (1988): Unbekannter Nachbar England. Stuttgart.

Head, D. (2000): Jürgen Klinsmann, Euro 96 and their impact on British perceptions of Germany and the Ger mans. In: Emig, R. (Hg.), Stereotypes in Contemporary Anglo-German Relations. London.

Mikes, G. (1946): How to be an Alien. A Handbook for Beginners and More Advanced Pupils. London.

Mittag, H., Rohner, R. (1990a): Viktorianismus gestern und heute – sexuelle Liberalisierung in England. Forschungsbericht 90–1, TU Berlin, Institute für Psychologie.

Mittag, H., Rohner, R. (1990b): Sexuelle Liberalisierung in England. Eine Vergleichsuntersuchung an britischen und deutschen Studentinnen und Studenten. Zeitschrift für Sexualforschung 3: 320–330.

Münch, R. (1993): Die Kultur der Moderne. Bd. 1: Ihre Grundlagen und ihre Entwicklung in England und Amerika. Frankfurt a. M.

Reader, W. J. (1964): Life in Victorian England. In: Quennell, P. (Hg.), English life series. London.

Renier, G. J. (1930): Sind die Engländer Menschen wie wir? Leipzig.

Sammon, G. (1997): Stereotypes of the Other among German and British School Children. Unveröffentlichter Vortrag, gehalten auf der Konferenz »Britons and Germans: Stereotypes at work« in Cardiff.

Schmid, S. (2000): Developing a culture assimilator: Culture training for German exchange students. In: Emig, R. (Hg.) Stereotypes in Contemporary Anglo-German Relations. London.

Schmid, S.; Thomas, A. (2003): Beruflich in Großbritannien. Göttingen.

Stewart, R. et al. (1994): Managing in Britain and Germany. Basingstoke.

Thomas, A. (1999): Kultur als Orientierungssystem und Kulturstandards als Bauteile. In IMIS-Beiträge, Heft 10, S. 91–130. Osnabrück.

Sylvia Schroll-Machl

2.3 Deutschland

Eine Fallgeschichte

In der Zentrale eines international tätigen Unternehmens in Deutschland spielt sich folgende Szene ab:

Ein deutscher Chef kommt zu einem brasilianischen Mitarbeiter, der als Expatriate im deutschen Stammhaus für einen bestimmten Bereich als Koordinator zwischen Brasilien und Deutschland tätig ist. Er will sich eine Dokumentation aus Brasilien holen, die ihm eigentlich seit vier Wochen zugesagt ist, die er aber immer noch nicht in Händen hält. Als der Deutsche den Raum betritt, grüßt ihn der brasilianische Mitarbeiter freundlich und beginnt mit ihm ein nettes Gespräch (über das Wochenende, ein gestriges Fußballspiel). Der Deutsche reagiert darauf – nach der Erwiderung einiger Höflichkeiten – betont kurz angebunden mit den Worten: »Reden wir vom Geschäft! Ich brauche die Untersuchung über . . .«, und er bringt nochmals eine Zusammenfassung der Inhalte der gewünschten Dokumentation und der Gründe, weswegen er wirklich darauf wartet. Der Brasilianer versucht wieder, ihn auf freundliche Art in ein Gespräch zu verwickeln. Das würgt der Deutsche entschlossen ab, indem er nochmals betont, auf die Dokumentation zu warten. Er brauche sie für den Kunden X, und zwar dringend. »Dazu muss ich in Brasilien anrufen«, bekommt er zur Antwort und schon greift der brasilianische Mitarbeiter zum Telefon. Der Deutsche atmet schwer und hörbar. »Sie haben sie noch nicht bekommen! Typisch Brasilien!« Im nun folgenden Telefonat unterhält sich der Brasilianer nett und freundlich mit seiner Kollegin in Brasilien über das Wetter, das Wohlergehen und so weiter. Der deutsche Chef wartet sichtlich ungeduldig und genervt. »Ich habe ein kleines Problem. Ich bräuchte die Dokumentation«, sagt der Brasilianer nach einiger Zeit. »Mein deutscher Chef sitzt da und wartet darauf.« »Kein Problem, ich kann es faxen. Dann hast du es sofort«, lautet die Antwort, die der Brasilianer dem deutschen Chef laut mitteilt. Die Dokumentation wird sofort gefaxt. Der deutsche Chef nimmt das Fax mit dem bissigen Kommentar: »Super! Und darauf musste ich jetzt vier Wochen warten!« und verlässt den Raum.

Tabelle 1: Deutsche Kulturstandards im Kontrast zu anderen Ländern

Im Kontrast zu USA	Im Kontrast zu Frankreich	Im Kontrast zu Tschechien	Im Kontrast zu China
Direktheit interpersonaler Kommunikation	Explizite, direkte Kommunikation	Schwacher Kontext Konflikt-konfrontation	Direktheit/ Wahrhaftigkeit
Regelorientierung Organisations-bedürfnis	Regel- und Stabilitäts-orientierung	Aufwertung von Strukturen	Regel-orientierung Vertragsbindung
Abgegrenzter Privatbereich Interpersonale Distanzdifferenzie-rung	Abgrenzung von Lebensbereichen	Trennung von Persönlichkeits- und Lebensberei-chen	Trennung von Arbeits- und Privatbereich
	Systematische Aufgabenerledigung	Konsekutivität	Zeitplanung
Persönliches Eigentum	Sachorientierung	Sachbezug	Sachorientierung
Pflichtbewusstsein	Selbststeuerung	Regelorientierte Kontrolle	
	Gleichheitsstreben		
		Stabile Selbstsicherheit	
Autoritätsdenken			
Körperliche Nähe			
Geschlechtsrol-lendifferenzierung			
	Gemeinsinn		Individualismus

Der Brasilianer bleibt ziemlich irritiert zurück, ärgert sich, fragt sich aber auch, was mit diesem Chef wohl los war. Er empfindet den Deutschen sehr aggressiv, schon zu Beginn und dann immer mehr. Er war keine Sekunde freundlich, er bemühte sich überhaupt nicht um ein paar nette Worte; er zeigte sich nicht im Geringsten als eine Persönlichkeit, die auch noch andere Empfindungen oder Interessen hat als diese Dokumentation. Sein Reden findet er als erschreckend direkt und sein Handeln als schneidend geradlinig. Und als er dann hat, was er will, findet er kein Wort der Anerkennung für die hilfsbereite Kollegin in Brasilien. Kurzum, für diese Person hat er ganz sicher keine Lust zu arbeiten. Und von sich aus wird er ihm künftig nichts geben oder mitteilen, denn als Menschen empfindet er einen solchen Chef als Fehlanzeige.

Deutsche Kulturstandards

Die Kulturstandardforschung (siehe Bd. 1, Kap. I, 1.1) erbrachte eine Fülle von deutschen Kulturstandards, die in kritischen Ereignissen wie dem eben dargelegten handlungswirksam sind. Die Ergebnisse einiger Studien, die im amerikanisch-deutschen Kontrast (Markowsky u. Thomas 1995), französisch-deutschen Kontrast (Molz 1994), tschechisch-deutschen Kontrast (Schroll-Machl 2001) und chinesisch-deutschen Kontrast (Thomas u. Schenk 1996) gefunden wurden, sind in Tabelle 1 gegenübergestellt.

Es gibt also eine geraume Anzahl von deutschen Kulturstandards, die aus ganz verschiedenen Blickwinkeln zentral sind.

Sachorientierung

Für die berufliche Zusammenarbeit sind unter Deutschen die Sache, um die es geht, die Rollen und die Fachkompetenz der Beteiligten ausschlaggebend. Die Motivation zum gemeinsamen Tun entspringt der Sachlage, eventuell den Sachzwängen. In geschäftlichen Besprechungen »kommt man zur Sache« und »bleibt bei der Sache«. Ein »sachliches« Verhalten, das heißt die weitgehende Kontrolle von Emotionen, ist es, was Deutsche als professionell schätzen: Man zeigt sich zielorientiert und argumentiert mit Fakten. Wenn man sich kennt oder gar mag, ist das ein angenehmer Nebeneffekt, doch das ist nicht primär relevant. Die Sache ist der Dreh- und Angelpunkt des Tuns und bestimmt auch den Kommunikationsstil. Etwaige persönliche Empfindlichkeiten sind da schon mal hintanzustellen; sogar etwaige Rangbeziehungen der Gesprächspartner, wie etwa Vorgesetzter und Mitarbeiter, können zugunsten der Diskussion der Sache in den Hintergrund treten und es kann wie unter Gleichgestellten diskutiert werden.

Aber nicht nur im Arbeitsleben, sondern auch in der Alltagskommunikation des öffentlichen Raums genießen Sachthemen Priorität vor persönlichen Angelegenheiten und der Schilderung persönlicher Lebensumstände, auch hier geben Sachinformationen Orientierung – beispielsweise definiert sich der Einzelne maßgeblich über seine Leistung und seine Aufgaben – und hier werden Emotionen ebenfalls kontrolliert, wenn sie nicht sachdienlich sind.

Ein weiterer Aspekt der Sachorientierung zeigt sich in dem hohen Wert, der persönlichem Besitz und Eigentum zugemessen wird. Der Besitz, zum Beispiel Auto, Haus und Garten, wird gepflegt, fremdem Eigentum gegenüber zeigt man Respekt, Geldangelegenheiten nimmt man auch bei kleinen Summen sehr ernst. Gegenstände scheinen Teil der Privatsphäre einer Person zu sein, weswegen ihr zwangloses Verleihen unüblich ist. Überhaupt wird der Erwerb und Besitz von konkreten Dingen meist eher flüchtigen (Konsum-)Genüssen vorgezogen.

Wertschätzung von Strukturen und Regeln

In Deutschland gibt es unzählige Regeln, Vorschriften, Verordnungen und Gesetze. Ihre Vielzahl sowie ihre enge und starre Auslegung, ihre strikte Einhaltung und die rigide Zurechtweisung oder Bestrafung bei Regelverletzungen sind daran im Kontrast zu anderen Kulturen, in denen selbstverständlich ebenfalls Regeln das Zusammenleben organisieren, das Besondere. Es bestehen implizite Regeln (wie z. B. die Forderung nach Pünktlichkeit), auf einen bestimmten Wirkkreis beschränkte Vorschriften (z. B. Hausordnungen, Benutzungsordnungen), Verordnungen im öffentlichen Leben in Stadt und Staat (von der Müllentsorgung bis zur Straßenverkehrsordnung), Normen im beruflichen Leben (wie Anordnungen, Standardisierungen) und so weiter. All diese Regelungen werden angewandt und wenig hinterfragt. Ihre Einhaltung wird für selbstverständlich erachtet und ihre Verletzung wird geahndet, mitunter sogar von völlig unbeteiligten Personen.

Deutsche lieben also Strukturen. Dahinter steckt das Bedürfnis nach einer klaren und zuverlässigen Orientierung, nach Kontrolle über eine Situation, nach Risikominimierung und prophylaktischer Ausschaltung von Störungen und Fehlerquellen.

Für das soziale Leben heißt das, dass das Zusammenleben im zwischenmenschlichen Bereich klar und nachvollziehbar gesteuert und damit das Ideal der Gleichbehandlung verfolgt wird. Regeln und Gesetze gelten nämlich für alle gleichermaßen, Ausnahmen werden eher selten gemacht, da Deutsche mit gleichen Normen für alle auch Gerechtigkeit assoziieren, das heißt gleiche Behandlung für alle hinsichtlich der Chancen und Rechte, aber auch der Sanktionen. Formelle und informelle soziale Interaktionen sind häufig explizit geregelt, so dass klar ersichtlich ist, was sie an Rechten und Pflichten nach sich ziehen. Zur Regelung des formellen Miteinander-Umgehens bedienen sich Deutsche dabei oft des Instruments von Verträgen; sie erlauben es, sich bei unvorhergesehenen Ereignissen auf eine gemeinsame Basis zu berufen.

Im Berufsleben bedeutet das: Um das Erreichen eines relativ hohen Qualitätsanspruchs absichern zu können, sind Deutsche planerisch, strukturierend und organisierend tätig bis ins Detail. Man will nichts Wichtiges übersehen, man will keinen Fehler machen, man will potenzielle Fehlerquellen und Hindernisse im Voraus erkennen und eliminieren. Die Strukturen, derer man sich dazu bedient, werden oft als eine Art »geronnene Erfahrung« vieler Vorgänger betrachtet. Die Normen – vor allem im Produktionsbereich – haben geradezu Symbolcharakter für »beständige deutsche Wertarbeit« oder für Fortschritt im Sinne einer kontinuierlichen, verbessernden Veränderung. Viele wichtige, die normale Arbeit betreffende Gespräche und Informationen laufen in formellen Kanälen, das heißt in Besprechungen, in Sitzungen, mit Protokollen und Informationsverteilungssystemen. Damit sind sie für alle, die davon betroffen sind, einsehbar und nachvollziehbar.

Im Alltag erzeugen mangelhafte Organisation und Störungen im geplanten Handlungsablauf leicht Ärger und veranlassen zur Suche nach dem Schuldigen, dann erst zur Suche nach Lösungen.

Die Kehrseite der Medaille heißt freilich häufig auch: Organisation hemmt Spontaneität und Flexibilität.

Zeitplanung

Zeit ist für Deutsche nicht nur ein wichtiges Thema, sondern Deutsche scheinen auch vielen Kulturen von Terminen und Zeitplänen getrieben, auf – durchaus langfristige – zeitliche Planungen geradezu versessen und auf Termineinhaltung pochend. Dieses Phänomen hat folgende Facetten:

Grundsätzlich herrscht weithin die Einstellung vor, dass Zeit ein kostbares Gut ist und daher nicht nutzlos vergeudet werden darf, sondern effektiv genutzt werden muss. Genaue und langfristige Zeitplanung und ein präzises Erfüllen des Zeitplans dienen dazu als adäquate Mittel; mit »Nebensächlichkeiten« will man sich nicht aufhalten. Es gilt, sich auf das Wesentliche voll zu konzentrieren und sich nicht ablenken zu lassen.

Deutsche haben zudem die Vorstellung, dass es optimal wäre, das Leben auf eine konsekutive Art organisieren zu können, in der man sich (1) über eine anstehende Handlung Gedanken machen und sie planen kann, (2) diese Planung dann ohne Unterbrechungen und Störungen umsetzen kann, um (3) schließlich sein Ziel zu erreichen. Weil das aber nicht geht, sondern Menschen meist gezwungen sind, viele Dinge parallel zu machen, bemühen sich Deutsche, ihrem Ideal doch zumindest nahe zu kommen:

Sie packen die Dinge in klare Zeitfenster und Zeiteinheiten, ordnen sie dann in einer ihnen sinnvoll erscheinenden Weise nacheinander an und erledigen sie – so weit wie möglich – in dieser Reihenfolge. Weil nun alle so denken und handeln, ist es bei gemeinsamen Vorhaben essenziell, dass sich die Individuen zeitlich koordinieren: Sie vereinbaren Termine. Diese Termine sind der Kitt für gemeinsame Aktivitäten, weil sie die individuellen Ablaufpläne und Zeitpläne verzahnen. – Zeitmanagement gilt damit als Voraussetzung für effektives Handeln überhaupt, aber ganz sicher als wesentlicher Bestandteil von Professionalität. Man muss in der Lage sein, seine Zeit zu planen, realistische Einschätzungen für die einzelnen Zeitfenster vorzunehmen und sich dann eiserner zeitlicher Disziplin zu unterwerfen.

Zeit erhält einen enormen Symbolwert, denn sie zeigt die Wichtigkeit einer Sache und einer Person an, weil nur wichtigen Dingen und bedeutsamen Personen Zeit gewidmet wird. Zeitliche Zuverlässigkeit ist für den Aufbau von Vertrauen und ein positives Image als verlässlich, interessiert, professionell eine kaum zu überschätzende Variable; zeitliche Unzuverlässigkeit bedarf einer gewichtigen Begründung, sonst stellt sie eine deutliche Beleidigung dar.

Berufliche, aber vielfach auch private Termine und Zeitpläne sind verbindlich, denn sonst gerät ein ganzes System aus den Fugen. Störungen in den geplanten oder eingeschliffenen Handlungsabläufen lösen Verärgerung aus und verursachen handfeste, zum Teil massive Probleme, weil mit der Einhaltung von Zeitplänen eine Menge an Verpflichtungen steht und fällt. Daher hat die zeit- und plangerechte Erledigung von sachbezogenen Aufgaben und Vorhaben Vorrang vor persönlichen Interessen und Bedürfnissen; deshalb lässt ein voller Terminkalender auch für spontane, kurzfristige Begegnungen, Gespräche oder Besuche keinen Spielraum; und deshalb muss man in Deutschland für (fast) alles einen Termin vereinbaren, selbst für Freizeitaktivitäten.

Internalisierte Kontrolle

Deutsche haben eine starke Identifikation mit der eigenen beruflichen Tätigkeit. Sie nehmen ihre Arbeit, ihre Rolle, ihre Aufgabe und ihre damit verbundene Verantwortung sehr ernst. Sie möchten das, was sie machen, gut machen und sind konzentriert bei der Sache. Wenn sie zunächst einmal planen, organisieren, strukturieren, dann machen sie das nicht zum Vergnügen, sondern aus der Überzeugung heraus, dass so die Aufgaben am besten bewältigt werden können (vgl. Wertschätzung von Strukturen und Regeln). Dass diese Strukturen nun Realität werden, hat eine zentrale Voraussetzung, die der Inhalt dieses Kulturstandards ist: Alle Beteiligten haben verlässlich zu sein. Eine Sache ist organisiert und jetzt wird von allen erwartet, dass sie sich korrekt an ihre Zuständigkeit halten und ihre Aufgabe erfüllen. Nur in diesem Zusammenspiel aller funktioniert das System. Das bedeutet, dass alle den im jeweiligen Kontext vorhandenen Regeln, Systemen, Strukturen Folge leisten. Es ist somit notwendig:

- sich im beruflichen Feld an Kompetenzen und Rollen zu halten;
- Absprachen, Vereinbarungen, Zusagen und Versprechen einzuhalten;
- Entscheidungen durchzuführen;
- Vorgaben exakt einzuhalten;
- zeitliche Zuverlässigkeit und Pünktlichkeit zu zeigen;
- den eigenen Handlungsspielraum als Verantwortungsspielraum wahrzunehmen und aktiv die nötige Initiative ergreifen.

Geschieht das, dann gilt jemand als zuverlässig, korrekt, gewissenhaft und ist ein geschätzter Mitarbeiter oder Kollege, der Vertrauen verdient.

Diese Verlässlichkeit wird nun nicht vorrangig dadurch erreicht, dass es Instanzen gibt, die von außen kontrollieren, sondern dass jeder an seinem Platz von sich aus das tut, was von ihm erwartet wird. »Deutsche machen vieles ohne ersichtlichen Zwang dazu«, sagen nichtdeutsche Beobachter. Der Handelnde hat nämlich gar nicht mehr das Gefühl, dass er Erwartungen anderer erfüllt, sondern es ist ihm selbstverständlich, das zu tun. Er hat sich im Prozess der Planung, der Strukturierung oder als er die Stelle antrat, damit bereits identifiziert. Das ist mit »internalisierter Kontrolle« gemeint: Durch Einsicht in die »Notwendigkeit« oder Optimalität bestimmter Regeln oder Verfahrensweisen kontrolliert sich ein Individuum weitgehend selbst. Es hält sich dabei entweder an vorgegebene Normen oder an selbst erstellte Pläne. Eine Person erlebt von innen gesehen diese Selbststeuerung weithin als persönliche Autonomie und Selbstbestimmung; von außen gesehen wird selbst initiiertes und eigenverantwortliches Handeln ermöglicht, und jemand wird für sein Handeln einschließlich der Folgen auch verantwortlich gemacht. Bei Verstößen oder Störungen kommt es daher nicht nur zu Konflikten mit einer Kontrollinstanz, beispielsweise dem Chef, sondern auch zu internen und Gewissenskonflikten, weil man mit sich selbst unzufrieden ist.

Weil hier Strukturen, Normen, »Objektives« internalisiert werden, besteht auch die deutsche Zuverlässigkeit gegenüber der Sache (vgl. Sachorientierung)! Die Beziehungen, die zu den beteiligten Personen existieren, beeinträchtigen oder fördern die gezeigte Gewissenhaftigkeit wenig. Ob der Chef sympathisch ist oder nicht, ob man sich mit seinen Kollegen wohl fühlt oder nicht – man hat die Aufgabe zu erledigen. Und man will das auch, denn man findet die Sache im Prinzip gut, sonst wäre man nicht an dieser Stelle und nicht in diesem Job. Das Pflichtbewusstsein gilt somit in erster Linie den konkreten Vorgaben, die Loyalität der Firma, bei der man (gerade) arbeitet.

Die Pflicht ist – zumindest beruflich – wichtiger als das Vergnügen: Ob jemand Lust hat oder nicht, ob er gerade von Problemen heimgesucht ist, die ihm viel Energie abverlangen, ob es ihm sehr viel Mühe abverlangt oder Spaß macht, spielt eine untergeordnete Rolle: Er hat die Selbstdisziplin aufzubringen, sein Bestes zu geben. Denn er hat Ja gesagt zu dieser Vereinbarung oder dieser Stelle und nun steht er in Pflicht und Verantwortung. Selbstdisziplin und Härte zu sich selbst sind die Innenseite der Gewissenhaftigkeit. – Und das steht auch in Verbindung mit dem nächsten Kulturstandard.

Trennung von Persönlichkeits- und Lebensbereichen

Deutsche nehmen eine strikte Trennung der verschiedenen Bereiche ihres Lebens vor. Sie differenzieren ihr Verhalten sowohl deutlich danach, in welcher Sphäre sie mit einer anderen Person zu tun haben, wie auch danach, wie nahe sie einer anderen Person stehen.

Berufstätige Deutsche unterscheiden zwischen ihrem Berufsleben und ihrem Privatleben klar:

– Deutsche arbeiten während der Arbeit und »leben« in ihrer Freizeit, das heißt nach Feierabend, am Wochenende, im Urlaub. In der Arbeit hat die Arbeit Vorrang, und alles andere tritt an die zweite Stelle. Im Privatleben nehmen Beziehungen, Familie, Freunde, persönliche Neigungen und Interessen die ganze Person in Anspruch.
– Im Beruf ist man sachorientiert, privat beziehungsorientiert gegenüber der Familie und Freunden.
– Im Beruf ist man zielstrebig, privat will und muss man (auch) entspannen.
– Im Beruf widmet man sich den jeweiligen Sachinhalten mit großem Engagement, im Privatleben fröhnt man unter Umständen ganz anderen Neigungen (z. B. einem Hobby) und schafft seinem Gemüt Ausgleich. Manchmal scheint es, als hätte man mit zwei verschiedenen Menschen zu tun – im äußeren Erscheinungsbild, im Verhalten, in der Stimmung.
– Kontakte des Berufslebens werden im Privatleben nur unter bestimmten Bedingungen (Distanzdifferenzierung) fortgesetzt; Mitteilungen aus dem Privatleben erfolgen im Berufsleben ausgewählt, dosiert und eher spärlich.
– Die Verfügungsmacht eines Vorgesetzten beschränkt sich auf die Arbeitszeit, Eingriffe in Privatangelegenheiten würde sich ein Mitarbeiter

verbieten; eine über den Arbeitsvertrag hinausgehende Fürsorgepflicht des Unternehmens besteht nicht und wird auch nicht erwartet.

Mit dieser Trennung hängen auch die folgenden beiden eng zusammen:

Rolle – Person:
Deutsche definieren klar die Rollen, die zu bestimmten Positionen gehören. Professionalität bedeutet, man weiß um seine Rolle in allen Facetten – bis hin zu Kleinigkeiten. Und man hält diese Rolle auch ein. Beruflich heißt das: Man ist korrekt und in der Sache engagiert zugleich, angemessen distanziert und mit entsprechender fachlicher Qualifikation. Zeigt man darüber hinausgehendes Verhalten, läuft man Gefahr, »aus der Rolle zu fallen«, was meist nicht positiv bewertet wird. Man ist weder zu enthusiastisch noch beleidigend. Die Person, die hinter der Rolle steht, ist häufig in vielerlei Hinsicht schillernder. Doch sie kann, will sie beruflich anerkannt sein, nur einen Teil ihrer Persönlichkeit in ihrer Rolle ausleben: Am besten die Seiten, die der Rolle förderlich sind und den Rolleninhaber damit überzeugend erscheinen lassen.

Emotionalität – Rationalität:
Deutsche bemühen sich, ihre Gefühle und die objektiven Fakten auseinander zu halten. Dabei ist das Vorherrschen der Rationalität vor allem im Berufsleben angesagt, wo es als professionell gilt, sich sachlich zu zeigen (vgl. Sachorientierung), und Gefühle in mancherlei Hinsicht fast Schwäche bedeuten. Rationalität ist somit der Persönlichkeitsbereich, der beruflich aktiviert wird und die Basis für die Sachorientierung darstellt. Emotionalität ist dagegen im Privatleben dominanter. Hier ist wichtig, Mitgefühl und Verständnis für andere zu haben sowie sich seiner eigenen Gefühle bewusst zu sein und ihnen freieren Lauf zu lassen. Doch immer dann, wenn es um heikle Fragen geht (in allen Lebensbereichen), wird unterschieden zwischen dem, was man sich rational zu einer Sache denkt, und dem, was man emotional, »aus dem Bauch heraus« meint. Beides ist dann gegeneinander abzuwägen, um zu handeln.

Außerdem spielt für die Art des Kontakts Nähe eine entscheidende Rolle. Es sind bei ein und derselben Person ganz unterschiedliche Verhaltensweisen beobachtbar, je nachdem, ob ihr Interaktionspartner ein Fremder, ein Bekannter, ein Kollege oder ein echter Freund ist. Die Entwicklung von Freundschaften ist dabei der (angenehme) Ausnahmefall. Als durchgängiges Muster kann für Deutsche gesagt werden, dass sich (a) der Kontakt von Verschlossenheit, Distanziertheit und formalem Verhalten allmählich zum Vertrauten hin bewegt, dass (b) die anfängliche Dominanz von Sachgesprächen und Rationalität zunehmend größerer Emotionalität, Herzlichkeit und Personorientierung weicht, dass (c) Nähe eine »Herzenssache« und nicht von Zweckrationalität bestimmt ist. (d) Das Interesse, ständig neue Leute kennen zu lernen, ist im Allgemeinen eher gering; viele Kontaktchancen werden daher nicht wahrgenommen, aktive Kontaktanbahnung oder ungebetene Einmischung wird leicht als aufdringlich empfunden; stattdessen gelten Abstand und Zurückhaltung als höflich und Erstkontakte bleiben weithin folgenlos. (e) Diese Distanzdifferenzierung findet ihren Niederschlag in den Anredeformen »Sie« oder »Du«.

Die Annäherung erfolgt Schritt für Schritt in den Stufen
1. neutrales, rollenkonformes Verhalten zu Beginn;
2. schrittweises Sichnäherkommen mit zunehmender emotionaler Öffnung;
3. Freundlichkeit bis Herzlichkeit, volle Zugänglichkeit zum Persönlichkeitskern, wechselseitige Verpflichtung.

Schwacher Kontext

Deutsche pflegen einen Kommunikationsstil großer Direktheit und Explizitheit: Sie formulieren das, was ihnen wichtig ist, mit Worten und benennen die Sachverhalte dabei ungeschminkt und offen. Die charakteristischen Elemente dieses Stils sind:
- Das Was steht im Vordergrund, das Wie ist sekundär. Der Fokus der Deutschen ist, wie schon dargelegt, vor allem auf die Sachebene gerichtet, das heißt, ihnen kommt es auf den Inhalt des Gesagten an (vgl. Kulturstandard Sachorientierung).
- Daher reden Deutsche meist direkt und undiplomatisch, aber ehrlich und aufrichtig, ganz so, wie sie etwas eben sehen. Sie äußern ihre Meinung klar. Sie kommen ohne Umschweife und Umwege auf den Punkt. Das gilt auch für den, der etwas will: Er muss es explizit sagen.
- Sie denken nicht daran, auf etwaige Empfindlichkeiten der Anwesenden besonders Rücksicht nehmen zu müssen. Damit können ihre Aussagen verletzend wirken, obwohl das nicht so gemeint und beabsichtigt war. – Sie handeln gemäß der »Trennung von Lebensbereichen«.
- Interpretationsspielraum zu lassen ist zudem nicht ihre Sache. Sie wollen sich präzise, klar und unmissverständlich ausdrücken und daher formulieren sie die Dinge, die sie mitteilen wollen, aus. Sie meinen das, was sie sagen; und sie sagen das, was sie meinen. Ergänzende Informationen braucht man nicht dazuzunehmen, zusätzlich wahrzunehmen oder aus dem Kontext des Gesagten zu entschlüsseln, um im Bild zu sein, was ihre Botschaft war.

– Umgekehrt wird in die Dekodierung nur miteinbezogen, was ausdrücklich gesagt wird. Deutsche denken nicht daran, dass das, was man ihnen sagt, nur ein Teil der Botschaft sein könnte, die um weitere Signale ergänzt werden müsste, damit sie verstanden werden kann. Sie hören explizit gesprochene Worte, halten das gewohnheitsmäßig für den Inhalt, den man transportieren wollte, und haben keine Ahnung, dass noch anderes zur zuverlässigen Entschlüsselung und Interpretation des Gesagten hinzugenommen werden müsste. Selbst Konnotationen und nonverbale Signale werden oft nur dann wahrgenommen, wenn auf sie extra hingewiesen wurde; üblicherweise wird alles wörtlich genommen und kein Hintersinn vermutet.

Mit diesem Kommunikationsstil erscheinen Deutsche oft recht konfrontativ und alles andere als konfliktscheu:
– Hinsichtlich ihrer Selbstbehauptung kämpfen sie argumentativ für ihre Position. Offene Meinungsäußerung stellt einen Wert dar; Stellungnahmen und Ablehnungen werden unverblümt und deutlich ausgedrückt. Wenn Deutsche etwas wollen, dann sagen sie das so klar, dass viele es als »fordern« erleben. Deutsche diskutieren gern und legen dabei logische Fehler, Irrtümer, Unklarheiten und Widersprüche bloß in der Überzeugung, damit der Wahrheitsfindung zu dienen.
– Deutsche schrecken vor Kritik nicht zurück: »Konstruktive Kritik« ist ihrem Verständnis nach vorrangig an der Sache ausgerichtet (vgl. Sachorientierung) und sie sind überzeugt, dass sie lediglich eine Verfehlung kritisieren, aber nicht die Person. Daher erscheint auch eine betont positive Einleitung zu einem Kritikgespräch eher heuchlerisch als nützlich.
– Wenn es Probleme zu lösen gilt, sind Deutsche davon überzeugt, dass nur durch eine klare Problemanalyse und ein konkretes Ansprechen von Schwachstellen eine Optimierung möglich ist: Erst wenn die Probleme erkannt sind, kann man an eine Fehlerbehebung gehen.

Zurück zur Fallgeschichte

Kehren wir zurück zum brasilianischen Mitarbeiter und seinem deutschen Chef. Welche deutschen Kulturstandards waren hier wirksam?

Zeitplanung:
– Der Deutsche geht von einer terminlichen Vereinbarung aus. Da Termine für ihn wichtig und verbindlich sind, ist er verärgert, dass sein brasilianischer Mitarbeiter sich hier unzuverlässig zeigt.

- Bei zeitlichem Druck, wie er sich nun bereits aufgebaut hat, hat man sich umso mehr ganz auf das Ziel zu konzentrieren. Zudem hält der Deutsche es für Zeitverschwendung und für einen fahrlässigen Umgang mit *seiner* Zeit, wenn der Brasilianer in Seelenruhe langatmig telefoniert, während er hier sitzt und wartet. Das steigert seinen Ärger und lässt den Mitarbeiter obendrein sehr unhöflich erscheinen.

Internalisierte Kontrolle:
- Er erwartet, dass sich der brasilianische Mitarbeiter von sich aus um die Dokumentation kümmert (das ist als Koordinator schließlich sein Job!), ohne dass er als Chef nachhaken muss. Außerdem erwartet er eine Erklärung, warum es zu dieser vierwöchigen Verzögerung kam. Sein Ärger nährt sich also auch aus der Quelle, dass offensichtlich von allein nichts passiert wäre. Vermutlich stellt das sogar einen Großteil der Motivation dar, nicht von der Stelle zu weichen, bis in Sachen Dokumentation ein Fortschritt erzielt worden ist.

Sachorientierung:
- Der Deutsche kommt wegen der Dokumentation zu seinem Mitarbeiter, nicht aber zur Kontaktpflege. Er möchte Sachinformation und sonst nichts. Den Smalltalk erlebt er daher als Geschwätz, das fehl am Platz ist und eventuell sogar nur von der Nachlässigkeit des Brasilianers ablenken soll. Sein Urteil lautet: Dieser Mitarbeiter ist unprofessionell und redet zu viel unnötiges Zeug.
- Bei dem bereits schwelenden Konflikt wäre eine Konzentration auf die Sache und eine sachlich gute Kooperation die einzige Möglichkeit, wieder Boden wettzumachen.

Direktheit:
- Der Deutsche sagt bei seinem Kommen klar, was er will, nämlich die Dokumentation. Dass er diese nur über »Umwege« erhalten kann (hier: Kontaktpflege, die der Motivation dient), kommt ihm nicht in den Sinn.
- Sein Schlusskommentar bezieht sich nochmals auf den Anlass für diese Interaktion, und wieder wäre er völlig überrascht, würde man ihm sagen, dass die erlebte »Hilfsbereitschaft« eine Würdigung verdienen würde. Sein Sarkasmus ist in seinen Augen keine Unhöflichkeit, sondern der berechtigte Ausdruck seines Zorns.

Trennung von Persönlichkeits- und Lebensbereichen:
- Der Deutsche will über das Geschäft reden, da die ganze Begegnung in seinen Augen nur dem Inhalt »Dokumentation« dient. Plaudern gehört deshalb nicht hierher, noch weniger in eine Chef-Mitarbeiter-Interak-

tion: Er hat keine private Beziehung zu diesem Brasilianer, sondern begegnet ihm rein aus seiner Rolle heraus und will, dass der Andere auch seine Rolle spielt.

– Die Gesprächsversuche des Brasilianers mit ihm interpretiert er als Ablenkungsmanöver und die persönlichen Fragen an ihn als anmaßend und distanzlos.

Kulturhistorische Verankerung der Kulturstandards

Bei dem Versuch, einen kurzen Überblick über die historischen Gründe für die Entstehung der deutschen Kulturstandards zu finden, scheinen vor allem folgende Linien in der deutschen Geschichte maßgebend gewesen zu sein (Schroll-Machl 2002): Das lange Verharren in der Kleinräumigkeit der Territorialstaaten, in denen sich später der Absolutismus lange halten und das jeweilige Staatsgebilde weitgehend durchdringen konnte, die Lehren des Protestantismus, die mehrfachen existenziellen Erschütterungen, die viele Generationen von Deutschen heimgesucht haben.

Die Kleinräumigkeit der Territorialstaaten begünstigte folgende Entwicklungen:

– Da die Menschen in diesen Staaten in einem anhaltenden Zustand der Isolierung lebten – einer Isolierung zwischen den Staaten wie auch international –, entstand nach innen eine enge soziale Integrität, und nach außen existierte nicht die geringste Notwendigkeit zu Öffnung und Kontaktanbahnung (→ Trennung von Lebensbereichen: Distanzdifferenzierung).

– Den Regeln, die die Obrigkeit erließ, war unbedingt Folge zu leisten. Das lehrte nicht nur der lutherische Protestantismus, das war in derart kleinen Staaten auch effektiv zu kontrollieren: Jeder Aufstand war schnell zu ersticken. Zudem konnten sich die Regeln nachhaltig verfestigen, weil sie durch keine Begegnung mit »Fremden« relativiert werden konnten. Pflichterfüllung wurde spätestens im Absolutismus ein Wert, der eine funktionierende Gesellschaft und das Wohl der Gemeinschaft sicherte (→ internalisierte Kontrolle).

– Nur im Privatbereich entfiel die starke Kontrolle, sich vorschriftsmäßig zu verhalten, was mit zunehmendem Außendruck im Absolutismus eine Flucht ins Private begünstigte. Zudem waren die bürgerlichen Schichten bis zur Weimarer Republik einflusslos und konnten sich nur im »Innenraum« entfalten (→ Trennung von Lebensbereichen).

- Dem Sicheinrichtenmüssen in einem beengten Bereich mit einhergehender Intensität ist wohl auch der Handwerkerfleiß und die Genauig-
keit wie überhaupt die Präzision zu verdanken, da sich stimulierende
weiträumige Erfahrungen schlichtweg nicht machen ließen (→ Wertschätzung von Strukturen: Detailorientierung).
- Die Kleinstaaterei führte zur Herausbildung völlig verschiedener Kontexte. Auf einen gemeinsamen Kontext zwischen den mehreren Hundert
Staaten auf deutschem Territorium konnte somit nicht Bezug genommen werden, weil es ihn nicht gab. Kam es zu Grenzüberschreitungen,
so musste stets explizit kommuniziert werden, um sich zu verständigen
(→ schwacher Kontext).
- Die Strukturen der Kleinstaaten bezogen sich auch auf eine starre Regelung der Zeit (→ Zeitplanung).

Der Protestantismus hatte ebenfalls eine Reihe von Konsequenzen:
- Der Protestantismus ist ohne kultisches Anliegen (z. B. Anbetung, Opfer), sondern verstärkt die intellektuelle Ebene und das Verstehen. Sach-
lichkeit und Rationalität werden betont, um konkrete Probleme zu lösen
oder das Absolute zu suchen (→ Sachorientierung).
- Außerdem hebt er die Wichtigkeit des Berufs hervor und damit den Auf-
gabenbezug im öffentlichen Leben (→ Sachorientierung).
- Durch das Wegfallen einer vermittelten Kultfrömmigkeit und die Rück-
bindung der Lebensgestaltung an die persönliche Entscheidung bedingt
der Protestantismus eine Verschärfung der linearen Zeitnutzung
(→ Zeitplanung).
- Zudem trennt das Luthertum zwischen zwei Welten, der religiösen Innerlichkeit und der gesellschaftlichen Äußerlichkeit: In der Öffentlichkeit herrschen die weltlichen Strukturen und der Beruf, hier haben sich
die Gläubigen in ein Rollenhandeln einzuordnen. In der Innerlichkeit
ist das Neue Testament bestimmend und ist die Erfüllung im Glauben
zu suchen (später wird daraus ein säkularisiertes Persönlichkeitsideal).
Die beiden Sphären durchdringen sich dabei (fast) nicht (→ Trennung
von Lebensbereichen).
- Luther predigte, dass die Strukturen der Welt gottgegeben seien
(→ Wertschätzung von Strukturen). Damit forcierte das Luthertum einerseits sowohl den Gehorsam gegenüber jeglichen weltlichen Normen
wie auch andererseits die Gewissenhaftigkeit gegenüber christlichen
Normen, das heißt es leistete in jeder seiner beiden Welten einen Beitrag
zur → internalisierten Kontrolle.
- Luthers Kirche ist eine Kirche des sinnvermittelnden Worts und der Reflexion (nicht der Erbauung). Zudem gibt es keine Kompromisse und
Vermittlungen, sondern ein klares Entweder-Oder sowie im Pietismus

die bedingungslose Suche nach Wahrheit. Das bleibt nicht ohne Konsequenzen auf den Kommunikationsstil (→ schwacher Kontext).

Existenzielle Erschütterungen, die vielen Generationen von Deutschen widerfuhren, lehrten:

- Die Sicherheit des Lebens und des Hab und Guts war vor und nach 1648 chronisch in Frage gestellt. Wenn sie überhaupt jemand gewährleisten konnte, dann der jeweilige Landesfürst des Territorialstaats. Dieses Sicherheitsbedürfnis mündete in die Bereitschaft, sich ihm unterzuordnen, selbst unter ausbeuterischen Bedingungen (→ Wertschätzung von Strukturen).
- Im 19. Jahrhundert konnte zusätzlich die Erfahrung gemacht werden, dass eine absolutistische, aufgeklärte Bürokratisierung des Lebens unleugbare Modernisierungs- und Fortschrittsleistungen in allen Lebensbereichen zeitigte sowie den Aufstieg Preußens in wirtschaftlicher und militärischer Hinsicht maßgeblich bedingte (→ Wertschätzung von Strukturen).
- Das starke Bedürfnis nach Sicherheit, auch im vergangenen Jahrhundert gespeist aus dem Verlust von geliebten Menschen, Besitz und Heimat, bewirkte das Bestreben, eventuelle, antizipierte unerwünschte Ereignisse möglichst zu vermeiden (→ Wertschätzung von Strukturen).
- Das Erlebnis der Zerstörung der materiellen Lebensbedingungen durch Kriege in allen Jahrhunderten (z. B. Dreißigjähriger Krieg) und soziale und wirtschaftliche Krisen (z. B. Pestepidemien, wechselnde Herrschaftssysteme) in früheren Zeiten und bis in die jüngste Zeit hinein, ließ den Gütern des täglichen Lebens hohe Bedeutung zukommen (→ Sachorientierung).
- Das Bemühen, nach 1945 mit einem Mindestmaß an Selbstachtung weiterleben zu können, führte in jüngerer Zeit zu großer Nüchternheit im öffentlichen Bereich: Man wandte sich der Aufgabe des Wiederaufbaus zu und vermied jeden Pathos (→ Sachorientierung). Nur im Privaten lebten die Gefühle (→ Trennung von Lebensbereichen).
- Zudem war nach 1945 die Konzentration auf eine pflichtbewusste Rollenübernahme im Wiederaufbau überlebenswichtig. Um unter den Wettbewerbsbedingungen der Marktwirtschaft erfolgreich sein zu können, ist bis heute ein herausragendes Erziehungsziel »Disziplin« verstanden als Selbstkontrolle zur Erreichung von Tüchtigkeit (→ internalisierte Kontrolle).

Diese kulturhistorischen Linien liefern – wenn auch nur eklektisch – Hinweise auf die Mentalitätsentwicklung in Deutschland. Die *empirisch* gefundenen Kulturstandards weisen damit nicht nur eindrucksvoll passgenaue

Parallelen zur deutschen Mentalitätsgeschichte auf, sondern scheinen sogar oft historisch überdeterminiert. Das spricht für ihre Validität.

Generalisierung

Es stellt sich nun die Frage, inwieweit auf der Basis dieser historischen Analyse auf andere Länder geschlossen werden kann, wenn diese eine analoge Geschichte aufweisen.

Als Erstes ist hier auf die Zugehörigkeit Deutschlands zum *abendländisch-christlichen Kulturkreis,* die so genannten westlichen Länder einzugehen (vgl. Schroll-Machl 2002).

Der abendländisch-christliche Kulturkreis speist sich zunächst einmal aus zwei Quellen: dem Judentum einerseits und den antiken griechischen Stadtstaaten andererseits. Aus dem Judentum entwickelte sich das Christentum und das Römische Reich trat in vielerlei Hinsicht das griechische Erbe an. Diese beiden Linien vereinigten sich dann, als das Christentum im Römischen Reich offizielle Religion wurde, seine Mission entfalten konnte und die Kirche später sogar Ideen und Strukturen des zerfallenden Römischen Reichs übernahm. Mentalitätsgeschichtlich brachte das unter anderem folgende Phänomene hervor: Rechtsdenken und Gesetzesmoral, Sachorientierung, lineare Zeitauffassung, Wertschätzung von Wahrhaftigkeit sowie Individualismus als Betonung des Einzelmenschen und der Eigenverantwortung. Weiterentwickelt wurden diese Ideen dann in der Renaissance, Reformation und Aufklärung. Dieser Rahmen gilt trotz seiner (aus westlicher Sicht) sehr unterschiedlichen Ausformung in diversen länderspezifischen Varianten im gesamten Westen und bildet das Fundament dafür, dass man hier von einem »Kulturkreis« sprechen kann.

Innerhalb der westlichen und der europäischen Länder lässt insbesondere die Jahrhunderte während gemeinsame Geschichte mit *Österreich* eine große kulturelle Nähe vermuten: Das Habsburger Reich wurde erst 1866 durch Austritt aus dem Deutschen Bund ein unabhängiger Staat. Es bestehen denn auch zwischen Österreich und Deutschland viele Parallelen. Auf der Basis empirischer Befunde lässt sich für Österreich folgendes sagen (Fink et al. 2000; Brück 2001):

– Österreicher zeigen eine etwas geringere Sachorientierung als Deutsche und etwas mehr Diffusion zwischen ihren Persönlichkeits- und Lebensbereichen. Vor allem ihr Kommunikationsstil berücksichtigt stets auch die Beziehungsebene. Informelle Kontakte ergänzen die formellen öfter (Fink et al. 2000).

– Sie praktizieren einen gelasseneren Umgang mit Strukturen und Regeln sowie eine etwas abgeschwächtere internalisierte Kontrolle. Damit sind sie manchmal weniger rigide im Festhalten an einer Struktur oder im Verfolgen eines Ziels oder Prinzips (Fink et al. 2000; Brück 2001).
– Ihr Kontext ist etwas stärker, vor allem in Richtung einer größeren Diplomatie und einer Tendenz zur Konfliktvermeidung (Fink et al. 2000; Brück 2001).

Kulturhistorisch betrachtet könnten diese Befunde so erklärt werden:
– Die Habsburger Monarchie entwickelte sich innerhalb des Deutschen Reichs immer mehr zu einem erfolgreichen, zentralistischen und absolutistischen Staat und stellte schließlich eine eigenständige Großmacht dar – freilich mit einem relativ kleinen, staatstragenden deutsch sprechenden Bevölkerungsanteil. Damit wurden einige Muster, die die kleinen Territorialstaaten so nachhaltig prägten, zunehmend aufgehoben und durch eine höfische Gesellschaft ersetzt (siehe Kap. I, 2.1).
– Außerdem war das Habsburger Reich nie protestantisch, sondern in die Religionswirren vor allem durch eine vehemente Gegenreformation einbezogen, weswegen die Einflüsse des Protestantismus nur indirekte waren.

Beide faktischen, historischen Unterschiede zu vielen Staaten des übrigen Deutschen Reichs können in Parallelität zum Wissensstand über die historischen Hintergründe zur Ausprägung der Charakteristika anderer europäischer Länder sehr plausibel die empirisch gefundenen Unterschiede zu den deutschen Kulturstandards erklären. Für interkulturelle Trainings bedeutet dies, dass Österreich und Deutschland zwar einerseits nicht gleichgesetzt werden können, dass sie aber andererseits nur graduelle Abweichungen in der Ausprägung der Kulturstandards aufweisen.

Die Verortung Deutschlands in den großen Koordinaten der Weltkulturen und Weltgeschichte erbringt seine generelle Zuordnung zum Westen, die Betrachtung seiner Geschichte innerhalb des Westens die von den generell westlichen als typisch deutsch herausstechenden Kulturstandards, die unter den Bedingungen der deutschen Geschichte eben besonders verstärkt, betont und ausgeformt wurden (Schroll-Machl 2002).

Literatur

Brück, F. (2001): Kulturunterschiede im deutschsprachigen Europa: Kulturvergleich Deutschland – Österreich – Schweiz. In: Fink, G.; Meierewert, S. (Hg.), Interkulturelles Management. Österreichische Perspektiven, Wien/New York S. 143–165.

Fink, G.; Nový, I.; Schroll-Machl, S. (2000): Tschechische, österreichische und deutsche Kulturstandards in der Wirtschaftskooperation. In: Journal for Eastern European Management Studies (JEEMS), 5(4): 361–376.

Markowsky, R.; Thomas, A. (1995): Studienhalber in Deutschland. Interkulturelles Orientierungstraining für amerikanische Studenten, Schüler und Praktikanten. Heidelberg.

Molz, M. (1994): Analyse kultureller Orientierungen im deutsch-französischen Dialog. Unveröffentlichte Diplomarbeit, Regensburg.

Schroll-Machl, S. (2001): Businesskontakte zwischen Deutschen und Tschechen. Kulturunterschiede in der Wirtschaftszusammenarbeit. Sternenfels.

Schroll-Machl, S. (2002): Die Deutschen – Wir Deutsche. Fremdwahrnehmung und Selbstsicht im Berufsleben. Göttingen.

Thomas, A.; Schenk, E. (1996): Abschlussbericht zum Forschungsprojekt »Handlungswirksamkeit zentraler Kulturstandards in der Interaktion zwischen Deutschen und Chinesen«. Unveröffentlichtes Manuskript, Regensburg.

Ivan Nový/Sylvia Schroll-Machl

2.4 Tschechien

Eine Fallgeschichte

Ein deutsch-tschechischer Verband von Unternehmern organisiert eine Kontaktbörse. Alle möglichen Unternehmensvertreter sowie diverse Repräsentanten verschiedener Organisationen sind anwesend, um die Koordination der deutsch-tschechischen Aktivitäten zu besprechen und zu planen. Zwei Verantwortliche, eine Deutsche und ein Tscheche, leiten und moderieren die Veranstaltung. Man hat den ganzen Tag gearbeitet. Der offizielle Teil der Veranstaltung ist beendet, das Programm, das man sich bis zum Abendessen vorgenommen hatte, ist abgearbeitet und der Abend steht zur freien Verfügung. Am anderen Tag soll das Programm fortgesetzt werden.

Es ist Nacht und die Deutsche schläft, wie die meisten Deutschen. Die Tschechen sitzen in einer Runde zusammen, sie sprechen miteinander, trinken Wein und lachen viel bis um 5 Uhr morgens.

Am nächsten Tag geht die Tagung um 9 Uhr weiter. Der tschechische Verantwortliche kommt ein paar Minuten vor 9 Uhr todmüde in den Raum, in dem die Deutsche schon alles hergerichtet hat. Die beiden hatten vereinbart, dass er die Moderation des Vormittags übernimmt. Er orientiert sich ein bisschen und sagt dann zur Deutschen, dass sie doch bitte die Moderation übernehmen möge, er fühle sich nicht gut. Die Deutsche ist innerlich sehr wütend: Ihr Kollege säuft die ganze Nacht und drückt sich dann um die Arbeit! Aber es geht ihr um das Gelingen der Veranstaltung und sie übernimmt die Moderation. Ihr tschechischer Kollege hält sich, wie zu erwarten war, zurück. Der Vormittag verläuft tagesordnungsgemäß. Mit dem Mittagessen endet die Veranstaltung und alle scheinen zufrieden.

Nur die Deutsche hat ein Problem, das sie in der Reflexion der Veranstaltung mit ihrem tschechischen Kollegen bespricht.

Denn die deutsche Mitarbeiterin denkt sich über ihren tschechischen Kollegen:

– Er ist unzuverlässig! Er hält sich nicht an die Vereinbarung!
– Er hat keine Motivation zur Arbeit und nimmt sie offensichtlich nicht ernst.

Und über sich selbst denkt sie:
– Alles müssen wir Deutsche machen! Ich arbeite viel mehr. Der tschechische Kollege nützt mich aus. Das ist unfair!
– Wieder sind die Deutschen in der Pflicht, dass diese so wichtige Veranstaltung gelingt. Deshalb übernahm ich ja auch die Moderation, ohne zu sagen, wie sehr ich mich ärgerte. Welche andere Chance hätte ich auch gehabt? Mein Kollege sah wirklich nicht gut aus und hätte keine gute Figur abgegeben.
– Und es gibt ein Dilemma: Schon wieder einmal scheinen die Deutschen zu dominieren – so musste es aussehen. Aber ich wurde in diese Rolle gezwungen! Ich bemühte mich so sehr um Partnerschaft und achtete darauf, dass wir die Moderationsanteile ganz gerecht aufteilten, damit sich die tschechische Seite auf keinen Fall benachteiligt fühlen muss. Und dann wird diese Chance einfach weggeworfen! Sollen die Deutschen wieder einmal als machtlüstern vorgeführt werden?

Wie wird wohl der tschechische Kollege diesen Vorfall erleben?

Beschreibung der zentralen tschechischen Kulturstandards

In einer Untersuchung zum deutsch-tschechischen Kulturvergleich (Schroll-Machl u. Nový 2003; Schroll-Machl 2001; Schroll-Machl u. Nový 2002) konnten folgende tschechische Kulturstandards definiert werden:

Personbezug

Der Kulturstandard »Personbezug« beschreibt die Tatsache, dass Tschechen in der Interaktion und Kommunikation dem Beziehungsaspekt den Vorrang vor dem Sachaspekt einräumen. Das heißt, dass Tschechen stets die jeweils Agierenden stärker und bedeutsamer wahrnehmen als den Inhalt ihres Tuns. Die Sachebene rangiert daher in jeder Interaktion an der zweiten Stelle. Man sucht nach persönlichen Ansatzpunkten, zeigt sich nett, ist aber auch selbst leicht in seinem Wohlbefinden kränkbar. Aus dem Grund bemühen sich Tschechen beispielsweise bei jeder Interaktion, eine menschlich möglichst angenehme Atmosphäre herzustellen – das tut der eigenen wie der anderen Person gut. Einmal geschaffene gute Beziehungen will man sich dann erhalten und man pflegt sie.

Abwertung von Strukturen/Improvisationsliebe

Tschechen stehen Strukturen skeptisch gegenüber. Stattdessen lieben sie es, zu improvisieren. Sie halten es für eine ihrer charakteristischen Eigenschaften, flexibel, geschmeidig, findig zu sein. Diese Eigenschaft erfüllt sie mit Stolz: kreativ sein, gestalten, spielen – das bevorzugen sie allemal. Das ist – so sind sie weithin überzeugt – auch der Boden, auf dem neue und gute Ideen gedeihen können.

Während für Deutsche jede Form von Plan hilfreich ist, weil er Zeit und Inhalte (Sache) organisiert, erleben Tschechen einen Plan als Einschränkung: Er organisiert in ihren Augen nicht die Sache, sondern die Person (!). Deshalb ist es verständlich, dass sie ihn tendenziell ablehnen. Tschechen gehen zudem davon aus, dass sich irgendjemand am grünen Tisch diesen Plan oder diese Norm willkürlich ausgedacht hat, ohne eine Ahnung davon zu haben, ob das tatsächlich sinnvoll oder gar notwendig ist. Normen, Vorschriften und Gesetze werden oft a priori für dumm und unsinnig gehalten. Wer sich nun daran hält, erweist sich als einfältig und nicht-mitdenkend. Intelligenz besteht darin, sie zu umgehen. Ob das in der jeweiligen konkreten Situation stimmt, sei dahingestellt. Tatsache ist, innerlich erfolgt eine Abwertung der außen wahrgenommenen Struktur.

Das Besondere an diesem Kulturstandard ist neben der Fähigkeit, auf improvisierende Art handeln zu können, das innerliche, subjektive Erleben der Improvisation als Freiheit und Souveränität. Weil das so ist, hat dieser Kulturstandard eine enorme Reichweite: Tschechen zeigen geradezu ein prinzipielles Misstrauen und grundsätzliche Zweifel an allem, was sie nicht kennen und ihnen neu ist. Sie werden das Neue untersuchen und überprüfen, vielleicht etwas abändern und dann entscheiden, ob sie dieses Neue für gut halten oder nicht. Man will sich zum einen nicht übervorteilen lassen, sagen sie. Sie seien nun mal in der schwächeren Position und müssten sehr vorsichtig sein. Also müsse man etwas erst ausprobieren, das Resultat abwarten und dann sein Handeln aufgrund der Ergebnisse fortsetzen oder nicht. Man will sich zum anderen, wo immer man Einschränkung wittert, improvisierend verhalten zur Rettung der inneren Würde als freier Mensch. Man will damit sowohl das Gefühl der Wahlfreiheit seiner Handlungen haben wie auch sich selbst und anderen seine Würde und Intelligenz beweisen. Die Abwertung von Strukturen hat dabei zur Voraussetzung, dass es Strukturen gibt und dass man sie kennt.

Dass diese Eigenschaften auf Kosten der Qualität, der Perfektion, der

Optimalität der Sache gehen können, ist für Tschechen kein Problem. Hier zeigen sie sich großzügig.

Die »Abwertung von Strukturen« beinhaltet daher folgende Qualitäten:

– Findigkeit zur Wiederherstellung der als bedroht erlebten Freiheit (sog. Reaktanzphänomene),
– Kreativität/Einfallsreichtum/Improvisation,
– geringerer Qualitätsanspruch,
– Gelassenheit.

Simultanität

Simultanität bedeutet, dass Tschechen mehrere Dinge zur gleichen Zeit tun und sich keinesfalls nur auf eines beschränken. Tschechen lieben es, vieles parallel zu machen und zwischen den Handlungssträngen je nach (subjektiver) aktueller Priorität im Vertrauen auf ihre Improvisationsfähigkeit zu wechseln. Sie wollen keine Chance verpassen und halten Augen und Ohren offen. Ihre Zielstrebigkeit ist dabei, wenn kein Druck vorhanden ist, nicht sehr ausgeprägt. Sie bevorzugen stattdessen eine breitere Berücksichtigung mehrerer Schienen und Ideen, ohne unbedingt einen roten Faden zu haben oder sich einem Ergebnis- und Terminzwang zu unterwerfen.

Personorientierte Kontrolle

Die Begriffe »regelorientierte Kontrolle« und »personorientierte Kontrolle« beschreiben, dass Deutsche eher dazu neigen, allgemein gültige Regeln und Gesetze zu befolgen, während Tschechen dazu tendieren, zugunsten persönlicher Interessen oder Beziehungen auch dagegen zu verstoßen. Während das deutsche Verhalten sehr stark an Regeln orientiert ist und davon ausgeht, dass Normen und Vereinbarungen eingehalten werden müssen, legen Tschechen mehr Wert auf menschliche Beziehungen und auf subjektives Wohlbefinden. Bei ihnen verpflichtet Freundschaft und hat daher Priorität vor abstrakten Regeln. Aus deutscher Sicht stellt sich diese Dimension als die Frage – zugegebenermaßen deutsch formuliert – dar: Wo ist das Pflicht- und Verantwortungsgefühl einer Person verankert? Wann kann ich davon ausgehen, dass Vereinbarungen eingehalten werden?

Die Ausgangsbasis für die tschechische personorientierte Kontrolle ist dieselbe wie beim Kulturstandard »Abwertung von Strukturen«: die Bewahrung der persönlichen Souveränität. So erwarten Deutsche oft Zuverlässigkeit, wo Tschechen frei sein wollen.

Internale Kontrolle, Selbststeuerung hinsichtlich bestehender, äußerer, abstrakter Strukturen findet man ...
– bei Personen und in Situationen dann, wenn die Sache dem handelnden Individuum ein *persönliches Anliegen* zur Verfolgung eigener Interessen ist;
– wenn sich ein Individuum einer für sie relevanten Person (innerhalb der Struktur) auf einer solch guten und tragfähigen *Beziehungsebene* verbunden fühlt, dass es diese Person nicht enttäuschen möchte;
– wenn eine hohe individuelle *Identifikation* mit den Inhalten des Tuns herrscht.
In all diesen Fällen sind also persönliche Motive ausschlaggebend, nicht die Sache! Die Personorientierung gibt den Ton an.

Externale Kontrolle dominiert die Sachebene und die sie repräsentierende Struktur in den sonstigen Fällen: Ein »Pflichtbewusstsein« gegenüber objektiven Regeln, Vereinbarungen, Normen ist wenig ausgeprägt. Wenn beziehungsweise solange keine oder nur eine zu geringe persönliche Motivation herzustellen ist, muss die Sachebene external kontrolliert werden. Schließlich gilt: Man respektiert Regeln nur, wenn es unumgänglich oder vorteilhaft ist.

Diffusion von Lebens- und Persönlichkeitsbereichen

Kulturen werden in »spezifische« und »diffuse« eingeteilt. Damit wird das Maß der Betroffenheit im Umgang mit anderen Menschen bezeichnet, das heißt, es wird erfasst, ob man Menschen in bestimmten, spezifischen Lebensbereichen und Aspekten ihrer Persönlichkeit begegnet oder ob man ihnen eher ganzheitlich, diffus gegenübertritt. Im ersten Fall sind die Lebens- und Persönlichkeitsbereiche relativ undurchlässig und getrennt, im zweiten Fall hochgradig durchlässig (Trompenaars 1993). Die Tschechen zeigen deutliche Merkmale der Diffusion. Beobachtbar ist bei ihnen eine Vermischung der Persönlichkeitsbereiche »Emotionalität–Rationalität« sowie der Lebensbereiche »Beruf–Privat«, »Rolle–Person« und »formelle–informelle Strukturen« – und zwar in allen Stadien von Nähe und Bekanntschaft.

Starker Kontext

Der Fachbegriff »Kontext« meint, dass in Kulturen die Anteile des explizit und eindeutig Gesagten im Verhältnis zur Gesamtinformation, die in einer Situation enthalten ist, verschieden groß sind. Ist der Anteil der nichtsprachlichen Botschaften hoch, dann handelt es sich um einen starken oder Hoch-Kontext. Ist der Anteil des verbal Formulierten und Nicht-Interpretationsbedürftigen hoch und damit der Kontextanteil gering, dann spricht man von einem schwachen oder Niedrig-Kontext (Hall u. Hall 1989). Hoch-Kontext-Kommunikation charakterisiert die verbalen Begegnungen unter Tschechen. Sie bedienen sich eines Kommunikationsstils, der in den Formulierungen indirekter ist und impliziter ist, der also mehr mit zusätzlichen, nichtsprachlichen Signalen arbeitet, die dem Kontext zur Interpretation des Gesagten entnommen werden müssen. Tschechen sagen deshalb, sie drücken sich »schlauer« aus als Deutsche, denn sie müssen nicht alles, was sie mitteilen wollen, sagen. Man kann es der Situation durch genaue Wahrnehmung entnehmen, indem man den gesamten Zusammenhang dessen, was gesagt wurde, berücksichtigt und in die Dekodierung mit einbezieht: Wer sagte was wann zu wem wie unter welchen Umständen? Was war die Vorgeschichte? Was folgt jetzt?

Konfliktvermeidung

Ein sehr schwieriges Feld in der Interaktion zwischen Tschechen und Deutschen ist das völlig andere Umgehen mit Konflikten. Tschechen sagen von sich, dass sie nicht (hart) diskutieren können, dass sie Probleme nicht besprechen können, ja dass ihnen solche Gespräche derart unangenehm sind, dass sie ihnen, wo immer möglich, ausweichen. Sie geben daher der Konfliktvermeidung auf alle Fälle Vorrang vor der Konfliktaustragung.

Wie dann gehen Tschechen untereinander mit Konflikten um?
- Zunächst einmal weichen sie der Thematisierung von Konflikten solange aus, wie es nur irgendwie geht. Es wird einfach so getan, als gäbe es keinen Konflikt. Man will während der Kontakte den Konflikt vergessen, ein möglichst angenehmes Beisammensein herstellen und genießen und damit wieder eine positive gemeinsame Basis schaffen. Der Konflikt wird glatt gebügelt, so dass er die Beziehungsebene nicht mehr stört.
- Die Signale, mit denen man Konflikte einer höheren, nicht zu leugnenden Eskalationsstufe kommuniziert, sind vor allem Kontext-Signale. Das tut man lange, ausgiebig, geduldig. Ein explizites Gespräch findet eher nicht statt. Wenn, dann werden die Konflikte dabei tendenziell bagatellisiert und ein »kleines« Problem kann schon mal ein riesiges sein. Wenn Explizitheit wirklich einmal unumgänglich ist, dann werden Konflikte auf schriftlichem Weg thematisiert – beispielsweise per Fax zum vereinbarten Termin –, aber so gut wie nie mündlich.
- Wird der Druck zu stark, so dass nichts mehr geschluckt werden kann, dann besteht die Gefahr der Explosion. Die Explosion kann leise erfol-

gen, indem die Person plötzlich geht und sich ohne Begründung völlig aus der Situation zurückzieht. Der Knall kann laut sein und ebenfalls das Ende einer Beziehung bedeuten. Es kann aber auch der Rauch wieder abziehen und keiner ist nachtragend. Das kommt auf die Personen, die Situation und die Stärke der Betroffenheit an.

Für Deutsche sind diese drei – bis auf den »Knall« – nicht unterscheidbar, weil sie die Kontextsignale der Tschechen meist nicht enträtseln können. Sie erleben nur Funkstille und ärgern sich über die tschechische »Passivität«.

Schwankende Selbstsicherheit

Tschechen unterliegen in ihrer Selbstsicherheit mitunter größeren Schwankungen. Sie pendeln zwischen Bescheidenheit und Understatement einerseits und Selbstüberschätzung und Übertreibung andererseits. Manchmal erscheinen sie fast unterwürfig, um dann wieder zu glauben, sie seien um Längen besser und anderen klar überlegen. Das gilt sowohl interindividuell, das heißt, manche Tschechen zeigen ein eher zu großes und andere ein eher zu geringes Selbstbewusstsein; das gilt aber auch intraindividuell, so dass ein und dieselbe Person mal in die eine Richtung und mal in die andere Richtung tendiert.

Zurück zur Fallgeschichte

Auf der Grundlage der tschechischen Kulturstandards kann die tschechische Perspektive für die geschilderte Fallgeschichte nachvollzogen werden.

Der tschechische Kollege denkt über sich und die anderen beteiligten Tschechen:
- Auf dieser Veranstaltung waren sehr wichtige Leute: etwaige künftige Partner des Verbands, einflussreiche Mitglieder und Geladene des Netzwerks des Verbands. Zu diesen Personen ist Kontaktpflege das Allerwichtigste, damit man zusammenarbeiten kann.
- Wir Tschechen haben sehr viel erledigt. Wir haben die ganze Nacht gearbeitet. Beim Wein ging das schneller und angenehmer und wir schafften viel mehr als auf der offiziellen Tagung.
- Wir Tschechen sind flexibel. Wir nützten die Gelegenheit des Zusammenseins und erledigten dabei bereits vieles, was für morgen auf der Tagesordnung gestanden hätte.

– Ich selbst bin rechtzeitig gekommen – trotz extrem kurzem Schlaf. Wir Tschechen hatten sogar besprochen, den Beginn auf 10 Uhr zu verschieben, doch die Deutschen schliefen schon und daher beließen wir alles so, wie im Programm ausgedruckt. Tschechen sind zuverlässig! Bis 9 Uhr sind wir da. Es gibt kein Problem.

– Ein Freund hilft, ein guter Kollege auch. Es ging doch bloß um die Moderation, nicht um eine inhaltliche Vor- oder Nachbereitung. Ich bat meine Kollegin lediglich um eine kurze Aushilfe, weil ich nicht fit war. Das hat nichts mit »Unzuverlässigkeit« oder gebrochenem Wort zu tun.

Er denkt über die Deutschen:

– Die Tagesordnung muss eingehalten werden – egal ob das nützlich ist oder nicht. In der Nacht wurde sehr vieles schon besprochen. Der Vormittag ist daher reine Zeitverschwendung. Aber Deutsche sind unflexibel.

– Die Deutschen wollen weder sehen noch glauben, dass wir Tschechen in dieser Nacht gearbeitet haben. Das verstimmt uns.

– Warum ärgert sich die Deutsche? Wir Tschechen haben bereits bearbeitet, was uns wichtig war. Und jetzt machen wir brav die Show für die Deutschen. Wenn sich die Kollegin aufregt, ist das ungerechtfertigt, äußerst lästig und wieder ein typischer Fall deutschen Theaters.

– Außerdem ist es sehr unfair, wenn die Kollegin mir nun vorwirft, dass ich meine Rolle nicht ernst nähme, den tschechischen Part in der Doppelspitze bewusst und sichtbar zu repräsentieren. Das mache ich doch! Natürlich war es anfangs so, dass die Kollegin auf solchem Parkett erfahrener war als ich. Sie ist auch immer ganz selbstsicher aufgetreten und machte selbstverständlich den größten Teil des Papierkrams, der Auftritte und so weiter. Sie bemerkte dabei nicht, dass diese Selbstsicherheit mir auch viel Mut genommen hatte, mich einzubringen. Damit hat sie mich ein bisschen zum Blöden gestempelt. Und mir das jetzt vorzuwerfen, dass ich ihr Engagement selbstverständlich ausnutze, das ist eine echte Unverschämtheit! Will sie mich partout klein halten?

In der Terminologie der definierten Kulturstandards bedeuten diese Gedankengänge:

– *Personorientierung:* Das Hauptmotiv war für die Tschechen die Personorientierung, denn eine gute Beziehungsebene ist die Voraussetzung zur Zusammenarbeit. Die Deutschen dagegen betrachten das Treffen sachorientiert: Die zentralen Punkte sind in das Programm gebannt.

– *Abwertung von Strukturen/Improvisationsliebe:* Während das Programm für die Deutschen die Struktur zur Erreichung der Ziele der Veranstaltung repräsentiert (bis zum Detail der gleichgewichtigen Rollenverteilung), hatten die Tschechen zwar ebenfalls eine Reihe von Zielen, aber die meisten dieser Ziele ließen sich zufällig anders erreichen und somit war die Struktur für die Tschechen hinfällig geworden.

– *Simultanität:* Lachen *und* ernsthaft arbeiten beim Wein – das ist in tschechischen Augen ideal. Die deutsche Normalität ist dagegen: Tagsüber wird gearbeitet, abends ist es ein bisschen gesellig, nachts wird geschlafen.

– *Personorientierte Kontrolle:* Für die Deutschen sind Vereinbarungen einzuhalten. Wer nachts trinkt, hat dennoch am anderen Tag seinen Mann zu stehen. Dem Tschechen war die Vereinbarung der Rollenverteilung nur eine Formalie, kein Anliegen.

– *Diffusion von Persönlichkeits- und Lebensbereichen:* Die Tschechen lebten in dieser Nacht die Diffusion auf mehreren Ebenen (formell–informell; emotional–rational; Rolle–Person), während die Deutschen gemäß der Trennung der Lebensbereiche die formelle Ebene abgeschlossen hatten und am nächsten Tag fortsetzen wollten.

– *Schwankende Selbstsicherheit:* Dieses Verhalten der deutschen Kollegin stellt ein Beispiel für deutsche Arroganz dar: Für lange Zeit hat sie ganz selbstverständlich alle Aufgaben übernommen (an sich gerissen?) und dem Tschechen dadurch Minderwertigkeitsgefühle verursacht (ihn blöd ausschauen lassen?). Und dann macht sie ihm das zum Vorwurf! Das ist auch deshalb überheblich, weil Partnerschaft unter Tschechen heißt: Jeder tut, was ihm leichter fällt. Das wird sich schon irgendwie ausgleichen. So zeigt man einander Wertschätzung und man bohrt nicht an einer Schwachstelle, an der jemand nicht so gut ist oder sein kann wie der Partner.

Kulturhistorische Verankerung

Den Hinweisen diverser Autoren folgend (vgl. zusammenfassend Schroll-Machl 2001) sind für die Entwicklung der tschechischen Kulturstandards vor allem folgende historische Umstände maßgeblich gewesen:

Die Tschechen sind und waren immer ein kleines Volk

Sie sind sich dieser Tatsache deutlich bewusst. Denn sie hatte zur Konsequenz, dass die Tschechen, von kurzen Epochen abgesehen (1918–1938; seit 1989), stets in größere, von anderen dominierte Herrschaftszusammenhänge eingebunden waren: Bis 1866 gehörte Böhmen und Mähren zum Deutschen Reich – seit 1526 innerhalb der österreichischen Monarchie, 1938–1945 gab es das Protektorat Böhmen und Mähren; zwischen 1948 und 1989 war Tschechien Bestandteil des Ostblocks. Seit der »nationalen Erweckung« im 19. Jahrhundert, aber bereits auch immer wieder zuvor (z. B. Hussitismus, Schlacht am Weißen Berg 1620), wurde diese Geschichte als eine Geschichte permanenter Fremdherrschaft empfunden. Um sich dagegen aufzulehnen, war das Volk zu klein. So hatte man sich mit etlichen Niederlagen schlicht abzufinden und sich andere Überlebensstrategien zu überlegen. Sowohl das Faktum relativ geringer Macht wie auch das Erleben dieser Umstände als identitätsbedrohend werden deshalb als historischer Hintergrund für das schwankende Selbstbewusstsein wie auch für etliche sonstige Kulturstandards angeführt:

- Der Zusammenhalt der Menschen sowie gegenseitige Hilfe und Unterstützung waren des Öfteren schlichtweg überlebensnotwendig; die »Menschenkenntnis« bildete die Basis, mit der die Vertrauenswürdigkeit einer konkreten Person im Vergleich mit ihrer Kollaborationsbereitschaft getestet wurde (→ Personorientierung)
- Die Rechtslage des Zusammenschlusses mit dem habsburgischen Königshaus (1526) räumte den Tschechen zwar ursprünglich ein, eine eigenständige Nation im juristischen Sinn zu sein, obwohl das Oberhaupt der Habsburger auf dem Wiener Thron war; die Realität wurde dann aber zunehmend eine andere: eine absolutistische. Somit befanden sich die Tschechen in einer permanenten Gratwanderung zwischen dem Aufrechterhalten der gefühlten und (eigentlich) gestatteten Eigenständigkeit und dem Sich-Einfügen in die zentrale Wiener Macht und dabei zunehmend unter dem Anspruch, die eigene Identität gegen den Akkulturationsdruck zu behaupten. Das führte früh zu einer Entfremdung von Regierungsstrukturen, zu einer Art Besatzungsmentalität: Man widersetzte sich dem Staat und seinen Gesetzen, um dem aus eigenem Antrieb und Interesse Gewollten immer wieder zum Durchbruch zu verhelfen (→ Abwertung von Strukturen). Der Kommunismus stellte nur die jüngste Epoche des Misstrauens gegenüber dem Staat und seinen Strukturen dar.
- Strukturen und Regeln wurden nur dann positiv gesehen, wenn sie zur Verfolgung persönlicher Motive nützlich waren – vielleicht als Karrieremöglichkeit, vielleicht um sie zum eigenen Vorteil ad absurdum zu führen oder ihre Schwachstellen auszukosten (Hašeks »Schwejk« ist Weltliteratur!). In allen anderen Fällen wurden sie zu umgehen versucht (→ personorientierte Kontrolle; → Improvisationsliebe).
- Der Zwang, sich auf der einen Seite zu arrangieren, aber auf der anderen Seite das Eigene nicht aufzugeben, forciert das Muster der → Diffusion. Man hatte wachsam zu sein gegenüber Gefahren *und* Chancen, wollte

man nicht in Konflikt mit »denen da oben« geraten, aber auch das Eigene ausleben und einbringen. Somit galt es, Augen und Ohren überall zu haben und nichts zu verpassen, was irgendeinem Lebensbereich dienlich sein könnte (→ Simultanität).
- Kommunikationsmuster der Indirektheit und Implizitheit sind unter den Bedingungen totalitärer Regime ratsam; das gilt für den Absolutismus genauso wie für den Kommunismus (→ starker Kontext).
- Bei dem großen Akkulturationsdruck, unter dem die Tschechen standen, war ein vorsichtiges und wachsames Konfliktmodell günstig: Kampf, der den physischen Tod verursachen könnte, wurde vermieden; aber auch einer schleichenden Assimilation aufgrund einer möglicherweise durch die offene Auseinandersetzung geborenen Einsicht wurde vorgebeugt. »Passiver Widerstand« hieß schon die Schwejksche Devise für kleine Revolten auf individueller Basis und sie blieb auch im Kommunismus erhalten (→ Konfliktvermeidung).

Die jüngste Geschichte des Kommunismus, führte die ältere an vielen Stellen fort

- Den Sozialismus haben die Tschechen als ein System erlebt, mit dem sie sich zwar konform zeigen mussten, mit dem sie sich aber innerlich nicht identifizierten. Man tat dem Anschein nach so, als ob man mitmachte, verfolgte aber dabei seine eigenen Ziele und Interessen (→ Abwertung von Strukturen; → personorientierte Kontrolle).
- Die andere Seite der Medaille bestand in der Entwicklung eines ausgeprägten Improvisationstalents, das das Leben unter sozialistischen Bedingungen erleichterte und zum Teil das Überleben sicherte, wenn es galt, Suboptimales zum Funktionieren zu bringen oder den bestehenden Spielraum für sich zu nutzen (→ Abwertung von Strukturen: Improvisationsliebe).
- In den formalen Strukturen war eine Art Handlungsblockade vorherrschend, das heißt ein Fehlen von Initiative zu verantwortlichem, eigenständigem, problemlösendem Handeln, weil das totalitäre System nur das Verrichten exakt des Auftrags belohnte; eine darüber hinausgehende Initiative barg dagegen die Gefahr in sich, etwas vom System nicht Gewünschtes zu tun und dafür sanktioniert zu werden. Damit wurde die »externale Kontrolle« für den Normalfall gefordert und gefördert (→ personorientierte Kontrolle).
- In informellen Strukturen spielte sich nicht nur ein Großteil des Lebens ab, sondern eben genau der Teil, der für die Alltagsbewältigung wesentlich war: Hier fühlte man sich sicher, hier äußerte man seine Meinung,

hier improvisierte man zur Erlangung wichtiger Informationen, Dienstleistungen, Güter (→ Diffusion).

- Im Kommunismus gab es eine Art Flucht ins Private, eine Orientierung
  auf Familie, Freunde, informelle Aktivitäten hin als Gegenreaktion auf
  den Zwang zum Systemkonformismus. Diese Haltung durchdrang zunehmend auch den Arbeitsbereich, den man – von den Beziehungen zu
  den Repräsentanten des Systems abgesehen – kumpelhaft gestalten wollte (→ Diffusion).
- Die Organisation des gesamten Lebens in Gruppen förderte den Zusammenhalt der Menschen und intensive Beziehungen; Mangelwirtschaft
  und totalitäre Gefahren unterstützten das ihrerseits (→ Personbezug).
- Zeitlich war es sinnlos, schnell und effektiv arbeiten zu wollen: »Mate-
  rialpausen« gab es regelmäßig und individueller Leistungsanreiz war
  völlig unbekannt. Das lehrte einen sehr nachlässigen Umgang mit der
  Zeit (→ Simultanität).
- Die Angst, etwas falsch zu machen und zur Verantwortung gezogen zu
  werden, prägte einen vorsichtigen Interaktionsstil (→ Starker Kontext).
- Das Regime verbreitete Angst vor negativen Konsequenzen eines miss-
  liebigen Verhaltens. Das ist bis heute die Ursache für Zurückhaltung statt
  Selbstbehauptung (→ schwankende Selbstsicherheit und → Konfliktvermeidung).

Generalisierung

Nach der Lektüre dieser Auflistungen von Hintergründen für die tschechischen Kulturstandards liegt der Gedanke nahe, dass die dargestellten beiden Bedingungen keineswegs nur für Tschechien typisch sind, sondern für
viele mittelosteuropäische Länder (Polen, Ungarn, Slowakei, Kroatien, Bal-
tikum): Diese Region stellt – von länderspezifischen »goldenen Zeitaltern«
abgesehen – seit Jahrhunderten das faktische oder angestrebte Macht- und
Einflussgebiet einer Menge von (Groß)Mächten dar (z. B. Deutsches Reich,
Osmanisches Reich, Napoleon, Habsburger Monarchie, Nazi-Deutschland,
Kommunismus). Es fochten viele fremde und zu Größe gekommene regionale Mächte hier ihre Kriege aus. Für all die Länder Mittelosteuropas stand
das eigenständige Überleben als Volk, Sprachgemeinschaft und später als
Nation mehrmals in Frage, während mancher Epochen sogar das physische
Überleben. Die Erfahrung, ein kleines Volk zu sein mit wenig Einflussmöglichkeiten auf diese Ereignisse, prägte sie somit alle. Zudem befinden sich
alle aus einer sozialistisch-kommunistischen Vergangenheit kommend seit
1989 im Transformationsprozess. Wir schauen aus *deutscher* Sicht auf diese

Länder. Damit ist unsere Kontrastfolie, gegenüber der sich ihre Kulturstandards abzeichnen, mit zentralen deutschen Kulturstandards zu beschreiben, die eben in vielen Punkten gewisse Gegenpole bilden. Mit Vorbehalt können daher die tschechischen Kulturstandards zu mittelosteuropäischen generalisiert werden.

Diese Generalisierungen beschreiben damit lediglich Charakteristika der mittelosteuropäischen Länder auf einer regionenspezifischen Kulturstandardebene und können nichts zur Differenzierung der Länder untereinander beitragen. Aber aus einer deutschen Perspektive leisten sie bereits damit gute Dienste zur Orientierung, wenn das Ziel darin besteht, Verhaltensmuster von Geschäftspartnern dieser Region zu verstehen zu versuchen. Dass diese Generalisierung zutreffend sind, das lehrt die Erfahrung in Trainings zu diversen Ländern Mittel- und Osteuropas (Lyskov-Strewe u. Schroll-Machl 2000) und das zeichnet sich in empirischen Studien ab, die zu diesen Ländern bereits vorliegen (Fink u. Meierewert 2001).

Literatur

Hall, E. T.; Hall, M. R. (1989): Understanding Cultural Differences. Germans, Frenchs, and Americans. Yarmouth, Maine.

Fink, G.; Meierewert, S. (2001): Interkulturelles Management. Österreichische Perspektiven. Wien/New York.

Lyskov-Strewe, V.; Schroll-Machl, S. (2000): Erfahrungen mit interkulturellen Trainings zu (Ost)Mittel- und Osteuropa. Organisationsentwicklung, S. 56–67.

Schroll-Machl, S. (2001): Businesskontakte zwischen Deutschen und Tschechen. Kulturunterschiede in der Zusammenarbeit. Sternenfels.

Schroll-Machl, S.; Nový, I. (2002): Beruflich in Tschechien. Göttingen.

Schroll-Machl, S.; Nový, I. (2003): Perfekt geplant oder genial improvisiert? Kulturunterschiede in der deutsch-tschechischen Zusammenarbeit. 2. Auflage. Mering.

Trompenaars, F. (1993): Handbuch globales managen: Wie man kulturelle Unterschiede im Geschäftsleben versteht. Düsseldorf.

Vladimir Lyskov-Strewe/Sylvia Schroll-Machl

2.5 Russland

Eine Fallgeschichte

Ein Russe, ein energischer Mann, Mitte 40, spricht perfektes Deutsch, Direktor eines mittelständischen russischen Handelsunternehmens, kommt nach Berlin zu Verhandlungen mit seinem Lieferanten. Die von beiden Seiten gut vorbereiteten Verhandlungen verlaufen sehr produktiv, und so hat der Russe noch einen Tag frei vor seinem Abflug in die Heimat. Er will die Gelegenheit nutzen und noch einen seiner Lieferanten in Hamburg anrufen, um mit ihm einige Geschäftsfragen persönlich zu besprechen. Und außerdem wollte er ihn schon lange um einen persönlichen Gefallen bitten, nämlich ein privates Konto bei einer guten deutschen Bank für ihn hier zu eröffnen. Das könnte man jetzt auch erledigen.

Er ruft in Hamburg an, freut sich, dass er seinen Partner im Büro erreicht, und sagt ihm, dass er gern morgen Vormittag aus den oben genannten Gründen nach Hamburg kommen würde. Aufgrund der Reaktion seines deutschen Partners merkt er, dass der andere von einem solchen Vorschlag ziemlich überrascht ist. Der Deutsche erklärt ihm, dass es morgen leider nicht geht, denn er hat schon Termine, die sich so kurzfristig nicht verschieben lassen. Er könnte aber arrangieren, dass sich jemand von seinen Mitarbeitern mit ihm trifft, so würde man die Gelegenheit doch nutzen, persönlich über das Geschäft zu reden. Das Telefonat endet dann damit, dass der Russe es schade findet, dass es mit dem Treffen nicht klappt, und er verabschiedet sich höflich von seinem deutschen Partner. Das Gefühl der Bitterkeit ergreift ihn, als er den Hörer aufgelegt: Wieso schlägt er diese gute Gelegenheit, mich zu treffen, aus? Freut er sich nicht, mich zu sehen? Er wird doch umdisponieren können, schließlich geht es um unser beider Geschäft!

Die Geschichte hat ihre Fortsetzung, als dann nach einem Monat ein schon lange im Voraus geplantes Treffen zwischen den beiden Partnern in Russland stattfindet. Der Russe lässt jetzt seinen deutschen Partner mit einem »normalen« Auto abholen – früher hatte er immer seinen Wagen ge-

schickt. Der Deutsche muss auf ihn über eine halbe Stunde im Büro warten, weil seine anderen Termine sich verschoben hatten. Früher brach der
Russe einfach seine Termine ab, wenn er wusste, dass der Hamburger auf
ihn wartet. Zwei geplante Termine können sogar überhaupt nicht eingehalten werden, weil der Ansprechpartner aus der Stadtverwaltung kurzfristig
abgesagt hatte. Obwohl der Russe bei der Stadtverwaltung ein und aus geht,
wollte er sich jetzt nicht um einen Ersatztermin kümmern, denn das hätte
ihn viel Mühe gekostet, und wie die Mühe sich auszahlt, das hatte er soeben
in Berlin erlebt. Während der gemeinsamen Besprechungen erledigt er nebenbei andere Telefonate – er will nicht mehr alles stehen lassen, nur weil
der Hamburger da ist. Ansonsten ist er sachlich und höflich, ohne jedoch
eine besondere Freude an der Begegnung zu zeigen. Das Gefühl einer unerklärlichen Wende im Verhalten seines Partners beschleicht jetzt den
Deutschen.

Wie ist die Reaktion des russischen Geschäftsmanns zu erklären?

Beschreibung der zentralen russischen Kulturstandards

Gruppenbezogenheit

Dieser Kulturstandard beschreibt eine der wichtigsten Grundlagen des sozialen Lebens in Russland. Seine beiden wesentlichen Komponenten sind:
– Die Identität der Menschen, ihre Meinungen, Einstellungen, Werte und
  Verhaltensweisen sind größtenteils durch Gruppenmitgliedschaft bestimmt. Diese Gruppen sind stabil und langlebig.
– Dadurch kommt es zu einer starken Unterscheidung zwischen Personen, die Mitglied in der eigenen Gruppe sind (»ingroup«), und solchen,
  die es nicht sind (»outgroup«).

Der Kulturstandard »Gruppenbezogenheit« führt zu folgenden Konsequenzen:
– Die Menschen ordnen ihre individuellen Ziele und Bedürfnisse den
  Gruppenzielen unter. Vielfach sind diese Gruppenziele so sehr internalisiert, dass kein Unterschied zwischen den eigenen und den Gruppenzielen besteht. Die Schwerpunkte liegen stärker auf den Meinungen, Bedürfnissen und Zielen der eigenen Gruppe als auf individuellen oder
  gesellschaftlichen Vorstellungen. So ist das Individuum in einem extrem
  großen Maß bereit, mit der Gruppe zu kooperieren. Das Selbst eines Individuums kann vom jeweiligen Kollektiv ganz absorbiert werden, denn

eine Person ist primär definiert als ein Teil der Gruppe und ihre Einstellungen, Überzeugungen und Werte haben somit in Übereinstimmung mit denen der Gruppe zu stehen.

- Gemeinsamkeiten, die man mit der Gruppe teilt, sind wichtiger als Unterscheidungsmerkmale und werden stärker betont.
- Es besteht eine starke emotionale Verbundenheit mit der Gruppe, die sich durch ein ausgeprägtes Wir-Gefühl äußert. Man ist nur an wenige Gruppen gebunden, aber diese Bindung bestimmt zu einem hohen Grad die Identität. Man ist sehr vertraut, fast »intim« mit seinen Leuten; Außenstehende hält man sich dagegen auf Distanz.
- Man hat weniger einen Sinn für Privatsphäre als vielmehr einen Gemeinschaftssinn. Mit anderen zusammen zu sein, das ist eine positive Erfahrung für Russen. Ein Wort »Privatsphäre« hat bei Russen eher den Beigeschmack von Einsamkeit und Isolation von der Gruppe.
- Nicht Unabhängigkeit, sondern wechselseitige Abhängigkeit ist es, wonach Russen streben. Man kann und soll sich auf Familien- oder Gruppenmitglieder verlassen. Alles wird in gemeinsamer Verantwortung und Kooperation erledigt. Jeder unterstützt den Anderen und darauf ist man stolz.
- Innerhalb einer Gruppe funktioniert die Kooperation sehr gut, über Gruppengrenzen hinweg sind Kontakte häufig schwierig oder eher schlecht. Ist eine Person aber als Gruppenmitglied definiert (und sei es als Gast), dann werden die Interaktionen sehr effektiv.
- Von Gruppenmitgliedern wird freilich auch erwartet, dass Fehler (in der Abrechnung, Beschaffung usw.), die »eben mal passieren können«, nicht weiter sachlich thematisiert, sondern übergangen werden. Deutsche, die aus Fehlern lernen wollen, geraten hier sofort in einen Konflikt, weil dies mit ihren Vorstellungen von Korrektheit und Verantwortung nicht zu vereinbaren ist.

Gruppenbezogenheit bestimmt und erklärt gleichzeitig die Tatsache, dass *Ethik* in Russland viel mehr personen- und gruppenbezogen (= partikularistisch) verankert ist als zum Beispiel in Deutschland. Man gehorcht weniger generellen, abstrakten, ubiquitär anzuwendenden Prinzipien als vielmehr spezifischen Gruppennormen. Schuld- und Schamempfindungen beziehen sich mehr auf Personen, nicht auf abstrakte Gesetze. Ethik in Russland ist öfter situativ definierbar und hängt von den spezifischen Umständen ab oder von der Art der Beziehung der Beteiligten zueinander. Die Ethik basiert mehr auf Wohlwollen und Menschlichkeit als auf Regeln und Gesetzen.

Hierarchiebewusstsein

Das Hierarchiebewusstsein der Russen hat viele Facetten und Ausprägungen. Für den betrieblichen Alltag sind vor allem folgende Merkmale von Bedeutung:
- Das aktive und produktive Handeln ist nur in klar einzuhaltenden Über- und Unterordnungsverhältnissen innerhalb der Systeme möglich.
Es herrscht stark reduzierter Entscheidungswille innerhalb der einer Person eingeräumten Entscheidungskompetenz. Die Angst vor falschen Entscheidungen blockiert den Handlungsspielraum der handelnden Person. Denn man hat im langen Sozialisationsprozess gelernt, dass bei Fehlentscheidungen selten eine Auseinandersetzung auf der Analyseebene stattfindet, sondern dass es oft zu Schuldzuweisungen und Strafen kommt. Man sucht den Schuldigen, nicht den Fehler auf der Sachebene. In der Konsequenz werden operative Entscheidungen dementsprechend häufig nach oben delegiert.
- Hierarchie ist in Russland an Positionen und Personen gebunden.
Der Vorrang der Positionsmacht vor der Expertenmacht kann dazu führen, dass Vorgesetzte respektiert werden, auch wenn sie fachlich inkompetent sind. Die Zuständigkeit russischer Partner kann daher nicht immer aus ihrer fachlichen Kompetenz abgeleitet werden. Verhandlungen werden sehr oft durch fachlich kompetente Personen geleitet, doch Entscheidungen werden durch hierarchisch wichtige Personen getroffen. Entscheidungsinitiativen werden oft vermieden, um die Autorität des Chefs nicht anzutasten.
- Im Mittelpunkt steht sehr oft der Chef und nicht die Sache.
Bei Besprechungen äußert sich das in argumentativer Disziplin mit einstimmiger Meinung. Die Argumentation in russischen Besprechung verläuft daher verschlüsselter und indirekter als in deutschen Besprechungen, wo untereinander diskutiert werden muss, bis man eine sachkompetente Entscheidung getroffen hat.

Paternalismus

Mit dem Hierarchiebewusstsein geht der Kulturstandard Paternalismus einher: Formale Organisationsstrukturen funktionieren in Russland als beziehungsintensive Kollektive. Ein Kollektiv bildet der Vorgesetzte (z. B. Abteilungsleiter) mit seinen Mitarbeitern. Die Basis für die Bildung eines Kollektivs stellen nicht nur die aufgabenbezogenen Tätigkeiten innerhalb einer Organisationsstruktur dar, sondern vielmehr persönliche, emotionale Beziehungen zwischen den Arbeitenden. Der Vorgesetzte übernimmt dabei besondere Funktionen: Er unterstützt das Entstehen guter Beziehungen aller miteinander im Kollektiv; er vertritt die Interessen des Kollektivs im Allgemeinen und jedes seiner Mitglieder nach außen; seine zentrale Aufgabe besteht in der Sorge um seine Mitarbeiter (z. B. Sicherung des Arbeitsplatzes, aufgabenbezogene Weiterqualifizierung, Lohnerhöhung oder -sicherung, positives emotionales Klima im Kollektiv). Der russische Chef übernimmt auch die Richterrolle bei Konflikten, die ihm in den Augen der Mitarbeitern und Mitarbeiterinnen zusteht.

Empfänger-fokussierte Kommunikation

Die Kommunikation mit anderen Menschen orientiert sich sehr stark an deren vermeintlichen Empfindungen und Erwartungen. Es fällt Russen generell sehr schwer, eine Absage zu erteilen oder eine zu empfangen, wenn eine Beziehungsebene zwischen den Personen vorhanden ist. Man fühlt für den Anderen und mit dem Anderen mit, wenn man ihm etwas direkt sagen muss, so dass es für Russen schwierig ist, dem Anderen etwas abzuschlagen, Kritik zu äußern oder einfach direkt seine Meinung zu sagen. Um eine unangenehme Situation für beide Seiten zu vermeiden oder hinauszuzögern, wird man über eine Absage nicht oder sehr spät informiert, Kritik wird in möglichst viel »Geschenkpapier verpackt« und direkte Meinungen werden immer unter Einbezug der vermutlichen Gefühlslage des Gegenüber geäußert. Deshalb werden Russen vom deutschen direkten Kommunikationsstil überrollt und können ihn leicht als Arroganz wahrnehmen. Sie praktizieren ihren Kommunikationsstil als Gebot der Höflichkeit gegenüber jedem Gesprächspartner, bemühen sich aber in gesteigertem Maß darum, wenn der Andere ein (und sei es durch die Gastrolle definiertes) Ingroup-Mitglied ist.

Emotionalität

Dieser Kulturstandard beschreibt die Tatsache, dass Russen im Umgang miteinander dem Faktor Mensch/Person/Beziehung eine größere Bedeutung beimessen als dem Faktor Aufgabe/Sache/Ziel. Man schätzt Leute dafür, wie sie sind, nicht was sie tun. Zwischenmenschliche Interaktionen – Geschäftskontakte sind hier keine Ausnahme – werden stärker und bedeutsamer unter dem Aspekt Sympathie/Antipathie gegenüber der handelnden Person wahrgenommen als unter dem inhaltlichen Aspekt des gemeinsamen Tuns. Je mehr Raum und Zeit die emotionale Seite in der Geschäftsbeziehung einnimmt, desto sympathischer findet man seinen Geschäftspartner und desto mehr wird das Geschäft zum persönlichen Anliegen. Dies führt wiederum oft zur Verschmelzung der beruflichen und der privaten Ebene. Wenn Russen in eine »emotionale Schwingung« mit ihrem ausländischen Partner geraten und man sich mag, werden sie besonders höflich und hilfsbereit sein, sie werden sich für seine geschäftlichen und privaten Belange verstärkt einsetzen. Diese durchaus positive emotionale Einstellung, die durch besondere Höflichkeit zum Ausdruck kommt, wird seitens der meisten Deutschen allerdings oft als Bevormundung des Einzelnen wahrgenommen.

Emotionale Wahrnehmungssensoren sind in der Kommunikation immer da. Emotionalität wird nicht laut geäußert, sie wird gefühlt und durch die innere Einstellung zum Kommunikationspartner, durch innere Bilder und durch nonverbale Reaktionen widergespiegelt. Russen sind recht schnell und spontan sowohl im Bekunden von Sympathie als auch im Zeigen von Abneigung. Sie selbst sind in ihrem Wohlbefinden schnell kränkbar, wenn ihre positiven Sympathiesignale nicht erwidert werden. Die Emotionalität der Russen mündet auf der sozialen Ebene in Gastfreundschaft und Opferbereitschaft, auf einer nicht personenbezogenen Ebene in Verbundenheit mit der Natur (nicht zu verwechseln mit Verantwortung für die Natur) und in eine hohe Wertschätzung von Kunst.

Situative Polarität

Dieser Kulturstandard geht mit Emotionalität einher und beschreibt das Verhalten einer Person, das ins Gegenteil, in den anderen Pol, sehr schnell umkippen kann, je nach eingetretener Situation oder geänderten äußeren Umständen, in der sich die Person befindet.

Beispielhaft können hier folgende Pole genannt werden:

– *mögen – hassen / Nähe – Distanz:* entweder funktioniert die Zusammenarbeit auf freundschaftlicher, herzlicher Basis oder sie funktioniert nicht und wird abgebrochen, weil man sich menschlich nicht mehr versteht: »Heute bist du mein Freund, morgen bist du es nicht mehr, weil ich dein Verhalten für mich als unakzeptabel empfinde.« Es kann aber auch sehr schnell in die umgekehrte Richtung gehen durch das versöhnende Element des russischen Charakters.

– *Geduld – Ungeduld / Loyalität – Aggressivität:* Mit stoischer Geduld und Loyalität gegenüber den Mitmenschen den Alltag bewältigen, in einer anderen Situation mit erschreckender Ungeduld und aggressiv nach seinem Vorteil greifen.

– *Mitleid – soziale Härte:* Es sei der russische Philosoph Nikolaj Berdjaev (1955) zitiert: »Das russische Volk kann mit vollem Recht ... als Volk mit dem unstabilen Geist ›bezeichnet werden‹, dem mehr als den anderen Völkern das Allgemeinmenschliche eigen ist. Das ist ein grausames und äußerst menschliches Volk, das dazu neigt, die anderen leiden zu lassen und zugleich viel zu sehr mitleiden zu können« (Übers. d. Verf.).

– *Rücksicht – Rücksichtslosigkeit:* einerseits Rücksicht gegenüber Frauen (Frauen in den Mantel helfen, den Platz anbieten, den Koffer aus der Hand »reißen«, seiner Dame aus dem Bus helfen), andererseits Rücksichtslosigkeit als Autofahrer gegenüber Fußgängern oder anderen aus dem Bus steigenden Menschen.

Gegenwartsbezogene Prozessorientierung

Gegenwartsbezogene Prozessorientierung bedeutet, dass Russen in ihrem Tun immer darauf eingestellt sind, kurzfristig und *während* des Tuns von einem Handlungsstrang zu einem anderen zu wechseln je nach Erfordernis der eingetretenen Situation. Man beschäftigt sich in der Regel mit den Dingen, die im Hier und Jetzt ihre Priorität bekommen. Die solchermaßen prozessorientierte Zeiteinteilung, Aufgabenerledigung, Planung erfolgt im Vergleich zur deutschen vorausschauenden und ergebnisorientierten Zeiteinteilung, Aufgabenerledigung, Planung in weniger detaillierten Schritten, ohne Einbeziehung möglicher Hindernisse und ohne prophylaktisches Durchdenken von möglichen Ausweichmanövern. Bei der Aufgabenerledigung neigen Russen eher dazu, Probleme zuerst auf sich zukommen zu lassen und sie erst dann zu lösen versuchen, wenn sie da sind, während Deutsche dazu neigen, mögliche Probleme bereits zu antizipieren und sie möglichst im Vorfeld zu eliminieren.

Pessimismus/Fatalismus

Dieser Kulturstandard gibt das innere Weltbild der Russen wieder und prägt ihre Einstellung zum aktiven Handeln. Aus dem Blickwinkel des inneren Weltbildes wird das Leben durch schicksalhafte Vorherbestimmtheit auftretender Ereignisse geprägt. Fatalismus hat eine starke pessimistische Ausprägung, in verschleierter Form wird gleichzeitig auch eine optimistische Lebenseinstellung zum Ausdruck gebracht.

Die pessimistische Ausprägung bedeutet, dass man von der Zukunft nichts Besseres erwartet und auf jeden Fall nach außen eher Frustration zeigt, auch wenn man ein glücklicher und optimistischer Mensch ist. Die Mündung in Passivität äußert sich auf der Handlungsebene darin, dass der Radius für eigene Entscheidungen sehr begrenzt bleibt, persönliche Initiative kaum gezeigt wird, Verantwortung für sich selbst oft in die Hände der anderen gelegt wird. Man hofft auf Besseres, jedoch ist man sich bewusst, dass es »bis zum Zaren viel zu weit und bis zu Gott viel zu hoch ist«. Deshalb setzt man ausschließlich auf kurz- und mittelfristige Pläne und Geschäfte. Langfristigen Geschäften, die auf einen optimistischen Erfolg in der Zukunft gerichtet sind, sind Russen eher abgewandt.

In der Haltung »es wird schon irgendwie werden« ist eine positive Hoffnung spürbar, die jedoch nicht in Verbindung mit dem aktiven menschlichen Handeln gebracht wird, sondern an eine höhere Macht abgegeben wird.

Der Fatalismus der Russen hat ein stark religiöses und mystisches Element. Es besteht darin, sich demütig zu bescheiden. Denn Russen sind überzeugt, dass den menschlichen Kräften viele Grenzen gesetzt sind, die sie trotz ihres Bemühens nicht verschieben oder gar durchbrechen können.

Zurück zu unserer Geschichte

Mit Hilfe der russischen Kulturstandards kann die Gefühlsreaktion des russischen Geschäftsmanns nach dem Telefonat mit seinem Partner in Deutschland treffend interpretiert werden.

Gruppenbezogenheit

Für den russischen Geschäftsmann war es nicht zu verstehen, dass man einen Freund nicht empfängt, wenn dieser darum bittet. Russen sind viel schneller als Deutsche bereit, die formale Distanz zum Partner zu überwinden, wenn sie ihn sympathisch finden. Diese schnelle Distanzüberwindung führt dann dazu, dass sie von sich ihren deutschen Partner als Gruppenmitglied (wenn auch nur als Gast) betrachten. Dieses Beziehungsangebot hat folgende Vorteile:
– Der russische Partner tut alles, um seinen deutschen Geschäftsfreund nicht im Stich zu lassen. (In der Finanzkrise 1998 half der russische Geschäftsmann seinem Partner und so konnte dieser aus der Krise mit nur geringem Schaden herauskommen.)
– Der russische Partner betrachtet das Geschäft als sein *persönliches* Anliegen und setzt sich dafür ein. (Wenn der Hamburger in Moskau ist, lässt er viele Sachen liegen und beschäftigt sich mit ihm.)
– Da die Moral und das Pflichtbewusstsein in erster Linie für Freunde und Familie gelten, übt der russische Partner einen fairen Umgang mit sei-

nem deutschen Partner. (Deshalb konnten sie so gut zusammenarbeiten, weil der deutsche Partner nie das Gefühl hatte, über den Tisch gezogen zu werden.)

Als Nachteile in deutschen Augen müssen in Kauf genommen werden:
– Der deutsche Partner kann sich Bitten um »kleine« Gefälligkeiten nicht einfach entziehen.
– Die Trennung zwischen privater und beruflicher Ebene verschwimmt immer mehr.

Hierarchiebewusstsein

Die in den Augen des deutschen Chefs gefundene Lösung – das Treffen mit einem seiner Mitarbeiter – wird vom Russen ausgeschlagen, weil er sich damit auf der hierarchischen Ebene seiner Positionsmacht nicht abgeholt fühlt. Die Betreuung durch die entsprechende Hierarchieebene auf der deutschen Seite ist für das russische Hierarchieverständnis sehr wichtig. Es kann russische Positionsmacht kränken, wenn sie auf der deutschen Seite nur von Expertenmacht bedient wird.

Emotionalität

Für den russischen Geschäftsmann war sowohl bei der Überlegung, seinen Partner in Hamburg anzurufen, als auch während des Gesprächs der Faktor »Person/Beziehung« dominant, nicht der Faktor »Aufgabe/Ziel«. Mit dem Faktor »Person« verband er auch seine Hoffnung, den deutschen in einer privaten Angelegenheit anzusprechen. Da Russen ziemlich schnell und spontan sowohl im Sympathie- als auch im Abneigungsbekunden sind, mündeten seine nicht erfüllten Erwartungen sofort in Bitterkeit und Enttäuschung.

Gegenwartsbezogene Prozessorientierung

Der russische Partner war sich darüber vollkommen im Klaren, dass er seinen Geschäftspartner mit dem Besuch in Hamburg aus dessen bereits geplanten Tagesablauf herausreißt. Er entschied sich für diesen Schritt, weil in seinen Augen.
– der Wechsel zwischen geplanten und ungeplanten Aktivitäten eine gewöhnliche Arbeitssituation darstellt;

- der Faktor »Mensch/Person/Freund/Geschäftsfreund« immer Priorität im Hier und Jetzt hat; deshalb ist er sich sicher, wenn sein Freund da ist, wird er sich um ihn kümmern;
- der Besuch aus Hamburg auch für ihn oft zu einem Stress wird; zwar weiß er immer von dem Besuch im Voraus, erledigen aber muss er dann doch viele Dinge spontan. Und dabei findet er in dem entstehenden Stressmanagement für seinen Geschäftspartner immer Zeit.

Empfänger-fokussierte Kommunikation

Für den Russen war die Enttäuschung deshalb so groß, weil der deutsche Partner ihm in sachlicher, unverpackter Form eine Absage erteilt hat. Er hätte sich wahrscheinlich leichter mit jeder anderen gut verpackten Absage, mit jedem anderen Vorwand, sogar einer Vortäuschung und, nicht auszuschließen, mit einer Lüge abgefunden, nur nicht mit diesem sachlich korrektem »es geht leider nicht«. Russen trennen hier zwischen Person und Sache generell nicht und nehmen die Worte persönlich (Emotionalität!).

Situative Polarität

Dieser Kulturstandard zeigt sich bei der Fortsetzung der Geschichte, als nach diesem Vorfall einen Monat später das Treffen zwischen den beiden Partnern in Russland stattfand: Das Verhalten des Russen hatte sich schlagartig geändert.

Historische Hintergründe

Um zu verstehen, warum die russische Kultur so ist, wie sie eben in Anlehnung an diverse Autoren dargestellt wurde (Arseniew 1966; Baumgart u. Jänecke 1997; Ertelt-Vieth 1990; Holtbrügge 1995, 1996; Sherschneva u. Feldhoff 1998; Yoosefi u. Thomas 2003), werden in der Literatur die besonderen historisch-geographischen Bedingungen dieses riesigen Landes genannt sowie der Einfluss der Ostkirche betont (Yale 1993; Schier 1989; Stökl 1967; March 1996; Mazonaschwili 1994; Rehder 1993). Neben diesen alten geschichtlichen Fundamenten spielt die kommunistisch-sozialistische, jüngere Epoche eine Rolle (Ignatow 1985; Lewada 1992).

Historisch-geographische Dimension

Das Land ist nahezu unendlich groß und weit (es umfasst 11 Zeitzonen!). Es besteht aus einem weiten Flachland mit feuchtkalten Wäldern im Norden und heißen Steppen im Süden. Dieser harten Natur mit ihren klimatischen Extremen (→ situative Polarität) konnten die Menschen nur gemeinsam begegnen, um zu überleben (→ Gruppenbezogenheit). Man rodete bei allen bäuerlichen Kolonisationsbewegungen (14.–17. Jahrhundert) gemeinsam den Wald, man baute gemeinsam an, man verteidigte sich gemeinsam. Die landwirtschaftliche Dorfgemeinschaft (russisch: »*mir*«) war die zentrale Einheit, in der der Alltag gemeinsam bewältigt wurde (und bis heute *wird*, auch wenn die Bezeichnung nicht mehr existiert). Die Zaren förderten dieses System, denn es erleichterte ihnen die Kontrolle (die *mir* mischte sich in alle Belange ein) und die Besteuerung. Mit der Einführung der Leibeigenschaft (16. Jahrhundert) wurde das System aufgelöst, bei der Abschaffung der Leibeigenschaft (1861) aber wieder eingeführt und 1930 durch die Kolchosen ersetzt. Niemals hat es freie Bauern gegeben, die selbstständig hätten entscheiden und handeln können oder die finanziell in der Lage gewesen wären, diese Instanz zu verlassen (→ Hierarchieorientierung; → Gruppenbezogenheit). Die Industrialisierung ließ die Menschen diese Lebensweise mit in die Städte bringen und Arbeiterkooperativen gründen. Da sich in Russland lange Zeit nur eine sehr kleine industrielle Mittelschicht entwickelte, waren seine Menschen noch lange mental agrarisch geprägt. Dieser Prozess ist weithin bis heute nicht überwunden.

Eine landschaftliche Untergliederung, die auch eine soziale Abgrenzung und regionale Unterschiede zwischen einzelnen Gruppen oder Stämmen gefördert hätte, gibt es kaum. Stattdessen begünstigte die Weiträumigkeit stets eine relative Gleichförmigkeit, die politisch – wegen fehlender Rivalität aufgrund von Mannigfaltigkeit – seit dem 15. Jahrhundert stets zentrale Regierungsformen begünstigte (→ Hierarchieorientierung).

Das extreme Klima des Nordens mit fünf Monaten fleißigster Arbeit im Sommer, um dann den Rest des Jahres in Kälte und Winter mit Nichtstun außer Jagen überleben zu können, fördert eine nichtkontinuierliche Zeitnutzung (→ gegenwartsbezogene Prozessorientierung) und kann ein Gefühlsleben begünstigen, das geprägt ist von Geduld, Leidensfähigkeit, Lethargie (→ Emotionalität, situative Polarität).

Das Land im Süden war fast 2 000 Jahre lang ein Tummelplatz für viehzüchtende Reitervölker und Reiternomaden, die den russischen Ackerbauern wegen ihrer Pferde überlegen waren und sich in der sommerlichen Trockenheit zu Raubzügen an die russischen Flussoasen hinreißen ließen. Die Tartaren (Mongolen) errichteten eine brutale Zwangsherrschaft, den »asiatischen Despotismus«, und unterdrückten das Streben nach Selbstverwaltung auf besonders effektive Art: Sie verschleppten die Führer, teilweise die gesamte »Oberschicht« der Siedler (→ Emotionalität: Angst; → Pessimismus; → Hierarchieorientierung). Die Siedler retteten sich teilweise, indem sie immer mehr in die Wälder des Nordens eindrangen (so verlagerte sich auch das Machtzentrum von Kiew nach Moskau). Als 1234 Moskau und 1240 Kiew von den Tartaren (Mongolen) eingenommen worden war, blieb nur, sich zu arrangieren. Man lernte: Nur getarnt kann man überleben, indem man sich unterwürfig zeigt (→ Hierarchieorientierung) und schlau alle Lücken des Herrschaftssystems nützt (→ Gruppenbezogenheit: Ethik). Das Gesetz dient dem Machthaber als Unterdrückungsinstrument und ist hassenswert (→ Gruppenbezogenheit: Ethik). Der russische Fürst (später: Zar) betrachtete sich als Vasall, fungierte als Steuereintreiber und als er diese Fremdherrschaft endgültig abgeschüttelt hatte (1472), lebte das despotische Herrschaftsmodell quasi als das vertraute Regierungssystem weiter in der verfassungsgeschichtlichen Übernahme des Despotismus des tartarischen Großkhans durch den Zaren sowie in der Kluft zwischen (absolutistischem russischen) Adel und unfreien Bauern.

Das führte einerseits zu einem Übergewicht des Staates, das alle Bestrebungen und Einrichtungen eines regionalen oder sozialen Eigenlebens erdrückte. Andererseits hatte der Absolutismus der Zaren religiöse Legitimität. Denn Väterchen-Zar wurde im Volk immer als der Vertreter Gottes auf Erde gesehen. Damit hängt zusammen, dass im Volksbewusstsein der Russen der Glaube an den Herrscher verwurzelt ist. Für soziale Nöte und Missstände wurde nicht etwa der Zar persönlich verantwortlich gemacht, noch weniger wurde die herrschende Ordnung in Frage gestellt. Man ging vielmehr davon aus, dass der Zar einfach nicht wisse, wie es in seinem Reich aussehe. Und wenn er es gewusst hätte, hätte er dieses Unrecht beendet (→ Paternalismus). Selbst der (in seiner Zeit) hochmoderne Absolutismus Peters des Großen setzte diese Form mit europäischen Methoden fort. Die Ansätze der Parlamentarisierung zu Beginn des 20. Jahrhunderts sind vernachlässigenswert: Die zaristische Autokratie ging nahtlos in die bolschewikische Diktatur über. Unabhängigkeit, eigene Entscheidungen, persönliche Initiative blieben durch alle Jahrhunderte hindurch Fremdwörter, stattdessen war Konformität, das Warten auf die Anweisung von oben oder die Hoffnung auf ein Wunder angesagt (→ Gruppenbezogenheit; → Hierarchieorientierung; Empfänger-fokussierte Kommunikation; → situative Polarität) – und Schläue, wenn sich die Chance bietet (→ Gruppenbezogenheit: Ethik).

Kulturgeschichtliche Dimension: Ostkirche

988 konvertierte Großfürst Vladimir mit seinem Kiewer Rus zum Christentum. Die Missionierung erfolgte nicht von Rom, sondern von Konstantinopel (= Byzanz = Istanbul) aus, weswegen das Christentum des späteren Russlands das Kolorit der östlichen, byzantinischen Version trägt. Geistiger Hintergrund der Missionare: Seit 395 das Römische Reich in einen östlichen und einen westlichen Teil zerfiel, entwickelten sich im Osten und im Westen höchst unterschiedliche Verhältnisse. Im Osten mit der Hauptstadt Konstantinopel blieb ein spätantikes Dominat mit einer reglementierenden Verwaltungsbürokratie und einem absolut herrschenden Kaiser erhalten, dem auch die christliche Kirche samt seinem Metropoliten in seinem Gebiet untersteht. Als sich 1472 Moskau von der Tartarenherrschaft befreite, war ein Russland geboren, das geographisch fern war von Europa, das aber auch von Konstantinopel abgeschnitten war, weil dieses 1453 an die moslemischen Ottomanen gefallen war. Die russische Kirche wähnte sich als Erbin der griechisch-orthodoxen Kirche Konstantinopels, wählte einen neuen Metropoliten, Moskau wurde zum dritten Rom (nach Rom und Konstantinopel), übernahm die Führungsrolle in der gesamten Region der Ostkirche und die nunmehr russische Kirche entwickelte sich eigenständig – isoliert vom Rest des Christentums.

Die Konsequenzen dieses Isolierungsprozesses waren für die herausgebildeten kulturellen Muster einschneidend, weil damit in Russland und seinem Einflussgebiet folgende Entwicklungen nicht stattfanden: Dezentralisierung mit einem Nebeneinander von einer staatlich-politischen und einer religiös-kirchlichen Macht, Entwicklung von Universitäten, Renaissance (Wiederbelebung der Antike), Reformation (Pluralismus, theologisch fundierte Diesseitigkeit), Humanismus (zeitgenössische Übertragung antiker Ideen), Aufklärung (Betonung der Rationalität) und im Gefolge Kontrolle der Regierung, Gewaltenteilung, Volkssouveränität, Marktwirtschaft, Rechtsstaatlichkeit, individuelle Rechte. Russland blieb ein riesiges landwirtschaftliches Reich, regiert von einer autoritären Dynastie, die glaubte, eine heilige Mission zu haben gegen Barbaren oder Häretiker. Die → Gruppenbezogenheit wurde damit nicht aufgeweicht von individualistischen Einflüssen; die → Hierarchieorientierung wurde nicht erschüttert durch auf Rechtsdenken basierende Egalität; die → Emotionalität wurde nicht eingedämmt von der Forderung, nur rational zu denken und zu handeln, und von der rechtlichen Möglichkeit, es zu tun. Die durch Peter den Großen eingeleitete Europäisierung führte lediglich zur Zuwendung einer schmalen Oberschicht der Gebildeten zu Europa. Ihre Wirkung bezog sich vor allem auf die Technik und auf die Kunst.

Stattdessen trägt die Ostkirche folgende Züge:

– Sie predigt in der byzantinischen Tradition stehend ein Gott-Königtum und tritt (fast) nie in Rivalität zum Staat (→ Hierarchieorientierung).
– Sie ist sehr mystisch geprägt: Liturgie und Ritus stehen im Mittelpunkt. Dagegen gibt es kaum eine rationale Theologie, es existiert kein Rechtsverhältnis zwischen Gott und Mensch, keine Kasuistik von Sünden und Konsequenzen, keine Moraltheologie. Zudem ist es orthodoxe Lehre, dass Leiden ein natürlicher, zu akzeptierender Bestandteil des Lebens ist. Die Erlösung erfolgt im Jenseits. Die ausgeprägte Mystik trägt massiv bei zu einer Verstärkung von → Emotionalität, Fatalismus, demütiger Akzeptanz der Welt, Opferbereitschaft, passiver Innerlichkeit, unendlicher Geduld, Schicksalsergebenheit.
– In der Ostkirche sind nicht Metropolit oder Schrift bestimmend, sondern die Gemeinschaft der Kirche. Die Kirche betont den Sinn für Brüderlichkeit und Zusammenleben, die Fähigkeit zum Mitgefühl und zu Solidarität. Die Egalität der Orthodoxie besteht in der Vereinigung der Seelen unter einem einfachen und korrekten Ritus, nicht in Legalismus, Formalismus, Schuldprozessen. Das Recht wird als Bestandteil der religiösen Ethik in der Orthodoxie strikt abgelehnt. »Das Recht bezieht sich auf die äußeren Formen und geht an dem Substanziellen vorbei. Die Gesellschaft, die auf rechtlichen Grundlagen gegründet ist, kann niemals die Menschen vereinen« (Ilarion 1998) (→ Gruppenbezogenheit: Ethik)
– Die dominante Lebensform ist das Mönchtum mit einer tendenziellen Abwendung von der diesseitigen Welt und dem Rückzug (der Gebildeten) in die Einsamkeit beziehungsweise dem Führen eines mit der Mystik verbundenen Lebens (für die einfachen Mönche). Auch die Amtskirche besteht nur aus Mönchen und war stets obrigkeitstreu, ohne politische Ambitionen, ohne die Klöster zu Horten der Wissenschaftlichkeit zu machen. Das stützte die Macht der Zaren (→ Hierarchieorientierung) und war den Gläubigen kein Vorbild für eine christliche Ethik im Sinne eines innerweltlichen Handelns mit einer inneren moralischen Begrenzung (→ Gruppenbezogenheit: Ethik). Politische Reformen erschienen gar als religiöse Häresie. Typisch sind der »Dogmatismus, der Asketismus, die Fähigkeit, Leiden zu ertragen und Opfer um des Glaubens willen zu bringen, die Neigung zum Transzendentalen, das entweder zur Ewigkeit, zu einer andersartigen Welt oder zur Zukunft dieser Welt gehört ... Wegen der religiös-dogmatischen Struktur ihres Geistes sind die Russen immer die Orthodoxen oder Ketzer« (Berdjaev 1955; Übers. d. Verf.) (→ Emotionalität; → Hierarchieorientierung; → situative Polarität).

Neuere Zeitgeschichte: Sozialismus/Kommunismus

Im Prinzip gilt für Russland zu den mentalitätsgeschichtlichen Konsequenzen der sozialistisch-kommunistischen Epoche dasselbe, wie an anderer Stelle für Tschechien dargestellt (s. Kap. I, 2.4). Jedoch: Die Dauer der kommunistischen Herrschaft betrug in der Russischen Föderation (sowie in Weißrussland und in der Ukraine) ein Dreivierteljahrhundert. Damit sind ihre Auswirkungen tiefgreifender und nachhaltiger.

Für die russische Variante dieses Regimes werden besonders betont (Ignatow 1985; Lewada 1992): die schon pseudoreligiös anmutende Ideologie, die extreme Willkür der Entscheidungen sowie die zunehmende Technokratie der Apparatschiks. Der Staat ist eine Superinstitution, der kontrolliert, aber sich auch bis ins Kleinste paternalistisch-fürsorglich gebärdet. Das führte zu Ohnmacht und Hilflosigkeit des Bürgers (→ Hierarchieorientierung), hypersozialisierte sie als gleichermaßen Abhängige (→ Gruppenbezogenheit) und verursachte viel Angst (→ Emotionalität; → situative Polarität).

Dennoch bleibt für Russland festzuhalten: Es ist ein Verdienst der forcierten Industrialisierung, die soziale Struktur von Grund auf verändert zu haben. Der Anteil der bäuerlichen Bevölkerung sank und es entstand ein nennenswertes Bürgertum. Außerdem war der Kommunismus die einzige Epoche in der gesamten russischen Geschichte, in der es zumindest zeitweise gelang, alle Menschen mit einem Mindestmaß an Gütern zu versorgen.

Generalisierung

Betrachtet man den ehemaligen Ostblock, so hat das Gebiet, in dem die griechisch-orthodoxe Variante des Christentums historisch bedeutsam wurde (Rumänien, Bulgarien, Moldawien, Mazedonien, Albanien, Serbien, Ukraine, Weißrussland, Russische Föderation, fast nur absolutistische und despotische, meist willkürlich herrschende Regime erlebt – vom oströmischen Reich an über die Mongolenherrschaft in Osteuropa, die osmanischen Türken in Südosteuropa bis zum Niedergang des Kommunismus. Es gab hier keine freiheitsfördernde Spannung zwischen Kirche und Staat, keine Teilhabe an wesentlichen Entwicklungen, die zur Herausbildung dessen geführt haben, was man heute »westlich« nennt: öffentliche Meinung, Parlamentarismus, Rechtsstaatlichkeit. Die Verbindung zum Westen war für Jahrhunderte abgeschnitten, was die Wirkung dieser Fremdherrschaft ver-

stärkte. Insofern ist eine Generalisierung der Folgen, die zu den Stichwör-
tern »Despotismus« und »Ostkirche« für Russland beschrieben sind, auf
diese Länder weitgehend übertragbar.

Aufgrund der historisch-geographischen Bedingungen sind aber vor allem Parallelen zwischen Russland und der Ukraine sowie Weißrussland
festzustellen. Der ethnische Ursprung als Ostslawen, der politische Beginn
im Kiewer Reich, die bäuerliche Daseinsform, das Kolonisieren weiter Räu-
me und das Einbezogensein in ein wie immer benanntes russisches Reich
verbindet Russland und die *Ukraine*. Auch bekennt sich die Mehrheit der
Ukrainer zum orthodoxen Glauben. Die zum Teil vorhandene Differenzierung gründet auf den polnischen Einflüssen (14.–17. Jahrhundert) und der
kosakischen Militärdemokratie im 17. Jahrhundert. Die historischen Verbindungen der *Weißrussen* mit einem russischen Staatsgebilde sind trotz
einer ebenfalls vorhandenen Einbeziehung in das litauische Großfürsten-
tum und danach in den polnisch-litauischen Staatsverband noch enger.
Sämtliche russisch genannte Kulturstandards gelten daher für diese beiden
Länder ebenfalls.

Zum Schluss

Es mag sein, dass die hier skizzierte Geschichte Russlands dem einen oder
anderen zu düster erscheint. Doch die Geschichte Osteuropas ist weithin
eine tragische, das kann nicht beschönigt werden. Schon gar nicht, wenn
man nach Erklärungen für Auffälligkeiten in der interkulturellen Interaktion sucht, weil diese zum Sand im Getriebe wurden. Das sind oft gerade
nicht die positiven, bewundernswerten Dinge!

Literatur

Arseniew, N. (1966). Die geistigen Schicksale des russischen Volkes. Graz.
Baumgart, A.; Jänecke, B. (1997): Russlandknigge. München.
Berdjaev, N. (1955): Istoki i smysl russkogo kommunizma. Moskau, 1990. (Wurzeln
    und Sinn des russischen Kommunismus).
Ertelt-Vieth, A. (1990): Kulturvergleichende Analyse von Verhalten, Sprache und
    Bedeutungen im Moskauer Alltag. Frankfurt a. M.
Holtbrügge, D. (1995): Personalmanegment multinationaler Unternehmungen in
    Osteuropa. Bedingungen – Gestaltung – Effizienz. Wiesbaden.
Holtbrügge, D. (1996): Unternehmenskulturelle Anpassungsprobleme in deutsch-
    russischen Joint Ventures. Journal for East European Management Studies 1:
    7–27.
Ignatow, A. (1985): Psychologie des Kommunismus. München.

Ilarion (Troizkij) (1998): Erzbischof: Ohne Kirche keine Erlösung.(Bez cerkvi net spasenija). Moskau/St. Petersburg

Lewada, J. (1992): Die Sowjetmenschen 1989–1991. Soziogramm eines Zerfalls. Berlin.

March, U. (1996): Rom, Byzanz und das postkommunistische Europa. FAZ, Nr. 71, 23.3.1996.

Mazonaschwili, T. (1994): Unsere Paradoxe: Die Rezeption allgemeinmenschlicher Werte in Russland. Berichte des Bundesinstituts für ostwissenschaftliche und internationale Studien, 48.

Rehder, P. (Hg.) (1993): Das neue Osteuropa von A-Z. München.

Schier, B. (1989): West und Ost in den Volkskulturen Mitteleuropas. Marburg.

Sherschneva, E.; Feldhoff, J. (1998): The culture of labour in the transformation process: empirical studies in russian industrial enterprises. Frankfurt a. M.

Stökl, G. (1967): Die Ostslawen (Russen, Ukrainer, Weißrussen). In: Aschenbrenner, V.; Birke, E.; Kuhn, W.; Lemberg, E. (Hg.), Die Deutschen und ihre östlichen Nachbarn. Ein Handbuch. Frankfurt a. M., S. 90–95.

Yale, R. (1993): From nyet to da. Yarmouth/Maine.

Yoosefi, T.; Thomas, A. (2003): Beruflich in Russland. Trainingsprogramm für Manager, Fach- und Führungskräfte. Göttingen.

Pawel Boski

2.6 Polen

Das Beispiel: Was Herr Müller in Warschau erlebte

An einem Sonntagmorgen landete Herr Dr. Müller aus Deutschland kommend mit einer Lufthansamaschine am Warschauer Okecie-Flughafen. Er kam als Gastdozent und war von Dr. Piotr Wiereszczynski eingeladen. Dies ist ein Kollege, den er letztes Jahr in Spanien bei einer Konferenz traf, dessen Namen er jedoch weder aussprechen noch sich merken konnte.

Herr Müller war ein wenig nervös, da er im Voraus keinen präzisen Plan seines Warschauaufenthalts erhalten hatte. In wenigen kurzen E-Mails während der letzten Wochen war er gebeten worden, einige Vorträge zum Thema Marketingtechniken und Demonstrationen für Arbeitsgruppen über Business-Planspiele vorzubereiten. Er hatte zudem den Eindruck, dass Dr. Wiereszczynski und die gastgebende Abteilung für Wirtschaft und Handel an einer Zusammenarbeit mit seiner Abteilung für Internationale Wirtschaftsbeziehungen in Hamburg interessiert seien.

Während Herr Müller den Zoll passierte, bemerkte er Piotr Wiereszczynski, der ihm zuwinkte. Der polnische Gast öffnete seine Arme weit für eine Umarmung. Eine attraktive Dame lächelte und gab ihm Blumen, was Müller etwas verlegen stimmte. »Das ist meine Frau Danuta – Herr Dr. Bernd Müller«, versuchte Wiereszczynski die beiden vorzustellen, »und das mein Sohn«. Er nickte einem jungen Mann zu, der sich schon anschickte, Herrn Müllers großen Koffer zu tragen. »Oh nein, das ist nicht nötig!«, protestierte er, aber Wiereszczynski Junior hatte ihn bereits fest im Griff und rollte ihn nun zum Ausgang.

Das Auto der Familie Wiereszczynski war direkt vor dem Ausgang geparkt, neben einigen Taxen, Limousinen und dem Stadtbus. Herr Müller nahm außerdem einen Polizisten wahr, der sie beobachtete und sich den Wagen notierte. Dieser kam näher, als Piotr Wiereszczynski das Auto öffnete. Eine angeregte Unterhaltung begann, bei der Herr Wiereszczynski mit großen Handbewegungen artikulierte und auf Herrn Müller zeigte. Seine Ehefrau mischte sich auch mit in das Gespräch ein und versuchte den Polizisten zu überzeugen, der bereits Anzeichen der Umstimmung zeigte. Schließlich sagte er:»Guten Morgen!«, salutierte und ging weg.

Frau Wiereszczynska setzte sich auf den Fahrersitz. Piotr Wiereszczynski seufzte erleichtert und erklärte:»Naja, es ergibt keinen Sinn, das Auto erst in das Parkhaus am Flughafen zu fahren. Wir haben hier doch nur 10 Minuten gestanden, um Sie abzuholen. Und in Polen muss man dem Polizisten nur eine vernünftige Erklärung geben, zum Beispiel ›Ich warte auf einen wichtigen ausländischen Gast‹, dann wird man in Ruhe gelassen.«

All das erschien Herrn Müller sehr seltsam und er fragte sich, warum die ganze Familie am Sonntagmorgen zum Flughafen kam, nur um ihn zu begrüßen: Würden sie ihn zur katholischen Kirche bringen? Herr Müller ist Lutheraner, ist selbst aber nicht sonderlich an religiösen Dingen interessiert.»Und nun, Frau Wiereszczynski, werden Sie uns alle zur Kirche fahren?«, fragte er halb scherzend. Ihre Antwort überraschte ihn sehr.»Oh nein, nicht jetzt. Wissen Sie, für uns ist der Sonntag ein Arbeitstag. Ich fahre das Auto, da Piotr heute bei einer seiner Arbeitsstellen einen Vortrag halten muss. Er hat Wochenend-Studenten und ich bin Manager bei Géant, dem französischen Supermarkt, bei dem wir auch sonntags arbeiten. Zufällig ist dieser in der Nähe Ihres Hotels. Also, werden wir zuerst Piotr abladen, dann werden wir am Géant stoppen und Artur, unser Sohn, wird Sie dann direkt zum Hotel bringen. Wir haben gedacht, dass er und seine Freundin Monika, eine Deutsch-Studentin an der Universität, Ihnen dann Warschau zeigen werden.«

Herr Müller hatte Schwierigkeiten, dem Informationsstrom von Danuta Wiereszczynska zu folgen. Eine Überraschung folgte der nächsten: All diese komplizierten Familienverhältnisse, sie reichen das Auto von einer Hand zur nächsten; er wurde als kostbares, zerbrechliches Objekt behandelt, ja genau, als Objekt, nicht als Subjekt, das eigenständig Entscheidungen treffen konnte. Er wurde nicht einmal nach seinen eigenen Wünschen gefragt.

Der Wagen hielt an einer roten Ampel. Piotr Wiereszczynski erklärte, er wolle einfach hier schnell aussteigen, da er ohnehin schon zu spät zum Unterricht komme. Aber die Studenten würden die Verspätung schon verstehen, sobald sie wissen, dass ich am Flughafen war, um einen internationalen Gast willkommen zu heißen.»Bis heute Abend bei uns zu Hause«, sagte er noch – und weg war er.»Haben Sie keine Bedenken, Ihren Mann mitten unter den anderen Autos einfach an einer roten Ampel aussteigen zu lassen?«, fragte Herr Müller Frau Wiereszczynska.»Naja, wissen Sie«, entschuldigte sie Ihren Mann,»wir sind ständig so beschäftigt. Sie sollten bedenken, dass Piotr drei verschiedene Arbeitsstellen hat. Zum Glück ist die Nachfrage nach Spezialisten in Verwaltungsangelegenheiten und Marketing groß, so dass wir keine finanziellen Probleme haben, aber es ist trotzdem nicht einfach. Er ist immer in Eile. Zum Glück haben wir jetzt Handys, so dass wir uns ständig verständigen können, sonst wäre es eben schwieriger mit der Organisation.«

Herr Müller bekam das alles nicht so recht auf die Reihe und fragte: »Wie kann Ihr Ehemann drei Jobs haben? Wer erlaubt das? Muss man nicht eine bestimmte Zeit lang an einer Arbeitsstelle sein?« Frau Wiereszczynska lächelte: »Für Fremde ist es schwierig, das zu verstehen. Wir müssen ja schließlich einen Weg finden, um Sie im Westen einzuholen. Dazu müssen wir mehr und anders arbeiten als Sie in Deutschland, sonst wird die Kluft zwischen Deutschland und Polen niemals kleiner. Können Sie sich vorstellen, dass allein hier in Warschau in den letzten zehn Jahren 70 neue private höhere Lehreinrichtungen eröffnet wurden? Die meisten von ihnen mieten sich die Unterrichtsräume der Hochschule. Deshalb unterrichtet auch Piotr jetzt bei einer dieser privaten Business-Schulen, die in der staatseigenen Hochschule liegt. Aber irgendwie dreht sich alles im Kreis: Unter den Studenten, die es sich finanziell leisten können, besteht eine große Nachfrage nach Unterricht, Professoren können ein besseres Leben führen und staatliche Einrichtungen haben zusätzliche Einkünfte für die notwendige Erziehung. So gesehen, nützt es am Ende jedem.«

Jetzt hielten sie auf einmal bei einem riesigen Einkaufsgelände, das von Géant dominiert wurde. »Es ist gut, hier zu arbeiten«, erklärte Frau Wiereszczynska, »diese Supermärkte symbolisieren auch Polen. Wie haben sechs Géants in der Hauptstadt, zahlreiche Lecrecks, Auchants, Carrefourres und so weiter. Genauso wie im Westen! Außerdem bekomme ich so immer die besten Produkte Polens auf den Tisch, das werden Sie heute Abend bei Tisch bemerken.« Sie lächelte wieder, gab ihrem Sohn einen Kuss und stieg aus dem Auto.

Artur Wiereszczynki nahm auf dem Fahrersitz Platz. In wenigen Minuten waren sie bereits am Ibis-Hotel, wo Herr Müller sein Zimmer bezog. Artur sagte ihm, dass er und seine Freundin ihn in etwa zwei Stunden zu einer Besichtigungstour abholen würden.

Gegen Spätnachmittag traf sich die kleine Gruppe zur Sightseeingtour. Herr Müller war sofort in eine angeregte Konversation mit Monika, Arturs Freundin, vertieft. Sie sprachen deutsch und planten bereits Monikas Ferienjob in Hamburg im Sommer. Das Auto, das nun Artur fuhr, stoppte vor dem Géant-Supermarkt, wo Frau Wiereszczynska, die vorher per Handy verständigt worden war, bereits mit vielen Taschen voller französischer Delikatessen wartete. Es gab alle möglichen Käse- und Weinsorten zu einem guten Preis und 50 Prozent Ermäßigung für die Angestellten. Frau Wiereszczynska erzählte noch mehr Geschichten, halb englisch, halb polnisch. Nachdem sie Monika einen mütterlichen Kuss gegeben hatte, erklärte sie ihr, was wer wie für das Abendessen vorzubereiten habe. Außerdem rief sie zu Hause an und sprach mit einer anderen Frau über die Vorbereitungen. Dann erklärte sie Herrn Müller: »Sehen Sie, jetzt gehen wir nach Hause, wo meine Mutter für das Abendessen verantwortlich ist. Sie kocht seit den späten Morgenstunden und wir liefern jetzt noch die nötigen Zutaten. Monika hilft uns, sie ist wie unsere eigene Tochter. Jetzt müssen wir nur noch Piotr an seiner Schule abholen.« Daraufhin rief sie ihren Mann an: »Piotruniu (die Verniedlichungsform von Piotr), bist du fertig mit deinen Studenten? Es reicht für heute, wir sind in fünf Minuten bei dir, pack deine Sachen!«

Viele junge Leute verließen das Hochschulgebäude in kleinen Gruppen. Artur ging hinein, um seinen Vater von der Arbeit wegzuziehen. Wenige Minuten später kamen sie hinunter. Herr Wiereszczynski war von einer Gruppe von Jugendlichen umringt, die immer noch mit ihm über verschiedene wichtige Themen diskutierten und ihn offensichtlich nicht gehen lassen wollten. Schließlich setzte er sich erschöpft ins Auto. Nebenbei fragte Herr Wiereszczynski Herrn Müller, wie sein Tag gewesen sei, hörte jedoch die Antwort auf Deutsch nicht an, sondern beschwerte sich über seinen eigenen harten Arbeitstag. Eine halbe Stunde später hatten sie das neue Wohnhaus erreicht, in dem die Familie Wiereszczynski eine eigene 90 qm große Wohnung besaß, worauf sie stolz waren; sie betonten immer wieder den Unterschied zu den alten, schäbigen Sozialistenwohnungen, den »Ameisenhäusern«.

Die Großmutter, eine würdevolle Dame, öffnete die Tür. Im Wohnzimmer war der Tisch für das Abendessen gedeckt. Drei Frauen über drei Generationen hinweg zogen sich in die Küche zurück. Artur holte auf Befehl seines Vaters hin Getränke und gehorchte seinem Gebot, selbst nichts zu trinken, da er Herrn Müller später zurück ins Hotel bringen müsse.

»Sie haben eine schöne Wohnung!«, lobte Herr Müller, »Offensichtlich sehr komfortabel für Sie und Ihre Frau.« »Naja, nicht nur für uns zwei. Artur, unser Sohn, ist Student und lebt auch bei uns. Meine Schwiegermutter hat zwar ein eigenes Zimmer, aber verbringt eigentlich die meiste Zeit hier bei uns. Da wir sehr viel außer Haus sind, fungiert sie als Managerin im Haushalt und bleibt oft über Nacht. Ich sehe sie fast täglich. Aber jetzt – Prost! Auf Ihre Gesundheit und Ihren Besuch!«, sagte Herr Wiereszczynski und hob das Glas.

Gegen 8.00 Uhr saßen alle am Tisch, als das Telefon klingelte. Herr Wiereszczynski entschuldigte sich und ging ans Telefon im anderen Zimmer. Es ging um Herrn Müllers Vortrag am nächsten Tag, denn dieser musste von 10 Uhr auf 12 Uhr verschoben werden, da die Konferenzhalle für eine andere unerwartete, jedoch dringende Besprechung gebraucht wurde. Herr Wiereszczynski argumentierte lange Zeit am Telefon, bis seine Frau ihm befahl, das Telefonat zu beenden und an den Tisch zurückzukehren. Das

Essen war sehr gut und reichhaltig. Zuerst wurden kalte Salate und Fleisch serviert mit Hering und Pickles. Es gab Wodka, mit dem man auf »Gesundheit« und »Freundschaft« anstieß. Anschließend aßen sie eine Rote-Beete-Suppe mit Croissants. Der nächste Gang war die Spezialität der Großmutter: gefüllte Ente mit Früchten und verschiedenem Gemüse. Der rote Bordeaux-Wein, den Danuta stolz vom Géant-Supermarkt mitgebracht hatte, wurde ausgeschenkt. Bis zum Ende des Abendessens waren einige weitere Freunde dazu gestoßen. Mit ihnen zusammen aßen sie den Nachtisch.

Frau Wiereszczynski erklärte, dass das Familiennetz sehr eng gestrickt sei und sie es bevorzugten, zu Hause mit Freunden zu essen, statt in Restaurants zu gehen: »Zu Hause ist alles viel besser als in Restaurants. Das kann man einfach nicht vergleichen.« Als Nachtisch gab es Käse- und Walnusskuchen mit Kaffee und Likör. Es war wirklich ein sehr gutes und reichhaltiges Essen. Bald kam eine Diskussion über den Eintritt Polens in die EU in Gang. Obwohl Herr Müller zunächst freundlich nach seiner Meinung gefragt wurde, wurde er später außen vor gelassen und die Polen begannen, unter sich zu diskutieren. Er konnte den Argumenten zwar nicht folgen, aber die Diskussion war zweifelsohne sehr emotional, denn alle wollten gleichzeitig reden und hoben ihre Stimmen, um verstanden zu werden.

Gegen 22 Uhr machte Herr Müller darauf aufmerksam, dass er am nächsten Tag arbeiten müsse und sein Vortrag schon sehr früh stattfinden würde. Er sagte, es sei Zeit für ihn, zurück ins Hotel zu gehen. Das war das erste Mal, dass er von Herrn Wiereszczynski etwas über die Zeitverschiebung hörte: »Bitte, Bernd, mach dir keine Sorgen«, sagte er, nachdem sie sich das »Du« angeboten hatten, »dieses Telefonat, das ich vorhin hatte, war nur eine geringfügige Änderung unserer Pläne. Deine Präsentation wird um 12 Uhr sein, also können wir heute Nacht länger feiern und du kannst morgen länger schlafen.« Also, feierten sie fröhlich weiter, bis Herr Müller gegen Mitternacht ins Hotel zurückgefahren wurde.

Eine psychologische Analyse zentraler Kulturstandards

Die geschilderte Geschichte enthält zahlreiche Skripts, die aus der Perspektive eines Fremden als kritisch betrachtet werden können. Ich möchte mich auf die folgenden zwei Klassen konzentrieren: *Geringe Unsicherheitsvermeidung* oder spontane, improvisierte Organisation individueller Handlungen und von Gruppenaktivitäten. *Humanismus* oder enge, herzliche persönliche Beziehungen.

Geringe Unsicherheitsvermeidung beim individuellen Handeln und bei der Vorhersagbarkeit zukünftiger Ergebnisse

Kultur wird manchmal definiert im Sinne einer Einschränkung der Vielfalt psychologischer Handlungsmöglichkeiten (Poortinga 1992). Kulturen unterscheiden sich jedoch auch darin, wie eng oder locker diese Einschränkungen sind und wie bindend sie für die jeweiligen Individuen sind (Triandis 1994, 1995). In diesem Kontext ist auf Hofstede (1980/2001) zu verweisen, denn eine seiner »5 großen« Kulturdimensionen betrifft die Ausprägung von Unsicherheitsvermeidung (UA, Uncertainty Avoidance). Für Arbeitsorganisationen basiert der UA-Index auf (1) Respekt der Angestellten gegenüber Unternehmensleitlinien, (2) Langzeitverpflichtung gegenüber dem momentanen Arbeitgeber und (3) empfundener Stress bei der Arbeit. Im Großen und Ganzen kann man sagen, dass dieses Konzept damit zusammenhängt, wie die jeweiligen momentanen Ereignisse kognitiv strukturiert werden und wie die Zukunft maximal voraussagbar gemacht werden kann. Kulturen unterscheiden sich auch darin, wie viele Anstrengungen unternommen werden, Unsicherheit durch Aufstellen und Formulieren von Regeln, Gesetzen und Ordnungen zu reduzieren. Obwohl Deutschland in Hofstedes Skala einen Mittelwert einnimmt, zählt Hofstede selbst viele Beispiele für die deutsche Neigung zur Ordnungsliebe auf. Ausdrücke wie »Befehl ist Befehl« oder »Ordnung muss sein« sind international sehr wohl bekannt.

Wie die Fallgeschichte demonstriert, bietet Polen im Vergleich zu Deutschland ein ganz anderes Bild. Das Leben wird als viel zu variabel, vielgesichtig und unkontrollierbar betrachtet, als dass es durch rigorose Regeln und Restriktionen erfasst werden könnte. Anstatt einer gut funktionierenden Designermaschine – die für die deutsche Kultur steht – kann man in Polen eher von einem spontanen, frei fließenden Lebensstrom sprechen. Diese zwei kulturellen Realitäten sind in den Abbildungen 1 und 2 schematisch dargestellt.

Nach Abbildung 1 ist die Diagnose der Leistungsqualität und ihrer Determinanten eher intuitiv als tiefschürfend. Bestrebungen, Wünsche und Träume, die daraus folgen, sind nicht sehr realitätsorientiert. Ressourcen, die sehr begrenzt sein können, beeinflussen die Zielplanung nicht, genauso wenig wie kulturelle Handlungsbedingungen: zum Beispiel Gesetze und Regulationen. Sie werden eher als Hindernisse angesehen, die man umgehen sollte, anstatt sie als »benutzerfreundliche« Faktoren zu organisieren. Aus diesen Gründen findet Planen in großen Dimensionen statt, ohne sehr auf Details zu achten. (Die Pfeile zur Zielbestimmung gehen an den zwei Blöcken vorbei.) Auf dem Zielniveau wird ein großes Spektrum an Endresultaten als zufrieden stellend betrachtet (weite Ziellinie in Abb. 1), was bedeutet, dass das Ziel weit entfernt ist von einer präzisen,

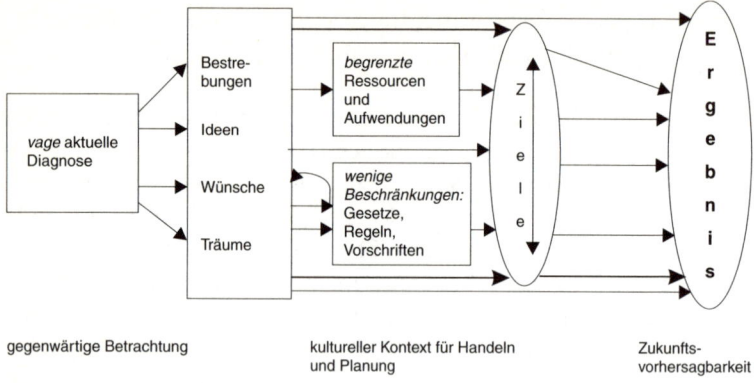

Abbildung 1: Polen oder eine wenig kontrollierte, vorhersagbare Kultur

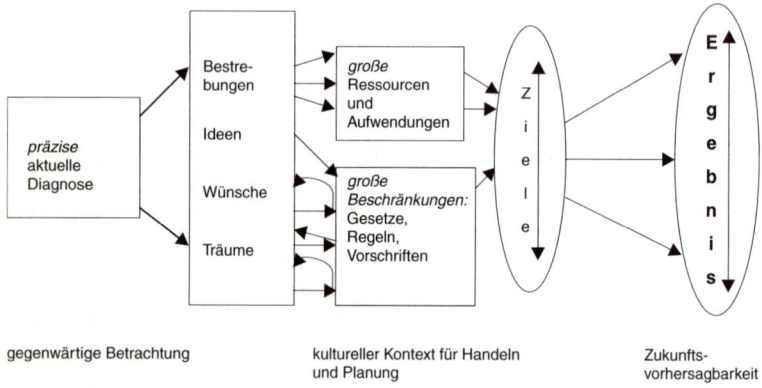

Abbildung 2: Deutschland oder eine gut kontrollierbare, vorhersagbare Kultur

gut ausgewogenen Definition. Der Pfad, um dieses Ziel zu erreichen, ist auch sehr verworren, so dass viele unvorhergesehene Ereignisse jederzeit eintreten können. Diese verlangen dann Notmaßnahmen, spontane Interventionen und zusätzlichen Aufwand, bevor man das Ziel erreicht. Das endgültige Ziel könnte sogar in ein sehr viel größeres Spektrum fallen als ursprünglich geplant (vergleiche die Länge der Linien).

Abbildung 2 zeigt ein ganz anderes Bild. Sie basiert zum Teil auf den Überlegungen in Thomas (2000) über deutsche Kulturstandards. Das Flussdiagramm beginnt mit einer präzisen Betrachtung der aktuellen Situation als Sprungbrett für Planungsaktivitäten. Ideen, Wünsche und Bestrebungen werden mit den wohl definierten Ressourcen und Handlungseinschränkungen konfrontiert. Jede Zielplanung orientiert sich an den Barrieren »Ressourcen« und »Beschränkungen«. Konsequenterweise ist das Spektrum der Zielsetzung minimiert bis auf gut definierte, zufrieden stellende Ziele. Während der Phase der Projektausarbeitung sorgen strenge Kontrollen dafür, dass die Ergebnisse nicht verzerrt werden und nicht verloren gehen.

Mit Hilfe dieser zwei Diagramme sollte es möglich sein, das Dilemma von Herrn Müller am ersten Tag seine Polenaufenthalts nachzuvollziehen. Pläne und Aktionen der Gastfamilie und sein eigenes Schicksal waren in ständigem Wechsel und Fluss. Alles wurde immer wieder besprochen und neu diskutiert, immer in der Unsicherheit, wann die nächste Änderung eintritt. So wird verständlich, warum die polnischen Konzepte zu Arbeitszeit, Arbeitsplätze, soziale Rollenverteilung, Verkehrsregeln Herrn Müller so fremd erschienen.

Es mag überraschend sein, dass in diesem Stadium spontaner Improvisation »die Dinge trotzdem irgendwie laufen«. Um dieses Phänomen aufzuklären, ist es wichtig, das andere zentrale Konzept der polnischen Kultur, den Humanismus, mit zu berücksichtigen.

Humanismus oder enge, herzliche, persönliche Beziehungen

Die Diskussion über Individualismus und Kollektivismus ist nicht wertfrei zu führen. Für diejenigen, die dem Individualismus positiv gegenüberstehen, ist es eine Lebensart, die mit Frieden, Selbstverantwortung, Selbstkontrolle, aktivem Handeln und Fortschritt in allen Bereichen einhergeht. Die Kritiker lehnen diese Werte zwar nicht ab, unterstreichen aber die Bedeutung von Egoismus und die Zerstörung des sozialen Netzes, Verringerung sozialer Verantwortung – alles Eigenschaften, die mit dem Individualismus einhergehen können.

Es ist aber möglich, zwischen den beiden Achsen zu differenzieren, die in dem Konzept des Individualismus begründet sind und zu endlosen, ergebnislosen Diskussionen führen:
– Handeln und Selbstbestimmung vs. Unterwerfung sowie
– Selbstinteresse vs. soziales Interesse.

Bei der Unterscheidung von *Ich* oder *die anderen* gibt es einen konzeptuellen Freiraum, in dem unterschiedliche mentale Typen feststellbar sind. Dieser neue theoretische Rahmen wird in Abbildung 3 zusammengefasst.

Interesse, Orientierung	Handlung; Zielrichtung	
	Ich als Subjekt	Ich als Objekt
Sozial	Humanismus	Kollektivismus
Selbst	Individualismus	Entfremdung

Abbildung 3: Eine Aufstellung der Werteorientierungen: Humanismus und seine Alternativen

Abbildung 3 verdeutlicht, dass der Humanismus einige Elemente mit dem Kollektivismus und einige mit dem Individualismus gemeinsam hat: mit dem ersteren die soziale Einbettung der Werteorientierung, mit dem letzteren die Selbstkontrolle in Richtung Zielerreichung. Der Autor hat dazu eine große Anzahl empirischer Arbeiten durchgeführt (Boski 1999, 2002), aus denen die folgenden Schlussfolgerungen gezogen werden können.

1. Mit Hilfe von Skalierungsverfahren lässt sich die Dimension psychometrischer Qualität bestimmen. Diese Skala stellt folgende persönliche Beziehungen her:

Humanismus

- Anbieten selbstloser Sympathie und Unterstützung,
- Sorge für lebenslange Freundschaften.

Materialismus

- Profit und eigener Vorteil stehen im Vordergrund.
- Das Ideal ist der erfolgreiche Geschäftsmann.

2. Das Herz des Humanismus besteht darin, tiefe, intime und informelle Beziehungen zwischen Personen zu entwickeln. Das Ideal ist der Familienfreund, was bedeutet, »Tante«, »Onkel«, »Schwiegereltern« oder »Brüder« genannt zu werden, was aber keine Blutsverwandtschaft beinhaltet.

3. Der Kern des Humanismuskonzepts besteht jedoch darin, dass die Familie um die Kinder zentriert ist, dass diese bei den Eltern wohnen und die Eltern sie als junge Erwachsene unterstützen. Frauen wird dabei höchster Respekt entgegengebracht.

4. Verständnis für die Schwächen und Fehler anderer; Erbarmen, Nachsicht, Vergebung und ein Herz für diejenigen, die nicht den Standard anderer erreichen. Dazu gehört Feminismus als weiterer Aspekt des Humanismus.

5. Der Humanismus-Aspekt weist große Unterschiede zwischen Polen und Nordamerika im kulturellen Ausprägungsniveau auf. Die polnische Kultur bewegt sich eher auf der humanistischen Seite, die nordamerikanische eher auf der materialistischen Seite. Die Differenzen wurden auf der persönlichen Ebene aber nicht signifikant.

6. Die Untersuchungsergebnisse zeigten zudem deutlich, dass Humanismus konzeptuell und empirisch von Messungen der Kollektivismus-Individualismus-Dimension zu unterscheiden ist. In der polnischen Gesellschaft wurden die höchsten Werte auf der Humanismus-Skala bei Lehrern und lokalen Kommunalpolitikern erreicht, die geringsten bei Bankangestellten.

7. Humanismus ist ein positiver Indikator für die politische Demokratie in Polen.

8. Während der Jahre politischer Umstrukturierung in Polen weist der Humanismus eine große Stabilität bei selbstbezogenen Werten und positiv beurteilten polnischen Charakteristiken auf, wohingegen Materialismus, in Polen mittlerweile weit verbreitet, als negatives polnisches Charakteristikum gilt.

9. Humanismus wird als ein in der polnischen Kultur zentral verwurzelter Kulturstandard angesehen und korreliert stark mit patriotischen Verpflichtungen. Die meisten Polen sind davon überzeugt, dass dies nach dem Eintritt in die EU beibehalten werden sollte.

10. Humanismus fördert das Bewusstsein für den Wert der eigenen Kultur und anderer Kulturen, während Materialismus jede Kultur zerstört.

In dem Beispielfall des Herrn Müller sind viele Elemente des oben beschriebenen Humanismus erkennbar. Die Ankunft eines (ausländischen) Gastes ist eine Angelegenheit der gesamten Gastfamilie und nicht nur der einladenden Institution. Die Familienmitglieder kümmern sich um die Belange des Gastes und vor allem wird er zum Abendessen eingeladen, wodurch er auf seine Weise zu einem Freund der Familie wird, also jemand, der in familiäre Angelegenheiten einbezogen wird; zum Beispiel beginnt Wiereszczynskis Schwiegertochter sofort, Pläne für einen Sommeraufenthalt in Deutschland zu diskutieren.

Es ist nicht einfach zu entscheiden, welcher Aspekt der polnischen Kultur Vorrang hat: geringe Unsicherheitsvermeidung verbunden mit improvisierter Organisation oder Humanismus und enge persönliche Beziehungen. Letzteres hilft zweifelsohne enorm, in jeder Beziehung erfolgreich zu sein. Humanismus im hier diskutierten Sinn ist die Grundlage sozialen Handelns und zugleich die letzte Rettung, um einen Fehler zu bereinigen. Das hat so oft funktioniert und wurde von Millionen von Polen immer und immer wieder praktiziert. Man kann feststellen, dass die Grenze zwischen Humanismus und einer Art polnischem Beziehungsnetzwerk und dessen Nutzung zum persönlichen Vorteil (Korruption) fließend ist. Die Ambivalenz zwischen den Tugenden des Humanismus auf der einen Seite und der Korruption auf der anderen wird als Charaktereigenschaft der polnischen Mentalität aufgefasst. Negative Aspekte interpersonaler Beziehungen, gekennzeichnet durch Gesetzlosigkeit, Unverantwortlichkeit und Anarchie grenzloser Freiheit, wurden als gesonderte Dimension identifiziert und als Sarmatismus bezeichnet (Boski 2002).

Polnische Kulturstandards aus historischer Sicht (Boski 1994)

Katholizismus

Mehrere Sozialwissenschaftler zweifeln nicht daran, dass der jeweilige Typ der dominanten Religion und der Religiosität enorme Auswirkungen auf die verschiedenen Bereiche des Alltagslebens hat. Zwei dieser Effekte werden nun näher betrachtet: Identität zum einen und sozioökonomische Werte (Mentalität) zum anderen.

Katholizismus und polnische Identität. Das Land hat den Spitznamen »Bollwerk des Christentums«, was aus der geographischen Lage Polens als westlicher Grenzstaat zur islamischen Welt der Türkei und zum orthodoxen Russland resultiert. Genauer gesagt, ist die Gleichung »polnisch gleich katholisch« zum starken Identitätssymbol geworden. In diesem Zusammenhang entwickelte sich der polnische Katholizismus im Kontrast zum lutheranen Russland und Schweden.

Das »Bollwerk« muss jedoch eher als defensive Barrikade denn als Kreuzfahrer-Fort verstanden werden. Es war mehr ein Schutz zum Widerstand gegen Eindringlinge und Eroberer als eine Macht, um einen Religionskrieg zu führen (von dem das Land im Grunde verschont blieb). Zu den Zeiten, in denen Polen durch Fremde regiert und geteilt wurde, spielte die katholische Kirche eine wichtige Rolle beim Erhalt einer nationalen Identität.

Seit Jahrhunderten ist der Kult um die Jungfrau Maria als Königin von Polen ein wichtiges Merkmal polnischen Katholizismus. Sie war eine Göttin, das Bild einer feinfühligen, geduldigen, beschützenden Mutter. Sie hielt das Land als Ganzes in ihren Händen und jeden seiner Bewohner. Daher ist Weiblichkeit eine wichtige psychologische Dimension im polnischen Katholizismus.

Katholizismus und (un-)wirtschaftliches Denken. Das beste Beispiel für den Kausalzusammenhang zwischen Religion und wirtschaftlicher Aktivität stellt Webers Theorie dar, die den Aufschwung des Kapitalismus mit protestantischer Ethik verbindet, vor allem mit der strengen calvinistischen Version (Weber 1958). Diese Theorie wurde später von McClelland (1961) weiterentwickelt. Seine Ergebnisse zeigen, dass die Leistungsmotivation die psychologische Verbindung zwischen der protestantischen Kultur und wirtschaftlichem Wachstum darstellt. Demnach fördert die Sozialisation in einer protestantischen Kultur im Gegensatz zur katholischen bei der jungen Generation ein höheres Niveau an Leistungserbringung und bereitet sie psychologisch so darauf vor, unternehmerische Initiativen zu aktivieren.

Die katholische Doktrin war dieser Art des Unternehmertums auf ethischer Grundlage genau entgegengesetzt. Nach den heiligen Schriften des Thomas von Aquin war das Interesse an Krediten und – allgemein gesagt – an Profitorientierung nicht mit dem Christentum vereinbar beziehungsweise einfach sinnlos. Menschliche Gier, die Lust auf Geld und profitable Aktivitäten, alle diese psychologischen Voraussetzungen des frühen Kapitalismus und der modernen Marktwirtschaft, waren den Lehren des römischen Katholizismus wesensfremd, einschließlich der jüngsten Enzykliken von Johannes Paul II.

In Polen wurden diesbezüglich noch strengere Maßstäbe angelegt, indem jegliche wirtschaftlichen Aktivitäten in den Bereich außerhalb des Nationalreligiösen verlagert wurden. Was aber beispielsweise für einen adeligen polnischen Katholiken inakzeptabel war, war gerade gut für einen Juden. Die Regeln der kapitalistischen Wirtschaft hielten so keinen Einzug in das Denken der Polen. Konzepte wie Profit, Kredite, Zinsen, Bankwesen blieben ihnen fremd und sie respektierten sie auch nicht. Aktivitäten dieser Art hätten zu moral-religiösen Sanktionen oder sogar Bestrafungen führen können. Ein ehrenwerter Bürger hätte einem Adeligen keinerlei Kredit abverlangen oder Zinsen gewähren können, geschweige denn mit ihm in irgendwelche Geschäftsunternehmungen verwickelt sein können.

Wenn die protestantische Kultur psychologisch zu Leistungsorientierung und Individualismus führt, was könnten dann die psychologischen Konsequenzen des Katholizismus sein? Weiter oben wurden bereits Hypothesen zur Femininität (Mutter-Orientierung) der polnischen Kultur diskutiert. Außerdem muss man die offizielle Lehre der katholischen Kirche bedenken sowie die Häufigkeit der Verwendung des Begriffs Humanismus und dazugehöriger Begriffe wie menschliches Gesicht, menschliche Würde, menschliche Rechte und auch deren Gegenteil wie Unmenschlichkeit. Dann kann man den Humanismus als einen Faktor der Dimension »Mentalität des Herzens« verstehen.

Adel und Bauern oder Bodenkultivierung in dörflichen Gemeinschaften

Bis spät in die zweite Hälfte des 19. Jahrhunderts hinein bestand die polnische Gesellschaft überwiegend aus zwei Schichten: Adel oder »freie Bürger« und untergebene Bauern. Obwohl Erstere Freiheiten und Privilegien genossen, während Letztere ihren Landbesitzern »gehörten« (glebe ascripti), waren sich beide Klassen paradoxerweise in manchen wichtigen Charakteristiken des sozioökonomischen Lebens sehr ähnlich. Sie waren verwurzelt in der Welt der Landarbeit und in katholischen Bräuchen. Typische Aktivitäten des Stadtbewohners, wie Handel und Handwerk, waren ihnen fremd. Jahrhundertelang waren der Handel mit Getreide und anderen Landesprodukten vor allem unter jüdischer Kontrolle, während Handwerk und das Herstellen neuer Ware vor allem von Polen deutscher Herkunft betrieben wurde. Stadtbewohnern und Juden waren politische Rechte vorenthalten und sie wurden als Bürger zweiter Klasse angesehen.

Diese zentralen Elemente traditioneller Strukturen waren bis zum Zweiten Weltkrieg lebendig. Polen blieb ein überwiegend ländliches Gebiet mit kleinen Höfen und großen adeligen Ländereien. Jüdische und deutsche Minoritäten lebten in ihren Enklaven privater industrieller und kommerzieller Unternehmen.

Es mangelte der polnischen Gesellschaft des 20. Jahrhunderts an großen Städten mit einer polnischen Mittelschicht, um den wirtschaftlichen Aufschwung zu unterstützen. Durch den Zweiten Weltkrieg gingen alle ehemals aktiven Gruppen verloren: Die Juden wurden Opfer des Nationalsozialismus und Deutsche mussten das Land als Kriegsverlierer verlassen. So war Polen ein ideales Ziel zur Einführung einer vom Kommunismus diktierten Wirtschaft. Es gab soziale Klassen, die stark mit kapitalistischen Methoden der Landwirtschaft assoziiert waren, aber sonst keine wirtschaftlichen Aktivitäten aufwiesen, verbunden mit einer Lebensart, die bestimmt war von naturalistischen, spirituellen und kommunalen Attitüden.

Nationalpolitische Angelegenheiten: Zwischen interner Anarchie und externer Aggression

Während der letzten 300 Jahre diente Polen als Schaubühne zahlreicher fremder Aggressionen, interner Aufstände, heroischer Niederlagen und nur weniger Triumphe. Historiker diskutieren darüber, welchen Anteil interne gegenüber externen Ursachen einnehmen.

Individuelle Freiheiten wurden in einer anarchistischen Art missbraucht, so dass das Land zu einer leichten Beute für starke ausländische Nachbarn wurde. Eine teilweise Besetzung gelang im späten 18. Jahrhundert. Nach einer kurzen Periode von 20 Jahren der Unabhängigkeit, folgte 1939 die nächste Besetzung. Der Verlust der Unabhängigkeit war zu jeder Zeit Anlass dafür, patriotische Gefühle wieder zu erwecken und damit die Solidarität zum Widerstand. In Polen fanden eine Unzahl von Aufständen statt, die meisten wurden niedergeschlagen und die Strafen für die Opfer waren hoch. Der heroische Kampf wurde in der nationalen Literatur, der Poesie, in Kunstwerken und in der Musik geehrt. Die nächsten Generationen hielten diesen Kampfgeist aufrecht, um gegen die Ungerechtigkeit weiter zu kämpfen.

Anarchie während der Zeiten der Unabhängigkeit als auch Heldentum während der Fremdherrschaften hatten ähnliche psychologische Grundlagen, nämlich eine niedrige Stufe an Realitätstestung und pragmatischem Kosten-Nutzen-Vergleich. Während die Anarchie als extremer Egozentrismus interpretiert werden kann, bedeutet Heldentum ein selbstloses Opfer. Während das Erstere das hedonistische Prinzip beschreibt, ist das Letztere Ausdruck eines moralischen Prinzips. Anarchie war durch das übergeordnete Ziel individueller Freiheit gerechtfertigt, und für die Ehre sein Leben zu lassen war eine moralische Pflicht. Doch in beiden Fällen zählte eher die Handlung und weniger das Ergebnis.

Fazit

Basierend auf den obigen historischen Analysen werden im Folgenden einige psychologische Konsequenzen aufgelistet, die die polnische Mentalität bis heute charakterisieren:

- *Enge persönliche Beziehungen.* Dies ist die Konsequenz schlecht entwickelter und ineffizienter formaler Prozeduren im sozialen Alltagsleben. Das individuelle »Überleben« hängt von einem soliden Netzwerk von guten Freunden ab.
- *Geringe Nutzenorientierung, Mangel an pragmatischer Herangehensweise bei Problemstellungen und gering ausgeprägtes Wirtschaftsdenken.* Der Katholizismus und die Zentrierung auf die Landwirtschaft als Lebensgrundlage verhindern die Entwicklung marktwirtschaftlicher Mentalität und Kompetenz.
- *Romantische Orientierung in nationalpolitischen Angelegenheiten.* Das Überbleibsel einer jahrhundertelangen Geschichte und unveränderter Prinzipien wie »Kämpfe um des gerechten Grundes wegen, mag der Kampf ausgehen, wie er wolle«, »Messe deine Kräfte im Kampf«.
- *Wenig Bedeutung legaler Prozeduren, wenig Vertrauen in staatliche Autoritäten.* Die Erbschaft anarchischer Tendenzen einerseits und des Umgangs mit Gesetzen, die als Unterdrückungsinstrumente zur Durchsetzung der Interessen fremder, von außen eindringender Mächte dienten.
- *Gering ausgeprägte Effizienzorientierung und Kosten-Nutzen-Vergleiche.* Arbeit wird entweder als eine Mischung aus extrinsisch verstärkter Pflicht und Ritual (Ackerbau der Bauern) oder als intrinsisch motivierte Verpflichtung gegenüber der Vergangenheit (gebildete Schicht, »intelligentsia«) angesehen.

– *Ausgeprägte Femininität.* Es ist die Konsequenz des einzigartigen Kults und gottesdienstähnlicher Praktiken für die Jungfrau Maria als Königin von Polen. Hierunter fallen auch Normen der Ritterlichkeit und der Höflichkeit gegenüber Frauen. Auf der anderen Seite wurden die für Männer gültigen Normen von Mut und Heldentum ausgebildet.

In der Analyse des Beispielfalls wurden diese sechs kulturspezifischen Aspekte zu zwei zentralen Standards zusammengefasst: geringe Unsicherheitsvermeidung, gesehen als improvisierte soziale Organisation, und Humanismus als herzliche, spontane menschliche Beziehung. Sie liefern das Rohmaterial für Trainingsmaßnahmen zur Entwicklung einer interkulturellen Kompetenz bei Ausländern, die Polen verstehen wollen und mit ihnen zusammenleben möchten, mit ihnen Geschäfte machen und als Gast im Land willkommen sein möchten.

Literatur

Boski, P. (1994): Psychological analysis of a culture: Stability of core values among Poles in the motherland and Polish immigrants. In: Boski, P.; Bańka, A. (Hg.), Polish Psychological Bulletin, 4.

Boski, P. (1999): Humanizm w kulturze i mentalności Polaków (in Polish). In: Wojciszke, B.; Jarymowicz, M. (Hg.), Rozumienie zjawisk społecznych. Warszawa, S. 78–119.

Boski, P. (2002): Humanism-materialism: Polish cultural origins and cross-cultural comparisons. In: Kim, U.; Yang, K.-S.; Hwang, K. K. (Hg.), Scientific Advances in Indigenous Psychologies. Newbury Park, CA.

Hofstede, G. (1980): Culture's Consequences. 2. Auflage. Newbury Park, CA, 2001.

Hofstede, G. (1991): Culture and Organizations. London.

McClelland, D. C. (1961): The Achieving Society. Princeton.

Poortinga, Y. H. (1992): Towards a conceptualization of culture for psychology. In: Iwawaki, S.; Kashima, Y.; Leung, K. (Hg.), Innovations in Cross-Cultural Psychology. Amsterdam, S. 3–17.

Thomas, A. (2000): Forschungen zur Handlungswirksamkeit von Kulturstandards. Handlung, Kultur, Interpretation – Zeitschrift für Sozial- und Kulturwissenschaften 9(2): 231–279.

Triandis, H. C. (1994): Culture and Social Behavior. New York.

Triandis, H. C. (1995): Individualism and Collectivism. Greeley.

Weber, M. (1958): The Protestant Ethic and the Spirit of Capitalism. New York.

■ 3. Amerika

Emily Slate/Sylvia Schroll-Machl

3.1 Nordamerika: USA

Fallgeschichte

Ein deutscher Mitarbeiter einer amerikanischen Firma berichtet: Unser neuer Chef vom Stammhaus in Los Angeles ist erst ein Paar Wochen hier. Robert Harley oder einfach Bob, wie er sich gern nennt, ist wie ein Ami aus dem Fernsehen. Breit grinsend, immer guter Laune, immer einen Scherz auf den Lippen. Natürlich kann er kein Deutsch. Er fing schon wie eine Energiekanone an. Er hat gleich nach seiner Ankunft eine Besprechung der ganzen Abteilung anberaumt – er konnte zu dem Zeitpunkt unmöglich seinen Jetlag überwunden gehabt haben. Trotzdem hielt er eine meisterhafte Präsentation. Es war ganz glatt: perfekte Folien, mit der modernsten Technik, allem Schnickschnack! Er war voller Witz, amerikanisches Entertainment pur. Natürlich blieb bei dieser Art Präsentation vieles unbeantwortet, aber eines kam klar herüber: Das Management des amerikanischen Headquarters war mit unseren Geschäftsergebnissen des letzten Jahres nicht zufrieden. Die Forschungs- und Entwicklungszeit für unsere Produkte soll drastisch gekürzt werden, Hauptsache, alles kommt sofort auf den Markt. Bob sprach immer wieder von einem »window of opportunity« und betonte, wie schnell sich dieses Fenster schließt.

Die deutschen Kollegen und ich waren recht skeptisch. Bei einer verkürzten Entwicklungszeit können wir nicht hundertprozentig Qualität gewährleisten. Bob ist selbst kein Ingenieur, wahrscheinlich hat er keine Ahnung von Forschungsprozessen. Er ist der absolute Geschäftsmann, hat glänzende Visionen von zukünftigen Marktanteilen, aber er scheint nicht zu wissen, worauf es bei Technik ankommt.

Kurz danach bat er mich um ein Gespräch. Freundlich lächelnd wie immer fragte er mich, was ich von seiner Vision halte. Ich bestätigte ihm, dass es wunderbar wäre, wenn wir größere Marktanteile gewinnen könnten, aber dann betonte ich, dass wir auf keinen Fall eine niedrigere Qualität anbieten könnten. Schließlich sind wir für Qualität bekannt, und wie können wir Kunden dazugewinnen, wenn wir diese einbüßen? Bob ist nicht darauf eingegangen, stattdessen redete er begeistert davon, dass unsere Kunden »new features« haben wollen, und hat dann selbst welche für unsere Telefonanlagen der nächsten Generation vorgeschlagen. Ich habe ihm versichert, dass das gute Ideen seien, aber so etwas könne man nicht über Nacht aus dem Ärmel schütteln.

Als er wieder nicht auf meine Aussage eingegangen ist, habe ich angefangen, ihm näher zu erklären, wie Forschungsprozesse aussehen, welche Abläufe man nicht verkürzen kann. Jetzt wurde er unkonzentriert. Ich hielt das aber für notwendig, damit er sich ein realistisches Bild machen konnte. Dabei merkte ich, dass er ungeduldig wurde. Kurz darauf hat er das Gespräch abgebrochen.

Ich möchte nicht, dass deswegen zwischen uns ein schlechtes Verhältnis aufgebaut wird. Ich kann nur hoffen, dass er bald Rücksprache mit den Ingenieuren in dem amerikanischen Stammhaus nehmen wird – sie werden ihm sicherlich das bestätigen, was ich ihm erklärt habe.

Kulturstandards

Zur Charakteristik der »amerikanischen Mentalität« existiert eine Fülle an Literatur (Althen 1988; Funke 1989; Hall u. Hall 1989; Hammond u. Morrison 1996; Inkeles 1983; Lanier 1996; Müller u. Thomas 1991; Schroll-Machl 2000, 2001; Slate 2001; Spindler u. Spindler 1983; Stewart u. Bennett 1991; Zeutschel 1999). Eine Zusammenstellung der zentralen Charakteristika ergibt folgende Liste handlungswirksamer amerikanischer Kulturstandards:

Gleichheitsdenken

Amerikaner sind von der Idee der Chancengleichheit und der damit verbundenen Möglichkeit zu Aufstieg und Karriere überzeugt: Harte Arbeit bringt Erfolg. Daran glauben sie, so handeln sie. Viele Antidiskriminierungsgesetze sorgen für gleiche Startmöglichkeiten und stellen eine wesentliche Basis amerikanischen Arbeitsrechts dar.

Im Sozialverhalten äußert sich das Gleichheitsdenken so:

- Horizontale Beziehungen sind erwünscht.
- Der soziale Status ist für die Interaktionsformen zwischen Personen nicht bestimmend, sondern man bemüht sich um eine gleichgestellte Beziehung.
- Autoritäres, bevormundendes, herablassendes Verhalten wird abgelehnt ebenso wie die Unterwerfung unter Autoritäten.
- Überzeugen statt Macht oder Zwang ist die Devise und so versuchen Manager durch »visions« und »mission statements« zu begeistern.
- Anordnungen und Befehle gelten als unhöflich, stattdessen werden indirektere Redensarten benutzt (»Do you think you could get that report ready by Friday?«).
- Informelles Verhalten in vielen Situationen gilt als einer von Gleichheit geprägten Atmosphäre angemessen.
- Das Service-Verhalten spiegelt die verbreitete Freundlichkeit genauso wider wie das Ernstnehmen der Wünsche des Kunden (statt eine Belehrung).

Handlungsorientierung

Amerikaner sind sehr aktive und energievolle Menschen. Man hat eine Menge an Aktivitäten – beruflich und privat. Dabei steht die Beschäftigung mit konkreten und praktischen Dingen mehr im Vordergrund als die mit Ideen, Idealen, abstrakten Fragestellungen. Bei allen Tätigkeiten sind die Ergebnisse und Resultate, die Effektivität und Effizienz entscheidend. Präsentationen sind daher beispielsweise auf die Herausforderung zum Tun gerichtet. Führung besteht wesentlich darin, Mitarbeitern Ziele zu setzen (auch Teilziele und Zwischenziele) und sie dann anhand ihres Zielerreichungsgrads zu beurteilen.

Die individuelle Selbstdefinition erfolgt über die Arbeit und eine der ersten Fragen beim Kennenlernen Unbekannter besteht im Interesse am Beruf des Anderen.

Für Produkte ist eine Marktorientierung statt einer Technikorientierung vorherrschend, das heißt, der Fokus ist mehr auf das gerichtet, was das Produkt erfüllen soll, als darauf, dass es in sich gut, technisch qualitativ hochwertig ist.

Grundsätzlich gilt: Optimismus und Zukunftsorientierung sind angesagt, der Glaube daran, dass durch Anpacken eine Situation zum Positiven gewendet werden kann. Und nur eine positive Einstellung ist eine gute, nützliche, Erfolg versprechende Haltung. Ein »kritischer« Mensch gilt als ein Nörgler und Schwarzmaler und verkörpert schon beinahe den Gegenpol. Amerikaner sind eine Nation der Aktivisten, Instrumentalisten und Pragmatiker.

Gelassenheit (»easy going«)

Dabei herrscht in den Aktivitäten keine Planung bis ins letzte Detail vor, wenn eine solche nicht unbedingt wichtig erscheint. So kann es schon vorkommen, dass Amerikaner Produkte auf den Markt bringen, die in deutschen Augen unfertig sind. Während deutsche Konsumenten auch hundertprozent Qualität erwarten, haben Amerikaner diesen Anspruch nicht. Außerdem kann man auch auf Störungen flexibler und gelassener reagieren, da der Handlungsplan nicht sehr detailliert ist. Es ist beispielsweise leicht möglich, Nachbesserungen oder Änderungen bei suboptimaler Zielerreichung vorzunehmen. Tauchen Probleme auf, ist das Augenmerk auf mögliche Lösungswege gerichtet statt auf langes Diskutieren und Problematisieren der Störungsursachen. Generell bevorzugen Amerikaner für Entwicklungen und Problemlösungen aller Art den so genannten Trial-and-Error-Approach, das Versuchs-Irrtums-Prinzip. Diese lockerere Herangehensweise erfordert und fördert Spontaneität und Kreativität – beides geschätzte sind Eigenschaften. Man ist risikofreudiger und entscheidungsfreudiger.

Leistungsorientierung

Erfolg ist in amerikanischen Augen nicht nur möglich, sondern Leistung ist im Einklang mit der puritanischen Tradition, die die für das Wirtschaftsleben noch immer gültige Mainstream-Kultur weitestgehend begründet hat, geradezu geboten. So wird Wettbewerb ohne Wenn und Aber befürwortet, ist Leistungs- und Wettkampfdenken im Beruf wie im Privat- beziehungsweise Freizeitbereich akzeptiert und bestimmend: Wettbewerb führt zu den besten Ergebnissen, Wettbewerb macht Spaß, Erfolg, Lob und Belohnung geben Selbstvertrauen. Der »Mitarbeiter des Monats«, Bonuszahlungen und so weiter sind dafür genauso beredte Beispiele wie »Kuchenbackwettbewerbe«. Die Gewinner werden nicht beneidet, sondern bewundert, denn ihre Leistung wird anerkannt. Das Verlieren wird abgefedert durch die Überzeugung, dass man aus Fehlern lernt (»nächstes Mal!«) und somit die jetzige Erfahrung nützlich ist (»If you don't succeed at first, try, try and try again!«).

Für die eigene Identität ist die Messung sowie die Bewertung der Leistung und entsprechender Rückmeldungen von allergrößter Bedeutung.

Zum Basiswerkzeug eines Managers gehört es daher, dass er Feedback gibt und dadurch seine Mitarbeiter motiviert – und zwar indem er permanent lobt und den erzielten Erfolg herausstreicht – selbst für die Erfüllung »normaler« Aufgaben, für die jemand eingestellt ist und bezahlt wird.

Man konkurriert nicht nur mit anderen, sondern auch mit sich selbst: Die eigenen sportlichen Leistungen gilt es zu verbessern, immer mehr Geld zu verdienen und so weiter. An Amerikanern beobachtetes Statusbedürfnis sowie erreichte Statussymbole sind Ausdruck und Beweis individueller Tüchtigkeit (»vom Tellerwäscher zum Millionär«) und eine Möglichkeit, diese zu quantifizieren und zu messen.

Dabei ist die Leistungsfähigkeit stets unter Beweis zu stellen, ein Ausruhen auf Lorbeeren gibt es nicht (»hire and fire«).

Individualismus

Selbstverantwortung, Eigeninitiative und Selbstständigkeit werden stark betont und aufs Äußerste geschätzt. Die individuelle, persönliche Identität ist die zentrale Identität eines Amerikaners: Jeder fühlt sich für sein Leben selbst verantwortlich und schiebt die Verantwortung nicht Institutionen oder externalen Faktoren zu, er will seine Probleme selbst lösen, er will in seinen Entscheidungen so weit wie möglich frei und autonom sein. Freiheit meint, sein Glück in die eigenen Hände zu nehmen, für sich, sein Wohlergehen und sein Weiterkommen zu sorgen, sich seine eigenen Ziele zu setzen. Das kommt im Wunsch nach Unabhängigkeit zum Ausdruck und führt zu einer (im Vergleich zu Deutschland) gewissen Unverbindlichkeit und einem geringeren Verpflichtungsgefühl.

Die faire Berücksichtigung individueller Meinungen ist eine Forderung bei Meetings und Gruppenentscheidungen: Jeder soll und will sich einbringen. Auch in Teams werden Einzelleistungen betont, erfolgt der Informationsaustausch auf der Basis individueller Verantwortung (Wer braucht von wem was, um sein Ziel erreichen zu können?), und es ist eine geringere Identifizierung mit der Gruppe, aber ein stärkeres Verfolgen der eigenen Interessen zu beobachten. Das Verfolgen des eigenen Interesses wird von den Teammitgliedern keineswegs als negativ empfunden, dagegen würde die Betonung des Teamgeists auf Kosten der individuellen Interessen auf Ablehnung stoßen und als Unterdrückung interpretiert werden. Für eine Firma äußert sich der Individualismus beispielsweise auch in einem häufigeren Jobwechsel. Außerdem gilt grundsätzlich das Nicht-Einmischungs-Prinzip in die Angelegenheiten anderer.

Im Unterschied zu Deutschland äußert sich der amerikanische Individualismus auch darin, dass sachliche Anliegen mehr mit einer persönlichen

Note unterlegt werden: Präsentationen sprechen die Zuhörer persönlich und emotional an; derjenige, der präsentiert, ist von einer Vision getragen und vermittelt diese. Führungskräfte haben eine Idee vom künftigen Erfolg, die sie engagiert und überzeugt vertreten, zudem können sie individuelle Ziele setzen. Das alles soll im Einklang mit der Handlungsorientierung mitreißend und motivierend wirken, weil es die Mitarbeiter als individuelle Personen anspricht.

Individualismus bedeutet nicht, dass man sich nicht um die Belange der Mitmenschen kümmert. Doch die ausgeprägte Hilfsbereitschaft von Amerikanern basiert auf freiwilligem Engagement, auf freier Entscheidung, wo oder wie man sich sozial engagiert. Insofern ist Individualismus klar von Egoismus zu unterscheiden.

Bedürfnis nach sozialer Anerkennung

Soziale Rückmeldungen sind für das Selbstbild beziehungsweise die Selbsteinschätzung von hoher Bedeutung. Man gibt sie daher anderen, erwartet aber auch, selbst welche zu bekommen. Das führt zum Bemühen, ein »nice guy« zu sein und Zeichen der Freundschaft zu senden und zu bekommen. Die beteiligten Personen, nicht nur die Sache, haben einen hohen Stellenwert in der Kommunikation. Eine freundliche, höfliche, umeinander bemühte Umgangsweise ist auch im Geschäftsleben üblich. Bei Absagen oder Ablehnungen irgendwelcher Angebote ist ein indirekter, schonungsvoller Kommunikationsstil angesagt. Auf Absagen reagiert man empfindlich, negativen Reaktionen und Stimmungen misst man viel Gewicht bei. So können Zusagen und Versprechungen schon mal der guten Atmosphäre wegen ausgesprochen werden, ohne dass sie als verbindlich verstanden werden. Der Ausdruck von Ärger, Wut, Genervtsein in der Öffentlichkeit ist tabu, man hat sich freundlich und gefasst zu verhalten. Smalltalk ist enorm wichtig, denn hier geht es um die Herstellung einer guten und angenehmen Atmosphäre. Machen Deutsche hier nicht mit, wird das als Desinteresse und Ablehnung der Personen wahrgenommen.

Hinsichtlich divergierender Einstellungen und Ansichten sind Amerikaner Konfliktvermeider: Man will zum einen die Stimmung nicht verderben, sondern man will einander mögen und gemocht werden. Zum anderen gilt auf der Sachebene ein Kompromiss als ideal, das heißt sich aus den verschiedenen Perspektiven und Vorschlägen jeweils das Beste zu nehmen und es miteinander zu verbinden.

Die amerikanische Auffassung von Höflichkeit heißt: Freundlichkeit, Verbreitung von guter Laune und anderen gegenüber aufmerksam sein. »Korrekte Etikette« jedenfalls meint Höflichkeit nicht.

Erfolgreichsein schließt für Amerikaner den sozialen Erfolg mit ein. Eine ansprechende Persönlichkeit zu sein, beliebt und bewundert zu werden, ist eine sehr erstrebenswerte Eigenschaft.

Interpersonale Distanzminimierung (»peaches« statt »coconuts«)

Periphere Persönlichkeitsbereiche sind leicht zugänglich (Extraversion): Offenheit, Geselligkeit, Kontaktfreudigkeit, Gruppenfähigkeit werden positiv gesehen, Neugier oder »dumme Fragen« sind erlaubt. Hilfsbereitschaft und Gastfreundschaft sind geradezu geboten. Dabei gibt man sich leger und informell.

Zentrale, intimere Persönlichkeitsbereiche sind dagegen verschlossen: Man vermeidet zu tief gehende persönliche Gesprächsthemen, ist zurückhaltend bei der Mitteilung persönlicher Probleme, Gefühle oder Einstellungen. Man will den Anderen nicht belasten und behält derartige Gespräche echten Freunden vor.

Während kameradschaftliche Kontakte (»friend«) sehr schnell geschlossen werden, dauert es wie in Deutschland lange, bis man echte Freunde (»best friends«) gewinnt. Das zu Beginn angebotene Verhalten ist eben nicht gleichbedeutend mit Vertrautheit und Freundschaft, sondern meint Freundlichkeit und kann sich lediglich als kurzlebige Bekanntschaft entpuppen.

Insofern kann das unterschiedliche Kontaktverhalten von Amerikanern und Deutschen mit dem bildhaften Kontrastpaar »peaches« versus »coconuts« umschrieben werden: Ein (amerikanischer) Pfirsich hat viel süßes Fruchtfleisch, aber einen harten Kern, eine (deutsche) Kokosnuss deutlich voneinander verschiedene Schichten.

Zwischengeschlechtliche Beziehungsmuster

Sexuelle Belästigung und Diskriminierung (bei Einstellungen und Beförderungen) sind im amerikanischen Geschäftsleben wichtige Themen zwischen Männern und Frauen. Im Sinne der Chancengleichheit gibt es auch – außer dem Mutterschutz – keine gesetzlichen Regelungen für das Elterndasein wie zum Beispiel Erziehungsurlaub. Auch hier sollte keine Basis für eine potenzielle Diskriminierung von Frauen entstehen.

Als grobe Verhaltensrichtlinien des zwischengeschlechtlichen Umgangs können gelten:
– keine körperlichen Kontakte oder Berührungen,

- keine Bemerkungen über Kleidung oder körperliche Attribute und
- nicht damit rechnen, dass Amerikanerinnen über frauenfeindliche Äußerungen mit lachen.

Patriotismus

Amerikaner sind stolz auf ihre Nation und erwarten auch von anderen Respekt und Anerkennung statt kritischer Bemerkungen, obgleich sie selbst politischen Repräsentanten und Institutionen durchaus skeptisch gegenüberstehen. Ihre patriotische Einstellung drückt sich vorwiegend im Stolz auf die Verfassung und die Demokratie aus, denn sie halten ihre Verfassung und die darin enthaltenen Werte für vorbildlich. Und sie fühlen sich in der Einschätzung ihres Landes als äußerst attraktivem Staat aufgrund der seit vielen Jahren hohen Zahlen von Einwanderungswilligen bestärkt.

Zurück zur Fallgeschichte

Mit Hilfe der soeben geschilderten Kulturstandards lässt sich das Verhalten des neuen amerikanischen Chefs Bob folgendermaßen erklären:

Handlungsorientierung

- Obwohl Robert Harley noch vom Jetlag erschlagen ist, zeigt er sich aktiv und energiegeladen.
- Er ist ein Optimist: Voller Zuversicht glaubt er daran, dass er Erfolg haben wird. So tritt er auch bei der Präsentation auf: Er will als Führungskraft zeigen, wie elanvoll er ist. Er will seine Mannschaft mitreißen. Er hat eine Vision, ist risikofreudig und ist im Begriff, sich ans Werk zu machen.
- Seine Präsentation ist zielorientiert: Er widmet sich nicht etwaigen Hintergründen und Details der Situation, sondern fokussiert unmissverständlich auf die Botschaft: Das Management ist mit den Geschäftsergebnissen nicht zufrieden. Dass genau diese Art zu denken und zu reden seinen deutschen Mitarbeitern zu skizzenhaft und zu oberflächlich erscheint, davon hat er keine Ahnung.
- Im Zweiergespräch ist er von seinem deutschen Mitarbeiter enttäuscht: Dieser hat sich nicht optimistisch und tatendurstig gezeigt, sondern kritisch und negativ. Deshalb wird er bald ungeduldig mit diesem Miesepeter.

Easy going

– Schnelligkeit ist für ihn ein zentraler Wert. Das »window of opportunity« des Markts muss genützt werden, weswegen es für ihn ganz klar
ist, dass die in seinen Augen lange Forschungs- und Entwicklungszeit
gekürzt werden muss. Amerikanische Ingenieure nehmen zugunsten der
Schnelligkeit und der Chance, den Markt bald bedienen zu können, lieber qualitative Unzulänglichkeiten in Kauf.
– Deshalb wird der Deutsche vergeblich auf die Unterstützung durch die
amerikanischen Ingenieure hoffen: Das amerikanische Stammhaus will
das Produkt schnellstmöglich verkaufen im Wissen, dass amerikanische
Kunden fehlerhafte Produkte akzeptieren, wenn der Verkäufer eine
Dienstleistung (Service) anbietet, die dem Kunden bei den auftauchen-
den Schwierigkeiten hilft.

Bedürfnis nach sozialer Anerkennung

– Bob ist ein netter Kerl: positiv, gut aufgelegt, humorvoll. Er will, wo immer er auftritt, eine angenehme Atmosphäre um sich verbreiten.
– Der Deutsche hat seine Einstellung dem Chef zu klar gesagt, statt sie
bloß anzudeuten. Diesem Affront begegnet Bob auf konfliktvermeiden-
de Weise: Er bricht das Gespräch ab.

Individualismus

– Die Präsentation war perfekt gemacht. Das weist den Chef als gute, weil
begeisterte Führungskraft aus und dient seiner positiven Selbstdarstellung. Und dadurch will er auch seine Mitarbeiter ansprechen und motivieren.

Leistungsorientierung

– Natürlich vertritt Bob die Anforderungen des Managements: Die Ge-
schäftsergebnisse müssen sich verbessern. Dazu tritt er an, darauf arbeitet er hin, dazu möchte er seine Mitarbeiter motivieren, das soll allen
eine Herausforderung sein, an der sie ab jetzt gemeinsam arbeiten.

Historische Hintergründe

Um die amerikanischen Kulturstandards zu verstehen, sind in der Geschichte der USA vor allem zwei Faktoren ausschlaggebend: Die USA sind ein *Einwanderungsland*, das durch die Zeit der Kolonien, durch die Zeit der Pioniere und die Staatsgründung der USA nachhaltig geprägt wurde. Eine für die Ausformung der Ideenwelt maßgebliche Bevölkerungsgruppe waren dabei *protestantische* Gruppierungen, allen voran die Puritaner.

Protestantische Strömungen

Ein grundlegendes Prinzip aller protestantischen Strömungen besteht in der Betonung der Eigenverantwortung vor Gott: Es gilt, ein Leben nach christlichen Grundlagen zu führen auf der Basis des eigenen Gewissens ohne die sakramentvermittelnde Instanz einer Kirche. Diese Diesseitsorientierung proklamierte der durch den Calvinismus beeinflusste Puritanismus in einem besonderen Maß, denn hier gilt der weltliche Erfolg eines Menschen als Zeichen dafür, von Gott erwählt und im Besitz von Gottes Gnade zu sein (kein christliches Ideal der Herzensreinheit der Armut!). Der weltliche Erfolg war also mit hohem Ansehen verbunden, an ihm war die Gottgefälligkeit des eigenen Lebens abzulesen (→ Leistungsorientierung). Der Puritanismus glorifizierte die Arbeit religiös, denn es war Puritanern selbstverständliche Pflicht, nicht müßig zu sein, sondern das Leben aktiv zu gestalten:»doing« statt »being« hieß die Norm (→ Handlungsorientierung). Leistung und harte Arbeit als Tugenden sind eine puritanische Errungenschaft: Man musste es sich und den anderen beweisen, dass man zu den Auserwählten gehörte. Nach erreichtem Erfolg aber aufzuhören, wäre ein Verstoß gegen die Bedürfnisse der Gemeinde gewesen, denn es gab immer noch viel zu tun.

Darüber hinaus enthielt der Protestantismus mit seiner Betonung der Eigenverantwortung vor Gott starke egalitäre Impulse (→ Gleichheit), die durch die Aufklärung und den Liberalismus leicht und unbehindert verstärkt wurden. Und die Annahme, dass harte Arbeit Erfolg bringen wird, installierte das Ideal der Chancengleichheit als fundamentales Prinzip der Gesellschaft (→ Gleichheit). Besonders egalitär waren Quäker, Baptisten, Methodisten, Unitaristen, Universalisten.

Puritanisch ist außerdem die Unterdrückung des Gefühlslebens, was zu einer Verschlossenheit in zentralen Persönlichkeitsbereichen und einer Vermeidung von zu persönlichen Gesprächsthemen führt (→ Distanzminimierung: zentrale Persönlichkeitsbereiche).

Die Puritaner waren in Europa Unterdrückung und Benachteiligungen ausgesetzt, so dass für sie Amerika eine religiöse Zufluchtsstätte wurde. Sie entstammten keineswegs nur unteren Klassen, sondern auch zwei weiteren gesellschaftlichen Schichten, die bald über erheblichen Einfluss verfügten: Akademiker und Intellektuelle sowie gewerbliches Bürgertum und Vertreter des wachsenden Kapitalismus. In Amerika konnten sie ihre Vorstellungen verwirklichen und genossen eine religiöse, geistige und wirtschaftliche Freiheit, die in Europa in diesem Maß nicht existierte. Für sie wurde Amerika das »gelobte Land« und der puritanische Glaube schuf den Mythos vom »auserwählten Volk« der christlichen Rechtgläubigen (→ Patriotismus).

Einwanderungsland

Obwohl die Motive für die Gründung der ersten zehn Kolonien im 17. Jahrhundert ganz verschieden waren – das englische Königshaus hatte Expansionsgelüste, puritanische Sektierer suchten ein Land zur freien Ausübung ihrer Religion, Zu-kurz-Gekommene glaubten, in einer neuen Welt besser vorwärts zu kommen – verbindet die agierenden Menschen ein großer gemeinsamer Nenner: Sie waren Immigranten oder sind Nachkommen von Immigranten. Sie leben also im Kontrast zu einer Welt, aus der sie kommen, und sie entschlossen sich zu dieser Auswanderung, weil sie sich etwas davon versprachen – Wohlstand die einen, Religionsfreiheit die anderen. Emigration ist als Bruch mit der eigenen Vergangenheit und der eigenen Herkunft an sich schon eine Rebellion gegen Autorität und Unterdrückung (→ Gleichheit; Individualismus). Zudem entschieden sich wohl vorwiegend zukunftsorientierte Optimisten, besonders Mutige, Entschlossene oder mit sehr solidem Selbstvertrauen Ausgestattete dafür, in ein unbekanntes Land aufzubrechen in dem Wissen, dass es (bis zur Erfindung moderner Reisemittel!) kein Zurück gab (→ Handlungsorientierung).

Angekommen in Amerika, musste jeder bei null anfangen: Frühere soziale Unterschiede wurden völlig bedeutungslos, die Klassenschranken und das feudale System hatte man hinter sich gelassen, es galt zu überleben mit Hilfe der Arbeitskraft jedes Einzelnen. Gleichheit war keine Idee, sie war absolute, den Alltag bestimmende Realität. Auch in den Südstaaten, in denen es vor allem um wirtschaftliche Interessen ging, konnte sich ein Feudalsystem nicht halten: Der (aus Europa angeworbene) Tagelöhner von heute konnte nach kurzer Zeit Plantagenbesitzer sein. Das Land hatte viel an Ressourcen zu bieten und die Gesellschaft der Kolonien war eine von relativ gleichrangigen »Selbstständigen«: Handwerker, Kaufleute, Farmer. Sie alle verfügten über Eigentum. Eine Klassenteilung in Besitzende und Nicht-Besitzende gab es nicht (→ Gleichheit). Jeder hatte Besitz, jeder musste ihn durch seine Arbeit erhalten und vermehren. Zudem kamen nicht in erster Linie Leute aus den oberen Schichten Europas nach Amerika, sondern vor allem Menschen, die das Gefühl verband, »wir da unten« haben ein soziales Statussystem (Stände, Zünfte, Herrschaftsverhältnisse usw.) abgestreift und besitzen nun die Möglichkeit zum sozialen Aufstieg (→ Gleichheit). Ob der Einzelne sie nützt, hängt von seiner Tüchtigkeit ab (→ Handlungsorientierung, Individualismus). Die Gründung der Republik 1776 war *der* politische Akt der Verwerfung von Autorität: Freiheit (verstanden als Selbstbestimmung) und Gleichheit (verstanden als Chancengleichheit) wurden zu zentralen Elementen der Verfassung. Innenpolitische Kontrolle über die Bürger konnte überhaupt erst seit rund 100 Jahren flächendeckend ausgeübt werden, denn Unzufriedene zogen einfach weiter nach Westen.

Viele Einwanderer in die USA waren mit einer Umgebung konfrontiert, die schnelles Handeln erforderte, wenn sie überleben wollten (→ Handlungsorientierung). Sie waren selten für das ausgebildet, was sie tun mussten, hatten somit gar keine Basis für eine fundierte Planung, sondern mussten durch Versuch und Irrtum lernen (→ easy going). Der Siedler war ein neuer Typ Mensch: der Selfmademan. Die, die bereits in festen Staatsgebilden lebten, konnten dank fehlender Berufsschranken und Zulassungskriterien jeden Beruf ergreifen. Was sie deshalb wählten, war ihnen bedeutungsvoll (→ Handlungsorientierung). Manche konnten innerhalb von einer Generation ihren Lebensstandard beträchtlich erhöhen, was Arbeit sehr attraktiv erscheinen ließ (→ Leistungsorientierung). Da viele von ihnen aus Schichten kamen, die an körperliche Arbeit und Handarbeit gewohnt waren, wurde Arbeit überhaupt und praktische Arbeit insbesondere ein allen gemeinsamer Wert (→ Leistungsorientierung) und eine nie hinterfragte Grundvoraussetzung beim Zug nach Westen.

Chancengleichheit war im Land auch wegen der unbegrenzten Ressourcen gegeben. Das Wissen darum stimulierte eine Wettbewerbshaltung, da jeder durch die eigene Anstrengung und im Wettstreit mit seinen Mitmenschen seinen Lebenserfolg und sein gesellschaftliches Ansehen bestimmt (→ Leistungsorientierung). Gewinner wurden dabei bewundert, nicht beneidet. Denn sie lebten ein Ideal vor, das zu Nachahmung – wenn nicht hier, dann weiter im Westen – anregte: Erfolg aufgrund von Initiative und Anstrengung (→ Leistungsorientierung).

Die Lebensbedingungen der Pioniere machten Selbsthilfe und Unabhängigkeit zu überlebensnotwendigen Eigenschaften. Die Familien lebten getrennt, autonom, oft autark und territorial uneingeengt. Sie mussten auf sich allein gestellt leben, konnten aber auch ungestört ihren eigenen Stil pflegen (→ Individualismus). Soziale Kontrollen in Form gesellschaftlicher Institutionen gab es erst später mit Verstädterung, Säkularisierung und Industrialisierung. Andererseits war Nachbarschaftshilfe in vielen Situationen überlebensnotwendig. Man musste sich also gleichzeitig als vertrauenswürdigen, sympathischen Menschen präsentieren (→ Distanzminimierung). Und obwohl jeder für sein Glück verantwortlich war, war er auch für die Armen verantwortlich, die zu seiner Gemeinde gehörten: für die Nachbarn, die ein unverschuldetes Schicksal zu erleiden hatten. Hohe Mobilität kennzeichnet Amerikaner bis heute und somit verfügt(e) jede Generation über die Erfahrung, fremd zu sein, sich einleben zu müssen und immer wieder auf Hilfe angewiesen zu sein. Ihr Leben ist nicht mehr gefährdet, sehr wohl jedoch ihr psychisches Wohlbefinden, bis sie sich eingelebt haben. (→ Distanzminimierung; Bedürfnis nach sozialer Anerkennung).

Dazu kommt, dass es in einer Einwanderungsgesellschaft, die ständiger Veränderung ausgesetzt ist, keine Traditionen und gesicherten Maßstäbe gab, an denen man sich orientieren konnte. Der soziale Vergleich erhält zur Bewertung des eigenen Selbst und des eigenen sozialen Standorts eine besondere Bedeutung (→ Bedürfnis nach sozialer Anerkennung). Maßstab wird die soziale und ökonomische Nützlichkeit (Leistung) und »die Mehrheit der Gleichen« (→ Bedürfnis nach sozialer Anerkennung). Mit der Etablierung der Republik und dem Inkrafttreten einer demokratischen Verfassung wird zudem immer offensichtlicher, dass es zur Durchsetzung von Interessen Gleichgesinnte geben muss (→ Bedürfnis nach sozialer Anerkennung).

Die meisten Einwanderer haben das Land freiwillig gewählt. Eine wie immer motivierte und aus welchen Quellen immer (Massenmedien erreichten erst im 20. Jahrhundert den uns vertrauten Verbreitungsgrad!) gespeiste Vorstellung der »neuen Welt« lockte sie: Man wollte bewusst Amerikaner sein. Sie lebten wie in der »glühenden Überzeugung eines Konvertiten« und das ließ sie vor allem die Vorzüge der neuen Welt sehen (→ Patriotismus). Fakt ist auch, dass es den meisten besser ging, als es ihnen zuhause gegangen wäre, denn bis nach dem Zweiten Weltkrieg war der Lebensstandard in den USA höher als irgendwo in Europa. Die Schnelligkeit der wirtschaftlichen Expansion und des technischen Fortschritts erhöhten den allgemeinen Wohlstand sicht- und spürbar. Politisch war mit der Verfassung ein Rahmen gegeben, den die Einwohner nicht nur guthießen, sondern in dem sie sogar wesentliche Ideale einer Gesellschaft verwirklicht sahen (→ Patriotismus). Diese Verfassung ist bis heute das Integrationsinstrument für Einwanderer: Trotz aller Heterogenität schafft der Glaube an Freiheit, Gleichheit, Regierungsform und Lebensweise eine Gemeinsamkeit. Amerika hatte während seiner ganzen Geschichte ausschließlich eine demokratische Regierungsform, niemals eine totalitaristische. Politisch gesehen gab es somit nie eine große Enttäuschung aufgrund des Systems als solchem. Die Schandflecken der amerikanischen Geschichte (z. B. Sklaverei, Joseph McCarthy und seine Kommunistenjagd) hatten viele einheimische Gegner, die letztendlich jedes Mal von innen (!) eine Reform eingeleitet haben und eine Wende brachten. Die patriotische Einstellung der Amerikaner bezieht sich daher auf Verfassung und Demokratie, nicht auf die politischen Repräsentanten und Institutionen.

Zusammenfassend kann man sagen: Bedeutende Einschnitte der amerikanischen Geschichte verstärkten die hier dargestellten amerikanischen Kulturstandards mehrfach. Die amerikanische Revolution etablierte eine Gesellschaft, die Wert auf individuelle (Personebene) und dezentrale (politische Ebene) Leistung legt. Die Expansion im 18. und 19. Jahrhundert nach Westen hatte das physische Überleben sicherzustellen, aber es lockte großer Reichtum als Belohnung: Biber, Gold, Silber, Vieh (Mythos des Cowboys), Öl, Land. Die massive Einwanderungswelle im 19. und 20. Jahrhundert ließ Amerika im Glanz eines aufregenden Landes der unbegrenzten Möglichkeiten erscheinen, in dem die Ernte der Früchte harter Arbeit dem Einzelnen winkte. Die Industrialisierung des ausgehenden 19. Jahrhunderts belebte auf ihre Art (Sozialdarwinismus) Wettbewerb und individuelle Leistung. Die puritanische Ethik ist auch säkularisiert lebendig und bildet mit dem Geist der Immigration eine in vielerlei Hinsicht passgenaue Einheit (von Hofe 1963; Holthusen 1977; Law 1913; Münch 1986; Sautter 1994; Snowman 1977).

Literatur

Althen, G. (1988): American Ways. A Guide for Foreigners in the United States. Yarmouth, Maine.

Funke, P. (Hg.) (1989): Understanding the USA: A Cross-Cultural Perspective. Tübingen.

Hall, E.; Hall, M. (1989): Understanding Cultural Differences. Germans, Frenchs and Americans. Yarmouth, Maine.

Hammond, J.; Morrison, J. (1996): The Stuff Americans Are Made of: The Seven Cultural Forces That Define Americans – A New Framework for Quality, Productivity and Profitability. Macmillan.

Hofe, H. von (1963): Die Kultur der vereinigten Staaten von Amerika. In: Thurnher, E. (Hg.), Handbuch der Kulturgeschichte, zweite Abteilung: Kulturen der Völker, Die Kultur der angelsächsischen Völker. Konstanz.

Holthusen, H. E. (1977): Amerikaner und Deutsche: Dialog zweier Kulturen. München.

Inkeles, A. (1983): The American character. A »remarkable degree of continuity« persists despite a »crisis of confidence«. The Center Magazine, Nov./Dez., S. 25–39.

Lanier, A. (1996): Living in the USA. Yarmouth, Maine.

Law, A. M. (1913): Die Amerikaner. Eine Studie der Völkerpsychologie. Berlin.

Müller, A.; Thomas, A. (1991): Interkulturelles Orientierungstraining für die USA. Saarbrücken.

Münch, R. (1986): Die Kultur der Moderne. Band 1: Ihre Grundlagen und ihre Entwicklung in England und Amerika. Frankfurt a. M.

Sautter, U. (1994): Geschichte der Vereinigten Staaten von Amerika. Stuttgart.

Schroll-Machl, S. (2000): Kulturbedingte Unterschiede im Problemlöseprozess. In: OrganisationsEntwicklung 1, S. 77–81.

Schroll-Machl, S. (2001): Aspekte amerikanischer und deutscher Unternehmenskulturen im Vergleich. Wirtschaftspsychologie 3(01): 136–143.

Slate, E. (2001): »Intercultural Training: USA«. Unveröffentl. Manuskript (Trainingsunterlage der Firma Siemens).

Snowman, D. (1977): Britain and America. New York.

Spindler, G.; Spindler, L. (1983): Anthropologists view American culture. Annual review of Anthropology 12: 49–78.

Stewart, E.; Bennett, M. (1991): American Cultural Patterns. A Cross-Cultural Perspective. Yarmouth, Maine.

Zeutschel, U. (1999): Interkulturelle Synergie auf dem Weg: Erkenntnisse aus deutsch/US-amerikanischen Problemlösegruppen. Gruppendynamik 30(2): 131–149. [Themenheft »Heterogenität in Gruppen«]

Tobias Nickel

3.2 Nordamerika: Kanada

Fallgeschichte

Herr Meier, deutscher Präsident einer kanadischen Firma in Toronto, will zum Jahresende eine Ansprache vor der Belegschaft halten. Die kanadische PR-Chefin des Unternehmens wird dafür von Herrn Meier gebrieft. Sie entwirft einen Redetext, der die Erfolge des vergangenen Jahres in den Vordergrund stellt und in der der Chef seinen Mitarbeitern einzeln für die herausragende Leistung dankt. Ihrem Vorgesetzten stellt sie die Inhalte in Form von einigen Stichpunkten vor. Der deutsche Manager ist mit dem Vorgestellten überhaupt nicht zufrieden. Die Rede ist ihm mit zu viel Eigenlob versehen. Er möchte nicht einzelnen Mitarbeitern danken, er wünscht die hohen Ziele für das nächste Jahr der Belegschaft näher zu bringen. Des Weiteren hätte er gern eine voll ausformulierte Rede und er gibt in dem Zusammenhang auch noch ein Rednerpult in Auftrag, hinter dem er seine Rede gern halten würde. Am Freitag, dem Tag der Rede, kommt ein Vorstandsmitglied aus Deutschland, der bei der Ansprache anwesend sein wird. Herr Meier sagt deshalb den »Casual Friday« (Tag, an dem alle Mitarbeiter in Freizeitkleidung zur Arbeit kommen dürfen) kurzfristig ab und wünscht, dass alle Mitarbeiter in Business-Kleidung erscheinen. Herr Meier tritt vor die versammelte Mannschaft. Zum Ende der Rede, die wie gewünscht ausformuliert war und die kommenden Ziele ansprach und die hinter dem Rednerpult gehalten wurde, brach tosender Applaus aus. In einer Manöverkritik einige Tage später weist der Chef seine PR-Dame darauf hin, dass doch alles ganz in seinem Sinne gelaufen sei. Der Applaus sei doch ein klarer Indikator für den Erfolg der Ansprache gewesen. Die PR-Managerin hat zwar in der Firma gehört, dass die Stimmung seit der Rede nicht mehr so positiv ist, allerdings bringt sie dies in dem Gespräch nicht vor.

Warum reagiert die kanadische Mannschaft so auf die Rede ihres Chefs?

Die kanadische PR-Chefin denkt über ihren deutschen Vorgesetzten und sein Vorgehen:

- Er sollte sich offener geben.
- Er sollte sich nicht immer hinter dem Rednerpult verstecken, sondern auf die Menschen zugehen.
- Der Zwang, Ziele vorzugeben, scheint eine typisch deutsche Eigenart zu sein.
- Der persönliche Dank an die Mitarbeiter wäre sehr notwendig für die Motivation.
- Die Entscheidung den »Casual Friday« abzusagen, zeigt nur, dass er das Leben in Kanada nicht versteht.

Der deutsche Vorgesetzte denkt über sich und sein Vorgehen:
- Ich bin aus Deutschland versetzt worden, um hier Ziele umzusetzen.
- Wenn ein Vorstandsmitglied aus Deutschland kommt, haben wir ein gutes Bild abzugeben, dann müssen auch alle ordentlich gekleidet sein.
- Wenn alle Mitarbeiter versammelt sind, dann muss man die Möglichkeit auch nutzen, sie auf die Ziele des nächsten Jahres einzuschwören.
- Ich will auf keinen Fall etwas Falsches sagen, deshalb lese ich lieber eine Rede ab, als aus Stichworten zu formulieren.

Beschreibung der zentralen kanadischen Kulturstandards

Minoritätenstolz

Die Geschichte Kanadas ist wesentlich jünger als die der USA. Die Einflüsse der europäischen Herkunft sind deshalb noch viel stärker zu spüren. In Quebec, der französischsprachigen Provinz, ist die europäische Kultur noch stärker konserviert, da durch die Sprache eine kulturelle Unabhängigkeit leichter zu erhalten war.

Der Minoritätenstolz der Kanadier wird durch zwei Hauptquellen gespeist: Zum einen entspricht die Fläche des Landes nicht der Bedeutung im Weltgeschehen, dies führt zu einer Tendenz der Kanadier, dies kompensieren zu wollen. Zum anderen wird der Minoritätenstolz durch den Vergleich zu den omnipotenten USA verstärkt. In dieser Hinsicht hat Kanada durchaus eine gewisse Ähnlichkeit mit Österreich: Beide Länder stehen im Schatten eines Nachbarn, der die gleiche Landessprache hat. Dadurch werden häufig direkte Vergleiche gezogen, sowohl intern als auch extern, und die Entwicklung und Darstellung einer eigenen Kultur wird umso wichtiger, um sich zu differenzieren. Dies führt zu dem Kern des nächsten Kulturstandards.

US-Separatismus

Der Kulturstandard US-Separatismus (vgl. Thomas 1994) hat überschneidende Bereiche mit dem Kulturstandard Minoritätenstolz, hat aber trotzdem eigene Züge. Während es beim Minoritätenstolz um die Erhöhung des Stolzes auf die Errungenschaften des eigenen Landes und seiner Einwohner geht, strebt der US-Separatismus eine deutliche Abgrenzung vom südlichen Nachbarn an. Teilweise erschweren diese Abgrenzungstendenzen das Leben, sie werden aber trotzdem weiter durchgehalten. Ein Beispiel hierfür ist die britische Schreibweise, an der bis heute festgehalten wird. Auch die Aussprache (it's about, not a boot; z is pronounced »zed« not »zee«) ermöglicht eine sofortige Identifizierung von Kanadiern und wird deshalb weiter kultiviert. Weitere Unterschiede, die zu einer klaren In-group-Out-group-Differenzierung dienen, sind das metrische Maßsystem und die Schreibweise des Datums (tt.mm.jj statt der US-Schreibweise mm.tt.jj).

Gespräche, bei denen die Unterschiede zwischen Kanada und den USA thematisiert werden, sind sehr willkommen und führen meist zu längeren Diskussionen des Themas. Dagegen empfinden Kanadier solche Besucher als extrem unhöflich und unsensibel, die sie in einen Topf mit den US-Amerikanern werfen.

Eine ganz gegenteilige Tendenz, die der Integration von Landesteilen, ist im nächsten Kulturstandard abgebildet.

Bilingualism und Biculturalism

In Quebec gibt es seit Jahrzehnten eine Tendenz zum Separatismus. Die Anhänger dieser Bewegung wollen Quebec als einen eigenen Staat etablieren und sich von Kanada trennen. Die Frage nach der politischen Orientierung in diesem Punkt führt leicht zu heftigen Diskussionen, die die Grundlagen des Zusammenlebens in der staatlichen Grundordnung hinterfragen. Deshalb sollte dieses Thema im geschäftlichen Umfeld nicht angesprochen werden. Die Frage nach der persönlichen Meinung zur Selbstständigkeit Quebecs verbietet sich in den meisten Fällen komplett.

Da der Separatismus ein integraler Bestandteil der politischen Diskussion ist und eine starke persönliche Relevanz hat, ist er zu einem Kulturstandard geworden, der das tägliche Leben prägt. Die Wahl der Zeitung, der TV-Sender, der Speisen und der Sprache, mit der man Geschäftspartnern gegenüber auftritt, all dies sind Bereiche, in denen der Kulturstandard handlungsrelevant wird.

Impression-Management (Fassadenhaftigkeit)

Der Kulturstandard Impression-Management hat mehrere Aspekte. Zum einen beschreibt er die Tatsache, dass in Kanada, ähnlich wie in den USA, eine Fassade aufrechterhalten wird. Einschränkend ist zu bemerken, dass dies in Kanada nicht in einem solchen Extrem gelebt wird, wie es in den USA der Fall ist. Die dahinter liegende Idee ist aber immer dieselbe: Eine positive Grundstimmung soll erhalten werden. Im Gegensatz zu den USA, wo die Fassadenhaftigkeit sehr weit geht und die Aufrechterhaltung eines Bildes bis hin zur plastischen Chirurgie reicht, sind die Grenzen in Kanada enger gesteckt, aber für den Besucher aus Deutschland doch deutlich erkennbar. (In den USA gibt es keinen Nachrichtensprecher ohne Haare oder wenigstens ohne Toupet. Für die US-Amerikaner ist der Anblick des glatzköpfigen CBC-Nachrichtensprechers immer wieder Grund zur Diskussion.) Auch haben die Kanadier eine Tendenz zur extremen Höflichkeit, die sogar von US-Amerikanern als ungewöhnlich wahrgenommen wird. So erzählen US-Amerikaner in Anekdoten, dass Kanadier sich entschuldigen, wenn ihnen jemand auf die Füße steigt. Auch wird belächelt, dass Hinweisschilder in Kanada grundsätzlich ein »Sorry« und ein »Thank you« enthalten (Thank you for not smoking). Für die deutschen Besucher empfiehlt es sich auf jeden Fall, die Höflichkeitsformen zu beobachten und eine Spur höflicher zu agieren, als sie dies aus Deutschland gewohnt sind.

Charity-Orientierung

Wohltätigkeit ist nur eine ungenügende Übersetzung für das Konzept Charity. Es umfasst zwar auch den Bereich der Wohltätigkeit, ist aber auch die Grundlage für gesellschaftliche Ereignisse. Außerdem dient die Beschäftigung mit Charity den Damen der Gesellschaft als eine Freizeitbeschäftigung. Kurzum, Charity ist in Kanada ein sehr wichtiges Element der Gesellschaft. Da anders als in Deutschland der Staat wesentlich weniger für soziale Belange aufkommt, ist es für das Überleben der Gesellschaft wichtig, dass finanziell Starke die Schwachen unterstützen. Da nahezu jeder in der Gesellschaft auch schon einmal Nutznießer dieses Systems war (Universitätsstipendium, Zuschuss zur Klassenfahrt, Praktikum bei einer wohltätigen Institution etc.), ist die persönliche Betroffenheit in diesem Bereich sehr hoch. Dabei kommt es nicht darauf an, ob die Charity, für die gesammelt wird, in irgendeinem Zusammenhang mit dem gesellschaftlichen Ereignis steht. Teilweise führt dies, aus deutscher Sicht, zu skurrilen Kombinationen: beispielsweise ein Polospiel, um für Herzinfarkt-Forschung zu sammeln. Bei den Firmen, die sich Karten für eine solche Charity-Veranstaltung kaufen, spielen wirtschaftliche Gründe eine untergeordnete Rolle, man hat aber seine gesellschaftliche Rolle zu spielen und bei den wichtigen Veranstaltungen anwesend zu sein.

Offene Aggressionsvermeidung

Kanadier haben eine Tendenz, offene Aggression zu vermeiden. Dies zeigt sich zum einen in der Vermeidung von Themen, die zu Aggression oder kontroversen Diskussionen führen könnten, zum anderen auch darin, dass es Kanadiern zum Beispiel sichtlich unangenehm ist, bei für Deutsche als engagiert wahrgenommenen Diskussionen anwesend zu sein. Meist versuchen die Kanadier den durch die Diskussion erlittenen Schock durch anschließende bilaterale Gespräche, in denen die Inhalte nochmals unemotional angesprochen werden, zu überwinden.

Diese Prädisposition zur Aggressionsvermeidung bestimmt auch die Begrüßungsrituale und den Smalltalk, bei denen grundsätzlich unverfängliche Themen wie das Wetter und die Verkehrssituation angesprochen werden. Humor wird oftmals genutzt, um Gespräche gar nicht erst in eine zu ernste Grundstimmung abgleiten zu lassen. Obwohl in Deutschland konstruktive Kritik und harte Diskussionen für eine unabdingbare Voraussetzung für eine gute Entscheidungsqualität gehalten werden, kann dies auch anders erreicht werden. Wie dies nach einem kanadischen Muster funktionieren kann, zeigt der nächste Kulturstandard.

Aktivismus

Deutschen, die in Kanada arbeiten fällt auf, dass Entscheidungen oftmals sehr schnell gefällt werden. Dies allein würde den eher effizienzgetriebenen Deutschen keine Probleme bereiten. Bei der Entscheidungsvorbereitung, die in Deutschland eher fakten- und absicherungsorientiert erfolgt, wird in Kanada ein erheblich höheres Maß an Unsicherheit toleriert (Uncertainty Avoidance Index nach Hofstede 1994, S. 113: Deutschland 65, Kanada 48). Selbst US-Amerikaner kommentieren diese Verhaltensweise oftmals so: »In Kanada werden Entscheidungen nicht übereilt getroffen, aber die Kanadier hassen es auch, Zeit zu verschwenden.« Diese sehr pragmatische Herangehensweise wird von Deutschen bei Aufgaben geringer Komplexität geschätzt, führt aber bei komplexeren Aufgaben zu einem Krisenpotenzial in interkulturell besetzten Teams.

Mission-Statement-Orientierung

Kanadier sind zum einen sehr individualistisch veranlagt (Individualism Index CDN: 80, D: 67; Hofstede 1997; S. 53), allerdings gibt es auch eine starke Tendenz, gruppenspezifischen Normensystemen zu folgen. Eine Auswirkung dieses Kulturstandards ist, dass Firmen, die eine Zusammenarbeit planen, nicht, wie in Deutschland oft üblich, die Referenzprojekte vorstellen, sondern eher das Mission-Statement und die Art und Weise, wie die Firma sich versteht und wie sie handelt, im Vordergrund stehen.

Ein anderer Bereich, in dem der Kulturstandard handlungsrelevant wird, ist der Entscheidungsfindungsprozess. Dieser ist oftmals eine sehr individuelle Angelegenheit, bei dem den Mitarbeitern große Freiheitsgrade eingeräumt werden. Dabei wird allerdings immer davon ausgegangen, dass der Entscheider den Firmenrichtlinien konform handelt.

Ein weiteres Beispiel für die Mission-Statement-Orientierung ist der Fall, bei dem teilweise vorhandene Türen von Büros entfernt wurden, um der im Mission-Statement verankerten »open door policy« gerecht zu werden.

Pragmatische Freitzeitorientierung

Der Kulturstandard Pragmatische Freizeitorientierung findet seinen typischen Ausdruck im Casual Friday.

An einem Casual Friday wird kein Anzug und keine Krawatte getragen. Die Kleiderordnung wird oftmals aus europäischer Sicht als Versuch gedeutet, die Mitarbeiter durch die entspannteren Kleidungsnormen zu einer hierarchiefreieren Verhaltensweise zu motivieren. Dies mag eine Nebenwirkung sein, allerdings geht die Entstehung auf praktischere Gründe zurück. In den Sommermonaten wird in den meisten Betrieben nach den »summer working hours« gearbeitet. Dies bedeutet, dass an den Tagen Montag bis Donnerstag jeweils 30 Minuten mehr gearbeitet wird, dafür endet die reguläre Arbeitszeit am Freitag zwei Stunden früher. Im Sommer verbringen viele Kanadier ihre Wochenenden in Sommerhäusern (Cottages) im Norden des Landes. Um diese Zeit optimal zu nutzen, wird möglichst früh am Freitag aufgebrochen. Geschäftskleidung wäre hier nur hinderlich und ein Umziehen würde Zeit kosten; so ist der Casual Friday eine Einrichtung, die dem Lebensstil entgegenkommt. Eine Abschaffung dieser Gepflogenheit hat damit nicht nur Auswirkungen auf das Privatleben und die Wochenendgestaltung der Mitarbeiters, sondern auch auf sein gesamtes Selbstverständnis und seinen Lebensstil.

Political Correctness

Aufgrund der unterschiedlichen Kulturen, Religionen und Rassen in Kanada ist ein friedvolles Zusammenleben nur dann zu gewährleisten, wenn ein großes Maß an gegenseitigem Respekt besteht. Dieser Respekt wird institutionalisiert durch den Verhaltenskodex »Political Correctness«. Dieser Kulturstandard tritt in den unterschiedlichsten Lebensbereichen auf, sei es bei Auswahlinterviews und Bewerbergesprächen, bei der Akzeptanz von Witzen, aber auch bei alltäglichen Dingen, wie den Begrifflichkeiten der Nachrichten. Political Correctness führt zu einer ständigen Selbstzensur hinsichtlich der Akzeptanz des eigenen Handelns. Eine gewisse Verbindung zwischen dem Kulturstandard Impression Management und Political Correctness scheint durch das verbindende Element der starken Kontrollneigung in der Kommunikation zu bestehen.

Kulturhistorische Verankerung

Kanada war immer abhängig von den USA

– Aufgrund der großen Fläche und der langen Grenze mit den USA musste Kanada sich immer verteidigen, sei es kriegerisch oder kulturell.
– Rund 80 Prozent der Bevölkerung von Kanada lebten nicht weiter als 200 Kilometer von der US amerikanischen Grenze. Grenzgänge sind daher eher die Regel als die Ausnahme. Die Besuche bei den übermächtigen Nachbarn erhöhen die Wahrnehmung der eigenen Identität der Kanadier, daher kommt es zu einer aktiven Differenzierung gegenüber den US-Amerikanern. Diese Abgrenzung zeigt sich in der Sprache, die sich eher am britischen Englisch orientiert, in der Kleidung, die bevorzugt bei kanadischen Herstellern bezogen wird (Roots).
– Ein Großteil der Kanadier, die zur Leistungselite gehörten, sei es in der Forschung, in der Entertainment-Branche oder im Management, haben das Land in Richtung Süden verlassen, um ihre Karriere in den USA fortzusetzen. Diese Tendenz wird allgemein mit dem Schlagwort »brain drain« bezeichnet.

Kanada als Teil des Commonwealth

– Die politische Verbindung von Staaten des Commonwealth hat nicht nur politische Auswirkungen, sondern auch Einfluss auf die Bevölkerungszusammensetzung in Kanada. Als die Rückgabe Hongkongs an China anstand, nutzten viele chinesische Bewohner Hongkongs die Zugehörigkeit Kanadas zum Commonwealth, um dorthin auszuwandern. Folge dieser Einwanderungswelle ist, dass Chinesisch nach Englisch und Französisch die meist gesprochene Sprache in Kanada ist.

– Die Königin ist Staatsoberhaupt und nach wie vor eine große Präsenz im täglichen Leben, sei es durch das Konterfei auf den Münzen, Banknoten und Briefmarken oder die Feiertage, die im Bezug zum Königshaus stehen (Victoria Day, Queen's Birthday), oder durch die regelmäßigen Besuche durch Mitglieder der königlichen Familie.

– Da die Einwanderung aus anderen Commonwealth Ländern mit geringeren bürokratischen Hürden verbunden ist als aus nicht zum Commonwealth gehörenden Ländern, hat sich in Kanada eine sehr multikulturelle Gesellschaft herausgebildet. Das Prinzip der Parlamentarischen Monarchie wird aber von allen geteilt. Um das friedliche soziale Zusammenleben all dieser Volksgruppen mit unterschiedlichsten ethnischen und kulturellen Hintergründen zu erhalten, liegt der Politik daran, Rahmenbedingungen zu schaffen, die Diskriminierung sanktioniert. Political Correctness, als eine Form des Umgangs miteinander, der auf jede gesellschaftliche Gruppe Rücksicht nimmt, ist die nordamerikanische Lösung. Political Correctness ist auch gefragt, wenn es darum geht, eines der latenten Traumata der Kanadier anzusprechen: den Separatismus von Quebec.

Multikulturelle Gesellschaft

– Im Jahr 1971 war Kanada das erste Land der Welt, das einen politischen Grundsatz zur multikulturellen Gesellschaft verabschiedet hat. Dies war nur der erste Schritt, dem der Employment Equity Act 1986 und der Canadian Multiculturalism Act 1988 folgten. Sinn und Zweck dieser Gesetze ist es, eine Gesellschaft zu schaffen, die auf Beteiligung, Respekt, Gleichheit und voller Integration aller Bürger basiert.

– Die Kanadier sind stolz auf ihre multikulturellen Errungenschaften. Die UNESCO Weltorganisation für Kultur und Entwicklung hat den kanadischen Ansatz in einem ihrer Berichte als Vorbild für andere Staaten dargestellt (Arizpe 1996).

– Über den Broadcasting Act von 1991 werden multikulturelle Programme gefordert und gefördert. Dies führte dazu, dass nicht nur Dokumentationen, sondern alle Programmformen bis hin zu Soap opera das Thema aufgreifen.

– Der multikulturelle Charakter Kanadas wird mittlerweile als ein Vorteil in der immer globaler werdenden Wirtschaftswelt gesehen. Diese wahrgenommenen wirtschaftlichen Vorteile führen dazu, dass der multikulturellen Gesellschaft sehr positiv entgegengetreten wird.

Separatismus von Quebec

- Die Tendenz zum Separatismus ist keine neue Entwicklung in Kanada. Bereits zu Beginn des letzten Jahrhunderts weigerte sich Quebec, Soldaten zur Unterstützung der Briten in den Burenkrieg nach Südafrika zu schicken.
- Die Ernsthaftigkeit der Diskussion wird auch im internationalen politischen Geschehen deutlich, als 1967 Charles de Gaulles bei einer Rede in Montreal »vive le Quebec libre« sagt. Dies führte dazu, dass er vom Premierminister des Landes verwiesen wurde.
- In den siebziger Jahren starteten Politiker die Kampagne B & B (Bilingualism & Biculturalism), die eine starke öffentliche Bewegung zur Folge hatte. Zur Eskalation kam es bei den Straßenkämpfen Ende der siebziger Jahre in Montreal, wo Hunderte von Demonstranten verhaftet wurden.
- Seit den siebziger Jahren war der kanadische Premierminister fast durchgängig aus Quebec. Dies entschärfte zwar die Situation, konnte aber trotzdem nicht verhindern, dass 1980 und 1995 eine Volksabstimmung stattfand. Bei Letzterer 1995 war das Ergebnis mit 50,6 zu 49,4 Prozent denkbar knapp und zeigt das latente kulturelle Krisenpotenzial.

Bilingualismus und Bikulturalismus

- 1982 wurde von der kanadischen Regierung der »Constitution Act« verabschiedet. Dieser garantiert, dass Kanada zwei gleichwertige offizielle Sprachen hat. Die Auswirkungen dieser Gesetzesänderung sind offensichtlich: 1978 nahmen noch 37 800 Kanadier an Französisch-Intensivkursen teil, 1996 stieg die Anzahl auf 312 000 Teilnehmer an (Statistics Canada 1997)
- Durch ein staatlich unterstütztes französisches Fernseh- und Radioprogramm wird garantiert, dass auch in Vancouver, das sechs Flugstunden und drei Zeitzonen von Quebec entfernt ist, noch Französisch gesprochen wird.

Eroberung des Landes

- Kanada ist flächenmäßig das zweitgrößte Land der Welt, während es nach Bevölkerungszahlen nur auf Rang 31 liegt. Dies prägt den Umgang mit der Natur, da sie im Überfluss vorhanden ist.
- Inuit und Indianer sind »first nation people«. Die Ureinwohner Kanadas im Norden, die Inuit genannten Eskimos, haben 1999 ihre eigene Provinz Nunavit in Selbstverwaltung und mit diversen Sonderrechten (Glücksspiel etc.) erhalten.
- Die Pionierzeit in Kanada ist noch nicht sehr lange her und das tägliche Überleben hängt noch heute in vielen wenig bevölkerten Landstrichen vom Zusammenhalt ab. Man muss sich auf Menschen verlassen, die man auf dem Track in Richtung Osten gesehen hat – denn die Abwehr von Angreifern auf ein Camp oder die Hilfe bei der Reparatur der Ausrüstung könnten schon am selben Abend notwendig sein.

Immigrationspolitik

- Kanadier haben aufgrund der Einwanderungspolitik und der Zugehörigkeit zum Commonwealth ein ehrliches Interesse an anderen Ländern und Kulturen. Der Informationsgrad über Weltpolitik und Geographie ist wesentlich höher als in den USA.
- 1907 gibt es antiasiatische Aufstände in Vancouver.
- 1914 werden 400 Inder, die mit dem Boot an der Küste vor Vancouver landen, abgewiesen.
- Nach den japanischen Angriffen auf Pearl Harbour werden alle Japaner in Kanada auf Kollaboration hin befragt.
- 1947 werden die letzten diskriminierenden Einwanderungsbestimmungen von der Regierung in Ottawa abgeschafft.
- Mitte der neunziger Jahre immigrieren jährlich rund 250 000 Menschen nach Kanada, 150 000 davon aus Asien. Das sind fast 1 Prozent Bevölkerungswachstum durch Zuwanderung pro Jahr. Der Ausländeranteil in Kanada liegt bei fast 17 Prozent. Die größte Bevölkerungsgruppe nach den Asiaten sind Afrikaner (Statistics Canada 1996).

Architektur

- Die Fassadenhaftigkeit, die sich im Handeln der Kanadier zeigt, hat eine Entsprechung in der kanadischen Architektur. Zum einen fallen die typischen Pionierstädte aus der Gründerzeit Kanadas auf, die mit Reklamefassaden in Richtung der Hauptstraße gebaut sind. Man kennt diese

Art der Städte aus Western. Die Reklamefassaden dienten dabei meist den Gangstern als Hinterhalt. Hinter der Fassade sind eher schlicht gehaltene Zweckbauten.

– Heute ist die so genannte Holzrahmenbauweise die vorwiegende Konstruktion. Diese Häuser werden aus Holzrahmen gebaut, die mit Steinwolle isoliert werden, und dann innen und außen mit einer Rigipsplatte verschlossen werden. Um den Schein zu wahren, wird davor eine dünne Steinverblendung gesetzt. Die Fassade ist bei dieser Bauart wichtiger als die Substanz. Die Bauwerke lassen aufgrund der Fassade noch auf europäische Vorbilder schließen, die die Kanadier als für sich so wichtig erachten.

Generalisierbarkeit

Die Frankokanadier haben aufgrund der historischen Entwicklung zusätzliche, eigene kulturelle Hintergründe. Die kulturellen Einflüsse von frankophonen Ländern in Quebec sind nicht außer Acht zu lassen. Von einer kulturellen Autarkie gegenüber der englischsprachigen Umgebung kann man aber nicht sprechen; die Einflüsse sind eher verwässert vorzufinden. Die geschilderten Kulturstandards sind in Ontario erhoben worden. Hier wohnen rund ein Drittel aller Kanadier, was für eine gewisse Repräsentativität sorgt, aber im flächenmäßig zweitgrößten Land der Welt nicht in allen Punkten generalisierbar ist.

Durch die starke Immigration in Kanada, speziell vom asiatischen und afrikanischen Kontinent, wird es mit Sicherheit zu einer Veränderung der Kulturstandards in den nächsten Jahren kommen. Die Tendenz zur multikulturellen Gesellschaft wird weiter fortschreiten.

Literatur

Arizpe, L. (Hg.) (1996): The Cultural Dimensions of Global Change. An Anthropological Approach. New York.
Hofstede, G. (1994): Cultures and Organizations. Intercultural Cooperation and its Importance for Survival. Software of the Mind. London.
Statistics Canada (Hg.) (1996): CANSIM II, Table 051–006.
Statistics Canada (Hg.) (1997): Canada Year Book 1996: Ottawa.
Thomas, A. (Hg.) (1994): Psychologie und multikulturelle Gesellschaft. Göttingen.

Katharina Rottenaicher

3.3 Lateinamerika: Argentinien

Vorbemerkungen

Die Nationen Lateinamerikas haben auf den ersten Blick vieles gemeinsam – eine gemeinsame Sprache (Brasilien ausgenommen) sowie eine gemeinsame Geschichte der Verdrängung der indianischen Ureinwohner und der Kolonisation, verbunden mit der Übernahme bestimmter kultureller Elemente der Herkunftskultur der spanischen und portugiesischen»Conquistadores«, wie zum Beispiel die katholische Religion.

Wenn man genauer hinsieht, wird jedoch deutlich, dass sich in jedem der Länder Lateinamerikas, von Mexiko über die mittelamerikanischen Nationen bis hin zu Chile und Argentinien, mit insgesamt etwa 518 Millionen Einwohnern (http://www.sru.edu/depts/artsci/ges/lamerica/population.htm), eine eigenständige Kultur entwickelt hat, so dass es richtiger wäre, nicht von »lateinamerikanischer Kultur«, sondern von »lateinamerikanischen Kulturen« zu sprechen (nach Albert 1996, S. 330). Auch die Bewohner der einzelnen Länder legen sehr viel Wert darauf, als Chilenen, Argentinier und so weiter wahrgenommen zu werden, und nicht einfach als Lateinamerikaner.

Für die Kulturstandardforschung folgt daraus, die für ein bestimmtes lateinamerikanisches Land gefundenen Kulturstandards nicht zu verallgemeinern und anzunehmen, diese seien auch für die Kultur anderer Nationen zutreffend. Die Methode der Identifikation von Kulturstandards durch die Analyse von kritisch verlaufenen Interaktionssituationen (nach Flanagan 1954) bringt außerdem eine starke Perspektivenabhängigkeit der Kulturstandards mit sich. Das heißt, dass die gefundenen kulturellen Unterschiede in der Begegnung zwischen den Vertretern zweier bestimmter Kulturen auftreten und als Kulturstandards einer Kultur aus der Sichtweise einer bestimmten anderen Kultur zu betrachten sind.

Trotz aller Unterschiede weisen lateinamerikanische Kulturen dennoch gewisse länderübergreifende Gemeinsamkeiten auf, besonders im Gegensatz zu nordamerikanischen und nordeuropäischen Kulturen. Es werden zunächst einige allgemeine kulturelle Muster Lateinamerikas nach Albert (1996), Hofstede (1980), Hall (1983) und anderen Autoren dargestellt. Anschließend werden als Beispiel Besonderheiten der mexikanischen Kultur (nach AIESEC 1996) sowie die zentralen Kulturstandards Argentiniens aus deutscher Sicht (nach Rottenaicher 2000 und Foellbach 2000) vorgestellt und mit den allgemeinen kulturellen Mustern Lateinamerikas verglichen.

Kulturelle Muster Lateinamerikas

Die wichtigste kulturspezifische Besonderheit Lateinamerikas im Vergleich zu nordamerikanischen und nordeuropäischen Kulturen besteht laut Albert (1996, S. 334) in der »interpersonellen Orientierung«. Diese beinhaltet, dem Interaktionspartner Respekt, Offenheit, warmes Interesse, Loyalität, positives Verhalten und Sensibilität seinen Gefühlen und Bedürfnissen gegenüber entgegenzubringen. Es wird versucht, die eigene Würde und Ehre und die des Anderen zu wahren. Dies spiegelt sich auch in der höflichen Sprache und im beziehungsorientierten und indirekten Kommunikationsstil wider. Aus der interpersonellen Orientierung ergibt sich eine auf Kooperation und Harmonie angelegte Handlungsorientierung, die negatives Verhalten und Kritik vermeidet (siehe auch Triandis et al. 1984 und Díaz-Guerrero u. Szalay 1991). Ein weiterer Aspekt der interpersonellen Orientierung besteht in dem Nutzen von persönlichen Beziehungen (genannt »palancas«, wörtlich: Hebel), um Vorteile zu erlangen oder allgemeine Regeln zu umgehen (Archer u. Fitch 1994). Es ist für den Einzelnen sehr wichtig, über ein dichtes Beziehungsnetzwerk zu verfügen und dieses zu pflegen.

Lateinamerikanische Länder sind nach Albert (1996, S. 343) Hoch-Kontext-Kulturen, das bedeutet, dass Botschaften in einem Gespräch eher implizit übermittelt werden, da ein Großteil der Information entweder im äußeren Kontext oder in der Person vorhanden ist und deswegen als bekannt vorausgesetzt wird (zum Konzept der Hoch-Kontext-Kommunikation siehe Hall 1976, S. 79). Personen aus lateinamerikanischen Kulturen verhalten sich demzufolge indirekter als Nordamerikaner oder Nordeuropäer, beispielsweise wenn sie um einen Gefallen bitten oder eine Bitte abschlagen. Die Bedeutung einer Botschaft wird teilweise von Gesten oder anderen nonverbalen Zeichen oder von Kontextbedingungen wie dem Status der Beteiligten übermittelt und nicht direkt ausgesprochen.

Der Gesprächsstil von Personen aus lateinamerikanischen Ländern unterscheidet sich von dem von Nordamerikanern und -europäern dahingehend, dass häufiger Gefühle ausgedrückt werden, mehr Gesten verwendet werden, der Gesprächsabstand geringer ist und Berührungen häufiger sind (zu affektiver und neutraler Kommunikation siehe auch Trompenaars 1997, S. 69 ff.).

Nach Hofstede (1980, S. 106) weisen fast alle an seiner in den siebziger Jahren durchgeführten Studie beteiligten lateinamerikanischen Länder (Argentinien, Brasilien, Chile, Kolumbien, Mexiko, Peru, Venezuela) eine überdurchschnittlich hohe Machtdistanz auf (besonders Mexiko, Venezuela, Brasilien, Kolumbien, Peru und Chile), was sich in starken hierarchischen Strukturen und der Akzeptanz ungleicher Macht- und Güterverteilung ausdrückt. Dies schlägt sich auch in der Klassenstruktur der meisten lateinamerikanischen Länder mit einer breiten Unterschicht, einer kleinen Mittelschicht und einer dünnen, sehr mächtigen Oberschicht nieder. Eine hohe Machtdistanz bringt mit sich, dass die Entscheidungsbefugnis bei nur wenigen Verantwortungsträgern konzentriert ist und Autoritäten und Status unbedingt anerkannt werden.

Auf der Dimension des Individualismus versus Kollektivismus zeichnen sich viele lateinamerikanische Länder durch besonders niedrige Individualismuswerte aus, an erster Stelle steht dabei Venezuela, gefolgt von Kolumbien, Peru, Chile, Mexiko und Brasilien (Hofstede 1980, S. 222). Kennzeichnend für Personen aus kollektivistischen Kulturen ist laut Triandis (1995, zitiert nach Albert 1996, S. 337 f.), dass sie sich als Teil einer Gruppe definieren und nicht unabhängig davon; dass ihre persönlichen Ziele mit denen ihrer Hauptbezugsgruppe übereinstimmen; dass ihr Verhalten sich eher nach Normen und Verpflichtungen richtet und weniger nach individuellen Präferenzen oder Einstellungen und dass Beziehungen und ihre Aufrechterhaltung von größter Wichtigkeit sind. Ein Beispiel hierfür ist die ausgeprägte Familienorientierung in lateinamerikanischen Ländern, wobei sich die Loyalität nicht nur auf die Kernfamilie, sondern auch auf entfernte Verwandte erstreckt. Einheit und Zusammenhalt der Familie sind dabei wichtiger als individuelle Ansprüche.

Ein weiterer wichtiger Unterschied zwischen lateinamerikanischen und nordamerikanischen und -europäischen Kulturen betrifft den Umgang mit Zeit. Nach Kluckhohn und Strodtbeck (1961, S. 11 ff.) gibt es drei verschiedene Arten der Zeitorientierung, nämlich die Betonung auf der Vergangenheit, auf der Gegenwart oder auf der Zukunft. Vertreter lateinamerikanischer Kulturen sind dabei eher gegenwartsorientiert, das heißt, dass die momentanen Gefühle im Vordergrund stehen und nicht langfristig im Voraus geplant wird. Auch auf die Vergangenheit, die Geschichte eines Landes, wird in den meisten lateinamerikanischen Ländern großen Wert gelegt. Die Zeitorientierung ist jedoch von Land zu Land (siehe z. B. Mexiko und Venezuela im Vergleich bei Trompenaars 1997, S. 127) und auch schichtspezifisch sehr unterschiedlich, so dass hier differenziert werden sollte. Bei Geschäftsabschlüssen ist der Zeithorizont beispielsweise mitunter sehr weit, das heißt, dass eine geschäftliche Beziehung auf lange Zeit in die Zukunft angelegt ist und sich nicht auf ein kurzfristiges Projekt beschränkt (nach Brake et al. 1995, S. 52).

Auch die Organisation der Zeit und die Wertschätzung von Zeit an sich unterscheidet lateinamerikanische Kulturen von nordamerikanischen und -europäischen. Der Umgang mit Zeit in Lateinamerika ist geprägt von einem polychronen Zeitverständnis (siehe Hall 1983, S. 45 ff.). Dies bedeutet, dass die verschiedensten Dinge zur selben Zeit simultan erledigt werden und bestehende Zeitpläne den aktuellen Gegebenheiten flexibel angepasst werden. Zeit wird dabei nicht als knappe Ressource gesehen, die man sparen oder verschwenden kann. Die genaue Einhaltung von zeitlichen Vereinbarungen hat nicht denselben Stellenwert wie in Nordamerika und -europa, da Verabredungen und Termine als weniger verbindlich und verpflichtend betrachtet werden. Die Zeit wird den Gegebenheiten angepasst und nicht umgekehrt. Die Einhaltung von Zeitplänen ist dem Umgang mit den Mitmenschen und sozialen Ereignissen untergeordnet. Besonders die Interaktion mit nahe stehenden Personen hat Vorrang vor anderweitigen zeitlichen Verpflichtungen.

Nicht nur der Umgang mit Zeitplänen ist geprägt von großer Flexibilität. Pläne im Allgemeinen werden kurzfristig gefasst und können jederzeit wieder zugunsten neuer Umstände geändert werden. In vielen Situationen wird kurzfristig eine Lösung gefunden und improvisiert (nach Albert 1996, S. 342).

Eine weitere Besonderheit lateinamerikanischer Kulturen besteht laut Albert (1996, S. 336 f.) in den differenzierten Geschlechterrollen, demzufolge der Einflussbereich der Frauen nach wie vor auf die Familie beschränkt bleibt. In vielen Großstädten zeichnet sich aber eine größere Beteiligung von Frauen an höheren wirtschaftlichen und politischen Positionen ab.

Ein wichtiger Begriff ist der »Machismo«, der aber in lateinamerikanischen Ländern, anders als in Nordamerika und -europa, keine negative Bedeutungszuschreibung hat. Er bezeichnet vielmehr ein Männlichkeitsideal, bestehend aus Werten und Verhaltensweisen, durch die ein Mann Würde, Respekt und Ehre erlangt.

Besonderheiten der mexikanischen Kultur

Ohne den Anspruch zu erheben, die mexikanische Kultur vollständig beschreiben zu wollen, gibt AIESEC (1996) einige zentrale Besonderheiten der Kultur Mexikos als Orientierungshilfen für geschäftliche Kontakte mit

Mexikanern an. Laut AIESEC (1996, S. 3) ist es für das Verständnis der mexikanischen Kultur unabdingbar, den großen Stellenwert von »Würde und Respekt« zu kennen. Es ist für Mexikaner sehr wichtig, ihre Würde zu bewahren, die Ehre aufrechtzuerhalten und ihren Charakter und ihren guten Namen vor Angriffen zu schützen, also in jeder Situation ihr Gesicht zu wahren. Der Respekt, der einer anderen Person entgegengebracht wird, gründet sich dabei weniger auf deren Leistungen, sondern vielmehr auf ihre Persönlichkeit, ihr Betragen und ihre Vertrauenswürdigkeit.

Die Aufrechterhaltung und Pflege persönlicher Beziehungen ist nach AIESEC (1996, S. 8) wichtiger Bestandteil der mexikanischen Geschäftskultur. Auch hier wird von »palancas« gesprochen, den Beziehungen, die einem beispielsweise zu neuen Geschäftskontakten verhelfen.

Die Konzepte von »Würde und Ehre« und der »palancas« ist Teil des umfassenderen kulturellen Musters der »Interpersonellen Orientierung«, das Albert (1996) für ganz Lateinamerika annimmt.

Weitere sehr zentrale Begriffe der mexikanischen Kultur sind »Status und Macht«. In Mexiko gibt es laut AIESEC (1996, S. 3) ein starkes Machtgefälle in allen gesellschaftlichen Bereichen, beispielsweise zwischen Führungskraft und Untergebenem. Die Entscheidungsmacht liegt allein beim Vorgesetzten, dessen Autorität bedingungslos anerkannt werden muss. Dieser trägt als »patrón« im Gegenzug aber auch Verantwortung für seinen Mitarbeiter.

Bei der ersten Begegnung ist es erst einmal wichtig festzustellen, wie der Status des Gegenübers im Vergleich zur eigenen Position ist, und sich dementsprechend zu verhalten. Aus diesem Grund wird sehr viel Wert gelegt auf die »imagen publica«, das äußere Erscheinungsbild (AIESEC 1996, S. 4). Eine große Rolle spielen auch akademische Titel in der Anrede, da sie auf einen höheren Status hinweisen.

Die von Hofstede (1980) festgestellte hohe Machtdistanz in Lateinamerika lässt sich demzufolge in den kulturellen Besonderheiten Mexikos auch nach AIESEC wieder finden.

Das Fundament der mexikanischen Gesellschaft bildet die Familie (AIESEC 1996, S. 6). Verpflichtungen der Familie gegenüber haben Vorrang vor allen anderen. Selbst in Geschäftsbeziehungen spielt die Familie der Beteiligten eine Rolle, indem der Vorgesetzte nicht nur für seinen Untergebenen Verantwortung trägt, sondern auch für dessen Familie.

Frauen haben zwar einen hohen Stellenwert innerhalb der Familie, es ist jedoch schwierig für sie, außerhalb der Familie eine einflussreiche Position zu erlangen. »Machismo« bezeichnet Verhaltensweisen, durch die ein Mann für sich selbst und andere Verantwortung übernimmt und seine Würde und Ehre aufrechterhält (AIESEC 1996, S. 8).

Die große Bedeutung der Familie in lateinamerikanischen Gesellschaften sowie die Verteilung der Geschlechterrollen unter besonderer Berücksichtigung des Begriffs »Machismo« nach Albert (1996) finden somit ihre Entsprechungen in der mexikanischen Kultur.

Was den Umgang mit Zeit betrifft, so haben in Mexiko laut AIESEC (1996, S. 10) Menschen Vorrang vor zeitlichen Verpflichtungen. Man würde beispielsweise ein Gespräch nicht mit dem Hinweis unterbrechen, dass man zu einem anderen Termin muss. Auch bestehen weite Toleranzgrenzen bei Verspätungen. Diese Elemente lassen sich in dem Konzept des polychronen Zeitverständnisses nach Hall (1983) wieder finden.

Zentrale argentinische Kulturstandards aus deutscher Sicht

Gemäß Thomas (1993, S. 381) sind Kulturstandards als zentral zu bezeichnen, wenn sie »in sehr unterschiedlichen Situationen wirksam werden und weite Bereiche der Wahrnehmung, des Denkens, Wertens und Handelns regulieren«.

Anhand der Methode der qualitativen, inhaltsanalytischen Auswertung von Interviews (nach Mayring 1983) mit in Argentinien lebenden Deutschen wurden folgende argentinische Kulturstandards identifiziert, die in der Begegnung zwischen Deutschen und Argentiniern eine zentrale Rolle spielen (Foellbach 2000, S. 63, Rottenaicher 2000, S. 48 ff.):

Simpatía

Dieser Kulturstandard bezeichnet den herzlichen, vom Streben nach Harmonie geprägten, persönlichen Umgang miteinander, sowohl im Privat- als auch im Geschäftsleben. Es überwiegt ein beziehungsorientierter Kommunikationsstil gegenüber einem sachorientierten. Es herrscht die Tendenz, positives Verhalten in angenehmen Situationen zu betonen und negatives Verhalten in kritischen Situationen sowie generell persönliche Konflikte zu vermeiden. Das Vorhandensein einer harmonischen, vertrauensvollen Beziehung ist eine Voraussetzung für berufliche Zielerreichung.

Buena Presencia

Dieser Kulturstandard bedeutet, dass für Argentinier das Repräsentieren der eigenen Person eine große Bedeutung hat und daher auf das äußere Erscheinungsbild großer Wert gelegt wird. Es existiert eine Trennung von zu repräsentierender Außenwelt und Privatsphäre, die nur guten Bekannten und der Familie zugänglich ist.

Hierarchieorientierung

Dieser Kulturstandard beschreibt den Umgang mit Autoritäten. Argentinier akzeptieren ein großes Machtgefälle und nach patriarchalischem Muster ablaufende Entscheidungsprozesse.

Ambivalente nationale Identität

Dieser Kulturstandard beschreibt die zwiespältige Einstellung der Argentinier zu ihrem Land. Einerseits sind Argentinier sehr stolz auf ihre eigene Nation und zeigen eine teilweise stark ausgeprägte abwertende Haltung und Abgrenzung gegenüber anderen südamerikanischen Ländern. Andererseits existiert eine enorme Bewunderung für Europa und die USA.

Gegenwartsorientierung

Dieser Kulturstandard bedeutet, dass die momentanen Gefühle dominieren und das positive Erleben der Gegenwart im Vordergrund steht. Es wird mehr für das Jetzt und Heute gelebt als für eine langfristige Planung der Zukunft.

Polychrones Zeitverständnis

Dieser Kulturstandard bezieht sich auf die Zeitorganisation, die Pünktlichkeit und die Wertschätzung von Zeit an sich. In Argentinien hat Zeit einen anderen Stellenwert und wird weniger als knappe Ressource wahrgenommen. Demzufolge herrschen weitere Toleranzgrenzen bei Verspätungen. Die verschiedensten Dinge werden zur selben Zeit erledigt und bestehende Zeitpläne den aktuellen Gegebenheiten flexibel angepasst.

Flexibilität

Dieser Kulturstandard beschreibt das kurzfristige Planungsverhalten, den flexiblen Umgang mit bestehenden Plänen und das Improvisationstalent der Argentinier. Zudem reagieren Argentinier in der Regel gelassen auf Störungen im geplanten Handlungsablauf.

Unverbindlicher Umgang mit Absprachen

Dieser Kulturstandard bezieht sich auf zwischen Personen getroffenen Absprachen. Absprachen haben zwar eine allgemeine Gültigkeit und Verbindlichkeit, verlieren diese aber, wenn dem Handelnden im Verlauf der Ereignisse andere Verbindlichkeiten wichtiger erscheinen. Eine einmal getroffene Absprache kann in der konkreten Situation dann den Zwang zur strikten Einhaltung verlieren.

Generalisierbarkeit

Ein Großteil der vorangegangenen argentinischen Kulturstandards lässt sich in den kulturellen Mustern Lateinamerikas allgemein wieder finden. Dazu gehört der Kulturstandard »Simpatía«, der inhaltlich mit dem Konzept der interpersonellen Orientierung übereinstimmt. Des Weiteren lassen sich Übereinstimmungen feststellen zwischen dem Kulturstandard Hierarchieorientierung und dem Konzept der Machtdistanz. Die Kulturstandards Gegenwartsorientierung, polychrones Zeitverständnis und Flexibilität können auch in den kulturspezifischen Besonderheiten Lateinamerikas allgemein wieder gefunden werden.

Was den Kulturstandard »Buena Presencia« betrifft, so gibt es Hinweise, dass das äußere Erscheinungsbild (»imagen publica«) auch in anderen lateinamerikanischen Kulturen eine große Rolle spielt (siehe oben).

Der Kulturstandard der ambivalenten nationalen Identität lässt sich aus der Geschichte Argentiniens erklären, das noch Anfang des 20. Jahrhunderts zu den reichsten Ländern der Welt zählte und deshalb seinem Empfinden nach eine Sonderrolle in Lateinamerika einnimmt.

Ausblick

Es hat sich gezeigt, dass sich die allgemeinen kulturellen Muster Lateinamerikas durchaus in den kulturspezifischen Besonderheiten einzelner Länder wieder finden lassen. Um einen tieferen Einblick in die Kultur eines bestimmten Landes zu bekommen, stellen sie jedoch nur eine Grundlage dar. Darüber hinaus sollten noch die einzigartigen länderspezifischen Charakteristika betrachtet werden.

Laut Albert (1996, S. 330) wurden lateinamerikanische Kulturen in der sozialwissenschaftlichen Forschung bisher kaum berücksichtigt, so dass es nur wenige Erkenntnisse über einzelne Länder gibt. Lediglich aus der Perspektive der US-amerikanischen Forschung gibt es eine Vielzahl von Studien speziell über die mexikanische Kultur und über Einwanderer hispanischer Herkunft, die in den USA leben (z. B. Lisansky 1981; Ferdman u. Cortes 1992).

In der Kulturstandardforschung wurden bisher, so weit mir bekannt, lediglich die Kulturstandards Argentiniens aus deutscher Sicht identifiziert. Für einen differenzierteren Blick auf jedes einzelne Land Lateinamerikas wäre es jedoch unerlässlich, jeweils länderspezifische Daten zu sammeln und auszuwerten. Die daraus gewonnenen Erkenntnisse müssten verglichen und zusammengefasst werden, um fundierte Aussagen über kulturelle Besonderheiten Lateinamerikas aus deutscher Sicht treffen zu können.

Das bereits reichlich vorhandene Material aus deutsch-lateinamerikanischem Austausch und der Zusammenarbeit könnte eine gute Basis für diese Untersuchungen darstellen.

Literatur

AIESEC (1996): Business Culture in Mexico. Global Player Seminar. Text adapted from Mexico Business, World Trade Press, San Rafael, CA.

Albert, R. (1996): A framework and model for understanding Latin American and Latino/Hispanic cultural patterns. In: Landis, D.; Bhagat, R. S. (Hg.), Handbook of Intercultural Training. 2. Auflage. Thousand Oaks, CA, S. 327–348.

Archer, L.; Fitch, K. (1994): Communication in Latin American multinational organizations. In: Wiseman, R.; Wiseman, S. (Hg.), Communicating in Multinational Organizations. Thousand Oaks, CA, S. 75–93.

Brake, T., Walker, D. M.; Walker, T. (1995): Doing Business Internationally. The Guide to Cross-Cultural Success. New York.

Díaz-Guerrero, R.; Szalay, L. B. (1991): Understanding Mexicans and Americans: Cultural Perspectives in Conflict. New York.

Ferdman, B. M.; Cortes, A. C. (1992): Culture and identity among Hispanic managers in an Anglo business. In: Knouse, S.; Rosenfeld, P.; Carbertson, A. (Hg.). Hispanics in the Workplace. Newbury Park, CA, S. 246–276.

Flanagan, J. (1954): The critical incident technique. Psychological Bulletin 51: 327–358.

Foellbach, S. (2000): Entwicklung eines Culture Assimilators zur Vorbereitung von Expatriates und Praktikanten auf ihren beruflichen Einsatz in Argentinien. Band II. Unveröffentlichte Diplomarbeit, Universität Regensburg.

Hall, E. T. (1976): Beyond Culture. New York.

Hall, E. T. (1983): The Dance of Life. The Other Dimension of Time. New York.

Hofstede, G. (1980): Culture's Consequences. International Differences in Work-Related Values. Newbury Park, CA.

Kluckhohn, F.; Strodtbeck, F. L. (1961): Variations in Value Orientations. Connecticut.

Lisansky, J. (1981): Interpersonal relations among Hispanics in the United States: A content analysis of the social science literature (Technical Report No. 3). Urbana University of Illinois, Department of Psychology.

Mayring, P. (1983): Qualitative Inhaltsanalyse. Grundlagen und Techniken. Basel.

Rottenaicher, K. (2000): Erhebung der relevanten Kulturstandards von Argentinien als Grundlage zur Entwicklung eines Culture Assimilators. Unveröffentlichte Diplomarbeit, Universität Regensburg.

Thomas, A. (1993): Psychologie interkulturellen Lernens und Handelns. In: Thomas, A. (Hg.), Kulturvergleichende Psychologie. Eine Einführung. Göttingen, S. 377–422.

Triandis, H. C.; Marín, G.; Lisansky, J.; Betancourt, H. (1984): Simpatía as a cultural script of Hispanics. Journal of Personality and Social Psychology 47(6): 1363–1375.

Trompenaars, F. (1997): Riding the Waves of Culture. Understanding Cultural Diversity in Business. 2. Auflage. London.

http://www.odci.gov/cia/publications/factbook/indexgeo.html
http://www.usaid.gov/regions/lac/
http://www.sru.edu/depts/artsci/ges/lamerica/population.htm

■ 4. Asien

Yong Liang/Stefan Kammhuber

4.1 Ostasien: China

Ein Fallbeispiel

»Herr Vietkau ist Manager eines deutschen Reiseunternehmens, das sich in Asien stärker engagieren möchte. Er trifft sich daher mit Vertretern eines chinesischen Unternehmens, zu denen bisher nur auf schriftlichem und fernmündlichem Wege Kontakt aufgenommen worden war, um zukünftige Reisekooperationen zu verhandeln. Herr Vietkau hat sich gut vorbereitet, viel anschauliches Werbematerial mitgebracht, um noch einmal das Niveau seines Unternehmens darzustellen, sowie Zahlen, die den Erfolg in anderen asiatischen Regionen eindringlich belegen und die Ziele für China deutlich werden lassen. Er ist überzeugt, den Chinesen ein lukratives Geschäft vorschlagen zu können, und sieht keine Probleme, schnell zu einem Abschluss zu kommen, da er auch von der Seriosität des ausgewählten chinesischen Unternehmens überzeugt sein kann.

Der Empfang beim Geschäftsführer und einer ganzen Reihe chinesischer Mitarbeiter ist sehr freundlich, fast erdrückend, und es werden viel zu viel Umstände gemacht: Erst wird Tee – in verschiedenen Variationen – angeboten. Da er den grünen chinesischen Tee mit den Blättern darin verabscheut, lehnt er ihn höflich ab. Weiter ging es mit Keksen und anderen Süßigkeiten, die er auch nicht mochte. Er war doch nicht auf einer Party! Obwohl er eigene Zigaretten in seiner Brusttasche hatte und eigentlich im Moment nicht rauchen wollte, wurden ihm Zigaretten aller im Raum vorhandenen Marken aufgedrängt. Das Gespräch drehte sich nur um seine bisherigen Reiseeindrücke von China, wobei er solche diesmal überhaupt nicht gesammelt hatte, schließlich war das für ihn eine reine Geschäftsreise, wie er vergeblich betonte. Er wurde nach seinem Familienstand ausgefragt, nach dem Wohlergehen von Frau und Kind, was er als reichlich indiskret empfand. Mühsam quälte sich Herr Vietkau durch diese Zeit raubenden Nichtigkeiten, um endlich zur Sache kommen zu können. Geschickt machte er der Tratscherei ein Ende, indem er begann seine mitgebrachten Materialien zu präsentieren.

Schon während seiner Ausführungen bemerkte er, dass ihm offenbar kaum Interesse entgegengebracht wurde. Die Verabschiedung kam für ihn überraschend früh, ohne dass man überhaupt in konkrete Gespräche eingestiegen war. Er war vom einseitigen und offensichtlich von Interesselosigkeit begleiteten Verlauf seiner Präsentation so verunsichert, dass er beschloss, nicht weiter zu drängen, sondern den nächsten Tag abzuwarten. Am nächsten Tag erfuhr er, dass seine gestrigen Gesprächspartner entweder nicht im Haus seien oder in Besprechungen, und niemand anderes in der Sache zuständig sei oder Bescheid wisse. Auch zu einem späteren Zeitpunkt kam es zu keinem weiteren Treffen zwischen Vertretern beider Firmen« (Thomas u. Schenk 2001, S. 133 ff.).

Herr Vietkau denkt sich über seine chinesischen Kontaktpartner: »Ich verstehe das nicht. Es war doch eigentlich schon alles klar zwischen den Chinesen und uns. Wir hätten beide ein richtig gutes Geschäft machen können! Alle Zahlen sprechen dafür! Vielleicht haben die aber auch einen anderen Kontaktpartner und wollten mich nur hinhalten bei diesem seltsamen Empfang. Über das Geschäft konnte ich ja mit ihnen nicht reden, und meine Präsentation war auch für die Katz! Dafür haben die mich ausgefragt über mein Privatleben! Dass die sich jetzt alle verleugnen lassen, wenn ich versuche mit ihnen Kontakt zu knüpfen, spricht ja wohl für meine Hypothese mit dem anderen Wettbewerber!«

Über sich selbst denkt er: »Ich habe mir eine solche Arbeit gemacht mit der Vorbereitung dieses Deals, der Gestaltung der Werbematerialien, komme den langen Weg nach China und jetzt stehe ich mit leeren Händen da, und weiß noch nicht einmal genau warum. Na gut, vielleicht hätte ich dieses ganze Spielchen mit den Zigaretten und dem Tee begeisterter mitmachen sollen, aber das kann's ja wohl nicht sein, dass deswegen unser Geschäft in die Hose geht. Ich habe mich immer für einen wirklich guten Verkäufer gehalten, aber jetzt bin ich doch ziemlich verunsichert.«

Doch wie denken wohl die chinesischen Kontaktpartner von Herrn Vietkau über diese Angelegenheit? Zur Erklärung können zentrale chinesische Kulturstandards herangezogen werden (Liang 2000; Thomas u. Schenk 2001).

Beschreibung zentraler chinesischer Kulturstandards

Soziale Harmonie »Gleichheit in Ungleichheit«

Die Harmonie *(he)* verkörpert eine traditionelle Wertvorstellung, die wie kaum eine andere so konsequent hochgehalten wurde und nach wie vor als das höchste Prinzip in der interpersonalen Beziehung gelten dürfte. So wird Harmonie im Chinesischen vor allem als zwischenmenschliche Harmonie verstanden, die in der Vorstellung über das traditionell überaus wichtige Verhältnis von Himmel, Erde und Menschen die beiden ersteren Dimensionen an Bedeutung weit überragt.

Zu bemerken ist allerdings, dass das traditionelle Harmonieverständnis keineswegs von einer sozialen Gleichheit ausgeht. Vielmehr bedeutet Harmonie soziale Ordnung beziehungsweise soziale Einbindung des Individuums in das gesellschaftliche Gefüge. Sie kann nur dann hergestellt und bewahrt werden, wenn sich die einzelnen, in einem Beziehungsgefüge stehenden Menschen stets ihrer sozialen Rolle entsprechend verhalten. Wichtig zur Wahrung der sozialen Harmonie ist deshalb weniger die Gleichheit im interaktiven Verhalten und Handeln, sondern vielmehr ein hierarchisch und interpersonal differenziertes Verhalten, das je nach Alter, sozialem Status, Wissensstand und Gruppenzugehörigkeit festgelegt wird. Die soziale Harmonie in diesem Sinn ist »Gleichheit in Ungleichheit« (vgl. Liang 1996, S. 252 f., 161). Diese Differenzierung gilt für alle Verhaltensmaximen, mit denen die soziale Harmonie – wenn sie heute auch als ein allgemein gültiges Prinzip für die Pflege des Gemeinschaftsgeistes gesehen wird – zu erlangen gesucht wird.

Zur Herstellung und Bewahrung einer harmonischen Partnerbeziehung ist Konfliktvermeidung von grundlegender Bedeutung. Für ein höfliches Miteinander gilt es, eine soziale Interaktion so zu gestalten, dass keine Konfliktsituation entsteht. Dies hängt von einer Grundeinstellung zum Konflikt ab, wonach jeder – auch verbale – Konflikt in sozialen Interaktionen die Partnerbeziehung belasten und beeinträchtigen kann. In der Eigengruppe werden Meinungsdifferenzen nach Möglichkeit umgangen oder verleugnet. Jede direkte Konfrontation mit den Gruppenmitgliedern ist tabuisiert. Gegenüber Fremden, nicht nur Ausländern gegenüber, wird das Kommunikationsverhalten in China, gerade in einer Konfliktsituation, durch andere, zusätzliche Regeln geleitet. Im eigenen Personenkreis führt die grundsätzliche Vermeidung von Konfliktsituationen auch dazu, dass es genauso schwierig ist, eine kritische Meinungsäußerung wie ein Eingeständnis im Sinne einer Selbstkorrektur abzugeben.

Kulturhistorische Verankerung: Bevor im Jahr 221 v. Chr. Qin Shi die anderen Feudalstaaten unterwarf und ein streng legalistisches Herrschaftssystem einrichtete, waren 500 Jahre Krieg zwischen den verschiedenen Einzelstaaten über das riesige Land hinweggezogen. Daraus resultierte eine starke Abneigung der chinesischen Gesellschaft gegenüber Chaos und Unordnung und ein tief verwurzelter Wunsch nach Stabilität und Harmonie. In diesen Kriegsjahrhunderten bildeten sich die philosophischen Schulen heraus, deren Lehren sich in die heutige Zeit erstrecken. Die berühmtesten Vertreter waren Konfuzius (551–479 v. Chr.), Menzius (4. Jh.) und Laotse (6. Jh.). Ihren Lehren ist gemeinsam, beruhend auf der Erfahrung von der gnadenlosen Verfolgung eigener Interessen in den Kriegen, eine Zurückdrängung des Ich zugunsten der Gemeinschaft.

Hierarchie

Jedem Chinesen kommt nach dem Grundsatz »Gleichheit in Ungleichheit« ein bestimmter Platz in dem großen Ganzen zu, den es in der Kommunikation differenziert zu berücksichtigen gilt. Deswegen werden zu Beginn eines Gespräches auch immer Fragen gestellt, die dem Gegenüber Aufschluss geben, in welcher gesellschaftlichen Position der Gesprächspartner anzusiedeln ist und wie ihm daraufhin begegnet werden muss. Da das Rühmen der eigenen Person aber in China verpönt ist, bietet die Visitenkarte, auf der in China oftmals viele Titel und Funktionen aufgeführt werden, diese Informationen. Sie ist wie ein Stück Identität und muss als solche wertgeschätzt werden, weswegen Chinesen eine übergebene Karte auch immer entsprechend würdigen. Ein simples »In-die-Tasche-Stecken« wäre gleichbedeutend mit einer Missachtung der Person. In öffentlichen Situationen, zum Beispiel bei der Veranstaltung von Banketten, wird dafür gesorgt, dass sich die hierarchischen Beziehungen in der vorher intensiv geplanten Sitzordnung widerspiegeln, um Peinlichkeiten zu vermeiden. Es ist in China völlig selbstverständlich, dass einer hierarchisch hoch stehenden Person auch entsprechende Privilegien und Statussymbole zustehen, während dies in einer eher gleichheitsorientierten Kultur wie Deutschland immer wieder gerechtfertigt werden muss.

Kulturhistorische Verankerung: Kulturgeschichtlich ist die Strukturierung der chinesischen Gesellschaft rückführbar auf die konfuzianischen »wu lun«, die fünf Kardinalbeziehungen (1) Herrscher–Untertan, (2) Vater–Sohn, (3) Älterer Bruder–Jüngerer Bruder, (4) Mann–Frau, (5) Freund–Freund.

Nur bei der Freundschaftsbeziehung wird von einer Gleichwertigkeit ausgegangen. Für alle anderen gelten die Verpflichtungen der Strenge und Fürsorge auf der einen Seite und dem Respekt und der Loyalität auf der anderen. So hatte der Sohn sich den Wünschen seiner Eltern zu beugen und für sie zu sorgen, während er darauf zählen konnte, dass seine Eltern zwar streng mit ihm umgingen, aber dennoch eine große Fürsorge an den Tag legten. Dieser Respekt vor dem Älteren und Höhergestellten galt als die alles überragende Tugend, zu der die konfuzianische Charaktererziehung notwendig war. In der Lehrer-Schüler-Beziehung findet sich dieses Verhältnis genauso wieder wie in dem Vorgesetzten-Mitarbeiter-Verhältnis, bei dem der Vorgesetzte eine nicht kritisierbare Autorität darstellt, der aber auf der anderen Seite auch ein Ohr für die privaten Belange und Sorgen seiner Mitarbeiter haben muss. Gleichzeitig war eine solche starre Grundlegung funktional für das Beherrschen eines enorm großen Landes. Durch ein Mandat des Himmels stand der Kaiser an der Spitze des Staates und sollte sich durch seine moralische Überlegenheit auszeichnen. Dabei regierte er nicht in Willkür, sondern hatte sich in die Ordnung der Natur und des Kosmos harmonisch einzufügen. Dem zugrunde liegt daoistisches Gedankengut, nach dem Harmonie dann in das Weltgeschehen einkehrt, wenn man den Dingen ohne eigene Einwirkung ihren Lauf lässt und sich jeder seines Platzes in der Gesellschaft bewusst ist und sich demgemäß verhält.

Guanxi und Renqing

Trotz allem individuellen Leistungsstrebens seit der Einführung der Wirtschaftsreformen, spielt die Gruppenorientierung als Grundprinzip von Organisation und Management von Wirtschaft und Gesellschaft nach wie vor eine zentrale Rolle. Diese Orientierung an der Gruppe drückt sich in der intensiven Gestaltung und Pflege interpersonaler Beziehungen aus (renji guanxi). Ohne ein funktionierendes Beziehungsnetz in China ist es vor allen Dingen für Fremde kaum möglich, dort produktiv zu handeln.

Die Gestaltung von Beziehungen (guanxi) setzt immer eine Beziehungsdifferenzierung voraus. Das wichtigste Kriterium ist dabei die Unterscheidung von »Innen« und »Außen« *(nei wai you bie)*. Es wird streng zwischen denjenigen unterschieden, die auf der eigenen Seite stehen, und denjenigen, die nicht zum eigenen Personenkreis gehören. Unter den »Innenseitern« wird wiederum je nach sozialer Nähe differenziert, ob es sich um Familie, Freunde, Vertraute oder Bekannte handelt. Gegenüber diesen werden die eigenen Interessen hintangestellt. Man hilft ihnen selbstlos, auch auf Kosten der eigenen Interessen. Im Umgang mit allen anderen hingegen gilt oft die Parole »Dienst ist Dienst« *(gongshi gongban)*. Es ist häufig zu beobachten, dass man sich außerhalb des eigenen Beziehungsgefüges unbeholfen verhält und vor Konflikten nicht zurückscheut.

Es gehört zur Beziehungsarbeit in chinesischen Interaktionssituationen, »Außenseiter« als »Innenseiter« zu gewinnen. Dazu wird *renqing* eingesetzt, was mit »Mitmenschlichkeit« übersetzt werden kann. Je nach Intensität der Beziehung gibt es größere und kleinere *renqing,* in die mit unterschiedlichem Aufwand investiert werden muss. Dies können materielle Werte wie Essenseinladungen oder Geschenke sein, vor allem aber auch gegenseitige Hilfeleistungen. Beides wird zugleich als »Gefühlsinvestition« *(ganqing touzi)* verstanden, das heißt, eine Investition solcher Art muss »einen von Sympathie getragenen emotionalen Kontakt zwischen Personen« oder einen »Herzenstausch« bewirken können (vgl. Sun 1994, S. 12). Diese Austauschbeziehung strahlt einerseits gefühlvolle Herzlichkeit aus, übt zugleich aber auch Druck auf die betroffenen Personen aus; sie ist von einem Wechselspiel von »Schuldigsein« und »Schuldbegleichung« geprägt. Dabei können die Bemühungen, die darauf zielen, dass immer der Partner im Vorteil ist, durchaus funktional und ambivalent sein. Einerseits wird stets versucht, möglichst viel und auf jeden Fall mehr zu investieren, als der im Beziehungsgefüge stehende Andere getan hat. Diese Mehrinvestition ist andererseits oft mit der Erwartung verbunden, dass die Gunstbezeigungen später einmal von dem Anderen erwidert werden.

Kulturhistorische Verankerung: Um den eigenen Einflussbereich über die Grenzen des familiären Verbunds zu erweitern, wurden Beziehungen *(guanxis)* zu anderen Verbünden geknüpft, zum Beispiel durch Heirat. Im Lauf der Zeit entstanden so eng verflochtene Beziehungsnetze zwischen den Clans, in denen es möglich wurde, auf die Ressourcen des anderen Netzwerkes zurückzugreifen. Jede *guanxi* beruht auf einer Gemeinsamkeit *(tong),* zum Beispiel auf gemeinsamer Abstammung, dem Besuch der gleichen Universität oder gemeinsamen Bekannten. Durch die Verflechtung des Beamtenapparats in die Beziehungsnetzwerke bei gleichzeitig schlechter Bezahlung wurde Korruption zu einem Dauerthema, das die chinesische Regierung in wiederkehrenden Kampagnen zu bekämpfen versucht.

Gruppenorientierung: Das Danwei-System

Die Orientierung an der Gruppe, am Kollektiv, zeigt das *Danwei*-System, das – aufbauend auf der Organisation der Familienclans – in dem modernen China lange Zeit das beherrschende Grundmuster der Gesellschaftsordnung darstellte. Jede größere Einheit, in der die Menschen ein gewisses Gemeinschaftsgefühl entwickeln konnten, kann als Danwei bezeichnet werden. Noch bis Anfang der achtziger Jahre gehörte fast jeder Chinese zu einer Danwei. In ihr liefen alle Fäden zusammen, wirtschaftlich, gesellschaftlich, politisch. Ob es um Wohnungsvergabe, Beförderung, Altersversorgung, Krankenversicherung, Kindergartenplätze oder die Erlaubnis,

Kinder zu bekommen, oder sonstige persönliche Belange ging, die Danwei regelte alles. Somit war die Danwei nicht nur eine Arbeits-, sondern auch eine Lebensgemeinschaft. Durch die Übernahme all dieser Funktionen hatte die Danwei eine stark identitätsstiftende Bedeutung für die jeweiligen Mitglieder und garantierte ihnen ein soziales Sicherungssystem. Gleichzeitig diente sie als Instrument der politischen und sozialen Kontrolle. In der Danwei wird das Binnenverhältnis durch Gehorsam und Loyalität gegenüber der Führung auf der einen Seite und durch Fürsorge und Kontrolle gegenüber den Mitgliedern auf der anderen Seite geregelt. Die gegenseitige Unterstützung und das Verpflichtungsgefühl enden allerdings an der Grenze der Danwei. Aus der Perspektive einer christlichen Sozialisation, in der eine personenunabhängige Nächstenliebe gefordert ist, wird diese starke Abschottung nach außen häufig negativ und stärker wahrgenommen als die große Fürsorge, die innerhalb einer Einheit herrscht und die wesentlich intensiver als im deutschen Kulturkreis ausgeübt wird.

Kulturhistorische Verankerung: Nach der Einigung des Reichs im Jahr 221 v. Chr. wuchs ein riesiger Staat heran. Die heutige VR China beherbergt knapp 1,3 Milliarden Chinesen auf einer Fläche von 9,6 Mio. km^2 mit einer Nord-Süd-Ausdehnung von 5 500 km und einer Ost-West-Ausdehnung von 5 200 km. Deutschland würde von der Größe her 27-mal in China hineinpassen. Um es regieren zu können, ist ein ausgeklügeltes System von zentralistischer Herrschaftsausübung und lokaler Handlungsautonomie notwendig. Im alten China waren dies die Clans, an deren Spitze der Patriarch stand und in dem alle Macht verkörpert war. Er war verantwortlich für die Bereitstellung von Ressourcen, bestrafte und belohnte und war für die Charaktererziehung zuständig. Die Clans waren autark und handelten autonom. Die kommunistische Partei konnte auf dieser Clanstruktur in Form der Danwei aufbauen und auf diese Weise effizient für eine ideologische und soziale Steuerung sorgen. Die Danwei-Führung wurde mit politisch loyalen Personen besetzt, die dann eine ähnlich mächtige Position einnahmen wie zuvor die Patriarchen. Die Danweis haben untereinander kaum Beziehungen, sondern sind streng vertikal organisiert. So konnte die KP ausschließen, dass sich konspirative Zusammenschlüsse ergaben, die der Führung gefährlich werden konnten. Durch die wirtschaftliche Öffnung ist zu beobachten, dass das Danwei-System mit seinen sozialen Funktionen zunehmend an Bedeutung verliert. Die Gründe liegen in der gewachsenen Unabhängigkeit staatlicher Unternehmen, der Einführung leistungsorientierter Lohnsysteme, die zu enormen Einkommensunterschieden in den Danweis selbst führen, dem Verlust der lebenslangen Arbeitsplatzgarantie, der fehlenden Finanzkraft, um das soziale Versorgungssystem aufrechtzuerhalten, der mangelnden Wettbewerbsfähigkeit der

Staatsunternehmen gegenüber privatwirtschaftlichen Unternehmungen und der gestiegenen Arbeitsplatzmobilität. Diese Entwicklung resultiert in einer zunehmenden Orientierungslosigkeit der Mitarbeiter vor allem in chinesisch-ausländischen Gemeinschaftsunternehmen, die ihre sozialen Anliegen nun nicht mehr in ihrer Arbeitswelt erfüllt sehen. So ist es nicht erstaunlich, dass Stadtbewohner heutzutage nach dem Prinzip »eine Familie–zwei Systeme« handeln, dass also ein Elternteil privatwirtschaftlich arbeitet, während der andere Part in einer staatlichen Danwei verbleibt, um nicht völlig aus den sozialen Sicherungssystemen herauszufallen. In der gleichen Weise, mit der die Danwei an Attraktivität verliert, steigt die Bedeutung der Guanxi-Netzwerke.

Gesicht geben – Gesicht nehmen

In Europa ist der Begriff des Gesichts durchaus geläufig. Er wird zumeist in der Bedeutung verwendet, dass Personen bemüht sind, »ihr Gesicht zu wahren« oder in der Gefahr stehen, »das Gesicht zu verlieren«. In China gehört die gesichtsbezogene Beziehungsarbeit *(mianzi)* zu den ältesten Konzepten des moralischen Verhaltens und ist sehr fein ausdifferenziert. So kann in der chinesischen Sprache unterschieden werden zwischen »Gesicht haben«, »nach Gesicht streben«, »Gesicht geben«, »Gesicht verleihen«, »Gesicht belassen« und »Gesicht verlieren«.

Jeder Mensch hat ein soziales Gesicht, das aufgrund von Prestige, Erfolg, Leistung oder Wohlstand unterschiedlich groß ist. Es kann in den Augen anderer vermehrt werden, wenn man beispielsweise mit großen internationalen Unternehmungen zusammenarbeitet, also mit Partnern, die einen höheren oder zumindest gleichen Gesichtswert aufweisen.

Allerdings ist diese Vermehrung des sozialen Gesichts weniger von Eigenaktivitäten abhängig, im Sinne eines westlichen Gesichtsmodells, sondern vielmehr von den gesichtsgebenden Aktivitäten anderer. Einem anderen »Gesicht zu geben« ist viel gewichtiger als das »eigene Gesicht zu wahren«. Dies kann dadurch erfolgen, dass man dem Gegenüber, insbesondere vor den Augen anderer, Komplimente macht, seine Person und seine Leistung heraushebt. Dies ist umso bedeutender, je höher der soziale Status des Gesichtgebenden ist. Wer nicht in der Lage ist, anderen Gesicht zu geben, steht in der Gefahr, das eigene Gesicht zu verlieren, etwa bei der Ablehnung einer Einladung, eines Geschenks, bei der Verweigerung einer Hilfeleistung oder Nichtbeachtung in der Öffentlichkeit. Bei alledem muss berücksichtigt werden, dass davon nie nur die Einzelperson betroffen ist, sondern das gesamte Beziehungsgefüge.

Das Gesicht kann aber auch »verliehen« werden, indem bei zwei streitenden Parteien ein Dritter als Vermittler hinzugezogen wird, der ein möglichst hohes *mianzi* einbringt. In der Regel sind dies ältere, statushöhere Personen oder welche, die über ein Beziehungsnetz verfügen, dem sich die Parteien nicht entziehen können.

Wenn man jemandem aus welchem Grund auch immer kein Gesicht geben kann oder will, so ist man immerhin darauf bedacht, dem Betroffenen sein Gesicht zu belassen. Dafür existieren eine Vielzahl von Vermeidungspraktiken, zum Beispiel eine Fehlleistung nicht öffentlich kritisieren, nicht nur um dessen Ruf zu bewahren, sondern ihm auch die Chance auf Selbstkorrektur zu ermöglichen. Denn nach einem Gesichtsverlust hat der Betroffene keine Handlungs- oder Existenzberechtigung im Gesellschaftsleben mehr. So zeigt sich in einem gesichtsbelassenden Verhalten auch immer ein Stück Charaktergröße. Denn ein Gesichtsverlust ist eine schwerwiegende Angelegenheit. Man kann dabei unterscheiden, ob der Betreffende nicht seinen Beziehungspflichten nachgekommen ist, was einer Verminderung seines Gesichts gleichkommt, die aber wieder zurückgewonnen werden kann, oder ob es den Verlust des moralischen Gesichts *(lian)* betrifft. Hier ist die Integrität des Charakters in Frage gestellt und ein solcher Verlust ist nur schwer zu reparieren.

Das Gesicht ist in China also eine wichtige soziale Ressource zur interpersonalen Beziehungsgestaltung. Gesichtsarbeit kann zum Investitionsgut werden, weil damit gerechnet wird, dass der investierte Gesichtswert sich zu einem späteren Zeitpunkt in Gegenleistungen niederschlagen wird, mit allen negativen Konsequenzen, die ein solches Handeln auch beinhaltet.

Kulturhistorische Verankerung: Das Konzept des Gesichtgebens- und nehmens ist ein konfuzianisches Prinzip, das für die Einhaltung aller moralischen Tugenden wie Loyalität, Einhaltung der Hierarchie und Pietät steht. Im Zuozhuan, einem konfuzianischen Klassiker aus dem 2. Jahrhundert v. Chr., werden zahlreiche Geschichten erzählt, die das Gesichtskonzept zum Thema haben. Sie enden zumeist im Suizid als letzter Möglichkeit, das eigene Gesicht zu wahren. In einer Gesellschaft, in der Identität in verknüpften Beziehungsnetzen gedacht wird, ist es unabdingbar, dass das soziale Miteinander ausführlich geregelt wird. Dem Gesichtskonzept und den gesichtsbezogenen Handlungen kommen daher eine überaus große Bedeutung zu (Thomas u. Schenk 2001).

Etikette, Bescheidenheit und Höflichkeit

Im Chinesischen bilden die Begriffe »Bescheidenheit« und »Respekt« ein Paar *(qiangong xing)*. Aus traditioneller Sicht spiegelt diese Grundregel zunächst die Lebensphilosophie einer gruppenorientierten Gesellschaft wider, die die Abwertung und Vermeidung von übertriebener Zurschaustellung der eigenen Person und der eigenen Leistung betont. Als Vorbild gilt der »bescheidene Edle«, der stets bemüht ist, sich in seinem Sprachverhalten selbst zu erniedrigen. Diese Bescheidenheit dient der Vorbeugung konflikthafter Situationen und somit der Wahrung sozialer Harmonie. Die selbsterniedrigenden Formulierungen werden aus westlicher Perspektive zumeist als Signale sozialer oder inhaltlicher Unsicherheit missverstanden und als Schüchternheit oder Inkompetenz gedeutet. Ist man sehr zuversichtlich, seine Arbeit ordentlich auszuführen, sagt man: »Ich probier's mal, wahrscheinlich wird es gehen, aber ich weiß nicht, ob es zu deiner Zufriedenheit sein wird.« Oder nachdem man seine kritische Meinung geäußert hat: »Meine Meinung ist möglicherweise falsch. Bitte überprüfen Sie es einmal.« Diese Bescheidenheit wird umso stärker als Charaktergröße interpretiert, je höher das soziale Prestige desjenigen ist, der diese Formulierungen verwendet. Es gibt dazu ein chinesisches Sprichwort: »Der Mensch fürchtet sich davor, berühmt zu werden; das Schwein davor, fett zu werden.«

In der gleichen Weise, wie das eigene Sprechen geprägt ist von bescheidenen Formulierungen, ist im Dialog das respektzollende Verhalten dem Anderen gegenüber wichtig für den Beziehungsaufbau. Im Austausch von Bescheidenheit und Respekt wird ein höfliches Miteinander interaktiv in einer Art »Höflichkeits-Ping-Pong«-Spiel konstruiert.

Während in der deutschen Tradition Höflichkeit oftmals verbunden ist mit Distanzwahrung, bedeutet in China Höflichkeit die Herstellung von Vertrautheit und eines herzlichen Verhältnisses. Die durch Vertrautheit ausgedrückte Höflichkeit verlangt von den Interaktionspartnern zudem, über persönliche Bedürfnisse des Gegenüber besorgt zu sein und mitfühlend aufzutreten. Wenn man beim Gruß nach dem konkreten Wohlergehen des Gegenübers fragt oder wenn man sich bei den Kennenlernfragen nach den privaten Angelegenheiten der betreffenden Person erkundigt, ist dies nicht als Eindringen in die Privatsphäre oder Missachtung der sozialen Distanz zu verstehen. Vielmehr wird damit Herzensfürsorge signalisiert. Dies findet sich auch in der Gastfreundschaft wieder, wenn den Gästen ein Getränkeangebot mit mehrmaliger Wiederholung geradezu aufgezwungen wird oder wenn der Gastgeber während einer Essenseinladung die Teller und Schüsseln der Gäste dauernd mit verschiedensten Speisen füllt.

Kulturhistorische Verankerung: Insbesondere die konfuzianische Lehre beinhaltete als zentrales Element die Erziehung des Charakters einer Person. Im »Buch der Riten«, das das umfangreichste der konfuzianischen Klassiker ist, werden eine Vielzahl an Vorschriften der Etikette, der Normen, Sitten und Gebräuche für unterschiedlichste Lebenssituationen aufgeführt. Mit ihrer Einhaltung sind Strenge, Ernst und Respekt gegenüber sich selbst und anderen verbunden. Sie garantieren ein gesellschaftliches Miteinander in sozialer Harmonie, in dem die Reaktionen anderer vorhersehbar werden. Aus deutscher, eher individualistischer Perspektive werden Regeln der Etikette oftmals dem authentischen Ausdruck der eigenen Person nachgeordnet. Spontaneität in öffentlichen Situationen ist erlaubt. Beide Handlungsweisen irritieren jedoch Chinesen und werden eher weniger geschätzt.

Regelrelativismus

»Wichtiger als gute Gesetze ist ein guter Beamter.« Dieses chinesische Sprichwort illustriert die konfuzianische Lehre, dass es nicht möglich ist, ein Volk mit festgeschriebenen und abstrakten Gesetzen zu beherrschen, sondern es auf die Moral und den Charakter der Herrschenden ankommt. Regeln haben keinen absoluten Status wie zum Beispiel in Deutschland, sondern müssen in ihrem Kontext interpretiert werden und an veränderte Situationen flexibel angepasst werden. Dies führt immer wieder in der interkulturellen Zusammenarbeit zwischen Chinesen und Deutsche zu Reibungspunkten, wenn es um die Anfertigung und Einhaltung von vertraglichen Regelungen geht. Wichtiger als kleingedruckte Zusatzklauseln ist für die Geschäftsbeziehung eine tragfähige persönliche Beziehung, mit der die vielfältigen Wechselfälle des menschlichen Lebens gemeinsam gemeistert werden können. Zu differenzierte Regelungen werden als eher hinderlich und konfliktfördernd betrachtet. Deutsche werden auf diesem Hintergrund auch häufig als rigide, stur und unflexibel von ihren chinesischen Partnern wahrgenommen, während sie selbst die chinesischen Partner manchmal als unzuverlässig, chaotisch oder gar hinterhältig einschätzen. Im kommunikativen Verhalten zeigt sich dieser Kulturstandard durch die Vermeidung von eindeutigen Aussagen und die Betonung der Umstände, die zu einer Anpassung von Regeln führen müssen.

Kulturhistorische Verankerung: Zwar hatten die sog. »Legalisten« im 3. Jahrhundert v. Chr. gegen die konfuzianische Betonung der Charaktererziehung Stellung bezogen und in der Qin-Dynastie (221–206 v. Chr.) einen auf absoluten Gesetzen beruhenden Staat begründet, aber das breite Volk schloss sich dieser Denkweise nicht an. Nur kurze Zeit später wurde wieder die konfuzianische Linie der Charakterschulung verfolgt. Staat und Gesellschaft sollten nach ihr durch Moral, Menschlichkeit und Tugend gelenkt werden und nicht durch abstrakte Gesetze. Auf der Grundlage dieser Auffassung entwickelte sich ein Rechtsempfinden, das sich von der deutschen Auffassung stark unterscheidet. Während nach deutscher Rechtsauffassung nach dem römischen Grundsatz »Pacta sunt servanda« (Verträge müssen eingehalten werden) gehandelt wird, gilt ein solcher Satz in China nicht in dieser Absolutheit, sondern ist abhängig von den Kontextbedingungen.

Zurück zum Fallbeispiel

Auf der Grundlage der dargestellten chinesischen Kulturstandards lässt sich nun nachvollziehen, was wohl die chinesischen Kontaktpartner bei der Begegnung mit Herrn Vietkau empfunden haben.

Über sich selbst denken sie:
- Wir sind aufgrund der Möglichkeiten des riesigen chinesischen Markts begehrte Verhandlungspartner für ausländische Firmen.
- Das Angebot der Firma, zu der dieser Herr Vietkau gehört, ist durchaus interessant, aber wir wollen ihn zunächst einmal kennen lernen und prüfen, ob daraus eine tragfähige Geschäftsbeziehung werden kann.
- Wir wollen ihm zeigen, dass wir sein Angebot schätzen, indem wir einen Empfang organisieren und ihn möglichst reichlich bewirten.
- Nachdem er anscheinend unsere Firma und China nicht sonderlich schätzt, haben wir das Interesse an einer Kooperation mit ihm und seiner Firma verloren.

Über Herrn Vietkau denken sie:
- Was für ein unhöflicher Mensch! Nicht nur, dass er anscheinend unsere Speisen und Getränke nicht mag, er bemüht sich nicht einmal, das mit Anstand zu überdecken.
- Man kommt gar nicht persönlich an ihn heran! Er weicht allen privaten Fragen aus und versucht ständig und penetrant, das Gespräch auf die Arbeit zu lenken.
- Noch dazu wirkt er reichlich arrogant. Erst bringt er die gute Stimmung beim Empfang zum Erliegen und dann beginnt er auch noch, seine eigene Firma und deren Produkte zu bejubeln.

Zieht man nun die Kulturstandards heran, werden diese Einschätzungen verständlich.

Soziale Harmonie

Eine gute Geschäftsbeziehung hängt ab von der Harmonie zwischen den Geschäftspartnern. Deshalb haben die chinesischen Partner diesen Empfang veranstaltet und versucht, zu Herrn Vietkau eine gute persönliche Beziehung herzustellen. Alle Fragen, die Herr Vietkau als indiskret empfand, waren Ansätze, um ihn näher kennen zu lernen. Herr Vietkau ging auf diese Harmonieangebote nicht ein, eine Grundlage für eine gemeinsame geschäftliche Zukunft war in der Folge für die chinesischen Partner nicht gegeben.

Hierarchie

Die Anwesenheit des chinesischen Geschäftsführers lässt auf ein großes Interesses der chinesischen Seite an einer Kooperation schließen. Die Bedeutsamkeit einer Situation wird durch die Anwesenheit hierarchisch hochgestellter Personen symbolisiert. Ein gelungener Beziehungsaufbau zu dem Geschäftsführer hätte Herrn Vietkau einige Wege zum guten Geschäftsabschluss ebnen können. Die Kennenlernfragen der chinesischen Partner zielten neben dem Beziehungsaufbau auch darauf ab, das soziale Netzwerk und die Position von Herrn Vietkau darin zu analysieren. Da die Erhaltung der sozialen Harmonie darauf abgestellt ist, dass Personen entsprechend ihrem gesellschaftlichen Rang angesprochen und behandelt werden, sind solche Fragen zur Orientierung neben der obligatorischen Visitenkarte essenziell.

Guanxi und Renqing

Wenn Herr Vietkau und seine Firma jemals in China etwas verkaufen wollen, so brauchen sie Verbindungen *(guanxi)* in den chinesischen Markt. Die Gelegenheit zur Herstellung einer ersten Verbindung war günstig, wurde aber durch das ungeschickte Agieren von Herrn Vietkau vorerst zunichte gemacht. Er hat die in ihn gesetzte »Gefühlsinvestition« nicht gerechtfertigt und kann deshalb auch nicht erwarten, noch weitere Unterstützung durch den chinesischen Partner zu erhalten.

Gesichtgeben und -nehmen

Der Empfang mit der Anwesenheit des Geschäftsführers ist eine für Herrn Vietkau gesichtgebende Handlung. Er erweist sich dieser Ehre aber als unwürdig, da er selbst nicht in der Lage ist, seinen Gastgebern Gesicht zu geben. Vielmehr ist das bedroht durch Herrn Vietkaus nicht zu übersehende Abneigung gegenüber chinesischen Kulturtraditionen. Dass er schließlich den Empfang dazu nutzt, um die Produkte seiner eigenen Firma zu preisen, ist seinem Gesicht genauso abträglich wie dem der anderen Personen, die dieser für sie peinlichen Situation beiwohnen müssen.

Etikette: Bescheidenheit und Höflichkeit

Um die soziale Harmonie in einer Situation aufrechterhalten zu können, existiert eine ausdifferenzierte Sammlung an Höflichkeitsregeln. Der zentralen Regel, nämlich sich selbst bescheiden zu geben, aber dem Gegenüber Respekt zu zollen, ist Herr Vietkau in dieser Situation nicht gefolgt. So wäre es durchaus möglich gewesen, einige lobende Worte über China zu verlieren, etwa die chinesische Küche zu rühmen, die jahrtausendealte Kultur zu bewundern oder den chinesischen Kontaktpartnern eine Freude zu bereiten, indem er deren Fortschrittlichkeit betont. Das »Höflichkeits-Ping-Pong« hat er mit seinem Handeln eindeutig verloren. Dabei hatte es ihm die chinesische Seite mit ihren Angeboten zum Beziehungsaufbau durchaus leicht gemacht.

Generalisierung

In vergleichenden Untersuchungen bei Managern, Sprachdozenten und Studenten in der VR China, Hongkong und Taiwan mittels der Kulturstandardmethode ergaben sich eine Vielzahl von Übereinstimmungen (Thomas u. Schenk 1996). Durch die längere internationale Offenheit Hongkongs und Taiwans sind westliche Gepflogenheiten gewohnter, so dass manchmal der Eindruck bei deutschen Managern entsteht, dass Kulturunterschiede dort nur von marginaler Bedeutung seien. Jedoch relativiert sich dieser Eindruck recht schnell, sobald komplexe und schwierige Entscheidungen getroffen werden müssen. Dann erweisen sich in allen drei Kulturregionen für deutsche Kulturangehörige folgende Kulturstandards in der Zusammenarbeit als bedeutsam:
– soziale Harmonie,
– Hierarchie,
– Guanxi,
– Gesichtgeben und -nehmen,
– Etikette: Bescheidenheit und Höflichkeit,
– Regelrelativismus.

Eine chinesischer Spruch lautet:
»Wir konnten Ihnen nur Backsteine hinwerfen und hoffen Jadesteine in Ihrer Kritik zurückzuerhalten.«

Literatur

Hanlin, L. (1991): Die Grundstruktur der chinesischen Gesellschaft. Vom traditionellen Klansystem zur modernen Danwei-Organisation. Opladen.

Liang, Y. (2000): Wertemanagement in deutsch-chinesischen Kooperationen. In: Wieland, J. (Hg.), Dezentralisierung und weltweite Kooperation. Die moralische Herausforderung der Unternehmen. Marburg, S. 87–122.

Liang, Y. (1996): Sprachroutinen und Vermeidungsrituale im Chinesischen. In: Thomas, A. (Hg.), Psychologie interkulturellen Handelns. Göttingen, S. 247–268.

Sun, L. J. (1994): Das ummauerte Ich. Die Tiefenstruktur der chinesischen Mentalität. Leipzig.

Thomas, A.; Schenk, E. (1996): Die Handlungswirksamkeit von Kulturstandards in der Interaktion zwischen Deutschen und Chinesen. Abschlussbericht zum Forschungsprojekt der VW-Stiftung, AZ II/673621. Institut für Psychologie, Abteilung Sozialpsychologie, Universität Regensburg.

Thomas, A.; Schenk, E. (2001): Beruflich in China. Trainingsprogramm für Manager, Fach- und Führungskräfte. Göttingen.

Masako Sugitani

4.2 Ostasien: Japan

Ein Fallbeispiel

Herr Suzuki, Generaldirektor einer japanischen Handelsfirma in Deutschland, wundert sich darüber, wie deutsche Mitarbeiter sich sprachlich behaupten können. Bei der Sitzung, bei der Verhandlung, aber auch bei den Unterhaltungen fällt ihm auf, dass deutsche Manager und Direktoren auch in hohen Positionen gern und viel reden, während er in Japan von seinen ehemaligen Vorgesetzten eher gelernt hat, wie man schweigt. Seiner Erfahrung nach haben dieses gewandte Sprachverhalten nicht nur gebildete Leute. An seinen Kindern hat er beobachtet, wie sie bereits in der Schule mit anderen deutschen Kindern lernen, frei zu sprechen, eigene Meinungen zu behaupten. Obwohl er geschickte Formulierungen seiner Kollegen schätzt und das aktive Sprachverhalten und offene Meinungsäußerungen wichtig findet, ist er doch manchmal irritiert, zumal ihm die Selbstbehauptungstendenz, sich selbst im guten Licht zeigen zu müssen, doch sehr auffällt. Zum aktiven Sprachverhalten und zur Meinungsäußerung kommen von vielen Japanern, die mit Deutschen zusammenarbeiten, ähnliche Aussagen. Wie wird es empfunden?

Verhaltensinterpretationen aus japanischer und deutscher Sicht

Zum Sprachverhalten der deutschen Kollegen meint Herr Suzuki: In Deutschland scheint die Fähigkeit hoch geschätzt zu werden, Meinungen zu äußern, sich sprachlich in der Öffentlichkeit gut darzustellen und zu behaupten. Dabei werden auch Dinge geäußert, die man sowieso schon weiß. Die Erwartung auf japanischer Seite, der Partner müsse von ihm Bescheid wissen, oder die Absicht, nicht aufdringlich zu erscheinen, kann von Deutschen insofern missverstanden werden, dass man nichts zu sagen habe oder sogar leistungsunfähig sei. Stark ausgeprägte Meinungsäußerungen kommen Herrn Suzuki manchmal wie das »Gesichtswahren auf deutsche Art« vor oder wie eine egoistische Selbstbehauptung. Demgegenüber können die Interpretationen von der deutschen Seite in folgenden Punkten zusammengefasst werden:

- Die Fähigkeit, sich aktiv an der öffentlichen Diskussion zu beteiligen, ist eine Verhaltensweise, die besonders seit den sechziger Jahren in der Schule wie in der Familie der mittleren und höheren Schicht besonders gefördert wird. Diese Fähigkeit wird prinzipiell von jedem erwartet.
- Diskussionsbeiträge und freie Meinungsäußerungen sind ein wichtiges Lernverhalten, das auch bei der Leistungsevaluation zählt.
- Im Berufsleben ist es wichtig, dass man durch die Meinungsäußerung die eigene Kompetenz darstellt und die Kommunikations- und Existenzbasis am Arbeitsplatz aufbaut.
- Freie Meinungsäußerung und die aktive Selbstdarstellung gehören zum Selbstbewusstsein, das mit dem Selbstwertgefühl des einzelnen Menschen eng verbunden ist.

Differenzen in den Interpretationen

Aus dem Vergleich kann entnommen werden, dass es für Japaner leicht verständlich ist, dass Deutsche aktives Sprachverhalten und explizite Meinungsäußerung im Allgemeinen hoch schätzen und als Leistungsmerkmal ansehen. Demgegenüber werden zwei weitere Aspekte gut verstanden: zum einen der Zusammenhang mit der politischen Kultur und zum zweiten die Wahrung und Stärkung des Selbstbewusstseins und der eigenen Individualität, wodurch man mehr soziales Prestige im sozialen Kontext erwerben kann. Dies wird eher unter dem Begriff des Individualismus und einer tendenziell als egoistisch interpretierten Selbstbehauptungstendenz konnotiert. Stark generalisierend konnten unterschiedliche Tendenzen im Sprachverhalten zwischen Japanern und Deutschen in einer mehr formalisierteren Kommunikation wie im Beispielfall festgestellt werden. Obwohl Japaner im engeren, privaten Kreis durchaus rege Gespräche führen, kann das eher schweigsame, passive Verhalten in halboffiziellen Situationen manchmal zur Konfliktquelle werden.

Wie könnte diese unterschiedliche Einstellung erklärt werden?

Beschreibung zentraler japanischer Kulturstandards

Zu tendenziellen Unterschieden im Sprachverhalten können aus Untersuchungen zu japanisch-deutschen kritischen Interaktionssituationen (Sugitani 1996, 1997) sowie weiteren Forschungen (Kimura 1972/1995; Schubert 1992) zwei zentrale Kulturstandards aus der japanischen Sicht formuliert werden: die starke Kontextorientierung und die Beziehungsorientierung. Obwohl diese sich aufeinander beziehen, sollen sie im Folgenden getrennt und jeweils in relevanten Subkategorien beschrieben werden. Im letzten Teil wird dann diskutiert, ob mit diesen zentralen Kulturstandards ein Selbstkonzept in enger Verbindung steht, das sich vom individualistischen Konzept unterscheidet.

Starke Kontextorientierung

Nach E. T. Hall und Hall (1985) gehört Japan zum Kulturkreis des stärkeren Kontextbezugs (high-context culture) und Deutschland zum eher schwachen (low-context culture). Der Begriff »Kontext« ist für das Verständnis japanischer Kulturstandards von zentraler Bedeutung und komplex. Unter dem zentralen Kulturstandard »starke Kontextorientierung« könnten folgende Handlungsorientierungen als wirksam angesehen werden.

Geringerer Verbalisierungsgrad:fs24 Die von Hall und Hall (1985) stammende Begrifflichkeit bezieht sich in erster Linie auf den unterschiedlichen Grad der Verbalisierung sowie auf die Betonung des verbalen Teils der Kommunikation. Dieser Kulturstandard beschreibt die Verhaltenstendenz, dass man sich bemüht, die sprachliche Mitteilung stärker in Abhängigkeit vom Hintergrund und von situativen Informationen zu formulieren, die beim Partner als bekannt vorausgesetzt werden, von non- und paraverbalen Signalen und vom dichten, beziehungsorientierten Informationsnetz zu formulieren. Hierzu können vergangene Sachverhalte zählen (gemeinsam geteilte Hintergrundinformationen), die aus dem im Vergleich zu Deutschland relativ größeren, gemeinsamen Zeitraum stammen, weil in Japan die Fluktuation der Mitglieder einer sozialen Gemeinschaft relativ gering ist und so die tradierten und angesammelten Informationen umfassender sein können. Da bei der Sinnkonstruktion die sprachliche Mitteilung weniger isoliert im Mittelpunkt steht, wird ihre Klarheit und Präzision, die den Sachverhalt zu sehr festlegen könnte, nicht so hoch geschätzt wie im Kulturkreis mit schwachem Kontextbezug. Wichtig ist vielmehr, die Gesamtbedeutung anhand der verbalisierten Botschaft mit verschiedenen Informationen aus dem Kontext adäquater zu rekonstruieren.

Intensivere Kontextstudie: Da der Verbalisierungsgrad nicht so hoch ist, sind zum Gelingen der Kommunikation die Aktivitäten auf der Hörerseite unerlässlich. Man sollte genügend Kontextinformationen sammeln können oder im Informationsnetz am gemeinsamen, physischen wie psychischen Kontext beteiligt sein, um mit Sachfragen adäquater umgehen zu können. Der Kontaktaufnahme kann deshalb eine intensive Informationssammlung vorausgehen, wobei Mittler und vermittelnde Instanzen für offene bis kritische Fragen und für den Vertrauensaufbau eine gewichtige Rolle spielen. Wenn eine Person in ein neues Feld eintritt, wird sie sich eher zurückhalten und mehr Zeit dafür investieren, den sozialen und sachbezogenen Kontext zu studieren. Es wird eher vermieden, ein schnelles Urteil zu äußern. Die »Schweigsamkeit« und die vorsichtigen Äußerungen neuer Mitgliedern werden als normal akzeptiert und weniger als Mangel an Sachkompetenz interpretiert. Im Berufsleben können darüber hinaus informelles Beisammensein nach der Arbeitszeit und Überstunden für die Informationssammlung hilfreich sein.

Stärkere Feldorientierung und die vertikale Organisationsstruktur: Wenn unter dem Begriff »Kontext« mehr das gemeinsame Feld verstanden wird, ergibt sich ein weiterer Kulturstandard: eine stärkere Orientierung in Bezug auf das Handlungsfeld (»Ba«). Nakane (1985) hat herausgearbeitet, dass in der japanischen Organisation der gemeinsame Arbeitskontext bei der Gruppenbildung von entscheidenderer Bedeutung ist als die individuell und unabhängig vom jeweiligen Handlungskontext erworbene persönliche Qualifikation wie beispielsweise in Deutschland. Als ein Beispiel dafür könnten die in Japan verbreiteten Betriebsgewerkschaften (company union) angeführt werden. Aus dem Grund nennt Nakane das japanische Strukturierungsprinzip das »vertikale« und das europäisch-amerikanische das »horizontale«. In der vertikalen Organisationsstruktur wird das gemeinsame Feld gegen außen viel schärfer abgegrenzt als bei der horizontalen. Die Verhaltensunterschiede gegenüber den In-group- und Out-group-Mitgliedern ist charakteristisch. Die In-group besteht aus den in demselben Feld agierenden Mitgliedern. Sie wird durch die gemeinsamen Aufgaben und durch die Face-to-face-Kommunikation im Alltag zu einem sozial dichten und mentalen Kontext entwickelt. So ist unter den Gruppenmitgliedern ein affektiv gefärbter Kommunikationsstil in einer informellen Situation eher gefordert. Die vertikale Struktur bildet eine Hierarchie mit relativ kleinen Abstufungen und entsprechenden Statusrollen. Die rollenkonforme Verhaltensweise ist zwar auffallend (etwa in der Anredeform, im Gebrauch der Honorativa usw.), die Machtbefugnis sowie Kompetenz eines Statushöheren können jedoch mit denen der horizontalen Struktur nicht gleichgesetzt werden. Bei der vertikalen Struktur wird die Sachkompetenz des Vorgesetzten schon vorausgesetzt und wird weniger in der Weise demonstriert, die Machtdistanz zu den Mitarbeitern zu vergrößern. Für eine reibungslose Aufgabenführung ist der Vorgesetzte vielmehr von der sozialen Akzeptanz der unteren Schicht abhängig (Ishida 1982).

Zugehörigkeitsprinzip: Dieser Kulturstandard beschreibt eine intensivere Teilnahme am Berufsleben, das eine weniger scharfe Abgrenzung zum privaten Lebensbereich zeigt. Es wird unterschieden vom Kontraktprinzip, bei dem man mit einer individuell, mehr oder minder kontextunabhängig erworbenen sowie gültigen Qualifikation partiell zum Berufsleben gehört und sich aufgrund der Fachkompetenz behauptet (Mito 1982). Die unterschiedlichen Prinzipien können auf verschiedene Verhaltensweisen einwirken. So kann beim Kontraktprinzip ein offener Umgang mit Fehlern und Schwächen erschwert werden, weil diese als Mangel an Kompetenz verstanden werden könnten, während beim Zugehörigkeitsprinzip die erworbene Mitgliedschaft weniger dadurch in Frage gestellt werden würde. Bei der Statuszuweisung kann die Zugehörigkeitsdauer ein konstitutives Merkmal besitzen, woraus das Senioritätsprinzip abgeleitet werden kann und für das die Bezeichnungen »Sempai« (Dienstältere) und »Kouhai« (Dienstjüngere) typisch sind. Durch die intensive Zugehörigkeit kann darüber hinaus eine relativ schnelle, auch innovative Verhaltensänderung stattfinden. Wenn eine Änderung der Konstellation in personeller oder materieller Hinsicht eintritt, kann dies einen Kontextdruck ausüben und einen pragmatisch orientierten Änderungsprozess einleiten. Dadurch kann trotz der allgemeinen Traditionswahrung eine Veränderung zügig vollzogen werden. Zum Zugehörigkeitsprinzip trägt der Tatbestand bei, dass eine funktionierende Berufsausbildung erst nach dem Eintritt in ein Unternehmen (Nyuusha) gewährleistet wird. Die dadurch erworbene Qualifikation kann auch oft nur kontextbedingt, also betriebsintern, eine vollwertige Anerkennung genießen. Durch das Zugehörigkeitsprinzip erfolgt über den Erwerb einer vollwertigen Mitgliedschaft eine lange, oft lebenslange Beschäftigung. Es ist allerdings zu fragen, wie sich diese in Verbindung mit dem Kulturstandard des »Zugehörigkeitsprinzips« in der wirtschaftlichen Rezession ändern wird.

Zusammenfassend sollte unter dem zentralen Kulturstandard starker Kontextorientierung und dessen Subkategorien die Relevanz des Kontexts bei der produktiven sowie rezeptiven Kommunikationshandlung unterstrichen werden. Wenn die soziale Handlung nicht nur als Entscheidung von einem als autonom vorgestellten Ich, sondern als ein Korrelat von Person und Umfeld betrachtet wird, so beschreibt dieser zentrale Kulturstandard eine Verhaltenstendenz, die den Umfeldfaktoren relativ große Bedeutungen zuschreibt. Die Einflussnahme der situativen, kontextorientierten Gegebenheiten scheint mehr berücksichtigt zu werden. Einen wichtigen Teil des Umfelds konstituieren Mitmenschen. Im nächsten Teil sollte auf die Bedeutung menschlicher Beziehungen, des zweiten zentralen Kulturstandards, eingegangen werden.

Beziehungsorientierung

Dieser Kulturstandard beschreibt solche Verhaltenstendenzen, die bei der Kommunikation für die Erhaltung guter menschlicher Beziehungen und für die Herstellung einer guten Atmosphäre Vorrang haben vor dem Sachverhalt selbst. Daraus können folgende Handlungsorientierungen abgeleitet werden.

Spezifische Vorstellung der menschlichen Beziehung: Menschliche Beziehungen werden weniger als eine mehr oder minder abgegrenzte »local connection« verstanden, auf die man je nach individueller Entscheidung eingeht. Sie können, metaphorisch formuliert, als »Ergebnis der Aktivierung des potenziell vorhandenen Beziehungsnetzes im Umfeld einer Person« (»human nexus« nach Hamaguchi 1982) verstanden werden, das aus der »En«-Vorstellung des Buddhismus stammt. So kann man beim Gelingen oder Nicht-Gelingen einer guten Beziehungsherstellung sagen: »Es ist ein gutes oder kein gutes En vorhanden.« Dadurch können zwar Mängel, Inkompetenz, keine Möglichkeit des Aneinander-Anpassens und so weiter signalisiert werden, doch werden diese weniger als Folge der individuellen Entscheidungen und Handlungen denn als Folge der Kontextbedingungen formuliert, die über den Kontroll- und Einflussbereich der beteiligten Personen hinausgehen.

Beziehungspflege: Die einmal zustande gekommene Beziehung sollte gepflegt werden, wofür es mehrere konventionalisierte Formen gibt. Repräsentativ sind der Austausch von Begrüßungen zum Neujahr, Sommer- und Wintergeschenk und so weiter, die weitgehend institutionalisiert sind. Unter den Mitgliedern eines gemeinsamen Feldes sind affektiv orientierte Beisammenseins-Formen typisch: Die Teilnahme am Treffen nach dem Dienst im Lokal (mit Karaoke-Singen), an der Jahresendfeier (Bounenkai) und so weiter hat wegen des Zugehörigkeitsprinzips einen verpflichtenden Charakter (aus »Tsukiai«: Umgang, vor allem mit Kollegen). Hingegen gilt in der Regel der individuelle Geburtstag kaum als Anlass zur institutionalisierten Beziehungspflege. Für die mehr oder minder formalisierte Beziehungspflege ist in den meisten Unternehmen die Abteilung »Soumu« (General Administration, Zentralsekretariat) zuständig. Über den Geschenkaustausch hinaus ist

eine ihrer wichtigsten Aufgaben die Durchführung der aufwändigen Todes-
feier von ranghöheren Persönlichkeiten (Shasou), die symbolisch der Iden-
titätsbildung, aber auch der Demonstration guter Beziehungen dient (Nakamaki 1999).

Konfliktvermeidung: Zur Wahrung guter Beziehungen wird möglichst vermieden, Konflikte offen auszutragen. Statt direkt auf das Sachproblem zuzugehen, kann als Lösung das Arrangement des sozialen oder materiellen
Kontexts fungieren. Auf der Personenebene wird tendenziell mehr auf die
Erhaltung guter Beziehungen geachtet als auf materiellen Gewinn (Ohbuchi 1997). Wenn der Konflikt unter den Mitgliedern der In-group offen
ausgetragen wird, so könnte dies die Integrität der Mitgliedschaft in Frage
stellen. In einem solchen Fall kann man mit der Zeit einen gemeinsamen
Kontext aufbauen, um dadurch zu einem Kompromiss zu kommen. Im
Allgemeinen wird durch diverse Strategien wie indirektes Ablehnen der
Sprecheraussage und -absicht, moderaten Emotionsausdruck, Einschalten
eines Dritten versucht, das Gesicht des Anderen zu wahren und eine negative Eskalation zu vermeiden. Wie die »En«-Vorstellung zeigt, kann bei negativen Entscheidungen auf die Formulierung von Kontextbedingung zurückgegriffen werden, die weniger auf individuelle Entscheidungsfolge und
Verantwortung hinweisend wirkt. Das Konflikt vermeidende Verhalten
wird teilweise durch die Sozialisation verstärkt. Nach kulturvergleichenden
Untersuchungen halten Mütter in den USA oder Deutschland die Fähigkeit
ihrer Kinder, sich sprachlich zu behaupten, für ein wichtiges Erziehungsziel. Demgegenüber nehmen bei japanischen Müttern die Emotionskon-
trolle und die Rücksichtnahme auf die anderen eine vergleichbare Stelle ein
(Azuma 1994; Trommsdorff 1989; Schubert 1992). In der sprachlichen
Kommunikation gelten traditionell das Erraten der Absicht (Sasshi) und
Sich-Zurückhalten (Enryo) als wichtige Regeln, so dass eine direkte, negative Aussage leicht vermieden werden kann.

Tendenzielle Unterschiede im Selbstkonzept

Die unterschiedliche Bewertung der sprachlich aktiven Verhaltensweise
von deutschen Kollegen in der Fallgeschichte zeigte, dass die Wahrung und
Stärkung des Selbstbewusstseins sowie der Aufbau einer eigenen Kommu-
nikations- und Existenzbasis von den Japanern weniger als eine egoistisch
anmutende Selbstbehauptung wahrgenommen wurde. Demgegenüber
wirkte das Verhalten japanischer Kollegen aus der Sicht der Deutschen eher

zurückhaltend, passiv, manchmal leistungsunfähig. Es wurde versucht, diese Unterschiede anhand zweier zentraler Kulturstandards, der starken Kontextorientierung sowie der Beziehungsorientierung, zu erklären. Wie die Ausführungen nahe legen, konnten diese Unterschiede mit dem Begriffspaar Individualismus versus Kollektivismus erfasst werden. Der Kollektivismus wird dabei als eine Einstellung verstanden, bei der das Interesse am Kollektiv dominanter ist als das am Individuum. Diese Sichtweise setzt prinzipiell einen Interessenkonflikt zwischen dem Kollektiv und dem Individuum voraus, das ein vom Umfeld und Mitmenschen weitgehend unabhängiges, autonomes Selbst besitzt. Die unterschiedliche Einstellung des Individuums im Verhältnis zum Kollektiv spiegelt sich auch in der allgemeinen Vorstellung und Erwartung menschlicher Beziehungen wider, wie dies das »En«-Konzept aus japanischer Sicht gezeigt hat. Diese spezifische Auffassung von Beziehungen steht im Zusammenhang mit dem Konzept vom Selbst, das die dargestellten zwei zentralen Kulturstandards mehr aus der Innensicht des Kollektivismus erklären würde.

Mensch und Zwischenraum als flexible Einheit oder »Kontextualismus«

In Anlehnung an Hsu (1971) und Kimura (1972) stellt Hamaguchi (1982) hypothetisch zwei Arten handelnder Lebenssysteme vor, die durch die Interaktion mit dem Umfeld eine balancierte psychosoziale Homöostase zu erhalten versuchen. Das eine ist ein selbstreferenzielles, independentes Subjektsystem, das ein autonomes, partner- und handlungsfeldübergreifendes Selbst voraussetzt. Sein ideales Bild ist eine unabhängige Persönlichkeit. Das andere Subjektsystem ist interdependent, wesentlich vom Partner und dem Handlungsfeld abhängig. Es wird deshalb auch »Intersubjekt« genannt. Während die independente Persönlichkeit ein relativ scharf abgegrenztes Ich-Bewusstsein hat, ist für die interdependente Persönlichkeit eine psychische Schicht um das Ich-Bewusstsein charakteristisch, die affektiv eng mit dem sozialen Umfeld, mit den Mitmenschen verbunden ist und vertraute Artefakte und Lebenskultur mit einschließt. Mit anderen Worten stellt das enge affektive Umfeld einen konstitutiven Teil des Selbstkonzepts dar. Dieses Selbst hat »den Grund seines Bestehens nicht innerhalb seiner selbst, sondern wie das Zenwort ›Schau unter deine Füße!‹ suggeriert, liegt die Grundlage des eigenen Ich in Wirklichkeit ›absolut außerhalb des Ich‹« (Kimura 1972). Bei der Identifizierung des Ich und des jeweils Anderen sollte die Beziehung, nach Kimura »das Zwischen Mensch und Mensch«, das Primat haben. Das interdependente Selbstkonzept wird im Japanischen mit dem zusammengesetzten chinesisch-japanischen Zeichen »Kan-jin« genannt.

»Kan« kommt von »Zwischenraum« (Aida) und »Jin« von »Mensch« (Hito). Übersetzt wird es als »contextual« im Gegensatz zu »individual«. Der »Kontextualist« versteht sich deshalb als ein »Mensch im Zwischenraum von Mitmenschen«. Bei der Kommunikation hat der Beziehungsrahmen den Vorrang und erst nach dessen Festlegung kann der Sachverhalt sprachlich formuliert werden. Das »Kanjin«-Konzept beziehungsweise das »Intersubjekt«, das sich vom Individualismus unterscheidet, wird nach mehreren kulturvergleichenden Untersuchungen auch von Kitayama et al. (1997) empirisch bestätigt.

Relative Selbstbezeichnung

Eine relative Selbstdefinition kann auch im Bereich der Personenbezeichnung festgestellt werden. Es ist bekannt, dass im Japanischen der Gebrauch der ersten und der zweiten Personalpronomen nicht automatisch durch die Sprecher- und Hörerrolle definiert wird (Suzuki 1986). Sie ist vielmehr von dem Partner oder den Partnern abhängig. Ferner bedeutet die Selbstbezeichnung »Jibun« im Japanischen »den eigenen Teil des gemeinsam vorgestellten ganzen Felds«. Anhängsel dazu stellen »Shokubun«, »der eigene Teil im ganzen Arbeitsfeld« und das Begriffspaar »Oyabun« und »Kobun«, »der Eltern- und Kinder-Teil«, dar.

Zusammenfassend konnte als charakteristisch betrachtet werden, dass das japanische Selbst weniger auf ein autonomes, selbstreferenzielles Individuum als auf ein von dem Mitmenschen, den sozialen Beziehungen und dem Handlungsfeld abhängendes Konzept hinweist, das deshalb eher kontextualistisch genannt werden kann. Wenn ein Kontextualist in ein gemeinsames Handlungsfeld eintritt, sollten gleichzeitig die allgemein erwartbaren sozialen Voraussetzungen auch als vorhanden betrachtet werden. Hier könnte ein Hauptgrund dafür liegen, warum die sprachliche Selbstdarstellung der Deutschen (im Deutschen mit »Sichselbstproduzieren« bezeichnet) von den Japanern als »stark« bis »zu aktiv« empfunden wird und dabei das Bedürfnis, die eigene Basis im sozialen Kontext aufzubauen, weniger wahrgenommen wird. Dagegen wirkt die japanische Verhaltensweise schweigsam, passiv, leistungsunfähig, bis »extrem undurchsichtig«, ja sogar »hinterhältig«.

Exkurs: Historischer Hintergrund von Kontextualisten

Das stark kontextabhängige Selbstkonzept hat eine wichtige Wurzel in der historisch gewachsenen Lebenspraxis. Während in Europa im 19. Jahrhundert der Begriff »Individualismus« voll entwickelt war, wurde in Japan ein Mensch innerhalb eines sozialen Kontextes mit einer (vorgegebenen) Rolle zum Reflexionsgegenstand gemacht (vgl. Bitou 1992). Das Leben in der feudalen Edo-Zeit bis zur Öffnung des Landes 1868, in der die Mobilität untersagt war, hat dabei einen entscheidenden Einfluss. In der Dorfgemeinde war man für die Gewinnung der Grundnahrungsmittel (Reisbau und Fischerei) sowie die Bewältigung der oft heimsuchenden Naturkatastrophen (Taifun und Erdbeben) miteinander existenziell auf die Kooperation angewiesen. Bei Bauernaufständen gegen existenzvernichtende Steuereintreibungen war auch der spontane wie gezwungene Zusammenschluss von Mitgliedern, der über die Dorfgrenze hinausgehen konnte, unerlässlich (Yasumaru 1974).

Fazit

Es wurde, teilweise stark generalisierend, versucht, zwei zentrale Kulturstandards, die Kontext- und Beziehungsorientierung, zu beschreiben, weil diese bei der Interaktion von Japanern mit Deutschen wirksam werden können. Die charakteristischen Unterschiede sind oft unter dem Begriffspaar Individualismus versus Kollektivismus erfasst. Ihnen liegt jedoch ein unterschiedliches Selbstkonzept des Kontextualismus zugrunde, der aus japanischer Sicht erklärt wurde. Relativ große Bedeutungszuschreibungen zu Umweltfaktoren werden auch aus kulturvergleichenden Forschungen ermittelt. So scheinen der im europäisch-amerikanischen Kulturkreis bekannte »fundamentale Attributionsfehler« bei japanischen Probanden weniger aufzutreten, weil diese in der Sozialisation ziemlich früh die Unterscheidung von »Honne« (persönliche Meinung, Handlungsentscheidung) und »Tatemae« (soziale Erwünschtheit, Normverhalten) erlernten (Kashiwagi et al. 1997). Es ist möglich, dass weitere Forschungen unterschiedliche Verhaltenstendenzen aus der kollektivistischen Sicht erklären können. Die dargestellten Kulturstandards sollten aber nicht als Stereotype verstanden werden, sondern vielmehr als Orientierung bei der Interpretation einer konfliktauslösenden Handlung dienen und dabei helfen, diese *im Kontext* zu betrachten.

Literatur

Azuma, H. (1994): Nihonjin no shitsuke to kyouiku (Aufziehung und Erziehung der Japaner). Tokyo. [J]*

Bitou, M. (1992): Was war die Edo-Zeit? Tokyo. [J]

Hall, E. T.; Hall, M. R. (1985): Verborgene Signale. Über den Umgang mit Japanern. Hamburg.

Hamaguchi, E. (1982): Nihonjin no ningen moderu to aigdagara (Das Modell von Menschen und die Aidagara-Beziehung von Japanern). In: Ningenkagakubu Kiyou, Universitat Osaka. J, 8, 209–240. [J]

Hsu, F. L. K. (1971): Psychological Homeostasis and Jen. American Anthropologist 73(1): 23–44.

Ishida, H. (1982): Nihongata hyuuman risousu maneejimento – katei to kouzou (Human resource management im japanischen Stil – Prozess und Struktur). Roudou-kyoukai zasshi 285: 13–21. [J]

Kashiwagi, K.; Kitayama, S.; Azuma, H. (Hg.) (1997): Bunka shinrigaku (Cultural Psychology: Theory and Evidence). Tokyo. [J]

Kimura, B. (1972): Zwischen Mensch und Mensch. Darmstadt, 1995.

Kitayama, S.; Markus, H. R.; Matsumoto, H.; Norasakkunkit, V. (1997): Individual and Collective Process in the Construction of the Self. Journal of Personality and Social Psychology 72(6): 1245–1267.

Mito, T. (1982): Das japanische und das europäische Modell der Organisation. In: Hamaguchi, E.; Kumon, S. (Hg.), Der japanische Groupism, S. 104–126. [J]

Nakamaki, H. (Hg.) (1999): Shasou no keiei jinruigaku (The Anthropology of Administration: Company Funerals). Osaka. [J]

Nakane, C. (1985): Die Struktur der japanischen Gesellschaft. Frankfurt a. M.

Ohbuchi, K. (Hg.) (1997): Funsou kaiketsu no shakai shinrigaku. (Sozialpsychologie des Konfliktlösens). Kyoto. [J]

Schubert, V. (1992): Die Inszenierung der Harmonie. Darmstadt.

Sugitani, M. (1996): Kontextualismus als Verhaltensprinzip. In: Thomas, A. (Hg.), Psychologie interkulturellen Handelns. Göttingen, S. 227–245.

Sugitani, M. (1997): Das Selbstkonzept im Sprachverhalten. In: Knapp-Potthoff, A.; Liedke, A. (Hg.), Aspekte interkultureller Kommunikationsfähigkeit. München, S. 41–64.

Suzuki, T. (1986): Language and behavior in Japan: The conceptualisation of personal relations. In: Lebra, T. S.; Lebra, W. P. (Hg.), Japanese Culture and Behavior. Honolulu, S. 142–157.

Trommsdorff, G. (Hg.) (1989): Sozialisation im Kulturvergleich. Stuttgart.

Yasumaru, Y. (1974): Nihon no kindaika to minshuushisou (Modernisierung Japans und Volksgeschichte). Tokyo. [1999]

*[J]: in japanischer Sprache

Hora Tjitra/Ulrich Zeutschel

4.3 Südostasien: Indonesien

Kickoff in Denpasar

Ein Projektteam aus drei Fachleuten eines deutschen Touristik-Konzerns reist nach Bali, um das indonesische Partnerunternehmen für ein geplantes Joint Venture kennen zu lernen und erste Gespräche zur Entwicklung eines Geschäftsplans zu führen. Es geht um ein anspruchsvolles Club-Reisekonzept mit dem Arbeitstitel »Selamat Datang Villages«, das zahlungskräftigen europäischen Touristen Wellness-Programme und kulturhistorische Exkursionen mit Unterkunft in authentischem – wenngleich luxuriösem – Ambiente bieten soll. Das deutsche Partnerunternehmen ist dabei für Marketing und Vertrieb zuständig, das indonesische für den Bau und das Management der Villages auf Bali und Lombok sowie für die Logistik der Tourprogramme. Gemeinsam sollen die Wellness-Einrichtungen und der gesamte Programm-Content konzipiert werden.

Bei ihrer Ankunft in Denpasar am Sonntagnachmittag werden die Deutschen von Pak Harianto, dem Leiter des indonesischen Planungsteams, und seinen beiden Mitarbeitern persönlich begrüßt und zum Hotel begleitet. Für den Abend sind sie zu einem gemeinsamen Festessen aller Beteiligten mit dem eigens aus Jakarta angereisten Vorstandsmitglied für Vertrieb und internationale Kontakte, Pak Wibowo, eingeladen. Herr Gernbacher, als Spezialist für Programmentwicklung das älteste Mitglied der deutschen Delegation, hat einen unerwarteten Auftritt, als er nach den Begrüßungsworten von Pak Wibowo aufgefordert wird, die Mahlzeit mit dem Anschneiden des »Nasi Tumpeng« zu eröffnen, einem safrangefärbten Reisegericht in Form eines Vulkans. Als weltgewandter Mensch erinnert er sich, dass dieses Ritual eine große Ehre bedeutet, und bemüht sich um entsprechend feierliche Worte, die allerdings in der Unruhe des beginnenden Servierens und den Vorbereitungen zum Auftritt einer balinesischen Tanzgruppe etwas untergehen.

Am nächsten Tag werden die deutschen Gäste von ihren indonesischen Gesprächspartnern durch ein attraktives und vielfältiges Besichtigungspro-

gramm begleitet. Während einer kurzen Reminiszenz zum Begrüßungses-
sen des Vortags erfahren sie eher beiläufig, dass die balinesische Tanzgruppe die angesehenste der ganzen Insel ist. Sie sind zunehmend überwältigt
von der Fülle der Eindrücke und etwas gestresst durch zahlreiche Kennen-
lerngespräche mit potenziellen Dienstleistungsanbietern und anderen Geschäftspartnern des indonesischen Unternehmens, deren Bezug zum Joint
Venture sich ihnen oft nicht erschließt, so dass ihnen meist schnell der Ge-
sprächsstoff ausgeht. Ihre wiederholten Versuche, zum Geschäftlichen zu
kommen, werden freundlich abgebogen mit dem Hinweis auf die für den
nächsten Vormittag angesetzte Planungsbesprechung in der Niederlassung
in Denpasar.

Die Planungsbesprechung am nächsten Morgen beginnt mit einer kleinen
Rede des Vorstandsmitglieds, Pak Wibowo, der sich bald danach aus der Be-
sprechung verabschiedet und die Moderation an Pak Yogantara übergibt. Die
Deutschen sind erleichtert, dass es nun »richtig« losgeht und Herr Reger, der
Marketing-Fachmann, endlich seine Präsentation über die Analyse des
Marktpotenzials des Joint Venture beginnen kann. Er legt gleich einige ziemlich detaillierte Folien über demographische Hintergründe der angepeilten
Zielgruppen auf, und Herr Gernbacher und Frau Frank, die Vertriebsexper-
tin, die dieses Datenmaterial zuvor noch nicht gesehen haben, steigen sofort
in eine lebhafte, bisweilen hitzige Debatte über die möglichen Schlussfolgerungen aus der Erhebung ein. Die Indonesier beteiligen sich anfänglich noch
durch besänftigende Kommentare und scherzhafte Bemerkungen, ziehen
sich bei mangelnder Resonanz auf ihre Beschwichtigungsversuche jedoch
zurück und verfolgen zunächst entgeistert, dann zunehmend gelangweilt das
vehemente Streitgespräch der Deutschen.

In der anschließenden Präsentation von Ibu Ratna, der jungen Location
Developerin, zu ersten Überlegungen zur architektonischen und Land-
schaftsgestaltung der Villages unterbrechen die Deutschen häufig durch
Fragen zu Details oder Bitten um Konkretisierung. Ibu Ratna antwortet darauf immer freundlich, selbst wenn die Betreffenden durch mehrfaches
und zuweilen eher skeptisches Nachfragen insistieren. Als Pak Yogantara,
der nach und nach eine Rolle als Besprechungsmoderator eingenommen
hat, vorschlägt, am Nachmittag eine spontane Tour zu einer der vorgese-
henen Village-Locations zu unternehmen, lehnen die Deutschen dies mit
dem Hinblick auf das noch nicht bewältigte Arbeitspensum strikt ab.

Die Weiterarbeit am Nachmittag schleppt sich eher mühsam dahin. Die
Deutschen versuchen, eine Reihe von Grundfragen zur Programmgestaltung zu klären, worauf die Indonesier nur zögernd eingehen, mit dem Hinweis, dazu sei es noch zu früh und vieles würde sich aus der weiteren Entwicklung des Village-Projekts ergeben. Den Deutschen ist das zu vage – sie
beharren auf einer »ganzheitlichen Perspektivplanung« und arbeiten müh-

sam auf einige Kernvereinbarungen hin, die in einem Pflichtenheft schriftlich festgehalten werden. Am Abend geben sie höflich, aber bestimmt zu
erkennen, dass der von ihren Gastgebern angesetzte gemeinsame Besuch
einer Karaoke-Bar für sie zu anstrengend sei und sie etwas Zeit für sich
selbst brauchten.

Am nächsten Morgen werden sie in der Niederlassung nicht von ihren
Gesprächspartnern erwartet, sondern zu einem Abschiedstee mit Pak Wibowo, der überraschend nach Jakarta zurückreisen muss, in ein Empfangs-
zimmer neben dem Büro des Niederlassungsleiters gebeten. Pak Wibowo
betont zunächst sehr nachdrücklich, wie viel Hoffnung sein Unternehmen
auf das Joint Venture setze und wie sehr allen an einem guten Gelingen der
Planungsgespräche gelegen sei. Dann erkundigt er sich eingehend nach ihrer Einschätzung der bisherigen Besprechungsergebnisse, worauf sie ihre
Enttäuschung über die spärlichen Resultate des gestrigen Planungstreffens
äußern. Nur der weltgewandte Herr Gernbacher findet noch ein paar an-
erkennende Worte zum anregenden Besichtigungsprogramm des ersten
Tags. Pak Wibowo wirkt nach diesen Kommentaren sehr besorgt, deutet
etwas von möglichen Unstimmigkeiten an und bietet nachdrücklich seine
persönliche Unterstützung an, um einen harmonischen Abschluss der Gespräche zu gewährleisten. Die Deutschen beeilen sich, dem Vorstandsmitglied zu versichern, dass es keinerlei Konflikte mit dem indonesischen Projektteam gebe – sie würden schon allein klarkommen und würden jetzt
gern den heutigen vorletzten Tag möglichst gut zur Weiterarbeit nutzen.
Pak Wibowo wünscht ihnen sehr herzlich nochmals ein gutes Gelingen und
wechselt beim Hinausgehen mit den vor der Tür wartenden indonesischen
Projektteammitgliedern einige Sätze, die diese mit großer Erleichterung
aufzunehmen scheinen.

Für die Deutschen unerwartet beginnt Ibu Ratna die heutige Besprechung mit einer aufwändig gestalteten Präsentation des völlig umgearbei-
teten Architekturkonzepts, das zu ihrem Erstaunen die meisten der am
Vortag gestellten Fragen und Bedenken berücksichtigt. Erst nachmittags erfahren sie in einem beiläufigen Pausengespräch, dass keiner ihrer indonesischen Gesprächspartner in der vergangenen Nacht mehr als zwei Stunden
geschlafen hat: Erst gab es eine Serie von abendlichen Krisengesprächen
mit der Niederlassungsleitung und mit Pak Wibowo zur augenscheinlichen
Verstimmung der deutschen Delegation, danach waren sie bis um 4 Uhr
morgens mit der gemeinsamen Überarbeitung des Architekturkonzepts
beschäftigt. Die weitere Konzeptionsplanung zu den Wellness-Program-
men an diesem Tag verläuft sehr konstruktiv, weil beide Seiten einen
vergleichbaren Informationsstand haben und die im Brainstorming geäu-
ßerten Ideen dank der geschickten Moderation von Pak Yogantara gut aufeinander aufbauen.

Auch der letzte Tag beginnt recht positiv: Letzte Klärungspunkte zum Programmkonzept können schnell abgehakt werden und aufbauend auf sehr pragmatischen und handhabbaren Vorschlägen der Indonesier gelingt es, konsensfähige Lösungen für die zuvor (meist von den deutschen Teilnehmern) herausgearbeiteten Problemstellungen zu finden. Spannungen kommen allerdings auf, als Pak Harianto, der Leiter des indonesischen Teilteams, nochmals auf die am ersten Besprechungstag »festgeschriebenen« Vereinbarungen im Pflichtenheft zurückkommt und Veränderungsvorschläge im Licht der seitdem besprochenen Planungen macht: Die Deutschen reagieren darauf mit Befremden und Unwillen. Nur widerstrebend stimmen sie einigen Veränderungsvorschlägen zu, die ihnen tatsächlich plausibler erscheinen als die in der Anfangsphase vor zwei Tagen mühsam ausgearbeiteten Ideen zum Programmdesign.

Kommentare der deutschen Projektmitglieder

Befragt nach ihren Wahrnehmungen und Einschätzungen zum Kickoff in Denpasar äußern die drei Deutschen übereinstimmend ihre Verwunderung über den großen Aufwand, der zu ihrer Begrüßung getrieben wurde. Herr Gernbacher: »Es war ja ganz angenehm, persönlich am Flughafen abgeholt zu werden, aber sicherlich hätten wir auch selbst den Weg zum Hotel gefunden; beim Gegenbesuch unserer Partner in Deutschland werden wir wohl schon aus Zeitmangel kein Begrüßungskomitee zum Flughafen schicken können.« Herr Reger ergänzt: »Eine ständige Begleitung kann manchmal auch lästig sein – der geplante gemeinsame Karaoke-Abend war mir nach dem anstrengenden zweiten Tag einfach zu viel, ich brauchte dringend ein paar Stunden für mich selbst!«

Zu Herrn Gernbacher gewandt: »Und dein kleiner Vortrag zum Anschnitt des Reisvulkans war ja wohl auch kein Spaziergang – ich habe dich jedenfalls bewundert, wie du die Überleitung zu unserem Reiseangebot hingekriegt hast. Bisschen schade, dass es so unruhig war und die anderen nicht sehr aufmerksam zugehört haben.« – »Ja, schade eigentlich, ich wollte die Gelegenheit nutzen und in Anwesenheit des Vorstands schon mal ein paar inhaltliche Dinge klarstellen. Ich fand den ganzen Vorlauf insgesamt zu lang – zum Beispiel das Besichtigungsprogramm am nächsten Tag: Die meisten Kontakte waren Zeitverschwendung, weil die Leute gar nicht direkt mit unserem Vorhaben zu tun hatten. Ich wusste oft gar nicht, was ich mit denen reden sollte! Wir hätten das Angenehme mit dem Nützlichen verbinden und mit einigen wirklich relevanten Geschäftspartnern vor Ort kurze Planungsbesprechungen führen sollen, dann hätten wir schon einige Ergebnisse in der Tasche gehabt.« Frau Frank stimmt zu: »Ich fand zwar die vielen Eindrücke beim Herumfahren ganz anregend, aber irgendwie hatte ich ein schlechtes Gewissen, dass wir einen ganzen Tag mit Besichtigungsprogramm verbringen. Und bei der Besprechung am nächsten Tag habe ich wirklich erlebt, was *jam karet*, ›Gummizeit‹ bedeutet – die lief ja zeitlich völlig aus dem Ruder.« – »Dazu habt ihr beide aber mit euren Grundsatzdiskussionen zu meiner Präsentation heftig beigetragen«, gibt Herr Reger zu bedenken. »Na, das ist doch wichtig, dass zu Beginn alles geklärt wird«, entgegnet Frau Frank, »wir haben ja gesehen, wohin das sonst führt: Die Indonesier haben sich aus der Diskussion ziemlich rausgehalten, obwohl wir immer wieder versucht haben, ihre Meinung zu hören, und kommen dann am letzten Tag mit Gegenvorschlägen und stellen die getroffenen Vereinbarungen in Frage.« – »Aber ihr müsst zugeben«, wirft Herr Gernbacher ein, »dass sie unheimlich flexibel und improvisationsfähig sind! Denkt mal an die überarbeitete Präsentation von Ibu Ratna am dritten Tag: Darin waren doch praktisch alle unsere Fragen und Bedenken geklärt! Ich glaube, dass wir Deutschen manchmal zu früh und vor allem zu verbissen auf Entscheidungen hinarbeiten – am letzten Tag haben wir gemeinsam doch noch ein paar wunderbare Lösungen gefunden, weil die Zeit einfach dafür reif war.« – Herr Reger stimmt zu: »Ja, die Nachtaktion zur Überarbeit des Architekturkonzepts war wirklich bewundernswert, aber die Krisensitzungen mit der Niederlassungsleitung und die Einschaltung des Vorstands fand ich doch ziemlich übertrieben: Bloß weil wir mal etwas härter diskutiert haben, wird gleich eine Riesen-Konfliktvermittlung gestartet! Da hatte ich fast ein schlechtes Gewissen, was wir mit unserem Diskussionsverhalten losgetreten haben.«

Kommentare der indonesischen Projektmitglieder

Einen Tag nach der herzlichen Verabschiedung der deutschen Delegation wollen sich Pak Harianto, Pak Yogantara und Ibu Ratna im Büro treffen, um in einer gemeinsamen Telefonkonferenz mit Pak Wibowo das Kickoff-Treffen zu bilanzieren. Wie Pak Yogantara und Ibu Ratna bereits vermuten, ist Pak Harianto zu der verabredeten Zeit noch nicht eingetroffen.

Ibu Ratna eröffnet das Gespräch: »Es waren keine leichten Tage mit unseren deutschen Kooperationspartnern!« – »Ja, aber ein so durchdachtes Konzept hätten wir doch allein nicht erstellen können!«, gibt Pak Yogantara zu bedenken. »Das stimmt wohl. Ich habe aber nicht so richtig verstanden, warum Herr Gernbacher leicht verwirrt schien, als wir ihn und sein Team zu dritt am Flughafen abholten. Ich hatte ja extra einen wichtigen Kundentermin verschoben, weil ich nicht unhöflich gegenüber unseren Partnern erscheinen wollte. Pak Yogantara, du hattest doch auch deine Frau gebeten, die Abholung eurer Tochter von ihrer Theaterprobe zu übernehmen?« – »Das war ja nicht der Rede wert. Ich fand es jedenfalls toll, dass du über deine Kontakte diese berühmte Tanzgruppe buchen konntest. Das war doch bestimmt nicht einfach?« – »Ja, die hatten einen ziemlich vollen Terminkalender! Aber das Wichtigste ist doch, dass unsere Gäste an dem Abend zufrieden waren, wir wollten ja am Morgen danach etwas Wichtiges besprechen! Ich habe mal gehört, dass die Deutschen 70 Prozent Seriosität und nur 30 Prozent Spaß bei der Besprechung kennen. Wenn wir Indonesier eine Besprechung haben, dann normalerweise mit sehr viel Spaß, oft aber auch zu viel. Bei den Deutschen bedeutet Professionalität vor allem Seriosität. Im Job machen sie seriöse Besprechungen, ihren Spaß haben sie außerhalb. Der Unterschied ist bei denen sehr klar.« – »Das kann man wohl sagen!«, ergänzt Ibu Ratna. »Die Grundsatzdiskussion bei der Präsentation von Herrn Reger war ja wirklich heftig. Ich habe mich gewundert, dass die drei unmittelbar danach immer noch gemeinsam lachen konnten. Mir war es bloß als Beobachterin schon ziemlich unangenehm. Und diese detaillierte Diskussion am Nachmittag fand ich wirklich sehr anstrengend! Die Fragen zur Programmgestaltung an diesem Zeitpunkt waren mir einfach unverständlich. Wir fangen doch erst gerade an! Woher sollen wir denn jetzt schon wissen, was sich in der nächsten Zeit noch alles ergeben kann?« – »Aber meinst du nicht auch, dass diese Überlegungen uns sehr geholfen haben, unsere eigenen Ideen besser zu verstehen und zu präzisieren? So eine umfassende und ins Einzelne gehende Besprechung ist natürlich für uns ein bisschen gewöhnungsbedürftig. Ich denke aber, es war sicherlich gut für unser großes Vorhaben.«

»Selamat pagi! (Guten Morgen). Ich hoffe, ihr habt noch nicht so lange auf mich gewartet?« begrüßt der nun hinzukommende Pak Harianto die beiden. »Nein, Pak Harianto, wir sprechen gerade über unsere Gäste«, antworten Pak Yogantara und Ibu Ratna zusammen. »Ah ja, ich sehe unser Kickoff eigentlich als insgesamt sehr gut gelungen an. Klar, es war auch ziemlich kritisch am zweiten Abend. Ihr erinnert euch – als unsere Gäste den geplanten gemeinsamen Besuch in der Karaoke-Bar ablehnten! Wir hatten ja wirklich alles Mögliche getan und extra viele deutsche Lieder für den Abend besorgt und schon geübt, aber wenn es nicht geht, dann geht es eben nicht. Zum Glück hat unser Chef Pak Wibowo diese schwierige Situation abklären können.« – »Und ich glaube, unsere Nachtaktion war auch nicht umsonst«, ergänzt Pak Yogantara, »Wir wussten ja vorher nicht, dass unser Architekturkonzept so bis ins Detail vorbereitet werden sollte. Wir hatten unsere Zeit und Mühe eher in die Abende investiert, um unsere Gäste gut zu unterhalten und nicht unhöflich zu erscheinen.« – »Ich bin mir zwar nicht so sicher, ob solche sehr detaillierten Konzeptplanungen wirklich etwas bringen, aber wenn es unsere Partner glücklich macht, dann denke ich, dass der Aufwand sich gelohnt hat!«, äußert sich Ibu Ratna zu dem Thema. »Ich glaube, wir müssen nun langsam an unsere Telefonkonferenz mit Pak Wibowo denken!«

Indonesische Kulturstandards

Mit 150 bis 250 verschiedenen Sprachen und mehr als 650 unterschiedlichen ethnischen Gruppen (Hidayah 1997) ist Indonesien das kulturell heterogenste Land der Erde. Seine etwa 200 Millionen Einwohner bevölkern 3 000 der insgesamt etwa 13 600 Inseln, die sich über eine Länge von mehr als 5 100 km entlang des Äquators erstrecken. In der Bevölkerung sind alle fünf großen Weltreligionen vertreten: neben dem Islam, dem über 80 Prozent der Bevölkerung angehören, evangelisches und katholisches Christentum, Buddhismus und Hinduismus. Die indonesische Vergangenheit wurde durch dreieinhalb Jahre japanischer Besatzung (1942–45), die fast 100-mal so lange holländische Kolonisation (1602–1942) sowie durch zahlreiche große hinduistische (Tarumanegara), buddhistische (Sriwijaya, Majapahit) und islamische (Mataram) Königreiche geprägt. Diese Einflüsse sowie langjährige Handelsbeziehungen mit indischen, chinesischen und muslimischen Kaufleuten wirken bis in die heutige indonesische Kultur und Gesellschaft hinein. Einheitsbildende Gegengewichte sind die indonesische Nationalsprache *Bahasa Indonesia* und die *Pancasila*, deren Rolle als zentrale indonesische Nationalideologie inzwischen allgemein akzeptiert ist (Kaelan 1996; Ramage 1995). Die Pancasila als Ausdruck des javanischen Verständnisses von Macht ist außerdem ein Zeichen für die zum Teil systematisch vorangetriebene Javanisierung Indonesiens (Magnis-Suseno 1989). Geographisch und historisch angelegt durch die Wahl der Insel Java zum Machtzentrum der holländischen Kolonialherrschaft, wurde diese Entwicklung gestützt durch die wirtschaftliche Macht der Insel Java, die javanisch geprägte Bürokratisierung des gesamten Landes sowie durch systematische Umsiedlungsprogramme seit den siebziger Jahren des vergangenen Jahrhunderts. Der starke Einfluss der javanischen Subkultur lässt es gerechtfertigt erscheinen, ihre zentralen Werte und Standards zum Verständnis großer Teile der gesamten indonesischen Kultur heranzuziehen (Tjitra 2001; Zeutschel u. Tjitra 1997) – durchaus gemäß dem indonesischen Staatsmotto »Bhinneka Tunggal Ika« (Einheit in Vielfalt).

Konfliktvermeidung und Indirektheit

Einen wesentlichen Schlüssel zum Verständnis der indonesischen Kultur bietet die javanische Harmonieethik (Magnis-Suseno 1981), die auf den Prinzipien der Konfliktvermeidung und des Respekts basiert. Konfliktvermeidung *(rukun)* wird durch das ständige Bemühen aller Beteiligten erreicht, ruhig *(tenang)* miteinander umzugehen und alles zu vermeiden, was Unruhe und Konflikte hervorrufen könnte. *Rukun* verlangt keine innere Verpflichtung zur empathischen Sichtweise oder friedlichen Auflösung drohender Konflikte, sondern lediglich ein kontrolliertes und reifes *(dewasa)* Verhalten im *lair*, der äußeren Haltung. Als Anwendungsbeispiel für das Prinzip des *rukun* beschreibt Mulder den Prozess des gemeinschaftlichen Problemlösens und der Entscheidungsfindung, *musyawarah:*

»Ideally, musyawarah is a procedure in which all voices and opinions are heard. All these are considered to be equally true and to contribute to the solution sought. Musyawarah tries to establish the *kebulatan kehendak*, or *kebulatan fikiran*, that can roughly be translated as the totality or completeness of wishes and opinions of the participants. . . . There is no voting in musyawarah; it is a process of deliberation, of a give and take and compromise, in which all opinions should be respected« (1978, S. 40).

Hierarchisches Denken

Das Prinzip des Respekts *(hormat)* verlangt, dass »man sich in Sprache und Gebärde stets zu verhalten habe, wie es dem Range des jeweiligen Gegenübers entspricht« (Magnis-Suseno 1989, S. 62). Auch in diesem Prinzip ist nicht die innere Überzeugung entscheidend, sondern lediglich die äußere Haltung von *lair* – durch ein entsprechendes Verhalten zeigt man den Grad seiner Bildung, Zivilisation und Toleranz. Im Sinne einer hohen Machtdistanz (Hofstede 1991) ist die indonesische Kultur durch deutliche hierarchische Unterschiede gekennzeichnet: In seinem erweiterten Harmoniekonzept des javanischen *Keselarasan* (von *selaras* »Einklang«) führt der indonesische Philosoph Yumarma (1996) als drittes Prinzip neben *rukun* und *hormat* das Rollen- und Selbstverständnis *Mampan Epan* als Bewusstheit über die eigene Position und den Status in der Gesellschaft ein. Dieses Rollen- und Selbstverständnis drückt sich sehr deutlich in der javanischen Sprache aus, in der drei unterschiedliche Sprachkodes, die Basissprache *(Ngoko)*, die Hochsprache *(Krama)* und die Ehrfurchtssprache *(Krama Inggil)*, in elf verschiedenen Kombinationen verwendet werden, je nach den hierarchischen Beziehungen der Kommunikationspartner zueinander.

Hierarchischer Status wird durch Alter, Geschlecht, Herkunft, Bildung und berufliche Position bestimmt, also durch eine Mischung aus biologischen, vererbten und erworbenen Faktoren. Er ist die Grundlage des indonesischen hierarchischen Machtkonzepts, das eng mit dem javanischen Harmoniekonzept verbunden ist: Wenn jeder der angemessenen Position zufolge an seinem eigenen gesellschaftlichen Platz bleibt, wird es keine Machtkonflikte geben, die die Harmonie stören könnten. Status und die damit verbundene Macht sind mit Verpflichtungen verknüpft, die im Gegensatzpaar *alus* und *kasar* ausgedrückt werden: *alus* lässt sich durch Begriffe wie »rein«, »verfeinert«, »glatt«, »erlesen«, »ätherisch«, »fein« und »zivilisiert« übersetzen, während *kasar* mit Bezeichnungen wie »unhöflich«, »grob«, »unzivilisiert«, »rauh«, »unsensibel« und »vulgär« assoziiert wird (Geertz 1983). *Alus* ist im javanischen Verständnis ein Zeichen der vollkommenen Harmonie und wird erreicht, wenn eine Person sowohl ihr *lair* (das äußerliche Verhalten) als auch ihr *batin* (ihr Innenleben) so kontrollieren kann, dass sie das eigentliche *rasa* erlangt. *Alus* ist dementsprechend ein Zeichen der Stärke, während *kasar* Schwäche ausdrückt. Jemand, der Macht in sich hat, ist in seinen Handlungen *alus* und nicht *kasar*.

Beziehungs- und Gruppenorientierung

Sowohl das Harmonie- als auch das Machtkonzept erfordern einen ständigen Bezug auf andere. Dies bedingt eine stark kollektivistische Haltung, die sich an Bedürfnissen, Zielen und Vorgaben der Gruppe orientiert. Beziehungen werden dabei wichtiger genommen als Regeln und Sachverhalte (Partikularismus nach Trompenaars 1993). Ein dichtes informelles Informationsnetzwerk, mit dem die Mitglieder einer Gemeinschaft einen hohen Grad an geteiltem Wissen über die soziale und dingliche Umwelt sichern, charakterisiert die indonesische Gesellschaft als stark *high-context*-orientiert im Sinne der Unterscheidung von Edward T. Hall (1977). Ermöglicht und gefördert wird dies durch ein polychrones Verständnis von Zeit, einer weiteren kulturellen Unterscheidungsdimension von Hall, die im Gegensatz zu einer seriell-monochronen Zeitauffassung zum Beispiel im deutschen Kulturkreis steht (s. Kap. I, 2.3).

Durchlässigkeit von Lebensbereichen

Das indonesische polychrone Zeitverständnis ist gekennzeichnet durch gleichzeitige oder stark durchmischte Handlungen aus unterschiedlichen Bereichen (beispielsweise beruflich und privat oder arbeits- und freizeitbezogen) oder auf mehreren Kommunikationskanälen (beispielsweise telefo-

nisch und im direkten Gespräch). Die Verwendung von Zeit richtet sich
nach den Gegebenheiten und nicht umgekehrt. Der indonesische Begriff
jam karet (»Gummizeit«) ist nicht nur als humorvoller Kommentar zur
Pünktlichkeitsnorm zu verstehen, sondern drückt das Verständnis von Zeit
als dehnbar und veränderbar und damit unabhängig von Uhr- oder Kalen-
derzeit aus. So hängt die Einhaltung von Verabredungen auch von dem relativen Status der Beteiligten ab; ein Ranghöherer kann eine rangniedrigere
Person ohne weiteres eine Weile auf sich warten lassen, ohne dafür eine
Erklärung oder Entschuldigung abgeben zu müssen. Kombiniert mit der
Gruppenorientierung führt das polychrone Zeitverständnis zu einer hohen
Durchlässigkeit auch in der Arbeitsorganisation. Gerät beispielsweise ein
Mitglied einer Arbeitsgruppe in Zeitnot, so stellen alle anderen Gruppen-
mitglieder ihre eigenen Aufgaben zurück und helfen mit, den Engpass ge-
meinsam zu überwinden. Voraussetzungen für solche gemeinschaftlichen
Hilfeleistungen sind eine von vornherein weniger starke Aufgabendifferen-
zierung sowie ein stetiger Informationsfluss auch im informellen Bereich,
um über die Hintergründe der anderen Gruppenmitglieder stets auf dem
Laufenden zu sein.

Externe Motivation

Der im Harmoniestreben sowie in der hierarchischen und Gruppenorientierung implizierte hohe Grad an externer Kontrolle und Außengeleitetheit
(Trompenaars 1993) wird auch im Bereich der Arbeitsmotivation wirksam:
Weniger inhaltliches Interesse oder persönliche Zufriedenheit aufgrund
fachlicher Beiträge sind entscheidend, sondern externe Faktoren wie eine
harmonische Arbeitsatmosphäre, gute äußere Rahmenbedingungen, Pres-
tigegewinn und die Wahrung familiärer Interessen wirken motivierend.

Improvisation und Gegenwartsorientierung

Die *High-context*-Orientierung der indonesischen Kultur steht im Zusammenhang mit zwei weiteren kulturellen Unterscheidungsdimensionen
nach Hofstede (1991): einem hohen Maß an Ambiguitätstoleranz und vor-
rangiger Kurzzeitorientierung. Das dichte informelle Informationsnetzwerk und eine hoch entwickelte Fähigkeit, das soziale Umfeld und das jeweilige Gegenüber zu »lesen«, machen explizit erläuternde Hinweise
überflüssig. Hinzu kommt eine stärkere Akzeptanz für den »Fluss der Dinge« und eine damit einhergehende Einstell- und Improvisationsfähigkeit,
die verbindliche Vorausplanung entbehrlich macht. Dies verweist bereits

auf die zeitliche Orientierung, die in dem von Trompenaars beschriebenen Kontinuum zwischen Vergangenheits- und Zukunftsorientierung sich vorwiegend auf das Jetzt bezieht. Eine unbestimmte Beziehung zurzeit weisen die Verben in der indonesischen Sprache auf: Sie unterscheiden nicht zwischen einer Vergangenheits-, Gegenwarts- und Zukunftsform. Wenn die Zeitdimension eine Rolle spielt, wird sie durch ein gesondertes Wort ausgedrückt.

Zurück zum Fallbeispiel

Aus der Schilderung des Kickoff-Meetings und den Kommentaren der Beteiligten werden die unterschiedlichen Standards der deutschen und der indonesischen Beteiligten in einer Reihe von Verhaltensbereichen deutlich.

– *Konfliktvermeidung* als hoher Wert wird in dem großen Aufwand zur Harmoniesicherung und in der Intervention des Vorstandsvertreters deutlich, der als ranghoher Vermittler die scheinbare Konfliktlage auslotet. Aber auch kleine Interventionen wie die scherzhaften Kommentare in der sachlich-kontroversen Diskussion der deutschen Partner intendieren den Abbau wahrgenommener Spannungen.

– *Indirektheit* wird vor allem im Diskussionsverhalten bei kritischen Äußerungen und beim Einbringen von Gegenvorschlägen praktiziert. Dazu gehören auch der Widerstand gegen eindeutige Festlegungen im Pflichtenheft und die Versuche, diese Grundsatzentscheidungen im Nachhinein in Frage zu stellen.

– Die *Betonung von Hierarchie und Status* kommt zum Beispiel in der nach Seniorität und Position abgestimmten Begrüßungsfeier zum Ausdruck. Ein weiteres Beispiel ist die klärende Intervention des Vorstandsmitglieds, der die Verantwortung für den sozialen Frieden in der Gruppe übernimmt.

– Die *Beziehungs- und Gruppenorientierung* zeigt sich in der ständigen persönlichen Begleitung und dem aufwändigen Begrüßungs- und Betreuungsprogramm, das auch dazu gedacht ist, eine solide Vertrauensbasis zu schaffen und das Wir-Gefühl zu stärken.

– Die hohe *Durchlässigkeit von Lebensbereichen* erleben (und erleiden) die deutschen Teammitglieder in der Durchmischung von Arbeits- und Freizeit, beispielsweise in dem umfangreichen Besichtigungsprogramm und den darin eingestreuten Kontaktgesprächen. Ein weiteres Beispiel ist die gemeinsame nächtliche Überarbeitung des Architekturkonzepts durch das indonesische Teilteam.

– *Externe Motivation* wird durch wertige Ereignisse wie zum Beispiel den Auftritt der balinesischen Tanzgruppe oder die Anwesenheit und aktive Beteiligung des Vorstandsvertreters gefördert. Das attraktive Rahmenprogramm mit touristischen und kulinarischen Highlights, aber auch das »Herumzeigen« der begehrten deutschen Joint-Venture-Partner sind Motivatoren, die nichts oder wenig mit fachlich-inhaltlichen Belangen zu tun haben.

– *Gegenwartsorientierung und Improvisation* werden deutlich in den zugelassenen Abweichungen vom Zeitplan nach aktuellem Bedarf und in der flexiblen Aufnahme von Wünschen bei der Überarbeitung des Architekturkonzepts. Im Gegensatz zu der von den Deutschen angestrebten frühzeitigen grundsätzlichen Klärung (auch von Details) mit Endgültigkeitsanspruch beschreibt das indonesische Vorgehen einen kontinuierlichen Verbesserungsprozess, der unmittelbar auch auf unvorhergesehene Ereignisse reagiert und dabei eine pragmatische »Versuch-und-Irrtum«-Strategie einsetzt.

Gültigkeit der Kulturstandards in anderen südostasiatischen Kulturen (Generalisierung)

Mit seinen reichen kulturellen und gesellschaftlichen Traditionen, seiner ethnischen Vielfalt und seiner bewegten Geschichte und Gegenwart ist Südostasien eine der faszinierendsten Regionen der Welt (vgl. Dahm u. Ptak 1999). Um die Jahrtausendwende wurde die Bevölkerung Südostasiens mit 530 Millionen beziffert und reichte damit an diejenige Europas (580 Mio.) heran. Südostasien umfasst die Länder des ASEAN-Staatenbunds (Indonesien, Singapur, Malaysia, Thailand, Philippinen, Brunei, Vietnam, Laos, Kambodscha und Burma) sowie Osttimor. Diese Bestimmung der Region Südostasien geht von einer landgestützten Raumorientierung aus. Eine ähnliche Konzeption unterliegt dem chinesischen Begriff »Nanyang«, wörtlich »südlicher Ozean«, der bereits in sehr alten Quellen nachzuweisen ist.

Neben seinem geographischen Zusammenhalt wird der südostasiatische Kulturkreis auch über die Fremdwahrnehmung Südostasiens sowie das gemeinsame Bild der Außenwelt geprägt (Dahm u. Ptak 1999). Die Verbindungen nach Indien und zur arabisch-islamischen Welt in der älteren Zeit sowie die Rolle der Chinesen und der westlichen Kolonialherren in der jüngeren Geschichte sind hier als Beispiele zu nennen. Die Mehrzahl der Bewohner Südostasiens bekennt sich heute auf dem Festland zum Buddhismus und in der Inselwelt zum Islam; das Christentum ist vor allem im

Norden der Philippinen und in Osttimor von größerer Bedeutung, der Hinduismus konnte sich lediglich auf Bali behaupten (Höllmann 1999).

Es ist sicherlich nicht ohne weiteres möglich, die hier beschriebenen indonesischen Kulturstandards auf die gesamte südostasiatische Region zu beziehen. Die Diskussionen darüber, wo man die Grenze der Gültigkeit dieser Kulturstandards ziehen soll, waren und sind immer noch aktuell. Oft wird in der Fachliteratur eine grobe Dichotomie zwischen »den asiatischen« und »den westlichen« Kulturstandards beschrieben (Weggel 1989; Becker 1996; Kao u. Sinha 1997). Solche generellen Unterscheidungen erleichtern die grobe Orientierung (vor allem aus der Ferne!), stoßen aber bei einer differenzierteren Betrachtung an ihre Grenze. Die 350-jährige holländische Kolonialherrschaft in Indonesien hatte sicherlich einen anderen Einfluss auf die indonesischen Kulturstandards als die sehr viel kürzere britische Kolonialherrschaft in Singapur und Malaysia auf diese beiden Länder. Das relativ homogene Thailand, das nie in seiner Geschichte kolonialisiert war, hat ganz andere Erfahrungen im Umgang mit kultureller Vielfalt im Vergleich zum Inselreich Indonesien, in dem über 650 unterschiedliche ethnische Gruppen leben.

Es kann dennoch behauptet werden, dass – zumindest im Kontakt mit Personen aus dem westlichen Kulturkreis – einige gemeinsame zentrale südostasiatische Kulturstandards wirksam sind, wenn auch mit landesspezifischen Abwandlungen. So sind die zentralen Kulturstandards der Beziehungs- und Gruppenorientierung in allen südostasiatische Kulturen zu beobachten, während die Definition von »Wir« und die damit verbundenen gegenseitigen Abhängigkeiten von Land zu Land unterschiedlich ausfallen. Konfliktvermeidungsverhalten und indirekter Kommunikationsstil sowie die Betonung von Hierarchie und Status sind, wiederum mit landesspezifischen Feinabstufungen, im gesellschaftlichen Zusammenleben der Südostasiaten allgegenwärtig. Der Ausdruck des Statusbewusstseins in Vietnam jedoch ist sicherlich anders als in Singapur. Durchlässigkeit von Lebensbereichen, extrinsische Motivation, Gegenwartsorientierung und Improvisation als südostasiatische Kulturstandards sind vor allem im Arbeitsleben stark vertreten. Die Ausformungen der extrinsischen Motivation wiederum sind von Land zu Land unterschiedlich: Mal sind finanzielle Anreize besonders wirksam, während anderswo eher gesellschaftliches Ansehen gesucht wird.

Eine Verallgemeinerung der Kulturstandards von einem Land wie Indonesien zur gesamten Region Südostasien ist also mit Vorsicht zu betrachten. Während die Erscheinungsformen im Verhalten zwischen den einzelnen Ländern variieren, kann die Kenntnis der zentralen Kulturstandards dazu beitragen, übergreifende Muster und damit auch eine interkulturelle Logik hinter den kritischen Interaktionssituationen zu verstehen.

Literatur

Becker, G. K. (Hg.) (1996): Ethics in Business and Society: Chinese and Western Perspectives. Berlin.

Dahm, B.; Ptak, R. (Hg.) (1999): Südostasien Handbuch. München.

Geertz, C. (1983): Dichte Beschreibung. Frankfurt a. M.

Hall, E. T. (1977): Beyond Culture. New York.

Hidayah, Z. (1997): Ensiklopedi Suku Bangsa di Indonesia [Enzyklopädie der Ethnien in Indonesien]. Jakarta.

Hofstede, G. (1991). Culture and Organisations: Software of the Mind. Cambridge.

Höllmann, T. O. (1999): Die Völker und ihre traditionellen Lebensformen. In: Dahm, B.; Ptak, R. (Hg.), Südostasien Handbuch. München.

Kaelan (1996): Filfasat Pancasila [indonesisch, »Philosophie der Pancasila«]. Yogyakarta.

Kao, H. S.; Sinha, D. (Hg.) (1997): Asian Perspectives on Psychology. New Delhi.

Magnis-Suseno, F. (1981): Javanische Weisheit und Ethik: Studien zu einer östlichen Moral. München.

Magnis-Suseno, F. (1989): Neue Schwingen für Garuda: Indonesien zwischen Tradition und Moderne. München.

Mulder, N. (1978): Mysticism and Everyday Life in Contemporary Java: Cultural Persistence and Change. Singapur.

Ramage, D. E. (1995): Politics in Indonesia: Democracy, Islam and the Ideology of Tolerance. London.

Tjitra, H. W. (2001): Synergiepotenziale und interkulturelle Probleme: Chancen und Herausforderungen am Beispiel deutsch-indonesischer Arbeitsgruppen. Wiesbaden.

Trompenaars, F. (1993): Handbuch globales Managen: Wie man kulturelle Unterschiede im Geschäftsleben versteht. Düsseldorf.

Weggel, O. (1989): Die Asiaten. München.

Yumarma, A. (1996): Unity in Diversity: A Philosophical and Ethical Study of the Javanese Concept of Keselarasan. Rom.

Zeutschel, U.; Tjitra, H. W. (April 1997): Ergebnisse der SYNTEX-Planspieluntersuchungen mit deutschen und indonesischen Arbeitsgruppen. Universität Regensburg, Institut für Psychologie (Unveröffentlichtes Arbeitspapier).

■ 5. Afrika

Abbas Amin

5.1 Ägypten

> Ahlan wa sahlan, ahlan biek, salaamu al-eikum, marhaba,
> ya chawaga, inshallah, bukra, malesch, misch mischkella,
> schuwaya schuwaya, ma'ashallah, elhamdullilah, bismillah.
> Allahu akbar, haram, halal.
> (ägyptische Aussprüche)
> Es sind die vorgefassten Meinungen, die es den Völkern so
> schwer machen, einander zu verstehen, und die es ihnen so
> leicht machen, einander zu verachten.
> (Romain Roland)

Ahlan wa sahlan (Herzlich Willkommen) in Ägypten oder die neue Brille

Die Erfahrungen und Ergebnisse auf dem Gebiet der interkulturellen Kommunikation zwischen Deutschen und Ägyptern zeigen deutlich, »daß erfolgreiches Handeln in einer anderen Kulturgemeinschaft mehr voraussetzt als gute Kenntnisse der fremden Lexik und Grammatik« (Rau 1985, S. 18; vgl. dazu auch Haddad 1987). Ein besseres Verständnis Ägyptens und seiner Bewohner sowie eine Sensibilisierung für mögliche Missverständnisse beim interkulturellen Dialog zu erreichen, soll Ziel dieses Beitrags sein. Doch die Erstellung einer »Gebrauchsanweisung« für die Handhabung der kulturellen Eigenart des Landes Ägypten wie auch allgemein der arabisch-islamischen Welt wird damit nicht intendiert, da man von folgenden Voraussetzungen auszugehen hat:

– Kultur und Gesellschaft befinden sich immer in einem Wandel.
– Die Welt wird subjektiv wahrgenommen und durch die Brille der eigenen Kultur be- und auch verurteilt.
– Als handelnde Subjekte erzeugen wir durch jede unserer Interaktionen

mit anderen Menschen soziale Strukturen, bestätigen dadurch die vorhandenen Werte oder stellen sie in Frage und nehmen damit an den gesellschaftlichen Transformationsprozessen teil.

»Eine Gebrauchsanweisung für Ägypten kann es somit eigentlich gar nicht geben, denn von einer solchen Anleitung erwartet man im allgemeinen unzweideutige Hinweise auf die Benutzung und Handhabung einer Sache« (Koydl 1991, S. 9). Vielmehr ist ein Perspektivenwechsel vonnöten, will man dem Fremden und Andersartigen näher kommen. Vom Ablegen herkömmlicher Schemata, von der *neuen Brille*, mit deren Hilfe die kulturelle Eigenart eines Landes vorurteilsfrei erfahren werden kann, spricht auch folgendes Gedicht, das in umgekehrter Blickrichtung kulturelle Aufklärung für ein besseres Verständnis der deutschen Kultur zu leisten versucht.

mein freund/wenn du in münchen ankommst/und denkst/die menschen werden
auf dich warten
in bayerischer tracht/dann irrst du dich
mein freund/wenn du in münchen ankommst/und denkst/die frauen werden auf
dich scharf sein
und gleich mit dir ins bett gehen/dann irrst du dich
auch wenn du manche in den gassen triffst/in bayrischer tracht
auch wenn du manche auf dich scharf findest/und sie gleich mit dir ins bett gehen
...
mein freund/ich rate dir/wenn du in münchen ankommst/
besorge dir mal *eine neue brille*
(Amin 2000, S. 46)

Die neue Brille setzt somit die geistige Bereitschaft voraus, die fremde Welt mit dem Auge des Anderen zu sehen, ohne jedoch die eigene Identität zu verdrängen oder aufzugeben, um dadurch das Fremde in seiner Andersartigkeit verstehen und respektieren zu lernen.

Beschreibung zentraler ägyptischer Kulturstandards

Die Abkürzungen ägyptischer Kulturstandards MKS, KKS und DKS/BKS stehen in ihrer Reihenfolge für Meta-Kulturstandard, kontextspezifischer und domän-/bereichspezifischer Kulturstandard. Während die Meta-Kulturstandards (MKS) als übergeordneter Ausgangspunkt mit weit reichenden Auswirkungen auf die anderen Kulturstandards zu verstehen sind, treten der kontextspezifische (KKS) sowie der domän-/bereichspezifische Kulturstandard (DKS/BKS) nur in bestimmten gesellschaftlichen Situationen auf, wie zum Beispiel bei der Interaktion zwischen Mann und Frau oder beim Kontakt mit Behörden. Die Reihenfolge der Kulturstandards stellt jedoch keine hierarchische Ordnung dar. »Vielmehr bilden [sie] ein hoch integriertes, in sich geschlossenes System und sind nicht isoliert voneinander zu sehen« (Kuhla 2000, S. 31).

Religiöse Orientierung (MKS)

Herr Kroll meinte nach seiner Geschichtsstunde zu seinen ägyptischen Schülerinnen: »Nächste Stunde werden wir die Französische Revolution durchnehmen und dazu werde ich euch Kopien zu den wichtigsten Daten austeilen!« Die ägyptischen Schülerinnen bestanden jedoch tadelnd auf ein »Inscha Allah«. Herr Kroll verstand sie nicht. Er hatte doch schon alles für die nächste Stunde durchdacht und das Material vorbereitet. Seiner Meinung nach konnte nichts mehr dazwischen kommen! (vgl. Kuhla 2000, S. 51).

Der Meta-Kulturstandard *Religiöse Orientierung* besagt, dass die Ägypter sich in ihrem Denken und Handeln primär an den religiösen Vorschriften orientieren, die ihre Beziehung zu Gott bestimmen und das Zusammenleben der Menschen untereinander regeln. Überdies zeichnen sie sich besonders durch ihre in allen Situationen ersichtliche Religiosität aus, die sich in verschiedenen Äußerungen und Aussprüchen, wie *inshallah* (so Gott will), *elhamdullilah* (Gott sei Dank), *bismellah* (im Namen Gottes), beobachten lässt. Gott ist immer spürbar und allgegenwärtig, dies ist ihre Überzeugung. Da nur Gott über das Schicksal der Menschen sowie über die Zeit bestimmen kann, bleibt dem Ägypter nichts anderes übrig, als sich dem Willen Gottes zu unterwerfen. Eine Aussage über die Zukunft ohne das Hinzufügen von »Inshallah« wird deshalb als Blasphemie verstanden. Andererseits führt dies unvermeidlich auch zu einem übermäßigen Gebrauch religiöser Redewendungen, was Missverständnisse bei Ausländern auslösen kann, die oftmals die Gottesfurcht der Ägypter als Mangel an Arbeitsmoral und als versteckte Absicht missdeuten, sich aus der Verantwortung ziehen zu wollen. Daher ist auch bei sozialen Interaktionen ein Mindestmaß an Grundkenntnissen des Islams von Vorteil, der von den Menschen die absolute Erfüllung seiner Pflichten fordert, das Gelingen jedoch in Gottes Hände legt.

Einbindung in Beziehungsnetze (MKS)

Als ich hier in Ägypten ankam, arbeitete ich mit ägyptischen Inspektoren zusammen und wir hielten regelmäßig Konferenzen ab. Zu den Konferenzen kamen immer Leute zu spät, die auch noch alle Anwesenden ausgiebig begrüßten, nach der Familie fragten und sich erkundigten, ob jemand krank sei und wie es den Kindern gehe. Dauernd wurde die Konferenz unterbrochen und erst, nachdem jeder etwas über sein Privatleben erzählen hatte, konnte man fortfahren. Ein konzentriertes Arbeiten war nicht möglich (vgl. Kuhla 2000, 25C)

Der Kulturstandard *Einbindung in Beziehungsnetze* stellt ebenfalls einen Meta-Kulturstandard dar und bezeichnet die Tatsache, dass Ägypter in ihren Interaktionen mit anderen Menschen in ein soziales Beziehungsnetz eingebunden sind, das ihnen sowohl Rechte verleiht als auch Pflichten überträgt und dessen Kern die Familie darstellt. Dadurch empfinden sie ein Gefühl von Sicherheit in einer Welt ohne soziale Absicherung und voller Schicksalsschläge, denen man nicht entrinnen und die man nicht ohne den Zusammenhalt in der Familie, im Freundes- und Bekanntenkreis bewältigen kann. Durch dieses Beziehungsnetz kommt man in Ägypten schneller ans Ziel, weshalb die sozialen Kontakte im Vordergrund stehen und in jeder Situation gepflegt werden. Dabei ist jedoch darauf zu achten, dass sich ein Mann in der Regel nicht nach dem Wohlergehen der Ehefrau des Gesprächspartners erkundigt (Stolz wahren). Wo Beziehungen jedoch fehlen, hilft ein angemessenes »Bakschisch« (Trinkgeld), das aufgrund der sozialen Lage eine unverzichtbare Stütze für das Überleben der Ägypter ausmacht (→ Bürokratisierung).

Stolz wahren

Neue, ägyptische Mitarbeiter führen Aufgaben, die ich ihnen gebe, oft nicht aus. Dazu haben sie verschiedene Gründe: Die Arbeit ist ihnen zu schwer, sie haben nicht verstanden, was sie tun sollen, die Arbeit liegt nicht in ihrem Aufgabenbereich oder sie haben keine Zeit. Leider sagen sie mir das nicht, wenn ich ihnen den Auftrag gebe, sondern bieten beim Nachfragen statt des wahren Grundes fadenscheinige Ausreden. Warum sagen sie mir nicht gleich die wahren Gründe? (vgl. Kuhla 2000, 17B).

Den eigenen Stolz zu wahren und den der anderen nicht zu verletzen, stellt ein wichtiges Anliegen der Ägypter dar und beschreibt die Tatsache, dass sie sehr auf ihr Erscheinungsbild nach außen bedacht sind: Gesellschaftliche Normen werden geachtet, Image wird gepflegt und Hierarchien werden respektiert. Infolgedessen gehen Ägypter mit Konflikten anders um als Deutsche. Nicht durch direktes Ansprechen oder sachliche Analyse werden Konflikte bewältigt, vielmehr tendiert man dazu, sie zu vermeiden oder allenfalls indirekt anzusprechen, wobei sich die Ägypter jedoch nicht auf der Sachebene, sondern eher auf der emotionalen Ebene bewegen. Durch Sympathiebekundungen und herzliche Worte tastet man sich an die Lösung von Konflikten heran. Sachliche Kritik wird persönlich genommen und als Beleidigung oder Existenzbedrohung empfunden. Um den eigenen Stolz zu wahren, scheut man sich dabei nicht, Schuld und Fehltritte zu verleugnen. Deutlich tritt hier eine *Diffusion von Lebens- und Persönlichkeitsbereichen* zutage, wobei vor allem die Vermischung der Bereiche Emotionalität–Rationalität und Beruf–Privat in allen Stadien von Nähe oder Distanz zu Komplikationen führen kann.

Gelassenheit

Ich stellte kurzfristig fest, dass ich zu einem vereinbarten Termin nicht pünktlich erscheinen konnte. Ich rief meinen ägyptischen Geschäftspartner an, entschuldigte mich und schlug einen Termin eine halbe Stunde später vor. Mein Partner zeigte sich damit einverstanden: »Ja, zu dem Zeitpunkt würde es mir auch passen!« Pünktlich zum neu vereinbarten Termin erschien ich im Büro meines Partners, der ebenfalls anwesend, aber so zerstreut und von Anrufen, Schreibarbeiten und kurzen Besuchen abgelenkt war, dass mir klar wurde, dass er eigentlich keine Zeit hatte. So konnte es nicht zum erhofften Gespräch kommen. Warum hat er nicht gleich gesagt, dass ihm der neue Termin nicht recht ist? (vgl. Kuhla 2000, 4A).

Simultaneität, Spontaneität und Improvisation kennzeichnen den Umgang der Ägypter mit der Zeit. Simultaneität bezeichnet dabei die Tatsache, dass sie oft mehreren Dingen zur gleichen Zeit nachgehen oder mehrere Berufe gleichzeitig ausüben. Spontaneität und Improvisation beziehen sich dagegen auf die zeitliche Dimension der Gegenwart, auf das Hier und Jetzt, in der die Ägypter leben. Termine werden daher meist nicht langfristig geplant und im Vergleich zu Deutschland nicht generell als verbindlich betrachtet: Sie können (pünktlich oder auch mit Verzögerung) eingehalten, (mit oder ohne Ankündigung) modifiziert werden oder ausfallen. Entscheidend ist dabei der Wichtigkeitsgrad eines Termins. Man ist in der Regel pünktlich und wartet gelassen, wenn man selbst etwas erreichen will. Doch auch die religiöse Orientierung und die Einbindung in soziale Beziehungsnetze nehmen eine Schlüsselstellung ein. Da das Schicksal der Menschen sowie die Zeit in Gottes Hand liegen, nehmen die Begriffe Unterwerfung, Akzeptanz, Geduld und Gelassenheit in der Trostphilosophie der Ägypter einen zentralen Stellenwert ein. Unter Berücksichtigung der sozialen Komponente bleibt dem Ägypter überdies in manchen Situationen keine andere Alternative, als einen Partner warten zu lassen, um nicht einen anderen unhöflich abzuweisen, den man zufällig getroffen hat (→ Autoritätsorientierung).

Autoritätsorientierung

Wenn ich meinen ägyptischen Mitarbeitern Aufgaben anvertraue, bei denen sie selbst mitdenken müssen, erkläre ich es ihnen oft besonders gut. Dann verlasse ich mich darauf, dass es gemacht wird, und trotzdem wird es oft nicht gemacht. Angesprochen darauf, antworten sie dann: »Ja, ja ich habe alles verstanden, aber du bist doch die Leiterin? Du musst das doch entscheiden!« Wieso kann ich von ihnen nicht etwas mehr Eigeninitiative erwarten? (vgl. Kuhla 2000, 18B).

In Ägypten orientiert man sich mehr an konkreten Autoritätspersonen als in Deutschland. Der Vater zu Hause, der Chef in der Firma und der Präsident des Landes sind die prägnantesten Repräsentanten dieser Hierarchie. So wird der Vorgesetzte nicht nur für die Arbeitsverhältnisse, sondern auch für die persönlichen Probleme seiner Angestellten verantwortlich, will er Erfolg erzielen. Doch werden ägyptische Mitarbeiter von sich aus kaum Eigeninitiative ergreifen, was unterschiedlich erklärt werden kann:

– Aus dem gesellschaftlichen Kontext heraus werden Kreativität, Eigeninitiative und Selbstständigkeit nicht groß geschrieben und im Ausbildungssystem, das auf Kopieren und Auswendiglernen basiert, nicht gefördert, sondern häufig sogar bestraft.

– Aus Angst, den Stolz der Autoritätsperson zu verletzen, aufgrund der Neigung, potenziellen Konflikten aus dem Weg zu gehen, und aus Angst vor Strafe bei eventuellen Fehlern vermeiden sie Eigeninitiative, die die Autorität des Chefs antasten könnte, und tendieren dazu, ihre Fehler zu verleugnen, was bei Deutschen, die Wert auf Ehrlichkeit und Wahrheit legen, eher auf Unverständnis stößt.

– Aus Mangel an Motivation vermeidet man es eher, sich für andere zu engagieren, ohne selbst davon Vorteile zu haben.

Ausländer in Ägypten werden in diesem Kontext ambivalent gesehen. Einerseits wird ihnen als Experten und Repräsentanten von Fortschritt und Wissen schnell die Rolle einer Autoritätsperson zugestanden. Andererseits reagieren Ägypter aufgrund der Erfahrungen während der Kolonialzeit sehr sensibel auf Kritik seitens der Ausländer (»Chawaga-Komplex«), die oft als hochmütig und überheblich eingestuft werden (→ Orientierung am reichen Westen).

Orientierung am reichen Westen

Heftige Kontroversen löste ein Bericht einer deutschen Expertenfrau aus, die in einem Mitteilungsblatt in launischer, leicht satirischer Manier das

Leben einer ägyptischen Kleinstadt beschrieb. Die akustische Vielfalt und Lautstärke setzte ihr besonders zu. Muezzin, Marktschreier und Eselklagen rauben ihr den Schlaf. »Sie hätte ihr Leid dem Arbeitgeber klagen können, damit er sie aus dieser Hölle befreie«, entrüstete sich daraufhin eine ägyptische Leserin. »Ich suche in ihrem Bericht nach einem positiven Wort über die schöne Landschaft, die Baudenkmäler ... Wäre unser Land hochentwickelt, würden wir keine ausländischen Freunde wie sie brauchen. Nicht der Gesunde braucht den Arzt, sondern der Kranke. Ich bin sicher, Sie würden heftiger reagieren als ich, wenn in Deutschland ein solcher Artikel über Ihren Geburtsort veröffentlicht würde!« Warum ärgerte sie sich so über den Artikel? (Kuhla 2000, 74V).

Der Kulturstandard *Orientierung am reichen Westen* beschreibt die Tatsache, dass sich die Ägypter auf der Suche nach der eigenen Identität zwischen den beiden Polen Tradition und Modernität befinden. Da der Westen Modernität, Fortschritt und Wohlstand symbolisiert, wird eine Auseinandersetzung mit der westlichen Kultur unausweichlich. Zwei Positionen kennzeichnen dabei diese Suche: erstens die Öffnung zum Westen hin und die Übernahme seiner Kulturgüter und zweitens als Reaktion darauf die Rückbesinnung auf die eigene Tradition und den Islam, was zu einer kritischen Übernahme bestimmter Elemente der westlichen Kultur führt. Doch die Zeiten des Imperialismus und Kolonialismus haben im kulturellen Gedächtnis der Ägypter ihre Spuren hinterlassen. Angst, Misstrauen und Faszination kennzeichnen ihre Haltung dem Westen gegenüber: Furcht vor Ausbeutung der ägyptischen Ressourcen oder geistig-wirtschaftlicher Kolonisation bedingen Distanzierung oder auch Ablehnung. Und aufgrund des in den Zeiten des Kolonialismus entstandenen »Chawaga-Komplexes« (Ausländerkomplex), wodurch Ausländern der Vorrang im Wissen und Können zugeschrieben wird, prägen überdies schwankende Selbstsicherheit und Minderwertigkeits- gefühle die ägyptische Einstellung zu ihnen, in deren Kritik schnell eine hochmütige Kolonialmentalität und eine Verletzung des ägyptischen Nationalstolzes gesehen wird, der im Vergleich zu Deutschland stärker ausgeprägt scheint. Andererseits kann aber der Umgang mit Ausländern, etwa mit Deutschen, die als Repräsentanten des Westens und Fortschritts stehen, auch das eigene Ansehen erhöhen und den eigenen Profit steigern.

Starker Kontext

Herr und Frau Wolf wollten auf dem Khan ElKalili ein besonders schönes Schmückstück kaufen. Der Preis war sehr überzogen. Sie versuchten zu handeln, aber der Verkäufer rückte nicht von seinem Preis ab. Da sie das

Schmuckstück unbedingt kaufen wollten, bezahlten sie verärgert den verlangten Preis. Zum Abschied schenkte der Verkäufer ihnen ein Fläschchen, gefüllt mit buntem Sand. Das verwunderte sie beide! (vgl. Kuhla 2000, 43G).

Der Kulturstandard *Starker oder Hoch-Kontext* bezieht sich auf die Kommunikationsformen der Ägypter, bei denen nonverbale Elemente dominieren. Der Anteil des explizit und eindeutig Gesagten im Verhältnis zur Gesamtinformation einer Situation ist dabei relativ gering, wohingegen der Anteil der nichtsprachlichen Botschaft hoch eingeschätzt werden muss. Der Kontext, die Körpersprache und der Ton spielen eine bedeutende Rolle für das Verstehen der Aussage. Aufgeregtes Gestikulieren, lautes Sprechen und ein Wechsel von freundschaftlichem Plaudern und dramatischen Ausbrüchen prägen das Gespräch. Hart und leidenschaftlich werden Auseinandersetzungen auch um Kleinigkeiten geführt. Bei Deutschen, die sich oft durch Werte wie Selbstbeherrschung und Sachorientierung charakterisiert zeigen, können somit leicht Missverständnisse entstehen. Da sie in einer herzlichen Konversation kein hartes Feilschen erwarten, setzen sie nur selten diese Mittel der Ägypter ein und könnten sich deshalb letztendlich betrogen fühlen. Bei der Körpersprache ist weiterhin darauf zu achten, dass das Benutzen der linken Hand, die im Islam als unrein gilt, und das Verletzen der Regel, dass man Fußsohlen nicht auf das Gesicht des Gesprächspartners richtet, als unhöflich und beleidigend empfunden werden (→ Stolz wahren).

Kulturstandards in Interaktion

Es sollen zwei Beispiele angeführt werden, die aus der Interaktion verschiedener Kulturstandards resultieren und für das Verhalten in der ägyptischen Gesellschaft von Bedeutung sind.

Geschlechterrollenorientierung ist ein kontextueller Kulturstandard, der nur in der zwischengeschlechtlichen Kommunikation wirksam wird. Die Kulturstandards *Religiöse Orientierung, Einbindung in Beziehungsnetze* und *Stolz wahren* determinieren dabei in Ägypten beziehungsweise der gesamten arabischen Welt die Verhaltensregeln und Rollenerwartungen zwischen Mann und Frau; Religion, Gesetz und Gesellschaft kontrollieren die zwischengeschlechtlichen Interaktionen. Während die deutsche Formulierung »mein Freund/meine Freundin« auch den Partner in einer Beziehung bezeichnen kann, bedeutet Freundschaft im ägyptischen Sinne ausschließlich Kollegialität (→ Einbindung in Beziehungsnetze). Eine vor- oder außereheliche Verbindung ist in Ägypten offiziell nicht erlaubt und gesetzlich strafbar (→ Religiöse Orientierung). Um das eigene Ansehen zu wahren und nicht Opfer von Gerüchten zu werden, wird ein Gespräch zwischen Mann und Frau auch in der Öffentlichkeit vermieden, ein kollegiales Treffen zu zweit nicht angestrebt. Eine erotische Komponente wird jedoch stets vermutet, treffen sich Mann und Frau allein in geschlossenen Räumen. Ägyptische Frauen ihrerseits respektieren die gesellschaftlichen Normen, verhalten sich auf der Straße Männern gegenüber sehr abweisend, vermeiden Blickkontakte, ignorieren Zurufe und beachten die Kleiderordnung (→ Stolz wahren). Dass aus dieser sozialen Ordnung auch Vorurteile der Ägypter gegenüber dem Westen resultieren, bezeugen ihr Bild von der leichten Europäerin und die falschen Schlussfolgerungen, die sie oftmals aus dem offenen Verhalten einer Deutschen beziehungsweise ihrer freizügigeren Kleidung ziehen.

Bürokratisierung ist ein domän-/bereichspezifischer Kulturstandard, der nur im Kontakt mit Behörden wirksam wird. Die Kulturstandards *Einbindung in Beziehungsnetze, Autoritätsorientierung, Gelassenheit* und *Stolz wahren* spielen dabei eine große Rolle. Da die Verwaltung in Ägypten stark differenziert ist, existieren viele autonome Verantwortungsbereiche, die zwar im Bearbeitungsverlauf aufeinander aufbauen, jedoch nicht zusammenarbeiten. Auch sind sie selten in einem zentralen Gebäudekomplex konzentriert oder hinsichtlich eines geringen Zeit- und Wegeaufwands günstig in benachbarten Stadtvierteln gelegen. Weiterhin erweist sich der Umgang mit Fristen als problematisch, deren Einhaltung sich meist nach sozialen Faktoren richtet. Doch können Terminverschiebungen auch religiös bedingt sein, wie beispielsweise während des Fastenmonats Ramadan. Darüber hinaus kann es auch vorkommen, dass sich der zuständige Beamte, von vielen Personen zugleich beansprucht, nicht individuell um die Anliegen des Vorsprechenden kümmern kann. Jeder, der mit staatlichen Behörden in Kontakt tritt, muss sich daher mit unerschöpflicher Geduld wappnen (→ Gelassenheit). Titel und Ränge sind im Umgang mit Behörden besonders wichtig; Autoritätspersonen werden selbstverständlich respektvoll behandelt. Daher ist es für den Ausländer ratsam, ohne falsche Bescheidenheit den ägyptischen Partner bereits beim ersten Treffen über seine soziale Stellung und seinen Titel durch den Austausch von Visitenkarten oder auch direktes Ansprechen in Kenntnis zu setzen, um einen reibungslosen und erfolgreichen Fortgang des Vorhabens zu gewährleisten (→ Autoritätsorientierung). Kontakte und Beziehungen sind für ein schnelleres Erreichen des Ziels von Vorteil (→ Einbindung in Beziehungsnetze). Bei ihrem Fehlen hilft nur ein Bakschisch (Trinkgeld), das einen Mittelsmann mit ausgeprägtem Feingefühl und entsprechender Ortskenntnis veranlassen kann, die langwierigen Prozeduren der Behördenbürokratie zu beschleunigen (→ Stolz wahren).

Kulturhistorische Verankerung

Kulturstandards lassen sich auf historische Begebenheiten und religiöse Werte einer Kultur zurückführen, wobei ihre Entstehung in einer jahrtausendealten Entwicklungsgeschichte begründet liegt. Um die ägyptischen Kulturstandards besser verstehen zu können, sollen hier die wichtigsten geschichtlichen und kulturellen Bezugspunkte skizziert werden. Dabei ist zu beachten, dass sich in den letzten Jahren in Ägypten eine brennende Diskussion um die Definition, Weiterentwicklung und Modernisierung der ägyptischen Identität entwickelt hat und man sogar von einer Identitätskrise zu sprechen beginnt. Im Lichte dieser Auseinandersetzung soll die kulturhistorische Verankerung der ägyptischen Kulturstandards dargestellt werden.

Die Identität der Ägypter in der Gegenwart weist eine komplexe Struktur auf, in der Elemente der eigenen und fremder Kulturen eine wichtige Rolle für die Persönlichkeitskonstitution spielen. Während der ägyptische Geograph G. Hamdan im Verlauf der Entwicklungs- geschichte eine Ägyptisierung, Arabisierung und Europäisierung der ägyptischen Identität feststellt und die afrikanische, asiatische, mediterrane wie auch die Nil bezogene Komponente als deren Hauptbestandteile identifiziert, spricht M. Hanna von sieben Säulen der ägyptischen Identität und unterscheidet dabei vier historische Elemente, die pharaonische, griechisch-römische, koptisch-christliche und islamische Dimension, und drei geographische Aspekte, nämlich die Zugehörigkeit zur arabischen Welt, zum Mittelmeerraum und zu Afrika (vgl. Omar 1998). Die historischen Wurzeln der ägyptischen Identität liegen somit in der altägyptischen, der koptischen und der islamischen Kultur sowie in den europäischen Einflüssen verankert, die eine wesentliche Rolle bis in die heutige Zeit spielen.

Ägypten blickt auf eine sehr alte und glanzvolle Vergangenheit zurück. Aufgrund klimatischer Veränderungen wird das Niltal etwa 5000 v. Chr. zum Siedlungsgebiet wandernder Nomaden, die sich dort niederlassen, sesshaft werden und Ackerbau und Viehzucht betreiben. Damit begründen sie die Anfänge der *altägyptischen Kultur*, die von der Vorgeschichte (5000–3000 v. Chr.), über die Frühzeit (3100–2665), das alte Reich (2665–2155), die erste Übergangszeit (2155–2040), das mittlere Reich (2040–1650), die zweite Übergangsperiode (1650–1555) und das neue Reich (1555–1080) bis in die Spätzeit (1080–332) reicht, in der Ägypten, in Kleinstaaten geteilt, von Assyrern, Libyern, Äthiopiern und Persern beherrscht wird. Danach folgt eine weitere durch fremde Regentschaften bestimmte Epoche: Griechen und Römer, Araber und Türken, Franzosen und Engländer dominieren das Land, bis Ägypten nach der Revolution von 1952 zur Republik erklärt wird und eine eigenständige ägyptische Regierung erhält. Die Spuren, die diese Hochkulturen im kulturellen Gedächtnis der Ägypter hinterlassen haben, erklären zum einen den ausgeprägten Nationalstolz dieses Volkes. Die schlechten Erfahrungen mit den Fremdherrschaften im eigenen Land haben zum anderen das latente Gefühl von Angst und Misstrauen gegenüber allem Ausländischen zu verantworten (→ Orientierung am reichen Westen und → Einbindung in Beziehungsnetze).

Die *koptische Kultur* beginnt mit der Christianisierung der ägyptischen Bevölkerung in der Zeit der römischen Herrschaft, als 389 n. Chr. das Christentum zur Staatsreligion des oströmischen Reichs erhoben wird. Im Jahr 451 n. Chr. erfolgt während des Konzils von Chalkedon der Bruch der koptischen mit der römisch-katholischen Kirche. Bis dahin hatte die ägyptische Kirche die dogmatische Führung der Gesamtkirche inne, nun entwickelt sie sich als ein selbstständiger Zweig weiter. In der zweiten Hälfte des 20. Jahrhunderts erfährt die koptische Kirche durch Papst Kyrillos VI. (1959–1971), seinen Nachfolger Papst Schenude III. (seit 1971) sowie den Bischof Athanasius von Beni Suef (seit 1963) ihre Renaissance. Bedingt durch ihre lange Auseinandersetzung mit dem Islam und durch ihr Bestreben, sich abzugrenzen und eine eigene Identität zu finden, zeichnen sich die ägyptischen Christen, die als größte Minderheit 5 bis 7 Prozent der Gesamtbevölkerung Ägyptens ausmachen, auch heute noch durch ein sehr hohes Maß an Religiosität, Gemeinschaftswillen und inneren Zusammenhalt aus (→ Religiöse Orientierung und → Einbindung in Beziehungsnetze). Von den damaligen Arabern werden sie mit dem Begriff »kipti« (Kopte) bezeichnet, der seine etymologische Wurzel vom griechischen *Aigyptos* herleitet, das wiederum auf das altägyptische *Hekta-Ptah* zurückzuführen ist, und fühlen sich deshalb als die »echten« Ägypter. Die koptische Sprache, auch »demotische altägyptische Sprache« genannt, die in ihrer Liturgie immer noch lebendig ist, und die durch die altägyptische Kultur beeinflusste koptische Kunst bestärken sie in diesem Bewusstsein. Mit den »anderen« Ägyptern verbinden sie die arabische Sprache, die ägyptisch-arabischen Sitten und ein gemeinsames Nationalgefühl, das sich besonders im Nationalkampf gegen die Engländer manifestiert hat und im Symbol »Kreuz und Halbmond« zum Ausdruck gekommen ist.

Die Anfänge der *islamischen Kultur* gehen auf die Jahre 639–642 zurück, als die Araber Ägypten »erobern«. Nach ägyptischem Verständnis bedeutet dies, das Land der religiösen und wirtschaftlichen Unterdrückung der byzantinischen Herrschaft zu befreien und für die islamische Religion zu öffnen. Drei Begriffe charakterisieren diese Zeit: *Islamisierung, Arabisierung* und *Mischkultur*. Arabische Stämme siedeln sich nämlich im Niltal an, bringen eine neue Kultur, Sprache und Religion mit und legen dadurch den Grundstein für die islamisch- beziehungsweise arabisch-ägyptische Identität der Gegenwart. Unter der Führung verschiedener Dynastien (Omaiyden, Abbasiden, Fatmiden, Mamluken und Osmanen) entwickelt sich

Ägypten zu einem führenden Zentrum islamischer Kultur und bestätigt diesen Status besonders durch die Gründung der Al-Azhar-Moschee, der ältesten Universität der Welt. Der Islam, der nicht nur das Verhältnis des Menschen zu Gott, sondern auch das der Menschen untereinander regelt (→ Religiöse Orientierung), nimmt dabei auch heute noch einen breiten Raum im Leben der Ägypter ein.

Die Zeit der *europäischen Einflüsse* in Ägypten beginnt mit der Napoleonischen Expedition der Jahre 1798–1801, findet ihren Höhepunkt in der britischen Besetzung Ägyptens 1882 und endet offiziell mit der Revolution der »Freien Offiziere« im Jahre 1952. Mit dem Feldzug Napoleons kommt die ägyptische Gesellschaft zum ersten Mal mit dem modernen Europa in Kontakt. Mohammed Ali übernimmt 1805 die Macht und versucht, nach europäischem, insbesondere französischem Vorbild Ägypten zu modernisieren (→ Orientierung am reichen Westen). Seine Nachfolger können seinen Kurs nicht halten und geraten bei der Verwirklichung ihrer Reformprojekte immer wieder in Schwierigkeiten mit der politischen und wirtschaftlichen Lage. Die britische Besetzung 1882 und der Status als Protektorat von 1914 begründet die Unterentwicklung Ägyptens in struktureller Hinsicht, die auch heute noch von einer verfehlten politischen und wirtschaftlichen Führung der damals Herrschenden zeugt. Zwei politische Strömungen kristallisieren sich in Ägypten zu dieser Zeit gegen die fremde Herrschaft heraus: die Nationalpartei und die Umma-Partei, später Wafd-Partei genannt. Der Nationalpartei liegt die Ideologie des Pan-Islamismus zugrunde und so spricht sie sich für die Vereinigung der islamischen Länder unter osmanischer Schirmherrschaft aus. Die Umma-Partei hingegen verfolgt eine andere Zielsetzung und stellt den ägyptischen Nationalismus in den Mittelpunkt. Nach ihrer Auffassung kann die Unabhängigkeit Ägyptens nur durch die Lösung gesellschaftspolitischer und wirtschaftlicher Probleme und die damit einhergehende Stärkung der Stellung des Landes auf internationaler Ebene erreicht werden. Die ausländischen Interventionen und die brutalen britischen Eingriffe in die moderne Geschichte Ägyptens behinderten jedoch das Land in seiner Entwicklung und Entfaltung (vgl. dazu Zeid 1991).

Die *heutige ägyptische Identität:* Seit der Revolution von 1952 findet sich die ägyptische Identität in einem starken Wandel begriffen. Drei politische Phasen mit unterschiedlichen Ideologien prägen die heutige ägyptische Kultur: die sozialistische Phase unter Nasser (1952–1970), die Phase der Öffnungspolitik unter Sadat (1971–1981) und die Phase der Gegenwart (Mubarak ab 1981). Neue Begriffe erlangen zentrale Bedeutung in der Gesellschaft: Sozialismus, Pan-Arabismus und nationale Identität in der Ära Nassers, Kapitalismus und Infitah-Politik (Öffnungspolitik) in der Zeit Sadats Liberalisierung und Privatisierung während der Regierung Mubaraks.

Die wirtschaftliche und soziale Politik Nassers erstrebt die Unabhängigkeit der Wirtschaft, die Beseitigung von Hindernissen bei der Weiterentwicklung und Modernisierung der nationalen Industrie. Diese Ziele sollen durch »Fünfjahrepläne«, Verstaatlichungspolitik und die Verwirklichung einer nationalen ägyptischen Wirtschaft realisiert werden. Nasser verstärkt die Zusammenarbeit mit den arabischen Ländern (Pan-Arabismus) und mit den Staaten des Ostblocks und entwickelt die Ideologie des arabischen Sozialismus (→ Bürokratisierung). Sadat hingegen schlägt eine andere Richtung ein und bewirkt dadurch einen radikalen Wandel in der politischen, wirtschaftlichen und sozialen Orientierung des Landes: Abwendung vom Sozialismus und Hinwendung zum Kapitalismus, Öffnungspolitik gegenüber dem Westen und Liberalisierung Ägyptens sind seine Ziele. Die Ära Mubaraks ist durch eine modifizierte Weiterführung der politischen Richtlinien Sadats gekennzeichnet: Neue Strategien in der Wirtschaftspolitik, die die konsumtive durch eine produktive Öffnungspolitik ablösen, Übernahme neuer Formen der Liberalisierung und Privatisierung der Wirtschaft charakterisieren die Gegenwart (→ Orientierung am reichen Westen).

Generalisierung

Die hier dargestellten ägyptischen Kulturstandards können mit Vorbehalt auch auf die arabische Welt, die sich aufgrund der gemeinsamen Geschichte, Sprache und Religion als eine Einheit versteht, übertragen und damit als arabische Kulturstandards generalisiert werden:
– Religiöse Orientierung,
– Einbindung in Beziehungsnetze,
– Stolz wahren,
– Gelassenheit,
– Autoritätsorientierung,
– Orientierung am reichen Westen,
– Starker bzw. Hoch-Kontext.

Doch trotz dieser eingeschränkt möglichen Generalisierung, die einer allgemeinen Orientierung dienen kann, darf die kulturelle Eigenartigkeit jedes Landes nicht außer Acht gelassen werden. Man kann davon ausgehen, dass sich die Verhältnisse auf der arabischen Halbinsel von den ägyptischen in erheblichem Maß unterscheiden, wo die religiöse Orientierung, die Einbindung in Beziehungsnetze und die Geschlechterrollenorientierung einen höheren Stellenwert einnehmen als in Ägypten. Vorteilhaft für die deutscharabischen Beziehungen wirkt sich dabei die Tatsache aus, dass Deutschland nie als Kolonialmacht im Nahen Osten aufgetreten ist, was die Grundlage für ein aufrichtiges und freundschaftliches Verhältnis zwischen Deutschland und der arabischen Welt bildet.

Schlusswort: es sei dann wie im katalog

als seine maschine in kairo eintraf/wunderte sich der herr tourist/
daß es auch dort einen flughafen gab/wie in seinem land

als der herr tourist seinen namen las/auf dem schild das ich in der hand hielt/
da starrte er mich verwundert an und wusste nicht/wie eine frau, unverschleiert,
ihn abholen konnt'

doch da draußen vor dem bus/regte sich auf der herr tourist:/
es sei ein betrug/dies und das stünde nicht im katalog

mein chef sagte mir/der kunde sei stets im recht/
dem kunde schlüge man keinen wunsch ab/und ich hatte angst um meinen job

da befahl ich, es sei dann wie im katalog/wüste und palme, kamel und zelt/
schwarze knaben und verschleierte frauen/und ein fluss vor der pyramide

da war der herr tourist entzückt/da sagte er das habe er gebucht/
das sei wie im katalog/und gab mir viel bakschisch.

(Amin 2000, S. 49)

Literatur

Amin, A. (2000): »Gedichte: wenn die liebe dich ruft.« In: Der Salamander. Regensburger Werkstatt-Texte, 3 (1/2000). Regensburg, S. 48–51.

Haddad, N. (1987): Kultur und Sprache: Eine kontrastive Analyse als didaktisches Konzept am Beispiel des Deutschen und Arabischen. Frankfurt a. M.

Koydl, W. (1991): Gebrauchsanweisung für Ägypten. 2. Aufl. München.

Kuhla, K. (2000): Ägyptische Kulturstandards aus deutscher Sicht im Handlungsfeld deutscher Expatriats. Diplomarbeit, Universität Regensburg.

Omar, H. S. A.-E. (1998): Ägyptische Identität. Grafik-Design im kulturellen Kontext. Wuppertal.

Rau, H. A. (Hg.) (1985): Ägypten und Deutschland. Aufsätze ägyptischer Studenten mit Materialien. Berlin.

Zeid, A. E. (1991): Der politische Transformationsprozess und die Krise der Demokratie im heutigen Ägypten. Wien.

Christian Boness/Claude-Hélène Mayer

5.2 Ostafrika

Eine Fallgeschichte

Im Tanga-Distrikt/Nordost-Tansania läuft in Küstennähe ein von internationaler Seite gefördertes Umweltprogramm. Es wird in Zusammenarbeit mit der dortigen Diözese veranstaltet und steht für Interessierte offen. Ein von Montag bis Freitag ausgelegtes Seminarprogramm auf Dorfebene bildet den Kern des Projekts und soll die Teilnehmer über Desertifikationsprobleme informieren und gleichzeitig die betroffenen Kleinbauern motivieren, ihrerseits Aktivitäten zur Bodenverbesserung zu unternehmen. Die ersten drei Seminartage dienen dazu, in die grundsätzliche Problematik einzuführen, an den letzten beiden Tagen soll eine Modell-Baumschule angelegt werden. Die anwesenden gut 20 Teilnehmer wirken interessiert. Doch nimmt die deutsche Forst-Expertin während ihres Vortrags zur »Aufforstung und Erosionskontrolle« am dritten Seminartag wahr, dass die Teilnehmer nicht mehr so intensiv zuhören und sich stattdessen mit anderen Dingen beschäftigen. Als am folgenden Tag die Arbeit an der Modell-Baumschule beginnen soll, findet nicht die erwartete Kooperation statt. Die europäische Expertin ist irritiert, weil der praktische Teil des Seminars ins Wanken gerät. Schließlich muss die Deutsche am letzten Tag des Seminars feststellen, dass die Teilnehmerzahl auf nur noch 8 Personen gesunken ist. Als der anwesende Bischof die Unsicherheit der deutschen Forstexpertin bemerkt, tritt er nach vorn und hält eine Rede, in der er an die Teilnehmer appelliert, gemeinsam an der Erhaltung von Gottes Schöpfung mitzuarbeiten. So gelingt es doch noch, wenigstens einen Teil der Modellbaumschule fertig zu stellen.

Der Bischof bittet die Expertin nebenbei kurz vor dem offiziellen Ende des Umweltseminars, den Teilnehmern etwas Geld für die gute Arbeit zu geben.

Was denkt wohl die deutsche Expertin über die tansanischen Seminarteilnehmer?

- Sie kümmern sich nicht um morgen – Umweltschutz scheint sie nichts anzugehen.
- Wenn sie keine Lust mehr haben, bleiben sie weg. Sie sind weder zuverlässig noch berechenbar.
- Von praktischer Arbeit halten sie nicht viel.
- Sie arbeiten auch nur für Geld.

Was denkt die deutsche Expertin über ihre eigene Rolle?
- Meine Kompetenzen werden überhaupt nicht gewürdigt.
- Das Thema Erosionsschutz habe ich sehr gut ausgewählt, weil es für die Menschen in der Region eine überlebenswichtige Bedeutung hat.
- Als Frau scheine ich nicht gleichberechtigt in einer Führungsposition anerkannt zu sein.
- Offensichtlich muss erst ein hoch positionierter Mann kommen, um die Teilnehmer zur Arbeit zu motivieren.
- Die Religionen scheinen einen größeren Einfluss im Alltag einzunehmen, als ich dachte.

Beschreibung ausgewählter bantu-suahelischer Kulturstandards

Partizipation

Fach- und Führungskräfte haben davon auszugehen, dass sich Art und Ebene von Entscheidungen in allen Ländern Ostafrikas wesentlich auf dem Hintergrund stark kollektivistisch geprägter und streng vertikal-hierarchischer ausgerichteter Gesellschaftsstrukturen zeigen. Dem entsprechen in der Regel auch die Strukturen von Betrieben, Organisationen und Projekten, sollen sie nicht als kulturelle Fremdkörper aufgefasst werden. Besonders virulent ist deshalb die Frage, von wem Entscheidungen ausgehen und wer für das Gelingen oder Misslingen verantwortlich zeichnet. Eindeutige Erwartungen von Ostafrikanern gehen dahin, dass der Vorgesetzte oder die Führungskraft eines Bereichs für aktuelle und langfristige Entscheidungen mit ihren Folgen die volle Verantwortung trägt. Diese Verantwortung lässt sich anders als in deutschen Organisationen nicht an untergeordnete Ebenen delegieren. Die Richtung von Entscheidungen verläuft »top down« und weist im Rahmen von Abteilungsverantwortlichkeiten nicht von unten nach oben. Oft sind Führungs- und Fachkräfte verwundert, dass ihre Mitarbeiter sehr zögerlich sind, in unvorhergesehenen Situationen Entscheidungen selbst zu treffen. Auch wenn mitarbeitende ostafrikanische *Counterparts* Entscheidungskompetenzen zugewiesen bekommen haben, erwarten sie in der Regel, dass sich die deutsche Führungskraft bereithält, auch Entscheidungen geringer und mittlerer Reichweite bindend zu treffen. Nur in den seltensten Fällen kann deshalb die Zurückhaltung der Mitarbeiter so interpretiert werden, dass es sich um Unselbstständigkeit handelt, wenn alle betrieblichen Entscheidungen »nach oben« verlagert werden.

Zunächst ist es für eine interkulturelle Zusammenarbeit äußerst wichtig, eine vertrauensvolle Atmosphäre zu schaffen, die geeignet dazu ist, dass die ostafrikanischen Mitarbeiter auch ihre Meinungen vor den anderen Beteiligten offen legen. Ansonsten ist damit zu rechnen, dass Lippenbekenntnisse gegeben werden, da ein harmonischer Austausch von Meinungen den hohen Wert des Gruppenkonsenses erhöht, während konkurrierende Meinungen, die im Raum stehen, bei Ostafrikanern sehr oft Unbehagen hervorrufen. Folglich ist es auf Seiten der deutschen Führungskräfte erforderlich, vor dem Fällen von Entscheidungen der ostafrikanischen Seite genügend Input und Vorbereitungszeit zu geben.

Wenn es um Rahmenentscheidungen von privaten oder entwicklungspolitischen Führungskräften geht, die ihre Aktivitäten in Ostafrika betreffen, dann sollten weitere Gesichtspunkte hinsichtlich der Identifizierung, Formulierung und Durchführung Beachtung finden: Es gilt einzuschätzen, welche Nachhaltigkeit ein Projekt haben soll und kann, sobald der Mittelfluss und der technische und personale Experten-Input ausläuft.

Um einen vertretbaren Erfolg eines Projektes in Ostafrika wahrscheinlich zu machen, sollte bereits während der Identifizierungsphase geprüft werden, ob es mit den kulturellen Orientierungen des Empfängerlandes in Einklang steht und zu den Strategien der Counterpart-Organisation passt. Dazu gehört eine Recherche über die Gründe von Erfolg und Misserfolg früherer, ähnlich gerichteter Projekte in der Region, beziehungsweise im Land. Bei der Formulierung von Entscheidungen über Projektziele sollten nicht so sehr sachlich-logische Überlegungen im Vordergrund stehen, sondern die Kapazitäten der beteiligten Menschen und Institutionen als Bedingungen für das Erreichen der erstrebten Ziele. Daraus folgt, dass die Projektressourcen überwiegend im dem Zielland liegen sollten, um die Abhängigkeit von ohnehin temporärer Hilfe aus Deutschland zu verringern. Eine ähnliche Überlegung betrifft die Lösung operationaler Probleme: Der Import kulturfremder Lösungen kann nur sehr begrenzt absorbiert werden. Führungskräfte sind daher gut beraten, wenn sie die im Projektbereich wohnenden Menschen, die ein Interesse an der Fortführung eines zeitlich begrenzten Projekts haben, frühzeitig mit einbeziehen. Unter Berücksichtigung solcher ausgewählter Überlegungen zu Projektentscheidungen besteht eine größere Chance, dass das Projekt, so weit es über kulturangemessene – das heißt eher *menschenorientierte* als sachbezogene – Entscheidungen bestimmt ist, nachhaltig weiterbesteht.

Kooperation und Genderrollen

Die Diskussion um Gleichstellungsfragen zwischen Mann und Frau gestaltet sich in Ostafrika anders als in Deutschland. Während in Deutschland weitgehend – besonders im öffentlichen Dienst, aber auch in der privaten Wirtschaft – den Frauen zunehmend gleiche Arbeitschancen eingeräumt werden, sehen sich die meisten Frauen in Ostafrika mit anderen Problemen, zum Beispiel der Familienversorgung –, konfrontiert. Zwar haben im Bankenbereich Ostafrikas viele Frauen auch leitende Funktionen übernommen, weil man von ihnen erwartet, dass sie genauer mit Geld umgehen als zahlreiche Männer, jedoch ist beispielsweise Tansania weit davon entfernt, als Land zu gelten, in dem Männer und Frauen im westlichen Sinn gleichberechtigt sind. Deutsche Fachkräfte stellen gern ostafrikanische Frauen ein, weil auch sie die Erfahrung gemacht haben, dass ostafrikanische weibliche Counterparts gegenüber Männern bestimmte Kompetenzen einbringen können, die in der projektbezogenen oder betrieblichen Zusammenarbeit unabdingbar sind. Es ist aber ziemlich schwierig, entsprechende weibliche Kräfte zu rekrutieren, da große Ungleichheiten im Blick auf den Zugang und die Abschlüsse an Hochschulen und Universitäten bestehen. Das führt dazu, dass der Output an qualifizierten weiblichen Fachkräften sehr gering ist und einen deutlichen Nachfrageüberhang auf dem Markt bewirkt. Diese Ungleichheiten konnten bis heute nicht ausgeglichen werden, obwohl es zum Beispiel Frauenförderungsprogramme an der Universität Dar-es-Salaam gibt.

Zudem sollten sich Deutsche des Umstands bewusst sein, dass es sehr unterschiedliche ethnisch gebundene kulturelle Orientierungen zum Genderaspekt gibt. So finden sich im Kagera-Distrikt/Victoriasee matrilinear ausgerichtete Bevölkerungsgruppen und bei den um Morogoro herum wohnenden Luguru matriarchalische Strukturen. Zum Teil sind diese Strukturen in Auflösung begriffen und man kann auf Mischgesellschaften treffen, in denen matrilokale Strukturen neben patriarchalischen Mustern koexistieren.

Außerdem wird der Begriff der Geschlechtergleichheit in Ostafrika anders behandelt und verstanden als in Deutschland (Mayer 2001). Emanzipation in unserem Sinne kommt so gut wie nicht vor, da der Großteil der Bevölkerung mit der Existenzsicherung der erweiterten Familie beschäftigt ist. Gebildete Tansanier zum Beispiel interpretieren die Gleichheit zwischen Mann und Frau so, dass der Mann in erster Linie die außerfamilialen Geschäfte zu besorgen hat, während die Frau als Souverän in den Familienangelegenheiten anerkannt wird.

In ruralen Gegenden müssen deutsche Fachkräfte allerdings noch weitgehend damit rechnen, dass es eine strikte Rollenteilung zwischen den Geschlechtern gibt. Rodungsarbeiten sind »Männersache«, Feldbestellung »Frauensache«. Wasserholen und Feuerholztragen obliegt den Mädchen und Frauen, die Jungen dagegen hüten Rinder und Ziegen. Es sind in Ostafrika die meisten Arbeitsbereiche – von der Erziehung, über Kunst bis zur Wirtschaft – überwiegend genderspezifisch geprägt. Dennoch lassen sich Aufweichungstendenzen feststellen, die zum Beispiel die Norm verwässern, dass Frauen den Männern dienen müssten.

Wirtschaft, Spiritualität und religiöse Praxis

So ungewöhnlich es klingen mag: Offensichtlich ist in der Suaheli-Kultur der Umgang mit Hexerei, Zauberei und Magie bis heute stark ausgeprägt. Es ist allerdings schwierig, genaue Informationen über dieses Phänomen zu erhalten, weil es auf einer Art Spezialwissen beruht, über das nur bestimmte Personen verfügen, die es meistens geheim halten. Es dürfte wohl kaum einen Suaheli geben, der nicht an die Kraft der Magie glaubt und für die Bewältigung von Krisen einen »Mganga« (Heiler, der mit lokaler Medizin umfassend vertraut ist) oder einen »Mchawi« (Hexer, der negative Energien aktivieren und lenken kann) anruft. Besonders aber in Fällen von Eifersucht und Neid werden im Wirtschaftsleben Ostafrikas »Heiler« eingesetzt, um unerwünschte Irritationen auf dem Weg der Magie und ritueller Praktiken auszuräumen, so dass die Mitarbeiter emotional wieder stabilisiert werden. Es gibt zahlreiche Aussagen von Ostafrikanern, die beispielsweise Probleme bei der Lieferung von Rohstoffen oder das Versagen technischer Betriebseinrichtungen auf die Wirkung schwarzer Magie zurückführen. Wenn von einer Person vermutet wird, dass sie Ursache für ein Problem ist, wird nach Gegenmitteln gesucht, welche die negativen Energien binden können, oder im Gegenzug ein Mchawi-Zauberer um Rat und Hilfe gebeten. Deutsche Führungskräfte in Ostafrika müssen davon ausgehen, dass die meisten Ostafrikaner ein gutes Funktionieren von Unternehmen oder auftretende Fehler in Betriebsabläufen auf spirituelle Kräfte zurückführen, die auf unsichtbare, aber sehr wirksame Weise erscheinende kritische Ereignisse, Abläufe und Beziehungen der Menschen untereinander steuern.

Es wäre ein Irrtum anzunehmen, dass Mitarbeiter, die sich als Christen oder Muslime bezeichnen, nichts mit Magie und Zauberei zu tun hätten. Die Konfessionsbindung an große Glaubenssysteme, die nicht in Afrika ihren Ursprung haben, ist eine kulturell hoch angesehene Konvention. Doch im Bewusstsein von Ostafrikanern bilden traditionelle Glaubensvorstellungen an Magie und Zauberei keinen Gegensatz zum Christentum oder Islam, sondern ergänzen sich. So ist in dem Küstenstreifen zwischen Somalia, Kenia, Tansania und Mosambik damit zu rechnen, dass sich die über

90 Prozent dort lebenden Muslime an die Freitagsgebete halten und deshalb nicht für Seminare und Projektarbeiten zur Verfügung stehen. Wenn jedoch beispielsweise finanzielle Anreize gegeben werden und die Wichtigkeit der Mitarbeit für die betroffenen Muslime einsichtig ist, ist es für sie möglich, die Gebetszeit zu verlegen. Spiritualität und religiöse Praxis prägen somit oft ausschlaggebend den Alltag (Boness 2002).

Wenn Fach- und Führungskräfte ein wenig über diese den Beziehungen und Ereignissen zugeschriebenen Kräfte wissen, werden so manche Phänomene in Wirtschaft und Betrieb verständlicher, mögen sie auch nicht von westlich geprägten Menschen ohne weiteres nachvollziehbar sein.

Privatsphäre und Öffentlichkeit

Nahezu jeder Ostafrikaner sieht sich seiner Abstammung, seinen Vorfahren, seiner Familie verpflichtet. Aus ihr kommt er, aus ihr lebt er, aus ihr bezieht er seinen kulturellen und persönlichen Rückhalt. Untersucht man das Verhältnis der Suaheli in ihrer Gemeinschaft, so ist es geboten, bei der Familie, nicht jedoch bei der einzelnen Person anzufangen. Auf jedem offiziellen Visumantrag ist nach dem Familiennamen gefragt: »Jina la ukoo« (Name der Abstammung) weist dem Antragsteller seinen sozialen und persönlichen Ort zu, der seine Linie bis in das »Zamani« (die Vergangenheit der Ahnen) nachverfolgt. Am häufigsten trifft man im ostafrikanischen Alltag auf den Begriff der »jamaa«, der erweiterten Familie. Das regierungsamtliche Lexikon gibt die Auskunft, dass »jamaa« die primäre Bedeutung von »Menschen einer Abstammung; Geschwisterschaft« trägt (Taasisi 1981, S. 88; Übers. v. d. Verf.). In zweiter Bedeutung umfasst »jamaa« auch Menschen, die ein gemeinsames Referenzsystem aufweisen, also einer sozialen Gruppe oder Gemeinschaft mit bestimmten Merkmalen zugehören. »Jamhuri« wird lexikalisch erläutert mit »jamii ya watu wengi au nchi inayotawaliwa na mkuu anayechaguliwa na watu na ambaye si mfalme« (Taasisi 1981, S. 88), in angelehnter Übersetzung »Republik« – Tansania wird offiziell so benannt – und in wörtlicher Übersetzung »Ansammlung vieler Menschen oder ein Land, das von einem Obersten verwaltet wird, der von den Menschen gewählt ist und kein König ist«. Dass in dem *Jamhuri*-Begriff die besondere Familienvorstellung in national erweiterter Form mitschwingt, ist für Tansanier selbstverständlich, soll an dieser Stelle aber wegen der Konzentrik des Familienbegriffs hervorgehoben werden.

Familie im Verständnis der Suaheli-Kultur umfasst die Totenseelen und die noch Ungeborenen, sind es doch sie, die das Auslöschen der Erinnerung an die Familie verhindern. Der gegenwärtige Fokus der Familie ist also unmittelbar verbunden mit dem Nicht-mehr und Noch-nicht innerhalb der

Familien-Jetztzeit. Kontakte und Kommunikation mit den *living dead* verlaufen in der Regel innerhalb eines patri- oder matrilokal ausgerichteten Haushalts. Um den Kreis der Familienhaushalte legt sich der Kreis der Nachbarschaft, der zwar ein minder verpflichtendes System von Kontakten erfordert, aber doch die Gemeinschaft des Zusammenlebens und gegenseitiger Hilfe abgibt. Die zunehmende Auflösung überkommener Dorfstrukturen wird in den stürmisch wachsenden urbanen Zentren aufgefangen durch tribal oder großfamilial aggregierte Wohnzusammenhänge (mitaa). Es ist im heutigen Tansania gelungen, über den politischen Entwurf des »ujamaa« (Familienheit Abstraktum zu »jamaa«) einen weiteren Kreis zu ziehen, der die tribalen Grenzen überwindet und eine familienähnliche Identifizierung auf nationaler Ebene schafft.

Auf das einzelne Mitglied der Familie gewendet heißt das, dass sich die einzelne Person als »communitarian self« (Gyekye 1992, S. 317) aus der Familie definiert. Familie bietet in der Suaheli-Kultur keinen privaten Raum, sondern Quasi-Öffentlichkeit. Gemeinsame Lebensbewältigung im Alltag lässt zwar persönlichen Ausdrucksmöglichkeiten einen relativen Radius, Intimität ist allerdings auf eng begrenzte Zeiten und Orte bezogen. Es gilt: die Person kann ohne die Gemeinschaft nicht existieren, individuelle Entfaltungsmöglichkeiten werden sozial limitiert. Das beinhaltet Schutz der Person bei gleichzeitiger Unterordnung unter die Gemeinschaftsbelange. Die Gemeinschaft askribiert: Der Statusgewinn einer Person erfolgt nicht so sehr über persönliche Leistung und Performanz, sondern über die kulturell anerkannte Betonung feststehender Merkmale wie Alter, Titel und Position. Dieses Phänomen drückt sich direkt in der Form aus, wie sich die Beziehung zwischen den Menschen als Strukturmerkmal im Verbgebrauch des Suaheli manifestiert.

Die Menschen definieren sich sprachlich und kulturell in engster Bezogenheit auf Alltagsrelevanz, aber auch auf biographische Diachronizität: Die einzelne Person sieht sich in ihrer gesamten Lebensspanne begleitet von kollektiven Riten und Initiationen der Gemeinschaft, die gleichsam als primäre religiöse Sozialisationsinstanz der Person fungiert und sich in kulturell akzeptierten Symbolsystemen entfaltet. So ist zu beobachten, dass in den Schulen Ostafrikas einzelne oder ganze Gruppen von Schülern absent sind, weil in ihrem Dorf zu bestimmten Zeiten die notwendigen Initiationsriten durchgeführt werden. Ethnisch diversitäre »rites de passage« finden so ihre Berücksichtigung auch in den sekundären Sozialisationsinstanzen. Ohne an dieser Stelle auf die das Leben des Einzelnen strukturierenden Passage-Riten einzugehen, soll die Reziprozität von Verhaltenserwartungen zwischen den einzelnen Menschen und ihren referenziellen sozialen Gruppen in einem Zitat zusammengefasst werden:

»Der einzelne wird sich nur im Hinblick auf andere Menschen seiner

Eigenart, seiner Pflichten, Vorrechte und Verantwortlichkeiten sich selbst und anderen gegenüber bewusst. Wenn er leidet, so leidet er nicht allein, sondern mit der Gruppe, mit seinen Artgenossen, Nachbarn und Verwandten, ob diese nun tot oder noch am Leben sind. Wenn er heiratet, so steht er nicht allein, und auch seine Frau ›gehört‹ nicht ihm allein. Im gleichen Sinne gehören seine Kinder der Gemeinschaft, mögen sie auch nur den Namen des Vaters tragen. Was immer dem Einzelnen widerfährt, geht das die ganze Gruppe an, und was der ganzen Gruppe widerfährt, ist ebenso Sache des einzelnen« (Mbiti 1974, S. 136).

Personen in Zeit und Raum

Nach Auffassung Mbitis (1974, S. 18) können die schwarzafrikanische Religionsformen als Phänomene behandelt werden, zu deren »Verständnis der qualitative Zeitbegriff einen Schlüssel liefert«. Wenn angenommen wird, dass Religion ein ontologisches Phänomen ist, dann folgt daraus, »dass für die Afrikaner die gesamte Existenz ein religiöses Ereignis ist. Der Mensch ist ein religiöses Wesen in einem religiösen Weltall.« Ohne hier eine Diskussion über die eher westlich verankerte lineare Zeitdimension zu führen, soll kurz dargestellt werden, wie sich in der Suaheli-Kultur Zeiterfahrung für die Menschen niederschlägt. Einige Kernbegriffe von »Zeit« lassen sich im Suaheli gleichzeitig als Lokalattribute verwenden und verweisen auf den integrierten semantischen Gehalt der Spatiotemporalität in der Suaheli-Kultur.

Gehen wir vom Gebrauch unterschiedlicher Zeitbegriffe im Suaheli aus, so lässt sich als Erstes feststellen, dass es keinen Begriff für Zeit an sich gibt, vielmehr der Begriff mit der größten semantischen Reichweite »wakati« an inhaltliche Bedingungen geknüpft ist. Je nach Verwendungszusammenhang in der Alltagskommunikation beinhaltet »wakati« »season, period of time, point of time, sufficient time, opportunity« (Johnson 1978, S. 523), oft wird »wakati« als temporale Konjunktion gebraucht im Sinne von »während; zu dem Zeitpunkt, wenn«. Die Hauptbedeutung von »wakati« liegt jedoch in »langer Zeitraum, Periode« (Taasisi 1981, S. 316).

Am stärksten spatiotemporal bedeutungsgebunden werden die Begriffe »nafasi« und »kitambo« (Zeitstrecke oder Wegstrecke in ungefährer Ausdehnung; Taasisi 1981, S. 126) alltagssprachlich verwendet. Es ist kaum möglich, die Vielzahl der kontextgebundenen Gebräuche von »nafasi« nachzuzeichnen, doch wird in Kommunikationssituationen »nafasi« als »Gelegenheit«, »Platz«, »Raum«, »Rahmen«, »Kapazität« zu verstehen sein. Für Europäer ist es oft schwierig, die Intentionalität der Sprecher zu erkennen, wenn es zum Beispiel zwar Zeit gibt, aber keinen Platz, und vice versa.

Bedeutsam wird der Gebrauch von »nafasi«, wenn eine Beziehungsdefinition in den Vordergrund rückt. So kann »Sina nafasi« (»Ich habe keine ›nafasi‹«) heißen, dass zwar Zeit und Raum vorhanden sein mögen, aber die personale Beziehung zwischen den Kommunizierenden als nicht stimmig eingeschätzt wird oder nicht gewünscht ist. Wenn ein Europäer versucht, den uhrzeitlich bestimmten Pünktlichkeitsbegriff auf Suaheli zu übertragen, so wird er durch lexikalische Angaben enttäuscht: Es gibt keine Übersetzung von »Pünktlichkeit«. Dieser Sekundärtugend entspricht kein Suaheli-Äquivalent. In diversen Übertragungsversuchen wird »Pünktlichkeit« mit »kutochelewa« (»nicht verspätet werden, nicht verpassen«) wiedergegeben, also einem verneinten Verb in Passivbildung. Oder es werden Englisch und Suaheli gemischt in dem Vorschlag, Pünktlichkeit mit »hali (tabia) ya kuwa *punctual*; ya kufika wakati hasa upasao« zu umschreiben (Johnson 1978, S. 432). In wörtlicher Übersetzung würde es heißen: »die Situation (das Benehmen), ›punctual‹ zu sein« – also ein Übersetzung, die keine Bedeutung für »Pünktlichkeit« aus Suaheli-Sicht ermöglicht, beziehungsweise »Ankommen zu einer Zeit (s. o.), die besonders geziemt/passend ist« – folglich eine Übertragung, die für »Pünktlichkeit« die soziale Vereinbarung in den Vordergrund rückt. Durch das Vordringen westlicher Zeitbegriffe in Bereichen von institutioneller Zusammenarbeit, der Verwaltung oder auch im modernen Verkehrssektor bestehen zwei handlungsrelevante Zeitauffassungen nebeneinander: So ist es alltäglich zu beobachten, dass einige Verkehrsmittel erst dann abfahren, wenn sie voll besetzt sind, also mit zum Teil hoher »Verspätung«, andere dagegen sich an die angegebenen Fahrpläne halten.

Während die benannte Auswahl von Suaheli-Zeitbegriffen eher die alltägliche Interaktionssituation der Menschen beschreibt und interpretativ strukturiert, geht es bei den zeit-räumlichen Dimensionen des »Sasa« und »Zamani« um Sphären, die das Handeln und die Einstellungen der Tansanier indirekt prägen. Sasa und Zamani stellen sich als aufeinander folgende, rückwärts gerichtete Bereiche dar, in denen das Leben der Suaheli verläuft. »Sasa« meint »Jetztzeit«, »Zamani« dagegen jene Sphäre von »Vergangenheit«, die die Grenze zum Sasa überschreitet, bis sie aus der Erinnerung der im Sasa lebenden Menschen verschwimmt. In der Sasa-Periode finden die lebensprägenden Ereignisse statt, die entweder gerade stattfinden, kürzlich vergangen sind oder unmittelbar bevorstehen. Eine nachvollziehbare Zeitdimension der Zukunft gibt es nicht, da in Zukunft liegende Ereignisse nicht stattgefunden haben. Eine Ausnahme bilden die durch Zyklen der Natur vorausbestimmten Ereignisse wie Regenzeit, Geburt und Tod. Die Menschen der Suaheli-Kultur beschäftigen sich mit den Ereignissen, die gerade geschehen oder handlungsbeeinflussende Vergangenheit ausmachen, sie »haben nur geringes oder überhaupt kein Interesse an Ereignissen, die in einer Zukunft liegen, welche über das Höchstmaß von zwei Jahren hinausgeht« (Mbiti 1974, S. 23). So gibt es auch kein sprachliches Äquivalent für »Zukunft«, um Ereignisse zu erfassen, die jenseits der verlängerten »Jetztzeit« liegen. Vielmehr ist es so, dass wenn Suaheli-Sprecher etwa von »Ewigkeit« reden, sie »kale na kale« oder »milele« gebrauchen. Das bedeutet etwa »früher und früher«, das heißt eine kaum zu erinnernde Vergangenheit wird noch einmal nach »hinten« verlängert.

Für westlichen Fortschrittsglauben oder Entwicklungsdenken ist so gesehen wenig Platz im Denken der Suaheli. Das *Sasa* bewegt sich auf das *Zamani* hin, über die kommunikativ erinnerten Mythen aus der *Zamani*-Sphäre gibt die Gegenwart des *Sasa* den Menschen Geborgenheit und Sinndeutung. Die natürlichen Zyklen von Tagen, Monden, Regen, Trockenzeiten und die auf den Menschen hin orientierten Kreise von Geburt, Adoleszenz, Hochzeit, Zeugung und Tod bilden die Referenzbögen menschlicher Daseinsdeutung, die unendlich rücklaufen und die *Sasa*-Periode mit dem Zamani rhythmisch verbinden.

Kulturelles Konfliktmanagement

Wenn kulturbedingte wirtschaftliche Interessengegensätze aufzubrechen drohen, ist es in Ostafrika geboten, dass Experten einen Verständigungsprozess einleiten, der als kulturangepasst gilt: Ostafrikaner wollen unter allen Umständen die direkte Austragung eines Interessenkonflikts vermeiden. Die Einschaltung einer Mittelsperson (mpatanishi, mshauri) dient traditionell dazu, einen Interessenausgleich auf indirektem Weg herzustellen. Es wäre für die deutsche Seite ergiebiger, wenn sie ihre Einwirkungsmöglichkeiten ebenfalls über eine Mittelsperson geltend machen könnte. Es ist nämlich oft der Fall, dass beispielsweise bei Ostafrikanern das Interesse an einer Fernreise in das reiche Deutschland höher gesetzt wird als eine entwicklungspolitisch begründete Fortbildungsmaßnahme, um die es den Projektverantwortlichen geht. Um diesen Interessengegensatz auszugleichen, käme als Mittelsperson etwa jemand in Frage, der über langjährige Betriebserfahrung verfügt und die persönlichen und familiären sowie positionsrollenbezogenen Hintergründe der Mitarbeiter kennt. Beide Seiten könnten ihr Gesicht bewahren, wenn ein Kompromiss gesucht würde (Mayer et al. 2003)

Dieser Weg ist zwar langwierig, kommt aber der ostafrikanischen Auffassung am stärksten entgegen. Denn Betriebe und Organisationen werden als große Familien aufgefasst, in denen nicht die Logik von Zielen und Prozeduren entscheidend ist, sondern dass angenehme menschliche Beziehungen zwischen Experten und Mitarbeitern entstehen und bestehen bleiben.

In diesem Prozess der persönlichen Beziehungsbildung innerhalb und außerhalb der Betriebs können sich Entscheidungen am wenigsten störend vorbereiten lassen, beispielsweise die Auswahl geeigneter Mitarbeiter zu Fortbildungszwecken. Dieser – gewiss auch zeitraubende – Prozess würde ein Abwägen der Kriterien mit sich bringen, die in Ostafrika höchsten Rang einnehmen: Anciennität, Weisheit und Würde (Heshima). Wenn sich nun ein deutscher Experte in diese Prozess mit einbinden lässt und auch seine Vorstellungen vorsichtig einbringt, kann ein solches Prozedere durchaus erfolgreich sein.

Kommunikationsstrukturen in der Entwicklungszusammenarbeit

Beratung darf nicht mit Kritik verbunden sein, sondern sollte im Stil des in der Suaheli-Kultur weit verbreiteten und sehr positiv gesehenen »kupeana mawazo« (»Sich-untereinander-Gedanken-Geben, Ideen austauschen«) verlaufen. Die Suaheli-Kultur bevorzugt grundsätzlich indirekte Kommunikationsstile. Informationen werden gern unter Verweis auf Dritte, zum Beispiel Autoritäten, Vorfahren und Praktiken anderer sozialer Gruppen, weitergegeben und erhalten somit ein besonderes Gewicht, ohne dass ein Teilnehmer direkt mit der Äußerung identifiziert wird. Das Instrument von Dorfversammlungen zu nutzen, um ein Programm der Entwicklungszusammenarbeit einzuführen, ist an und für sich günstig, um ein Maximum an Partizipation zu erreichen. Auf Dorfversammlungen werden die Angelegenheiten beraten, die für die Dorfgemeinschaft entscheidend sind. Doch wichtig wäre es für deutsche Fachkräfte, sich vor der Besprechung seines Vorhabens darüber kundig zu machen, welche politisch-administrativen Besonderheiten in der Region üblich sind. Beispielsweise ist zunächst der District-Officer davon zu überzeugen, welche Vorteile ein viehwirtschaftliches Programm für ihn und seinen Distrikt haben kann, etwa die Nutzung von Projektfahrzeugen und die Projektlogistik. Nachdem eine gute persönliche und geschäftliche Beziehung zum District-Office aufgebaut ist, wird der Verantwortliche gern dazu bereit sein, auf einem vorbereitenden Treffen mit den Dorfältesten die Vorteile des Projekts zu beraten. Erst wenn auch diese Hürde genommen ist, kann es zu einer von den Farmern vor Ort besuchten Dorfversammlung kommen. Ein gelungenes »topdown«-Verfahren entspricht grundsätzlich der Richtung, in der ein Akzeptanzrahmen von moderner betrieblicher Wissensvermittlung bereit gestellt wird. Die Kenntnis des kulturangepassten *Channelling* ist also eine notwendige, jedoch noch keine hinreichende Bedingung für das Gelingen eines bilateralen Projekts (Teunissen u. Waisfisz 1993).

Diskussionen sind zwar eine Form von dialogischer Kommunikation, die aber auch in den jeweiligen kulturellen Kontext hineinpassen muss. In der Regel wird im *Primary* und dem *Secondary Level* des in Ostafrika bestehenden Schulsystems die Form der Debatte, nicht aber die der Diskussion vermittelt. Dieser Sachverhalt hat weniger mit Bildung zu tun als mit sozialisationsbegleitenden Kontexten, in denen kulturspezifische Kommunikationsstile gelernt werden. In Ostafrika kann davon ausgegangen werden, dass Wissensvermittlung nur dann eine Chance hat, diejenigen zu erreichen, für die sie vorgesehen ist, wenn zunächst nachgefragt wird, ob das, was vermittelt werden soll, den Interessen der Beteiligten, aber auch den überlieferten Gruppenerfahrungen und Wertschätzungen entspricht.

Erfahrungen, die Fach- und Führungskräfte in Ostafrika immer wieder gemacht haben, verweisen bei formellen Meetings darauf, dass es nicht so sehr darum geht, einen offenen Meinungs- und Ideenaustausch zu unternehmen oder gar die Teilnehmenden einzeln nach ihren Entscheidungen, Aktivitäten oder Intentionen zu befragen. Es ist auch nicht üblich, dass man während des Meetings zu Entscheidungen in einem Diskussionsprozess gelangt, vielmehr haben Meetings in Ostafrika die Funktion, zunächst einmal die Mitarbeiter darüber zu informieren, welcher Stand der Unternehmenstätigkeit im Augenblick erreicht ist. Vorher bereits getroffene betriebliche Entscheidungen können dann im Rahmen des Meetings auf ritualisierte Weise abgestimmt werden. Zur Motivierung der einzelnen Mitarbeiter trägt bei, wenn bei Meetings die Leistungsmoral durch Appelle an die Belegschaft gestärkt wird. Meetings sind bei Ostafrikanern auch deshalb besonders beliebt, weil sie während der Arbeitszeit abgehalten werden, gleichzeitig aber auch den sozialen Bedürfnissen der Mitarbeiter entgegenkommen. Diese für westliche Führungskräfte ungewöhnliche Ausgestaltung hat ihren Hintergrund in der High-Context-Culture (Hall u. Hall 1990), in der die persönlichen Beziehungen der Mitarbeiter untereinander einen indirekten Austausch zu den Angelegenheiten möglich machen, die zur Entscheidung anstehen. Es bedarf in einer solchen Kultur dann nur noch geringer Informations-Inputs, um Entscheidungen beschlussreif zu machen.

Es gilt in Ostafrika als ungehörig, negativen Emotionen vor anderen freien Lauf zu lassen und beispielsweise Wut, Ärger, Arroganz auszudrücken oder sich über andere lustig zu machen.

Kritische Beurteilungen von Europäern, die auf Eigenschaften und Fertigkeiten ostafrikanischer Kollegen zielen, sind zu vermeiden, es sei denn, es werden im Vier-Augen-Gespräch ausdrücklich Auskünfte dieser Art gewünscht. Anderenfalls wirken sie in höchstem Maß beunruhigend oder werden als diskriminierend erlebt, weil für viele Ostafrikaner damit neben einem auf jeden Fall zu vermeidenden Gesichtsverlust das Gefühl eigener Inferiorität einhergeht.

Zurück zur Fallgeschichte

Vor dem Hintergrund der dargestellten ausgewählten ostafrikanischen Kulturstandards kann nun die Perspektive der tansanischen Seminarteilnehmer nachvollzogen werden.

Über ihre eigene Rolle denken die tansanischen Seminarteilnehmer folgendermaßen:

– Es ist eine Ehre für uns, zu einem Seminar eingeladen zu werden, denn es bietet den Rahmen für Geselligkeit und Ideenaustausch. Das Thema mag interessant sein, aber was betrifft uns davon eigentlich wirklich? (→ Partizipation).
– Warum wird das Seminar eigentlich von einer Frau geleitet? Es geht doch hier wohl um Aufforstung und nicht gerade um Feldarbeit (→ Kooperation und Genderrollen).
– Ist doch klar, dass die muslimischen Teilnehmer am Freitag zum Gebet in die Moschee gehen (→ religiöse Praxis).
– Ist doch klar, dass die christlichen Teilnehmer auf ihren Bischof hören und daher am Seminar aktiv teilnehmen (→ religiöse Praxis).
– Es ist gut, dass der Bischof in die Position des Vermittelnden in dieser konflikthaften Situation getreten ist (→ kulturelles Konfliktmanagement).

Über die Rolle der deutschen Expertin denken die tansanischen Teilnehmer wie folgt:

– Was die zeitliche Seminarplanung betrifft, hätte die Expertin ja wirklich mal mit uns in den Dialog treten können (→ Partizipation).
– Der deutschen Expertin scheint das Thema sehr am Herzen zu liegen, mehr als der Austausch mit den Teilnehmern (→ Partizipation).
– Es ist ja offensichtlich, dass die Deutsche hier insgesamt überfordert ist: einerseits nimmt sie sich eines Themas an, das eigentlich nur von Männern bearbeitet wird, andererseits beachtet sie die religiösen Einstellungen, die bei den Seminarteilnehmern vorherrschen, nicht (→ Gender und religiöse Praxis).
– Ihre Verunsicherung zeigt, dass sich die Expertin in der ostafrikanischen Kultur keineswegs auskennt, deshalb muss unser Bischof ihr helfen (→ Konfliktmanagement).
– Noch nicht einmal Geld wollte sie für die geleistete Arbeit und die Seminarteilnahme zahlen, obwohl wir doch an diesen Tagen als Arbeitskräfte für die Versorgung unserer Familien ausfallen (→ Privatsphäre und Öffentlichkeit).

Orientiert man sich an den oben dargestellten Kulturstandards, so sind diese im Blick auf das konkrete Fallbeispiel so zu formulieren:

Partizipation – personorientiertes Handeln

Entscheidende Motivation für die Teilnahme am Seminar war für die Ostafrikaner der Wunsch nach Geselligkeit und angenehmer Atmosphäre. Nur wenn die persönlichen Beziehungen stimmen, kann auch an der Sache gearbeitet werden, die über die Personen ganzheitlich vermittelt wird. Dagegen steht für die deutsche Expertin logischerweise die Vorrangigkeit des Seminarthemas fest, da es aus ihrer Sicht keine Entwicklung ohne Umweltschutz gibt.

Kooperation und Genderrollen – genderspezifische Arbeitsteilung

Geschlechter- und Leitungsrollen werden in der Regel in Ostafrika askribiert, weniger über individuelle Leistung erworben. Traditionell sind Frauen zum Beispiel nicht im Forstbereich tätig, deshalb hätte zumindest noch ein Mann die Seminarleitung übernehmen sollen.

Wirtschaft, Spiritualität und religiöse Praxis – religiös geprägte Alltagsgestaltung

Die deutsche Expertin ist in einer eher areligiösen Gesellschaft aufgewachsen, in der Religion und Kirche Privatsache sind und ihre Bedeutung verlieren. In Ostafrika dagegen ist Spiritualität im Allgemeinen die Grundlage persönlichen wie auch öffentlichen Lebens. Die religiöse Praxis der Menschen hat daher entscheidenden Einfluss auf die Ausgestaltung von Seminaren und das Gelingen von Projekten. Dieses Phänomen ist deshalb unbedingt zu berücksichtigen. Anderenfalls geraten Deutsche leicht unter den Verdacht, ignorant oder respektlos zu sein.

Privatsphäre und Öffentlichkeit – kollektives Familienbewusstsein

Kollektiv handeln sowohl Christen als auch Muslime: Die muslimischen Seminarteilnehmer gehen geschlossen am Freitag ihrer religiösen Praxis nach, während die christlichen Teilnehmer ihrem Oberhaupt, dem Bischof, kollektiv folgen. Die Oberhäupter religiöser Gruppen sind strukturell vergleichbar mit den hierarchisch geordneten wechselseitigen Verpflichtungen zwischen Familienoberhäuptern und Familienangehörigen.

Dabei wird nicht zwischen privater und öffentlicher Entscheidung unterschieden. Vielmehr akzeptieren hier alle »Familienmitglieder« (Muslime und Christen) die jeweilige Entscheidung, ihrer Religion zu folgen.

Personen in Zeit und Raum – qualitative Zeit

Für die teilnehmenden Muslime ist die durchgängige Anwesenheit beim Seminar nicht der übergeordnete Gesichtspunkt. Die »Zeit mit Gott« gewinnt für sie hier eine Qualität, die den quantitativen Aspekt des Seminars weniger berücksichtigt. Mehr wiegt hier jedoch, dass sich die Teilnehmer mit an Zukunft orientierten Umweltthemen wenig befassen. Ihr Zeitdenken ist an Natur- und Lebenszyklen gebunden, nicht jedoch an eine abstrakte Zukunft. Die Dimension der Zukunft liegt für Ostafrikaner in der erinnerten Vergangenheit.

Kulturelles Konfliktmanagement – Konfliktlösung durch Dritte: Triangulierung

Wenn die Atmosphäre in der Gruppe nicht mehr stimmt und ein latenter Konflikt vorhanden ist, wird in der Regel eine Mittelsperson tätig, die zwischen den Konfliktpartnern vermittelt. Diese Person ist gesellschaftlich allgemein anerkannt und respektiert und meist in einer hervorragenden hierarchischen Position angesiedelt, wie beispielsweise Schulleiter, Bischöfe, Bahnhofsvorsteher. Diese Art der Vermittlung zwischen Konfliktparteien ist traditionell in der bantu-suahelischen Kultur verankert. Entscheidend ist hier, dass Konflikte nicht direkt ausgetragen werden.

Kommunikationsstrukturen in der Zusammenarbeit – Indirekte Kommunikation im High-Context

Die Kommunikationsstrukturen sind vielfältig: Einerseits findet sich hier der »top-down approach«, das heißt Informationen werden von oben (vom Bischof) nach unten (an die Teilnehmer) vermittelt. Andererseits herrscht ein indirekter Kommunikationsfluss vor, denn Kritik wird nicht direkt und offen geäußert. Kritik wird oftmals durch Schweigen oder Absenz »gezeigt«. Zudem werden verbale Äußerungen immer in einen Beziehungskontext eingebettet und erhalten somit ihre spezifische Bedeutung.

Kulturhistorische Verankerung

Maßgeblich für die kulturhistorische Verankerung der Suaheli-Kulturstandards dürften die folgenden Ereignisse sein:
- die »Suahelisierung« des arabischen Einflusses seit dem 9. Jahrhundert nach Christus,
- die Kolonialisierung Ostafrikas durch die Briten und Deutschen im 19. Jahrhundert,
- die Unabhängigkeitserklärungen Tansanias (1961) und Kenias (1963),
- der zunehmende Einfluss der Globalisierung auf die Länder des östlichen Afrika seit 1985.

Prähistorische Funde des *homo erectus* in der Olduvai-Schlucht (Tansania) und in der Turkana-Region (Kenia) durch Forscherfamilie der Leakeys legen die Vermutung nahe, dass in Ostafrika die »Wiege der Menschheit« gelegen habe. Diese Funde begründen bis heute den Stolz der meisten Ostafrikaner, dass sie vor den arabischen und weißen Kolonialherren bereits eine frühe Kultur geschaffen haben.

Spätestens seit dem 9. Jahrhundert lassen sich Handelskontakte von der ostafrikanischen Küste bis nach Arabien und Indien nachweisen. Arabische *Dhaus* machten sich die jahreszeitlich wechselnden Monsunwinde zu Nutze, um Elfenbein, Sklaven und Gewürze aus dem südlichen und östlichen Afrika zu importieren und Parfum, Glas, Perlen und Metallwaren zu exportieren. Handelssiedlungen entstanden entlang der Küste von Somalia bis Mosambik, und die ansässige Bantu-Bevölkerung verschmolz zunehmend mit den arabischen Siedlern zur Suaheli-Kultur. Die Händlersprache Suaheli breitete sich über die Karawanenrouten aus und wurde zur Lingua franca Ostafrikas. Der Umstand jedoch, dass vom 16.–19. Jahrhundert der arabische Sklavenhandel viele Ethnien Ostafrikas ausblutete, hat bis heute bei Ostafrikanern eine tiefe Wunde hinterlassen.

Die zweite große Kolonialisierungswelle Ostafrikas durch Briten und Deutsche erfolgte maßgeblich seit der Berliner Konferenz 1884/85, in der die Interessensphären der europäischen Großmächte aufgeteilt wurden. Durch künstliche Grenzziehungen wurden gewachsene kulturelle Zusammenhänge zerschnitten und teilweise aufgelöst. Andererseits wurden Grundsteine für moderne, bis heute weiter wirkende Infrastrukturen im Verkehrswesen, Bildungs- und Verwaltungswesen gelegt. Doch die Methoden der erzwungenen Modernisierung durch Schutztruppen und Kolonialregierung, die Christianisierung der Bevölkerung durch die großen westlichen Missionsgesellschaften und die Landnahme landwirtschaftlich ertragreicher Böden durch weiße Siedler mit einhergehender rigoroser

Lohnarbeit ließen Widerstand aufkommen. Es kam zu den großen Aufständen der Hehe in Tanganjika (Maji-Maji-Rebellion 1905) und der Mau-
Mau-Erhebung in Kenia (1951). Beide Aufstände wurden von den Koloni-
almächten brutal niedergeschlagen und bereiteten den Boden für ein
Gefühl kollektiver kultureller Unterlegenheit, das bei vielen Ostafrikanern
noch heute zu finden ist.

Erst mit dem Kampf um die Unabhängigkeit unter dem Leitwort *Uhuru*
(Freiheit) konnte sich Ostafrika zumindest aus der politischen Fremdherrschaft befreien. Es blieben jedoch viele Strukturen der Abhängigkeit von
den ehemaligen Kolonialherren – wie zum Beispiel die wesentlich monokulturelle Exportstruktur bis heute zeigt. Doch Tansania schlug unter seinem ersten Präsidenten Nyerere einen besonderen afrikanischen Weg ein:
Ujamaa-Sozialismus. Altafrikanisches Großfamiliendenken sollte mit den
Herausforderungen der Moderne verbunden werden und eine solidarische
Gesellschaft in Tansania schaffen, in der es keine Ausbeutung von Menschen mehr gab. Dagegen öffnete sich Kenia unter Präsident Kenyatta dem
Westen. Tourismus wurde hier zur ersten Devisenquelle. So schaffte es Ke-
nia bei aller ungleichen sozialen Verteilung der Ressourcen, eine florierende
Volkswirtschaft zu entwickeln, während Tansania bis heute zur LDC-Län-
derkategorie (Least Developed Countries) gehört.

Seit den achtziger Jahren begann in Tansania das sozialistische System
unter dem verstärkten Einfluss der Globalisierung und intern begründeter
Misswirtschaft zu fallen. Bedeutende soziale und kulturelle Verwerfungen
sind die Folge. Zurzeit lässt sich beobachten, dass sich viele Tansanier einerseits dem internationalen Wettbewerbsdruck öffnen und individualistisch zu denken beginnen, gleichzeitig aber bemüht sind, an bewährte
Strukturen von Solidarität und Familie anzuknüpfen. Ähnliche Phänomene sind auch in Kenia festzustellen, wenngleich die Bevölkerung nicht so
abrupt von den Kräften der Globalisierung getroffen ist wie das über ein
Vierteljahrhundert weitgehend abgeschottete Tansania. Für Ostafrika gilt
in jüngster Zeit, dass große Bemühungen unternommen werden, kulturelle
Überlieferungen zu beleben und damit ihre kulturelle Identität angesichts
zahlreicher Überfremdungserscheinungen zu bewahren.

Schlussbemerkung

Betrachtet man die an dieser Fallgeschichte exemplifizierten Kulturstandards, dann fällt auf, dass sie alle in einer deutlichen Abweichung zu deutschen Kulturstandards stehen. Es ist daher besonders wichtig, sich der ei-

genen deutschen Kulturstandards bewusst zu sein und sie nicht auf das Verhalten von Ostafrikanern zu projizieren. Eine kulturrelativistische Haltung und interkulturelle Sensibilisierung können dadurch erreicht werden, dass ostafrikanische Kulturstandards internalisiert und in der konkreten Begegnung situativ und personenbezogen modifiziert werden.

Mit Vorsicht können die hier genannten Kulturstandards auch auf Bantu-Ethnien im Südlichen Afrika übertragen werden. Jedoch sind die Ausprägungen dieser Kulturstandards aufgrund der unterschiedlichen historischen und soziokulturellen Situationen in den verschiedenen Ländern entsprechend zu differenzieren.

Literatur

Boness, C. (2002): Kritische Situationen in Begegnungen zwischen Tansaniern und Europäern. Frankfurt a. M.

Gyekye, K. (1998): Person and community in African thought. In: Coetzee, P. H.; Roux, A. P. J. (Hg.), Philosophy from Africa. A Text with Readings. Johannesburg, S. 317–336.

Hall, E. T.; Hall, M. R. (1990): Understanding Cultural Differences. Yarmouth.

Johnson, F. (Hg.) (1978): A Standard Swahili-English Dictionary. Nairobi.

Mayer, C.-H. (2001): Werteorientierungen an Sekundarschulen in Tansania vor dem Hintergrund interkultureller und inner-afrikanischer Wertediskussionen. Stuttgart.

Mayer, C.-H.; Boness, C.; Thomas, A. (2003): Beruflich in Kenia und Tansania. Trainingsprogramm für Manager, Fach- und Führungskräfte. Göttingen.

Mbiti, J. S. (1974): Afrikanische Religion und Weltanschauung. Berlin.

Taasisi ya Uchunguzi wa Kiswahili (Hg.) 1981: Kamusi ya Kiswahili sanifu. Nairobi.

Teunissen, E.; Waisfisz, B. (1993): Intercultural Cooperation between Germans and Tansanians. ITIM/GTZ. Frankfurt a. M.

II. Interkulturelle Tätigkeitsfelder

Siegfried Stumpf

1. Interkulturelles Management

Tätigkeitsfelder interkulturellen Managements

Das Tätigkeitsfeld eines Managers weist unterschiedliche Facetten auf. Manager haben in Organisationen eine Vielzahl verschiedener Rollen zu übernehmen. Nach Mintzberg (1991) ist das Rollenspektrum eines Managers aufgebaut wie in Tabelle 2 dargestellt.

Einzelne Managementpositionen unterscheiden sich darin, in welchem Ausmaß der Positionsinhaber im Hinblick auf diese verschiedenen Rollen von seiner sozialen Umwelt gefordert ist. Ausgehend von den Erwartungen, die andere und er selbst an seine Position stellen, legt sich jeder Manager eine

Tabelle 2: Rollenspektrum eines Managers nach Mintzberg (1991)

Rolle	Kurzbeschreibung
1. Repräsentator	Erfüllung zeremonieller Verpflichtungen, z. B. bei Empfängen, Festanlässen, Besuchen
2. Mitarbeiterführung	Direkter Kontakt zu Mitarbeitern: Fördern, Fordern, Anerkennen …
3. Liaison	Kontakte nach oben, zur Seite und nach außen aufnehmen und pflegen
4. Beobachter	Informationen aus dem Umfeld suchen, aufnehmen und sammeln
5. Informationsverteiler	Informationen an andere weitergeben
6. Sprecher	Standpunkte der eigenen Organisationseinheit nach außen kommunizieren
7. Unternehmer	Maßnahmen zur Bestandssicherung und Weiterentwicklung der Organisation initiieren und begleiten
8. Störungsregler	Störungen regulieren und Konflikte managen
9. Ressourcenzuordner	Festlegung, wer was in der eigenen Organisationseinheit erhält (Arbeitsmittel, Budgets …)
10. Verhandler	Vereinbarungen im Sinne der Organisation aushandeln

eigene Rollendefinition zurecht, in der spezifische Rollenerwartungen hervorgehoben werden und andere in den Hintergrund treten.

Empirische Untersuchungen zum Arbeitsalltag von Managern liefern folgendes Bild (vgl. Neuberger 1990): Der Arbeitsalltag eines Managers ist aus vielen kurzen Episoden zusammengesetzt. Es kommt zu häufigen Unterbrechungen und unvorhergesehenen Situationswechseln, auf die er sich einstellen muss. Managen bedeutet Kommunizieren und der Hauptteil der täglichen Arbeitszeit ist durch mündliche Kommunikation ausgefüllt.

Aufgrund dieser Untersuchungen erscheint der Eindruck berechtigt, dass Manager nicht nur aktiv und vorausschauend führen und gestalten, sondern vielmehr einem Strom von schnell wechselnden und unvorhersehbaren Ereignissen ausgesetzt sind, auf den sie mit viel Improvisationsgeschick reagieren müssen. Eine veränderte Fassung der gern mit Management und Führung in Verbindung gebrachten Dirigentenmetapher bringt dies gut zum Ausdruck: »Der Manager ist wie der Dirigent eines Symphonieorchesters, der sich um die Aufrechterhaltung einer melodischen Leistung bemüht, bei der die verschiedenen Beiträge der unterschiedlichen Instrumente koordiniert und in eine Reihenfolge gebracht, zu einem Muster zusammengefügt und in eine rhythmisch ausgewogene Aufführung gebracht werden, während die Orchestermitglieder die unterschiedlichsten persönlichen Schwierigkeiten haben. Die Bühnenarbeiter verschieben die Notenständer, eine abwechselnd übermäßige Hitze und Kälte macht dem Publikum und den Instrumenten zu schaffen, und der Sponsor des Konzerts besteht auf irrationalen Veränderungen im Programm« (Leonard Saylor, zitiert nach Mintzberg 1991, S. 33 f.).

Diese Ausführungen zeigen, dass Management grundsätzlich ein anspruchsvolles Tätigkeitsfeld ist. Manager müssen einer Vielzahl unterschiedlicher Erwartungen und Anforderungen gerecht werden; sie sind dabei nicht nur aktive Gestalter, sondern müssen sich oftmals mit externen und unkontrollierbaren Einflüssen auseinander setzen. All dies kann zu Dilemmasituationen (vgl. Neuberger 1990) und großen psychischen Belastungen führen.

Interkulturelle Bedingungen stellen zusätzliche Anforderungen an das Management. Gehen die Interaktionspartner von unterschiedlichen kulturellen Orientierungssystemen aus, so ist dies im Rahmen jeder der von Mintzberg (1991) aufgeführten Managementrollen zu berücksichtigen. Wird dies von den Interaktionspartnern nicht getan, sind Missverständnissen und unproduktiven Austauschbeziehungen Tür und Tor geöffnet. In verschiedenen Kapiteln dieses Handbuchs wird dies für unterschiedliche Managementrollen dargelegt (z. B. zur Repräsentation, zur Verhandlung, zur Störungsregelung).

Interkulturelles Management betrifft insbesondere folgende Personengruppen und Tätigkeitsfelder:

- Fach- und Führungskräfte, die als Entsandte ihrer Organisation längere Zeit, beispielsweise mehrere Jahre, im Ausland arbeiten (z. B. Expatriates von Unternehmen, Entwicklungshelfer);
- Fach- und Führungskräfte, die als Repräsentanten einer global agierenden Organisation weltweite Kontakte initiieren und pflegen;
- Fach- und Führungskräfte, die im Rahmen internationaler Projekte in gemischtkulturellen Projektteams arbeiten;
- Fach- und Führungskräfte im Stammhaus einer Organisation, die ausländische Tochter- oder Partnerorganisationen (z. B. bei Joint Ventures) betreuen oder Kontakte zu Kunden im Ausland unterhalten;
- Fach- und Führungskräfte in Organisationen, deren Belegschaft mehrkulturell zusammengesetzt ist.

Anforderungen an interkulturelles Management

Die mit interkulturellem Management verbundenen Anforderungen variieren je nach Art der interkulturellen Managementaufgabe: Eine mehrjährige Tätigkeit als Expatriate in einer ausländischen Firmenniederlassung ist mit anderen Anforderungen und Belastungen verbunden als zum Beispiel die Leitung einer mehrkulturell zusammengesetzten Arbeitsgruppe im Heimatland. Insbesondere Auslandsentsendungen stellen hohe Anforderungen an die entsandten Manager.

Die Studien zu Auslandsentsendungen von Managern zeigen eine getrübte Erfolgsbilanz: Black und Gregersen (1999) berichten als Ergebnis einer Feldstudie an Firmen aus den USA, dass zwischen 10 und 20 Prozent der ins Ausland entsandten Manager ihren Aufenthalt vorzeitig abbrechen, unzufrieden mit ihrer neuen Aufgabe oder mit der neuen Umgebung; fast ein Drittel der Manager erfüllt nicht die Erwartungen, und ein Viertel kündigt bald nach der Rückkehr, was einen immensen Know-how-Abfluss für die betroffenen Unternehmen bedeutet. Nach Stahl (1998, S. 2) schwanken die Schätzungen der Quoten von vorzeitig abgebrochenen Entsendungen zwischen 10 und 40 Prozent, im Fall der Entsendung von Fach- und Führungskräften in Entwicklungsländer steigen die Quoten sogar bis 70 Prozent. Die Anzahl der Mitarbeiter, die ihren Entsendungsvertrag zwar erfüllen, sich aber im Gastland weder wohl fühlen noch die erwartete berufliche Leistung erbringen, wird deutlich höher eingeschätzt.

In einer Interviewstudie an 116 deutschen Managern, die von ihren Unternehmen für mehrere Jahre in die USA oder nach Japan entsandt wurden, identifizierte Stahl (1998) die Problemklassen, mit denen diese Manager

Tabelle 3: Problemklassen bei Auslandsentsendungen (vgl. Stahl 1998, S. 157) in Abhängigkeit von der bisherigen Entsendungsdauer. Je höher die Problemintensität, desto kleiner die Rangplatzkennziffer.

Problemklasse (Beispiele)	Häufig-keit in % (N=116)	< 2 Jahre (N=24)	2–6 Jahre (N=54)	6 Jahre (N=38)	Intensi-tät Rang
Reintegration/Zukunft (berufliche, private Rückkehrprobleme, Zukunftsängste ...)	65 %	46 %	76 %	61 %	5
Stammhausbeziehungen (Autonomiekonflikt, fehlende Unterstützung ...)	60 %	50 %	61 %	63 %	8
Personal/Führung (Personalführung, -entwicklung, -beschaffung)	48 %	50 %	48 %	47 %	1
Sprache/Kommunikation (Verständigungs-, Orientierungsprobleme ...)	47 %	58 %	54 %	32 %	4
Gastlandkontakte (fehlende, unbefriedigende Kontakte ...)	44 %	46 %	50 %	34 %	9
Arbeitszeit/-menge (lange Arbeitszeiten, Termindruck, Geschäftsreisen ...)	43 %	25 %	56 %	37 %	10
Entsandtenrolle (Interessen-, Loyalitätskonflikte, Vermittlerrolle ...)	39 %	29 %	35 %	50 %	2
Partner (Fehlende Arbeitsmöglichkeiten, Isolation ...)	38 %	58 %	44 %	16 %	3
Lebensqualität (Freizeit, Wohnverhältnisse, Klima ...)	35 %	3 %	37 %	34 %	7
Arbeitsinhalte/-abläufe (Aufgabenneuheit, Überforderung, interne Abläufe ...)	29 %	33 %	30 %	26 %	6
Geschäftspraktiken (Kontaktaufbau, abweichende Geschäftsgepflogenheiten ...)	23 %	22 %	22 %	26 %	11

während ihres Auslandsaufenthalts konfrontiert werden. Ergebnisse hierzu sind in Tabelle 3 dargestellt.

Bei den meisten dieser Probleme handelt es sich um chronische, also dauerhafte oder ständig wiederkehrende Belastungen (vgl. Stahl 1998, S. 156). Es berichten 48 Prozent der Manager von Personal- und Führungsproblemen (z. B. abweichende Führungsstilpräferenzen, Versagen von gewohnten Führungstechniken), wobei etwa 80 Prozent dieser Manager diese Probleme als ernsthaft bis schwer wiegend einstufen (Intensität: Rangplatz 1). 47 Prozent der Manager, und hier vor allem die nach Japan entsandten, geben sprach- und kommunikationsbezogene Probleme an (z. B. Informationsdefizite aufgrund mangelnder Sprachkenntnisse, Missverständnisse aufgrund von unterschiedlichen Kommunikationsstilen). Eine weitere Problemklasse bilden mit 44 Prozent die Kontakte mit Gastlandangehörigen, die nicht in ausreichender Quantität oder Qualität vorliegen. Als sehr beeinträchtigend werden Probleme des Ehepartners empfunden, die 38 Prozent der Manager berichten (z. B. Eingewöhnungsschwierigkeiten, Verständigungs- und Orientierungsprobleme, Mangel an sozialen Kontakten). Zur Vorbereitung der Manager auf die mit einem Auslandseinsatz verbundenen Probleme, muss Stahl feststellen: »In Übereinstimmung mit Erhebungen zur Entsendungspraxis deutscher Unternehmen ... belegen die Untersuchungsergebnisse, dass Mitarbeiter nur in Ausnahmefällen systematisch auf das Leben und Arbeiten im Gastland vorbereitet werden ... Von einer gründlichen Vorbereitung auf den Auslandseinsatz kann daher bei der Mehrzahl der Entsandten keine Rede sein« (1998, S. 247).

Die Problemhäufigkeit ist dabei auch von der bisherigen Aufenthaltsdauer abhängig: Mit der Entsandtenrolle zusammenhängende Probleme scheinen im Zeitverlauf zuzunehmen, Sprach- und Kommunikationsprobleme, aber auch mit dem Partner zusammenhängende Probleme nehmen über die Zeit ab, andere wie Personal- und Führungsprobleme bleiben eher konstant.

Das Leben und Arbeiten im Ausland ist keine lineare Fortsetzung des Lebens und Arbeitens im Heimatland. Vielmehr sind mit einem längeren Auslandsaufenthalt wie einer Auslandsentsendung typischerweise spezifische Akkulturationsbelastungen verbunden, die sich aus dem Kontakt mit einer fremden und ungewohnten Kultur ergeben. Diese Belastungen äußern sich in Beeinträchtigungen der psychischen Gesundheit wie Depressionszuständen, Ängsten, Entfremdungsgefühlen und Identitätsproblemen. Zum Verlauf der Akkulturationsbelastungen und des Anpassungserfolgs während eines Auslandsaufenthalts gibt es unterschiedliche Modelle. Nach Berry (1985) tritt die Anpassungskrise nicht zu Anfang, sondern erst im Verlauf des Auslandsaufenthalts auf. Mit einer zweiten Krise ist bei der Rückkehr in die Heimatkultur zu rechnen: Die Person muss sich erst wieder an die Heimatkultur gewöhnen. Diese Ergebnisse zeigen, dass der Wechsel von einem kulturellen Orientierungssystem in ein anderes für die betroffene Person spezifische Akkulturationsbelastungen und -anforderungen mit sich bringt, die produktiv bewältigt werden müssen.

In seiner Untersuchung konnte Stahl (1998) weiterhin zeigen, dass sich erfolgreiche und nicht erfolgreiche Entsandte in ihren Strategien bei der Bewältigung dieser Probleme unterscheiden. Erfolgreiche Entsandte zeichnen sich durch folgende Problembewältigungsstrategien aus:

- *Problemlösungshandeln:* Sorgfältige Handlungsplanung, Abwägen von Vor- und Nachteilen, Informationsrecherchen, schrittweise Problemlösung;
- *Kulturlernen:* Lernen durch Beobachtung, Wissensaneignung, gezieltes Nachfragen bei Problemen, Veränderung eigenen Verhaltens;
- *Assimilation:* Wertschätzung der Gastkultur, Vertreten lokaler Interessen, Übernahme von Gastlandnormen, Distanz zum Heimatland;
- *Beziehungsaufbau und -pflege:* Signalisieren von Kontaktbereitschaft, gemeinsame Unternehmungen, Besuche, Kontaktpflege mit Stammhaus;
- *Leistung instrumenteller Hilfe:* Weitergabe von Know-how, Rückmeldungen, Hilfeleistung bei Problemen, Informationsvermittlung zum Stammhaus;
- *Konfliktentschärfung:* Abstimmen von Entscheidungen, Deeskalieren von Konflikten, Kompromisse, Vermeiden von »Gesichtsverlusten«;
- *Verstärkerbewahrung:* Beibehalten alter Freizeitaktivitäten und Gewohnheiten, Rituale, Erhaltung von Kontakten im Heimatland;
- *Verstärkersuche und -substitution:* Gezielte Suche nach neuen Hobbys, Umstellung auf landesübliche Freizeitaktivitäten;
- *Zukunftsorientiertes Denken:* Schmieden von Zukunftsplänen, Vergegenwärtigen der begrenzten Dauer der Entsendung, Optimismus;

Demgegenüber weisen nicht erfolgreiche Entsandte häufiger diese Problembewältigungsstrategien auf:
- *Vermeidung/Rückzug:* Aus-dem-Weg-Gehen von schwierigen Situationen, Rückzug in die Ausländergemeinde, Inaktivität, Flucht aus Gastland;
- *Duldung/Akzeptanz:* Schnelles Aufgeben bei Widerständen, Zurückstellen eigener Bedürfnisse, Akzeptieren aversiver Zustände, Fatalismus;
- *Identitätsbewahrung:* Schaffung von Distanz zu Einheimischen, Abwertung vom und Kritik am Gastland, Durchsetzung von Stammhausinteressen;
- *Selbstentlastung:* Schuldzuweisung an Gastlandangehörige, selbstwertdienliche Ursachenzuschreibungen, Rechtfertigen eigener Defizite;
- *Negativer Vergleich:* Beneiden anderer Personen, Idealisierung deutscher Tugenden, Nostalgie, Zuschreibung negativer Gastlandmerkmale.

Die von Stahl herausgearbeiteten Problemklassen von Auslandsentsandten sind nicht grundsätzlich auf alle international tätigen Manager zu übertragen. So kann es sein, dass Fach- und Führungskräfte, die als Repräsentanten einer global agierenden Organisation weltweite Geschäftskontakte initiieren und pflegen, fremdkulturellen Einflüssen weit weniger ausgesetzt sind. Innerhalb einer Branche oder für spezifische Geschäftsaktivitäten können sich beispielsweise länderübergreifende Konventionen herausgebildet haben, mit denen Geschäftspartner aus den unterschiedlichsten Ländern vertraut sind. Tiefer gehende und möglicherweise irritierende Kontakte mit fremden Kulturen können vielfach vermieden werden, zum Beispiel indem Manager die Kontakte auf einen eng umgrenzten geschäftlichen Bereich reduzieren. Aber ein vollkommenes Ausschalten kultureller Einflüsse und Unterschiede wird selbst in diesen Fällen nicht möglich sein, da landesspezifische kulturelle Orientierungen in den Akteuren aufgrund der von ihnen seit frühester Kindheit durchlaufenen Sozialisation tief verwurzelt sind und zudem weite Bereiche des privaten und beruflichen Lebens berühren.

Interkulturelles Management ist nicht nur bei Auslandseinsätzen und -entsendungen gegeben, sondern kann auch in anderen Zusammenhängen unumgänglich sein. Das Management kultureller Verschiedenheit und Vielfalt ist beispielsweise gefordert im Zuge internationaler Unternehmenszusammenschlüsse, der Betreuung ausländischer Niederlassungen durch das Stammhaus oder beim Leiten mehrkulturell zusammengesetzter Arbeitsgruppen. Grundsätzlich sind beim Aufeinandertreffen kultureller Unterschiede zwischen der eigenen und der fremden Kultur verschiedene Reaktionsweisen möglich (Adler 1997):

- *Kulturelle Dominanz:* Das eigene Handeln folgt den Vorgaben der eigenen Kultur;
- *Kulturelle Akkommodation:* Das eigene Handeln erfolgt in Anpassung an die Vorgaben der fremden Kultur;
- *Kulturelle Vermeidung:* Kulturelle Unterschiede werden ignoriert und überspielt;
- *Kultureller Kompromiss:* Es kommt zu Kompromissen zwischen den Vorgaben der eigenen und der fremden Kultur; jede Seite rückt von ihren eigenen Vorstellungen ab und nähert sich der anderen Seite an;
- *Kulturelle Synergie:* Es werden neue, innovative und produktive Lösungen und Vorgaben entwickelt, die sich weder aus der eigenen noch der fremden Kultur direkt ableiten lassen.

Untersuchungen an mehrkulturell zusammengesetzten Arbeitsgruppen zeigen, dass oftmals versucht wird, kulturelle Unterschiede in Arbeitsgruppen durch Dominanz- und Anpassungsstrategien zu bewältigen (Schroll-Machl 1996; Zeutschel 1999). Reibungsverluste und defizitäre Prozesse kennzeichnen mehrkulturelle Arbeitsgruppen zumindest im Anfangsstadium; erst im Zuge der Gruppenentwicklung und bei entsprechender Unterstützung und Förderung der Gruppenprozesse (z. B. durch Prozess- und Leistungsrückmeldungen) ist mit einem Ausschöpfen des Leistungspotenzials der Gruppe zu rechnen (Watson et al. 1993).

Individuelle Versuche der Bewältigung kultureller Verschiedenheit erfolgen in internationalen Organisationen immer auf dem Hintergrund einer expliziten oder impliziten organisationalen Internationalisierungs- oder Globalisierungsstrategie. Ethnozentrische Strategien (vgl. Adler 1997), die sich dadurch auszeichnen, dass das Stammhaus bestrebt ist, seine Werte- und Normsysteme und Entscheidungs- und Handlungsmuster auf die Tochtergesellschaften im Ausland zu übertragen, bergen ein erhebliches Konfliktpotenzial. Diese Strategie der kulturellen Dominanz kann dazu führen, dass sich die Auslandsgesellschaften gegen rigorose, die jeweiligen kulturellen Besonderheiten ignorierende Strategien offen oder versteckt zur Wehr setzen. Ein Personalbeurteilungs- und entwicklungsinstrument wie das 360°-Feedback, bei dem ein Mitarbeiter nicht nur durch den Vorgesetzten, sondern auch durch Untergebene und Kollegen beurteilt wird, ist heute in zahlreichen westlichen Unternehmen zu finden. Der soziokulturelle Kontext ist dort durch eine relativ niedrige Machtdistanz zwischen Vorgesetzten und Untergebenen geprägt. Der Export solcher Systeme in einen durch hohe Machtdistanz geprägten soziokulturellen Kontext wie zum Beispiel nach Indonesien, China oder Südamerika kann in diesen Ländern als nicht vereinbar mit den jeweiligen kulturellen Orientierungen erlebt werden und Abwehrstrategien hervorrufen. Der verordnete, zwangsweise Einsatz dieser Systeme kann sich als ineffektiv erweisen (vgl. hierzu Fletcher u. Perry 2001).

Konsequenzen für die Gestaltung interkulturellen Managements

Der Erfolg interkulturellen Managements hängt von mehreren Faktoren ab. Für interkulturelles Management im Rahmen von Auslandsentsendungen gibt Stahl (1998) die folgenden Erfolgsfaktoren an:
- *Person des Entsandten:* Stammhauskenntnisse und -kontakte, Loyalität und Fähigkeit zur Ausbalancierung gegensätzlicher Interessen, Sprachkenntnisse, interkulturelle Kompetenzen und Persönlichkeitseigenschaften wie Ambiguitätstoleranz oder Non-Ethnozentrismus.
- *Familie des Entsandten:* Anpassungsfähiger und -bereiter Lebenspartner; Arbeitstätigkeit oder andere sinnvolle Beschäftigung des Lebenspartners.
- *Position und Organisation:* Eindeutige und konfliktfreie Rolle, klare Kompetenzrichtlinien, Entscheidungsautonomie und Einflussmöglichkeiten, qualifizierte einheimische Mitarbeiter, Gastlandkenntnisse im Stammhaus.

- *Entsendungsgestaltung:* Einheitliche und transparente Entsendungs-richtlinien, sorgfältige Personalauswahl, kulturbezogene Vorbereitung, kontinuierliche Betreuung, langfristige Rückkehrplanung.
- *Gastlandumwelt:* Kulturelle Distanz zum Heimatland, Schwierigkeit der Landessprache, rechtliche-bürokratische Hürden, Lebens- und Freizeit-qualität, unterstützendes Ausländernetzwerk.

Diese Aufstellung zeigt, dass ein Zusammenspiel mehrerer Faktoren den Entsendungserfolg von Managern bestimmt. Personenmerkmale wie Per-sönlichkeitseigenschaften oder fachliche und interkulturelle Fähigkeiten sind damit nur ein Ausschnitt der Faktoren, die den Entsendungserfolg be-einflussen. Auf diesem Hintergrund wird auch einsichtig, warum Studien, die den Zusammenhang zwischen Persönlichkeitseigenschaften und Ent-sendungserfolg untersucht haben, zu eher inkonsistenten Ergebnissen ge-führt haben (vgl. Deller 2000). Ein Persönlichkeitsmerkmal wie beispiels-weise eine hohe Ambiguitätstoleranz kann vermutlich nur noch wenig zum Entsendungserfolg beitragen, wenn dieser durch strukturelle Faktoren wie eine unzureichende Arbeitsplatzdefinition oder eine mangelhafte Entsen-dungsgestaltung beeinträchtigt wird. Will eine Organisation damit den Entsendungserfolg ihrer Manager optimieren, so muss sie an verschiede-nen Angriffspunkten gleichzeitig ansetzen. Es muss eine gezielte Personal-auswahl und -entwicklung betrieben werden, das soziale Umfeld der Ent-sendungskandidaten muss in diese Aktivitäten einbezogen werden, und geeignete personalpolitische und organisatorische Strategien müssen ent-wickelt und implementiert werden (Entsendungsgestaltung, Stellenbe-schreibung im Sinne der Festlegung der Aufgaben, Rechte und Pflichten des Entsandten ...).

Interkulturelles Management stellt grundsätzlich spezifische Anforde-rungen an das Personal einer Organisation. Ein zentraler Bereich ist dabei die Diagnose und Förderung interkultureller Handlungskompetenz. Nach Thomas, Kammhuber und Layes (1997, S. 67 f.) ist interkulturelle Hand-lungskompetenz die Fähigkeit, kulturelle Bedingungen und Einflussfakto-ren im Wahrnehmen, Urteilen, Empfinden und Handeln bei sich selbst und anderen Personen zu erfassen, zu würdigen, zu respektieren und produktiv einzusetzen im Sinne einer wechselseitigen Anpassung, Toleranz gegenüber Inkompatibilitäten sowie Entwicklung synergetischer Formen des Zusam-menlebens und der Weltorientierung. Interkulturelle Handlungskompe-tenzen müssen bei der Personalauswahl und -entwicklung mit berücksich-tigt werden. Folgende Punkte sind dabei zu beachten:

Definition interkultureller Managementanforderungen

In der Literatur gibt es zahlreiche Eigenschaftslisten, die beschreiben, welchen Anforderungen interkulturelle Manager genügen sollen. So postulieren beispielsweise Black und Gregersen (1999) auf der Basis ihrer Feldstudie als entscheidende Wesensmerkmale zu entsendender Manager: Freude am Gedanken- und Meinungsaustausch, ausgeprägte Geselligkeit, kulturelle Aufgeschlossenheit, Weltoffenheit und einfühlsamer Verhandlungsstil. Weitere oftmals genannte Fähigkeiten sind Höflichkeit, Taktgefühl, Unbescholtenheit, Sensibilität, Wissbegierde, Empathie, Zuverlässigkeit, Toleranz, Selbstvertrauen, Disziplin, Pünktlichkeit, Ordentlichkeit, Offenheit für Neues, Sendungsbewusstsein, Begeisterungsfähigkeit, Organisationstalent, Fähigkeit zum Umgang mit Unsicherheit und schließlich soziale Beziehungs- und Handlungskompetenz.

Solche Eigenschafts- und Fähigkeitslisten sind aber für eine gezielte Diagnostik und Entwicklung von Managern zu allgemein und unspezifisch. Sinnvoll sind Qualifikationsbeschreibungen, die sich eng an den jeweils spezifischen Anforderungen des internationalen Managements orientieren. Hierzu müssen die interkulturellen Handlungsanforderungen klar und präzise beschrieben werden. Dies erfordert, dass das spezifische Bedingungsgefüge, in dem die interkulturellen Handlungen stattfinden und das von Organisation zu Organisation und Aufgabenfeld zu Aufgabenfeld unterschiedlich beschaffen sein kann, einer differenzierten Analyse unterzogen wird. Um dieses Bedingungsgefüge zu erfassen und zu verstehen, sollten insbesondere die bereits in der Organisation vorliegenden interkulturellen Erfahrungen systematisch genutzt werden. So können zum Beispiel Manager mit Auslandserfahrung befragt werden, um realitätsnahe Einblicke in die spezifischen zentralen Handlungsanforderungen in interkulturellen Situationen zu erhalten. Qualitative Erhebungen, die beispielsweise auf der Methode der kritischen Ereignisse (Flanagan 1954) beruhen, ermöglichen eine differenzierte Erfassung interkultureller Erfahrungen. Aus dem sich ergebenden qualitativen Material sind zum einen die zentralen Anforderungsdimensionen für interkulturelles Handeln abzuleiten, zum anderen erhält man auf die Weise einen reichen Fundus an Fallbeschreibungen, die zum Beispiel in Trainingsmaterialien umgesetzt werden können. Auf diesem Weg erhobene organisationsspezifische interkulturelle Anforderungen stellen einen hervorragenden Ausgangspunkt für eine zielgerichtete Personalauswahl und -entwicklung dar. Dabei sind sowohl übergreifende Anforderungsbeschreibungen von Nutzen, die für eine Vielzahl von Positionen in der Organisation gelten, als auch spezifische Anforderungsprofile für einzelne Stellen im Unternehmen. Erstere können beispielsweise in bereichsübergreifenden Nachwuchsförderprojekten eingesetzt werden, während Letztere zur gezielten

Auswahl und Vorbereitung eines Kandidaten auf eine konkrete Stelle herangezogen werden können.

Identifikation interkulturellen Managementpotenzials

Unter Einbezug der ermittelten interkulturellen Anforderungen kann systematisch versucht werden, die Potenziale der Mitarbeiter zur Bewältigung dieser Anforderungen einzuschätzen. Es ist davon auszugehen, dass nicht jeder Mitarbeiter hierfür die notwendigen Fähigkeiten mitbringt oder soweit ausbauen kann, dass er den Anforderungen gerecht wird und diese nicht nur als Belastung erlebt. Unternehmen sollten die Potenzialidentifikation nicht dem Zufall überlassen, sondern hierzu zuverlässige und aussagekräftige Verfahren verwenden. Insbesondere Assessment-Center-Verfahren, in denen erhobene interkulturelle Anforderungen verhaltensnah abgeprüft werden können, stellen eine vielversprechende Variante der Potenzialerkennung dar (Arbeitskreis Assessment-Center 1992; Kühlmann u. Stahl 1996; Neubauer 1980).

Entwicklung interkultureller Kompetenz

Es gibt eine Vielzahl unterschiedlicher Methoden, mit denen interkulturelle Handlungskompetenzen entwickelt werden können. Dabei reicht das Spektrum von einer auf Theorie verzichtenden Learning-by-doing-Herangehensweise, wie sie offenbar in der Praxis präferiert wird, bis hin zu einem rein seminarorientierten Lernen, dem häufig der praktische Erfahrungshintergrund fehlt. Wie so oft liegt auch hier die Wahrheit in der Mitte: Die unterschiedlichen Ansätze können sich sehr gut ergänzen. Im Einzelnen sind hier folgende Verfahren bedeutsam:

On-the-job-Entwicklung: Auch im Hinblick auf interkulturelle Handlungskompetenzen kann man annehmen, dass Erfahrung ein wichtiger Lehrmeister ist (vgl. McCall et al. 1995; Yeung u. Ready 1995). Wenn jemand interkulturelle Handlungskompetenzen aufbauen will, so bietet es sich zum Beispiel an, dass er in einer plurikulturellen Gruppe mitarbeitet und diese dann von einem späteren Zeitpunkt an leitet (vgl. Gregersen et al. 1998, S. 30). Die hierfür erforderlichen Kompetenzen kann man nur in Ansätzen in Kursen oder Seminaren erwerben; vielmehr ist hier ein »Learning-by-doing« gefordert. Im Rahmen solcher Praxiserfahrungen kann man versuchen, sensibel zu werden für kulturelle Unterschiede und sich diesen Unterschieden im Verhalten anzupassen, man kann ausprobieren, inwieweit man kulturadäquat kommunizieren kann, und man kann versuchen, die unterschiedlichen kulturell bedingten Stile zu integrieren und Konflikte so zu lösen, dass man den unterschiedlichen Kulturen der Kooperationspartner gerecht wird (vgl. Ayman et al. 1994). Dieser Learning-by-doing-Ansatz sollte mit Beratungs- und Trainingsaktivitäten flankiert werden, die auf diese Erfahrungen vorbereiten und die es insbesondere ermöglichen, die gemachten Erfahrungen auszuwerten und zu reflektieren (vgl. Boud et al. 1985; Kolb 1984).

Beratung: Nicht alle Probleme in interkulturellen Situationen werden die betroffenen Personen alleine verstehen und lösen können. Berater von innerhalb oder außerhalb der Organisation können bei der Reflexion und Interpretation von Erfahrungen, dem Finden von Problemlösungen und der Entwicklung und dem Ausprobieren neuer Verhaltensvarianten unterstützen. Vertrauensvolle und stabile Beziehungen zu Coaches und Mentoren sind dabei hilfreich (z. B. Mendenhall u. Oddou 1988).

Training: Um Manager auf ihre zukünftigen interkulturellen Aufgaben vorzubereiten oder sie bei der Bewältigung dieser Aufgaben zu begleiten, gibt es eine Fülle unterschiedlicher Trainingsverfahren. Diese Verfahren kann man anhand der beiden Dimensionen »kulturallgemein vs. kulturspezifisch« und »didaktisch/vermittelnd vs. erfahrungs- und entdeckungsorientiert« kategorisieren (Gudykunst u. Hammer 1983). Interkulturellen Trainings sollte eine genaue Erhebung des spezifischen Trainingsbedarfs vorausgehen. Forschungsergebnisse zu adäquaten und inadäquaten Problembewältigungsstrategien beim interkulturellen Management können im Rahmen dieser Trainings genutzt werden. Eine Evaluation der Trainingseffekte sollte erfolgen (vgl. hierzu Thomas et al. 1999). Zunehmend wird erkannt, dass es bei Auslandsentsendungen wichtig ist, die Familie des Mitarbeiters in Trainings- und Vorbereitungsmaßnahmen einzubeziehen. Gerade der mitreisende Ehepartner ist im Ausland zahlreichen Belastungen ausgesetzt; fehlende Anpassung des Ehepartners an die Verhältnisse im Ausland ist nach Mendenhall und Oddou (1988) ein wesentlicher Grund für den Abbruch von Auslandsentsendungen.

Systematische Pflege und Nutzung interkultureller Kompetenz

Interkulturelle Erfahrungen und Kompetenzen, die Manager erworben haben, sind eine wichtige Ressource in Organisationen. Diese Ressource gilt es zu pflegen und für die zukünftige Bewältigung interkultureller Führungs- und Managementprobleme nutzbar zu machen. Manager müssen nach längeren Auslandseinsätzen oftmals feststellen, dass sich nach ihrer Rückkehr kaum jemand in der Organisation für ihre Erfahrungen und Kompetenzen interessiert. Die Manager sollten Gelegenheit haben, ihre Erfahrungen einzubringen, zum Beispiel indem diese Erfahrungen dazu genutzt werden, interkulturelle Anforderungsprofile zu überprüfen und fortzuschreiben sowie die vorhandenen Trainingsmaßnahmen zu optimieren. Auslandserfahrene Manager sollten als Mentor für Mitarbeiter gewonnen werden, die sich auf ein interkulturelles Handlungsfeld vorbereiten. Werden die interkulturellen Erfahrungen von Mitarbeitern auf diese Weise ernst genommen und wertgeschätzt, so könnten beispielsweise Fluktuationen aufgrund von Frustration im Zusammenhang mit der Rückkehr bei Auslandsentsendungen und der damit verbundene immense Know-how-Abfluss für die Organisation reduziert werden.

Literatur

Adler, N. J. (1997): International dimensions of organizational behavior. 3. Auflage. Cincinnati, Ohio.

Arbeitskreis Assessment-Center (Hg.) (1992): Standards der Assessment-Center Technik. München.

Ayman, R.; Kreiker, N. A.; Masztal, J. J. (1994): Defining global leaderships in business environments. Consulting Psychology Journal 46(1): 1061–1087.

Berry, J. W. (1985): Psychological adaptation of foreign students. In: Samuda, R. J.; Wolfgang, A. (Hg.), Intercultural Counselling and Assessment – Global Perspectives. Lewiston, NY, S. 235–248.

Black, J. S.; Gregersen, H. B. (1999): Auslandseinsätze: Was sie erfolgreich macht. Harvard Business Manager 21(6): 103–111.

Boud, D.; Keogh, R.; Walker, D. (Hg.) (1985): Reflection: Turning Experience into Learning. London.

Deller, J. (2000): Interkulturelle Eignungsdiagnostik. Zur Verwendbarkeit von Persönlichkeitsskalen. Waldsteinberg.

Flanagan, J. C. (1954): The critical incident technique. Psychological Bulletin 51: 327–358.

Fletcher, C.; Perry, E. L. (2001): Performance appraisal and feedback: A consideration of national culture and a review of contemporary research and future trends. In: Anderson, N.; Ones, D. S.; Sinangil, H. K.; Viswesvaran, C. (Hg.), Handbook of Industrial, Work and Organizational Psychology, Volume I: Personnel Psychology. London/Thousand Oaks/New Dehli, S. 127–144.

Gregersen, H. B.; Morrison, A. J.; Black, J. S. (1998): Developing leaders for the global frontier. Sloan Management Review 40(1): 21–32.

Gudykunst, W. B.; Hammer, M. R. (1983): Basic training design. In: Landis, D.; Brislin, R. W. (Hg.), Handbook of Intercultural Training, Vol. 1. Elmsford, NY, S. 118–154.

Kolb, D. A. (1984): Experiential Learning. Englewood Cliffs.

Kühlmann, T. M.; Stahl, G. K. (1996): Fachkompetenz allein genügt nicht – Interkulturelle Assessment-Center unterstützen die gezielte Personalauswahl. Personalführung Plus: '96: 22–24.

McCall, M. W. Jr.; Lombardo, M. M.; Morrison, A. M. (1995): Erfolg aus Erfahrung. Effiziente Lernstrategien für Manager. Stuttgart.

Mendenhall, M. E.; Oddou, G. (1988): The overseas assignment: A practical look. Business Horizons 31(5): 78–84.

Mintzberg, H. (1991): Mintzberg über Management. Wiesbaden.

Neubauer, R. (1980): Die Assessment-Center Technik: Ein verhaltensorientierter Ansatz zur Führungskräfteauswahl. In: Neubauer, R.; Rosenstiel, L. v. (Hg.), Handbuch der angewandten Psychologie, Band 1: Arbeit und Organisation. München, S. 122–158.

Neuberger, O. (1990): Führen und geführt werden. Stuttgart.

Schroll-Machl, S. (1996): Kulturbedingte Unterschiede im Problemlöseprozess bei deutsch-amerikanischen Arbeitsgruppen. In: Thomas, A. (Hg.), Psychologie interkulturellen Handelns. Göttingen, S. 383–409.

Stahl, G. K. (1998): Internationaler Einsatz von Führungskräften. München/Wien.

Thomas, A.; Kammhuber, S.; Layes, G. (1997): Interkulturelle Kompetenz. Bonn: Bundesministerium für Verteidigung.

Thomas, A.; Kinast, E.-U.; Schroll-Machl, S. (1999): Entwicklung interkultureller Handlungskompetenz von international tätigen Fach- und Führungskräften durch interkulturelle Trainings. In: Götz, K. (Hg.), Interkulturelles Lernen / Interkulturelles Training. München/Mering, S. 97–122.

Watson, W. E.; Kumar, K.; Michaelsen, L. K. (1993): Cultural diversity's impact on interaction process and performance: Comparing homogeneous and diverse task groups. Academy of Management Journal 36(3): 590–602.

Yeung, A. K.; Ready, D. A. (1995): Developing leadership capabilities of global cooperations: A comparative study in eight nations. Human Resource Management, 34(4): 529–547.

Zeutschel, U. (1999): Interkulturelle Synergie auf dem Weg: Erkenntnisse aus deutschen/U. S.-amerikanischen Problemlösegruppen. Gruppendynamik 30(2): 131–149.

Eva-Ulrike Kinast/Alexander Thomas

2. Interkulturelle Personalentwicklung in internationalen Unternehmen

Problemstellung und aktuelle Situation

In der Literatur existieren Schätzungen (z. B. Meckl 2001; Stahl 1998), nach denen 40 bis 70 Prozent aller internationalen Projekte scheitern und 10 bis 40 Prozent – im Fall von Entwicklungsländern sogar bis zu 70 Prozent – aller ins Ausland entsandten Fach- und Führungskräfte vor Ablauf der vertraglich festgelegten Entsendungsdauer in ihr Heimatland zurückkehren. Außerdem wird die Anzahl der Mitarbeiter, die ihren Entsendungsvertrag zwar erfüllen, sich aber im Gastland weder wohl fühlen noch die erwartete berufliche Leistung erbringen, noch höher eingeschätzt als die Quote der vorzeitig abgebrochenen Auslandseinsätze. Die Fehlbesetzung einer Führungsposition im Ausland kostet das entsendende Unternehmen in der Regel das Drei- bis Vierfache des Jahresgehalts, von den finanziellen Folgeschäden durch Imageverlust, gestörte Beziehungen zu einheimischen Mitarbeitern, Kunden und anderen einmal abgesehen (Stahl 1998).

Als zentrale Ursache für das Scheitern von internationalen Projekten und Auslandseinsätzen wird ein Mangel an interkultureller Handlungskompetenz der Fach- und Führungskräfte angenommen. Das ist zwar aufgrund der methodisch begrenzten Möglichkeiten kaum zu beweisen, gilt heute aber als sehr wahrscheinlich.

Eine interkulturelle Personalentwicklung ist deshalb unbedingt notwendig. Deren Ziel ist es, den Mangel an interkultureller Handlungskompetenz von Fach- und Führungskräften langfristig zu beheben. Zu diesem Zweck entwickelt sie eine Strategie, die zur Gesamtstrategie des Unternehmens passt, und setzt entsprechende Instrumente zur Diagnose und Entwicklung interkultureller Handlungskompetenz ein, zum Beispiel interkulturelle Assessment-Centers, interkulturelle Trainings und interkulturelle Coachings, und sichert deren Qualität durch eine systematische Evaluation.

Voraussetzung für eine interkulturelle Personalentwicklung sind Auslandsaktivitäten des Unternehmens. Dazu gehören nach Drumm (2000) Kooperationen mit ausländischen Partnern, Joint Ventures, die Gründung eines gemeinsamen Unternehmens mit mehreren ausländischen Partnern, die Gründung oder Übernahme von Unternehmen im Ausland oder die Gründung einer selbstständigen Tochtergesellschaft im Ausland durch ein nationales Unternehmen. Aber auch bei der Ausweitung des Import- und Exportgeschäfts, bei Globalisierung der Geschäftstätigkeit und bei der Triade, also der Konzentration der Geschäftstätigkeit auf mindestens drei großen Märkten, wird eine interkulturelle Personalentwicklung notwendig.

In kleineren und mittelständischen Unternehmen übernimmt diese Aufgabe in vielen Fällen die Personalabteilung, in großen Konzernen gibt es dafür in der Regel eine Stabsabteilung, die organisatorisch häufig einer zentralen Personalentwicklung angeschlossen ist. In der interkulturellen Personalentwicklung sind die Anforderungen an die dafür Verantwortlichen hoch: Neben einem Studium mit Affinität zur Personalentwicklung (z. B. Psychologie, BWL) sollten *interkulturelle Personalentwickler* vertiefte Kenntnisse über die Theorien und Konzepte interkulturellen Handelns aufweisen und diese auch anwenden können. Wünschenswert ist es, wenn sie selbst mehrere Jahre im Ausland gelebt haben, über eine hohe interkulturelle Handlungskompetenz sowie eine kulturspezifische Kompetenz für wenigstens ein bestimmtes Land verfügen.

Es liegen keine statistischen Zahlen vor, wie viele Unternehmen heute tatsächlich eine systematische und professionelle interkulturelle Personalentwicklung betreiben. Angesichts der genannten erschreckend hohen Zahlen von gescheiterten internationalen Projekten und Auslandseinsätzen können das jedoch nicht allzu viele sein. Was nicht nachvollziehbar ist! Denn einerseits bestätigen die Ergebnisse der Forschung zur Evaluation interkultureller Trainings deren Wirksamkeit, und andererseits sind die Kosten für eine interkulturelle Personalentwicklung im Vergleich zu den Kosten, die durch gescheiterte internationale Projekte und Auslandseinsätze entstehen, kaum nennenswert.

Gerade in jüngster Zeit häufen sich globale Mergers, und Akquisitionen von Unternehmen in Ländern außerhalb des Standorts der Stammhäuser nehmen zu. Würde in beiden Fällen rechtzeitig eine interkulturelle Personalentwicklung betrieben, dann stünde auch rechtzeitig in der Akquisitionsphase ein ausreichend großer Pool an interkulturell kompetenten Fach- und Führungskräften zur Verfügung, die die Integration beider Unternehmen oder Unternehmensteile wesentlich schneller vorantreiben könnten, als dies heute zu beobachten ist.

Human-Resources-Zyklus

Ausgangspunkt für jede Personalarbeit im Unternehmen ist die Besetzung von Stellen oder Positionen zur Sicherung der Funktionsfähigkeit des Unternehmens (Drumm 2000; Scherm 1999). In internationalen Unternehmen trägt die interkulturelle Personalentwicklung wesentlich dazu bei, dass Stellen oder Positionen weltweit rechtzeitig mit interkulturell kompetenten Personen besetzt werden können.

Interkulturelle Personalentwicklung beginnt nicht erst dann, wenn eine Fach- oder Führungskraft ins Ausland entsendet und darauf vorbereitet werden soll, wie viele meinen, sondern sie fängt bereits beim *Personalmarketing* und bei der *Personalrekrutierung* an. In internationalen Unternehmen sollten mit den einzelnen Marketing- und Rekrutierungsinstrumenten Fach- und Führungs(nachwuchs)kräfte angesprochen werden, die Interesse an einer internationalen Karriere haben (vgl. Wirth 1996). Beispiele dafür sind Karriereseiten in mehreren Fremdsprachen auf der Homepage des Unternehmens im Internet, internationale Hochschulkontakte, Bonding-Messen und ein internationales Trainee-Programm.

Im Rahmen der Personalauswahl sollte neben der fachlichen, sozialen, individuellen und strategischen Kompetenz die interkulturelle Handlungskompetenz des Bewerbers eingeschätzt werden. Dazu ist zum Beispiel die Methode des interkulturellen Assessment-Centers geeignet. Diese kann bei einem einzigen Bewerber als Einzel-Assessment-Center oder im Fall mehrerer Bewerber als Gruppen-Assessment-Center durchgeführt werden. Wichtig ist hier auch, die grundsätzliche Bereitschaft der Bewerber für internationale Tätigkeiten oder gar für einen längeren Auslandsaufenthalt zu hinterfragen.

Nach der Personaleinstellung, bei der unter Umständen länderspezifische Unterschiede in der Vertragsgestaltung zu berücksichtigen sind, findet im weiteren Verlauf des Einsatzes und der Karriere der Fach- oder Führungskraft ein *Performance Improvement Coaching* statt. Auf der einen Seite gibt es mit der Person eine Zielvereinbarung, in der festgehalten wird, welche Ziele die Person in welchem Zeitraum mit welchem Standard erreicht haben soll und woran der Zielerreichungsgrad gemessen werden kann. Nach einem vorher vereinbarten Zeitraum findet eine Leistungsbewertung statt, bei der der Grad der Zielerreichung überprüft und beurteilt wird. Zur Motivation besteht in der Regel ein Anreizsystem aus Gehalt, Prämien, Dienstwagen und anderem. Im Zusammenhang mit der interkulturellen Personalentwicklung ist es hier ganz wichtig, dass in den Zielvereinbarungen neben Ergebnis- und Prozesszielen auch Verhaltensziele festgeschrieben werden, die die interkulturelle Handlungskompetenz der Fach- oder Führungskraft betreffen. Zum Beispiel könnte hier mit der Person vereinbart werden, dass sie ihre interkulturelle Handlungskompetenz weiterentwickelt und zu diesem Zweck ein kulturallgemeines Sensibilisierungstraining besucht. Diese Vereinbarung ist im Rahmen der Leistungsbewertung zu überprüfen. Zur Messung des Lernerfolgs könnte hier mittels eines interkulturellen Assessment-Centers eine Evaluation durchgeführt werden. In das Anreizsystem könnte – wenn es die Organisationskultur zulässt – ein mehrwöchiger bezahlter Auslandsaufenthalt in einem für das Unternehmen zentralen Land integriert werden.

Auf der anderen Seite gibt es im Zuge des Performance Improvement Coachings eine Personalentwicklung im engeren Sinn (eine Führungskräfteentwicklung eingeschlossen), deren Instrumente vom Inplacement über die Potenzialanalyse und Entwicklung bis hin zur Qualifizierung ebenfalls so gestaltet werden sollten, dass sie die interkulturelle Handlungskompetenz der Fach- und Führungskräfte fördern. Im Rahmen des *Inplacements*, das die ersten 12 Monate eines Mitarbeiters im Unternehmen umfasst, könnten zum Beispiel internationale Welcome Days oder Welcome Weeks für weltweit neu eingestellte Fach- und Führungskräfte an einem Ort auf der Welt veranstaltet werden, oder es könnten internationale Einstiegsprogramme für Führungsnachwuchskräfte angeboten werden, die neben Projektarbeit in gemischtkulturellen Projektteams ein Qualifizierungsprogramm enthalten, das auch interkulturelle Trainings und interkulturelle Coachings integriert.

Für die *Potenzialanalyse*, die nach spätestens sechs Monaten des neuen Mitarbeiters im Unternehmen zum ersten Mal durchgeführt werden sollte, eignet sich insbesondere das Potenzialgespräch zwischen Vorgesetztem und Mitarbeiter im Rahmen des Jährlichen Mitarbeitergesprächs (vgl. Wirth 1996) oder ein Assessment-Center, das von der Personalabteilung durchgeführt wird. Für die interkulturelle Personalentwicklung ist es bei beiden Instrumenten wichtig, die Kriterien der interkulturellen Handlungskompetenz einzubauen und zu beurteilen. Interkulturelle Assessment-Center sind derzeit die optimale Lösung zur Diagnose interkultureller Handlungskompetenz. Wichtig ist auch, dass die Kriterien interkultureller Handlungskompetenz, die im Rahmen der Personalauswahl beurteilt wurden, identisch sind mit den Kriterien interkultureller Handlungskompetenz, die im Rahmen der Potenzialanalyse verwendet werden. Ist dies nicht der Fall, wird die interkulturelle Handlungskompetenz der Fach- oder Führungskraft an zwei unterschiedlichen Maßstäben gemessen; ein späterer Vergleich zur Beurteilung der Entwicklung interkultureller Handlungskompetenz ist dann ausgeschlossen.

Beim Thema *Entwicklung* geht es vor allem um die eindeutige Festlegung von Entwicklungswegen, die für jeden transparent ausweisen, was eine Fach- oder Führungskraft in der Vergangenheit alles getan haben sollte, um in der Zukunft eine bestimmte Position im Unternehmen einnehmen zu können.

In internationalen Unternehmen sollten diese Entwicklungswege international gestaltet sein, weil dies natürlich eine sehr gute Möglichkeit zum interkulturellen Lernen ist (zumal wenn Entwicklungswege und entsprechende interkulturelle Qualifizierungsmaßnahmen miteinander verzahnt werden). Minimum sollte in jeder internationalen Karriere ein wenigstens sechsmonatiger Auslandsaufenthalt sein. Die Entwicklungswege können zum Beispiel im Rahmen des Jährlichen Mitarbeitergesprächs zwischen dem Vorgesetzten und dem Mitarbeiter abgestimmt werden.

Die *Qualifizierung* ist ganz eindeutig der Schwerpunkt jeder interkulturellen Personalentwicklung. Zur Entwicklung interkultureller Handlungskompetenz werden interkulturelle Trainings und interkulturelle Coachings eingesetzt. Jede Fach- oder Führungskraft, die irgendwann einmal international arbeiten will, sollte zumindest ein kulturallgemeines Sensibilisierungstraining durchlaufen haben. Zur Konzeption und Gestaltung bedarfsgerechter Trainings und Coachings werden die Ergebnisse der Potenzialanalyse verwendet. Wenn diese durch ein Potenzialgespräch zwischen Vorgesetztem und Mitarbeiter im Rahmen des Jährlichen Mitarbeitergesprächs zustande gekommen sind, dann kann es aus Gründen der Objektivität und Validität sinnvoll sein, noch ein interkulturelles Assessment-Center zur Bedarfsanalyse vorzuschalten. Wichtig ist, den Lernerfolg aufgrund des interkulturellen Trainings oder Coachings zu evaluieren.

Der Zyklus von der Personalauswahl bis zur Qualifizierung spiegelt im Wesentlichen die Personalführung wider. Werden die einzelnen Teile des Zyklus verzahnt und auf diese Weise systematisch und regelmäßig angewendet, dann steht nach einiger Zeit im Unternehmen ein Pool an interkulturell handlungskompetenten Fach- und Führungskräften für internationale Einsätze zur Verfügung, aus dem weltweit die Nachfolge gespeist wird. Wird im Unternehmen ein solcher Human-Resources-Zyklus mit Berücksichtigung von Aspekten interkulturellen Lernens und Handelns aufgebaut, dann ist es bei vakanten Stellen oder Positionen nicht mehr notwendig, auf den externen Erwerbstätigenmarkt zurückzugreifen, auf dem es heute schon nur ganz wenige Fach- und Führungskräfte gibt, die über interkulturelle Handlungskompetenz verfügen, und was sich in der Zukunft aufgrund der demographischen Entwicklung zumindest innerhalb Europas noch verschlimmern wird.

Der vorgestellte Human-Resources-Zyklus wird in Abbildung 4 visualisiert.

Der Erfolg einer interkulturellen Personalentwicklung hängt ganz entscheidend von drei Faktoren ab:
– Erstens sollte unbedingt zu Beginn der Konzeption einer interkulturellen Personalentwicklung eine *strategische Qualifikationsdiagnose* gemacht werden. Dazu wird zusammen mit dem Vorstand oder der Ge-

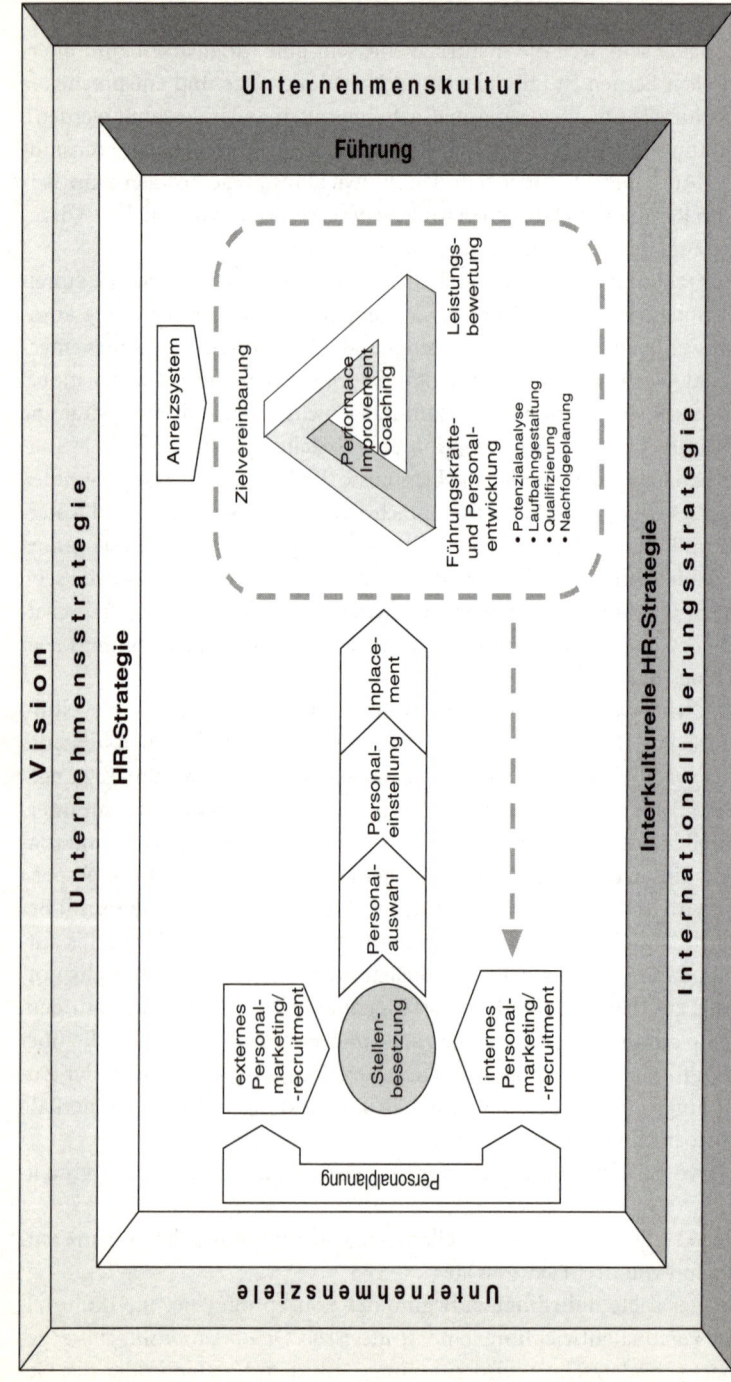

Abbildung 4: Human-Resources-Zyklus (HR = Human Resources)

schäftsführung und den oberen Führungskräften erarbeitet, wohin das Unternehmen in den nächsten zwei, drei und fünf Jahren sich strategisch entwickeln soll (soweit man heute noch so weit voraus in die Zukunft planen kann). Dann wird gemeinsam daraus abgeleitet, welche Kompetenzen die Fach- und Führungskräfte dazu brauchen und wie viele Fach- und Führungskräfte diese Kompetenzen brauchen. Will zum Beispiel ein deutsches Unternehmen eine große Vertriebsgesellschaft in den USA gründen und darüber ihre Produkte auf dem amerikanischen Markt anbieten, dann kann daraus abgeleitet werden, dass das Unternehmen in der Zukunft wenigstens eine Führungskraft auf Geschäftsleitungsebene braucht, die von ihrer Kulturzugehörigkeit her entweder ein US-Amerikaner ist oder ein Deutscher, die beide jeweils neben den entsprechenden fachlichen, sozialen, individuellen und strategischen Kompetenzen auch über kulturspezifische Kenntnisse über Deutschland beziehungsweise die USA verfügen und allgemein interkulturell handlungskompetent sind.

– Zweitens ist der Erfolg der interkulturellen Personalentwicklung ganz entscheidend von dem im Unternehmen existierenden *Führungsleitbild* abhängig. In diesem sollte unbedingt als ein zentraler Wert die Wertschätzung und produktive Nutzung der Interkulturalität der Mitarbeiter verankert sein. Außerdem sollte in diesem Leitbild ausdrücklich gesagt werden, dass das Unternehmen die Internationalität seiner Mitarbeiter fördert und dass von jedem einzelnen Mitarbeiter eine persönliche Öffnung in Richtung Internationalität erwartet wird. Wenn dies noch nicht der Fall sein sollte, dann ist eine Überarbeitung oder Ergänzung des Führungsleitbilds dringend zu empfehlen.

– Und drittens sollte das Unternehmen eine *internationale Grundstrategie* eindeutig festgelegt haben, die einen Rahmen für die Interkulturalität der Mitarbeiter in dem Unternehmen setzt. Durch die internationale Grundstrategie wird festgelegt, wer letztendlich im Konfliktfall die Oberhand behält (Kinast u. Schroll-Machl 2002).

Eine so verstandene interkulturelle Personalentwicklung ist dann nicht mehr einfach nur ein standardisierter Weiterbildungskatalog, in dem hier und da mal ein interkulturelles Training »von der Stange« eingekauft und angeboten wird, sondern diese interkulturelle Personalentwicklung übernimmt tatsächlich die Verantwortung dafür, dass zu jeder Zeit in dem Pool von Fach- und Führungskräften ausreichend viele vorhanden sind, die nicht nur fachlich, sozial, individuell und strategisch entsprechend kompetent sind, sondern auch über eine ausreichend hohe interkulturelle Handlungskompetenz verfügen; sie trägt damit wesentlich zur Internationalisierung der Human Resources eines Unternehmens bei.

Aus dem Pool von interkulturell handlungskompetenten Fach- und Führungskräften kann immer dann geschöpft werden,

– wenn im Ausland eine Stelle oder Position vakant ist und zu deren Besetzung eine Fach- oder Führungskraft aus einem anderen Land als Expatriate (zusammen mit seiner Familie) dorthin entsendet oder versetzt werden soll.

– wenn internationale Projekte anstehen, zum Beispiel die Einführung einer Standardsoftware als Produktionsplanungs- und Steuerungsinstrument eines Unternehmens, und zu diesem Zweck gemischtkulturelle Projektteams gebildet werden.

– wenn Fach- oder Führungskräfte zwar im Heimatland leben, jedoch international arbeiten und dabei häufig mittels moderner Kommunikationstechnologien wie E-Mail, Telefon, Fax, Internet und andere mit Mitarbeitern, Kunden, Kollegen und anderen aus fremden Ländern und Kulturen kommunizieren.

Die Gruppe der Expatriates und ihre Familien stand lange Zeit im Mittelpunkt des Interesses der interkulturellen Personalentwicklung.

Interkulturelle Personalentwicklung bei Auslandsentsendungen

Die interkulturelle Personalentwicklung bei Auslandsentsendungen umfasst in der Regel sieben Phasen (vgl. Thomas et al. 1999).

1. Ist eine Stelle oder Position im Ausland zu besetzen, dann kann aus dem Pool von interkulturell handlungskompetenten Fach- und Führungskräften eine Person ausgewählt werden, deren Qualifikationsprofil auch die entsprechenden fachlichen, sozialen, individuellen und strategischen Kompetenzen aufweist. Das ist natürlich die optimale Situation. Leider ist es heute noch in vielen internationalen Unternehmen so, dass in den Human-Resources-Zyklus keine interkulturelle Personalentwicklung integriert ist. Das hat zur Folge, dass im Fall einer Auslandsentsendung nur sehr wenige Fach- oder Führungskräfte zur Verfügung stehen, die auf der einen Seite Interesse an einer Auslandsentsendung haben und aktuell ausreiseberiet sind und auf der anderen Seite neben den entsprechenden fachlichen, sozialen, individuellen und strategischen Kompetenzen über eine ausreichend hohe interkulturelle Handlungskompetenz und über umfassende kulturspezifische Kenntnisse verfügen. Und was wird in diesen Fällen gemacht, wenn nur ein bis zwei Fach- oder Führungskräfte zur

Verfügung stehen, die zwar fachlich die Anforderungen erfüllen und auch ausreisebereit sind, deren interkulturelle Handlungskompetenz aber zu wünschen übrig lässt? – Sie werden ins Ausland geschickt. Das ist heute Unternehmenspraxis. Und dann wundern sich die Unternehmen, warum so viele ihrer internationalen Projekte und Auslandsvorhaben scheitern! Ist mittels interkultureller Personalentwicklung kein Pool interkulturell handlungskompetenter Fach- und Führungskräfte gebildet worden, dann sollte in der Auswahlphase wenigstens mittels eines Interviews oder noch besser mittels eines interkulturellen Assessment-Centers geprüft werden, ob die wenigen Personen, die zur Auswahl stehen, überhaupt geeignet sind, im Ausland zu arbeiten und zu leben. Eine Auslandsentsendung stellt an eine Fach- und Führungskraft sehr hohe Anforderungen. Einerseits soll sie in den typischen Managementfeldern wie Präsentation, Verhandlung, Konflikt, Projektarbeit, Führung und anderen angemessen agieren, andererseits hat sie mit einer Reihe von sozialen, soziokulturellen und beruflichen Belastungsfaktoren zu kämpfen, denen sie selbst und auch ihre mit ausgereiste Familie ausgesetzt sind. Ein Probebesuch im Zielland sollte das Auswahlverfahren unbedingt abrunden.

2. In der Entschlussphase, wenn die Wahl auf eine bestimmte Person gefallen und die Person endgültig zur Ausreise entschlossen ist, sollte der Expatriate unbedingt ein kulturspezifisches interkulturelles Orientierungstraining durchlaufen, das seine interkulturelle Lernfähigkeit und Handlungskompetenz fördert und ihm Wissen über die zentralen Kulturstandards des spezifischen Einsatzlandes vermittelt. Das interkulturelle Training sollte optimalerweise sowohl auf die ganz spezifischen Bedürfnisse und Bedarfe des Expatriates als auch auf das ganz spezifische Unternehmen zugeschnitten sein. Wird der Expatriate zur Vorbereitung auf den Auslandsaufenthalt einfach in ein externes Trainingsinstitut geschickt, dann kann er dort zwar auch interkulturell lernen, aber nur in einem standardisierten interkulturellen Training, das seine spezifischen Bedürfnisse und die des Unternehmens nur wenig berücksichtigt. Das ist natürlich immer noch besser, als gar keine Vorbereitung! Trotzdem sollte man sich immer wieder bewusst machen, dass eine spezifisch auf die jeweiligen Bedürfnisse zugeschnittene Vorbereitung das Beste ist. Das Problem in diesem Zusammenhang ist häufig, dass nur ein einziger Expatriate vor der Ausreise steht und für einen einzigen Expatriate ein interkulturelles Training im Umfang von zwei bis drei Tagen einfach zu teuer ist. In diesem Fall gibt es dann entweder die Möglichkeit, den Expatriate in ein externes Trainingsinstitut zu schicken oder ein internes Training anzubieten, das die Bedürfnisse des Expatriates und des Unternehmens voll berücksichtigt, jedoch vom Umfang her wesentlich eingeschränkter ist. Ein solches Training bezeichnen Unternehmen in der Regel als »interkulturelles Coaching«; es

dauert einen Tag lang. Häufig wird unterstellt, dass ein solches »Coaching« intensiver sei. Die Beobachtung vieler interkultureller Trainings ist jedoch, dass beim Lernen und Arbeiten unter vielen Trainingsteilnehmern aufgrund der entstehenden Gruppendynamik wesentlich intensiver gelernt wird. Deshalb ist zu empfehlen, ein internes Training anzubieten und dazu den Expatriate und andere Fach- oder Führungskräfte einzuladen, die in ihrem Job häufiger Kontakt zu fremdkulturellen Personen haben. In diesem Fall kann das Training auf das Unternehmen und auf die Bedürfnisse des Expatriates zugeschnitten werden, es wird vom Umfang her der Komplexität des Themas gerecht und es übersteigt nicht die Kosten, weil auch noch andere Fach- und Führungskräfte davon profitieren. Darüber hinaus kann das im Unternehmen veranstaltete interkulturelle Training auch anderen Unternehmen angeboten werden, wobei dann für diese Unternehmen das Training nicht unternehmens- und bedürfnisspezifisch ist.

Aufgrund der besonderen Problematik der mitausreisenden Partner wird dringend empfohlen, diese ebenfalls vorzubereiten. Die Partner können dabei durchaus dasselbe interkulturelle Training besuchen. Allerdings ist häufig zu beobachten, dass sich der Partner oder die Partnerin langweilt, wenn die Inhalte des Trainings zu sehr auf die typischen Managementfelder ausgerichtet sind. Deshalb ist hier zu empfehlen, für den Expatriate ein internes Training anzubieten, das seine Bedürfnisse und die Bedürfnisse des Unternehmens befriedigt, in dem es unter anderem auf Inhalte typischer Managementfelder ausgerichtet ist, und den Partner in ein gesondertes externes interkulturelles Training zu schicken, das eher auf dessen Bedürfnisse eingeht. Auch Kinder ab etwa einem Alter von sechs Jahren sollten vorbereitet werden. Darauf haben sich sogar einige interkulturelle Trainingsanbieter spezialisiert (IHK Lübeck 1999).

3. In der Ausreisephase sollte kurz nach der Ankunft im Ausland im Rahmen eines interkulturellen Einarbeitungstrainings on-the-job eine Kulturschock-Bearbeitung, eine Akkulturationsbegleitung und der Aufbau einer interkulturellen Lern- und Erfahrungskompetenz stattfinden.

4. Nach der Ausreise sollte im Ausland ein interkulturelles Verlaufstraining durchlaufen werden, das die interkulturelle Reflexions- und Attributionskompetenz sowie die arbeitsspezifische Lern- und Handlungskompetenz fördert. Der Zeitpunkt dafür orientiert sich optimalerweise am Akkulturationsverlauf; das erste Verlaufstraining oder Coaching sollte jedoch auf keinen Fall später als zwölf Wochen nach der Ankunft im Ausland stattfinden. Während des gesamten Auslandsaufenthalts sollten der Expatriate und sein Partner die Option erhalten, ein interkulturelles Coaching zur Aufarbeitung von kritischen Interaktionssituationen mit Einheimischen in Anspruch zu nehmen und dadurch die psychischen

und physischen Belastungen, verursacht durch das völlig neuartige Arbeits- und Lebensumfeld, zu reduzieren. In Konfliktsituationen mit fremdkulturellen Mitarbeitern und Kollegen kann sich hier auch ein interkulturelles Teamcoaching anbieten.

5. In der Rückreisephase sollte der Expatriate im Rahmen eines Reintegrationstrainings im Ausland auf die »neue« Arbeitssituation im Stammhaus vorbereitet werden. Häufig gibt es keine verlässlichen und verbindlichen Zusagen über die Einnahme einer bestimmten Stelle oder Position nach der Rückkehr und häufig ist auch die Rückkehr mit einem Statusverlust verbunden, da das Besondere und Herausgehobene des Auslandseinsatzes bei der Wiedereingliederung in das Stammunternehmen verloren geht. Dazu kommt noch, dass sich Karriereversprechungen im Anschluss an einen Auslandsaufenthalt nach der Rückkehr oft in Luft auflösen. Auf alle diese Punkte sollte der Expatriate vorbereitet werden, damit er nach seiner Rückkehr nicht allzu enttäuscht ist. Außerdem sollte in dieser Phase die Übergabe der Arbeit im Gastland stattfinden.

6. In der Reintegrationsphase sollte in einem Reintegrationstraining im Heimatland der Reentry-Schock bearbeitet werden, dann sollte der Rückkehrer in die Unternehmenskultur und Nationalkultur seines Heimatlandes wieder eingearbeitet und seine interkulturellen Lebens- und Arbeitserfahrungen reflektiert und aufgearbeitet werden.

7. In der Distributionsphase sollten die Erfahrungen des Expatriates und seines Partners an Nachfolger und neue Auslandsmitarbeiter weitergegeben werden, die interkulturellen Erfahrungen in einen Expertenpool eingegeben werden. Rückkehrer erleben es häufig, dass sich eigentlich niemand für sie und ihre Auslandserfahrungen interessiert, und sind dann enttäuscht. Solche Erfahrungen und Gefühle können auf diese Weise abgemildert werden. Entscheidend ist jedoch, dass aus dem Expertenpool an interkulturellen Erfahrungen mit typischen kritischen Interaktionssituationen dann wiederum die Inhalte für das interkulturelle Assessment-Center und die interkulturellen Trainings gespeist werden können.

Die Phasen interkultureller Personalentwicklung bei Auslandsentsendungen sind in Abbildung 5 visualisiert.

Die interkulturelle Personalentwicklung als Funktion oder gar Abteilung im Unternehmen unterstützt den Expatriate und seine Familie während aller genannten Phasen. Wichtig ist, dass sie erkennt, wann wirklich Hilfe notwendig ist und Unterstützung kommen sollte und wann sie sich zurücknehmen und den Expatriate seine eigenen Erfahrungen machen lassen sollte. Häufig fühlen sich die Expatriates von ihrem Unternehmen im

Phasen des Auslandseinsatzes	Auswahl-, Beratungs- und Trainingsmaßnahmen
Vorbereitungsphase: • PE für Führungskräfte • Erwartung eines Auslandseinsatzes • Interesse am Auslands-einsatz	**Kulturallgemeines Sensibilisierungstraining (culture general training)**
Personalauswahl	**Auswahlverfahren:** • Interview • Interkulturelles Assessment-Center • Probebesuch im Zielland

Entschluss für den Auslandseinsatz in einem bestimmten Land	**Kulturspezifisches Orientierungstraining (culture specific training):**
	• Förderung interkultureller Lernfähigkeit und Kompetenz
	• Trainingsverfahren:
	  – informationsorientiertes Training
	  – kulturorientiertes Training
	  – interaktionsorientiertes Training
	  – Culture Assimilator Training

Ausreisephase	**Einarbeitungstraining:** • Kulturschock-Bearbeitung • Akkulturationsbegleitung • Aufbau interkultureller Lern- und Erfahrungskompetenz
Auslandstätigkeit	**Begleittraining:** • interkulturelle Reflexions- und Attributionskompetenz • arbeitsspezifische Lern- und Handlungskompetenz (Supervision) • individuelles/teamorientiertes, interkulturelles Coaching
Rückreisephase	**Reintegrationstraining I:** • Vorbereitung auf die "neue" Arbeitssituation im Stammhaus • Arbeitsübergabe im Gastland
Reintegrationsphase	**Reintegrationstraining II:** • Kulturschock-Bearbeitung • Wiedereinarbeitung in Unternehmenskultur/ Nationalkultur • Reflexion der interkulturellen Arbeits- und Lebenserfahrungen
Distributionsphase	**Erfahrungs- und Nutzengenerierung:** • Weitergabe an Nachfolger und neue Auslandsmitarbeiter • Eingabe der interkulturellen Erfahrungen in einen Informationspool

Abbildung 5: Phasenmodell interkultureller Personalentwicklung bei Auslandsentsendungen

Heimatland eher im Stich gelassen als mit Hilfsangeboten überhäuft. Erfahrungsgemäß wollen die Expatriates aber »den Kaffee nicht nur eingeschenkt haben«, sondern sie erwarten sich, dass die interkulturelle Personalentwicklung »auch noch den Zucker hineintut und umrührt«, so die Worte eines ehemaligen Entsandten eines großen internationalen Unternehmens in Deutschland. Und das ist ganz sicher nicht der Auftrag der interkulturellen Personalentwicklung im Unternehmen. Was alles in den einzelnen Phasen gemacht werden kann, ist zum Beispiel bei Bittner und Reisch (1994) ausführlich beschrieben.

In der Vergangenheit waren es die Expatriates und ihre Familien, die im Mittelpunkt des Interesses der interkulturellen Personalentwicklung standen. Seit ein paar Jahren ist eine Veränderung wahrnehmbar, und die Gruppe der Fach- und Führungskräfte, die zwar im Heimatland leben, aber international arbeiten, rückt immer stärker in den Mittelpunkt des Interesses der interkulturellen Personalentwicklung. Wichtig ist hier, dass alle die gemachten interkulturellen Erfahrungen von den im Ausland tätigen Fach- und Führungskräften wieder in die interkulturelle Personalentwicklung eingespeist und dort zur Gestaltung der Inhalte von Diagnoseinstrumenten und Trainings verwertet werden und auf dieser Grundlage dann wiederum Fach- und Führungskräfte auf internationale Einsätze vorbereitet werden, und zwar kultur- und unternehmensspezifisch. Nur durch eine interkulturelle Personalentwicklung, die interkulturelles Wissen von denjenigen abfragt, die tatsächlich international arbeiten und interkulturelle Erfahrungen machen, ist es möglich, Fach- und Führungskräfte angemessen auf die hohen Anforderungen ihrer internationalen Tätigkeit vorzubereiten.

Zusammenfassung und Ausblick

In internationalen Unternehmen ist eine interkulturelle Personalentwicklung notwendig, um zum richtigen Zeitpunkt, das heißt, wenn zum Beispiel eine Stelle oder Position im Ausland vakant ist, ausreichend viele Fach- und Führungskräfte zur Auswahl zu haben, die neben fachlichen, sozialen, individuellen und strategischen Kompetenzen über eine interkulturelle Handlungskompetenz verfügen. Besonders wichtig ist, dass interkulturelle Personalentwicklung nicht bedeutet, einfach nur einmal interkulturelles Training anzubieten und ins Weiterbildungsprogramm zu schreiben. Interkulturelle Personalentwicklung ist ein Zyklus, dessen einzelne Schritte miteinander verzahnt sein und dessen Bausteine aufeinander aufbauen müssen.

Interkulturelle Personalentwicklung ist heute auch nicht mehr nur Vorbereitung, Begleitung und Wiedereingliederung von Expatriates und deren Familien. Zunehmend rücken andere Zielgruppen, insbesondere Fach- und Führungskräfte, die zwar im Heimatland leben, aber international arbeiten, in den Mittelpunkt des Interesses. Interkulturelle Personalentwicklung bekommt damit eine ganz andere Dimension: Plötzlich geht es nämlich darum, dafür zu sorgen, dass die gesamte Ressource Personal internationalisiert wird, und die interkulturelle Personalentwicklung bekommt damit einen strategischen Auftrag.

Eine Einschränkung bleibt: Im Rahmen des vorgestellten Human-Resources-Zyklus können in den einzelnen Schritten und Instrumenten tatsächlich interkulturelle Aspekte des Lernens und Handelns von Fach- und Führungskräften berücksichtigt werden. Gleichzeitig bleibt jedoch der Einfluss der Kultur auf den Zyklus als solchen und auf die Gestaltung der einzelnen Bausteine unberücksichtigt. Auf die vorgestellte Art und Weise findet Human-Resources-Management in Deutschland statt, aber nicht überall auf dieser Welt (vgl. Regnet u. Hofmann 2000).

Literatur

Bittner, A.; Reisch, B. (1994): Interkulturelles Personalmanagement: internationale Personalentwicklung, Auslandsentsendungen, interkulturelles Training. Wiesbaden.

Drumm, H. J. (2000): Personalwirtschaftslehre. 4. Auflage. Berlin/Heidelberg u. a.

Industrie- und Handelskammer zu Lübeck (Hg.) (1999): Auslandsknigge. Verhaltensregeln, Geschäftssitten, Etikette. Eine Auswahlbibliographie sowie Anbieter Interkultureller Beratungs- und Trainingsleistungen in Deutschland. Lübeck.

Kinast, E.-U.; Schroll-Machl, S. (2002): Ansätze für eine Strategie interkulturellen Handelns. Fehlende oder unklare Strategien für das interkulturelle Handeln gefährden den Erfolg von Entsendungen und Kooperationen. Personalführung 11: 32–39.

Meckl, R. (2001): Der M&A-Prozeß. In: Bolten, J.; Schröter, D. (Hg.), Interkulturelle Wirtschaftskommunikation. Forschungsstand und Perspektiven. Sternenfels.

Regnet, E.; Hofmann, L. M. (Hg.) (2000): Personalmanagement in Europa. Schriftenreihe Wirtschaftspsychologie (Hg. v. H. Schuler). Göttingen/Bern u. a.

Scherm, E. (1999): Internationales Personalmanagement. 2. Auflage. München/Wien.

Stahl, G. K. (1998): Internationaler Einsatz von Führungskräften. München/Wien.

Thomas, A.; Kinast, E.-U.; Schroll-Machl, S. (1999): Entwicklung interkultureller Handlungskompetenz von international tätigen Fach- und Führungskräften durch interkulturelle Trainings. In: Götz, K. (Hg.), Interkulturelles Lernen/Interkulturelles Training. München/Mering, S. 97–122.

Wirth, E. (1996): International orientierte Personalentwicklung. In: Bergemann, N.; Sourisseaux, A. L. J. (Hg.), Interkulturelles Management. 2. Auflage. Heidelberg, S. 201–228.

Georg Felser

3. Interkulturelles Marketing

»Billy« will wirklich jeder haben. Darum hat sich das schwedische Möbel-
haus IKEA auf den langen Marsch ins Reich der Mitte begeben und in Peking seine weltweit 150. Filiale eröffnet (Wenderoth u. Schmitz 2002). Den
Schritt auf den chinesischen Markt hat IKEA ganz im Geist der Globalisierung vollzogen – sofern damit gemeint ist, dass auf einem globalen Markt
praktisch überall alles verkauft werden kann. So sind die 5000 Artikel in
der Pekinger Filiale exakt die gleichen wie jene, die man auch in Hamburg
oder Stockholm bekommen kann (Wenderoth u. Schmitz 2002).

Aber so überzeugend Verkaufskonzept und Sortiment bei IKEA auch
sein mögen, es zeigen sich doch immer wieder Grenzen der Globalisierung,
die eine Rücksicht auf die spezifische Kultur fordern. Skurril und amüsant
muten dabei die folgenden Beispiele an: Chinesische Kinder tragen keine
Windeln. Stattdessen lässt die Bekleidung für die Kleinen im Schritt eine
große Lücke, durch die der potenzielle Windelinhalt ohne Umweg an die
frische Luft entlassen wird. Dieser Umstand ruft bei den Verantwortlichen
für die Kinderbetreuung im Erdgeschoss Zweifel hervor, »ob es ratsam sei,
das Bassin mit Tausenden von roten Plastikbällen zu füllen« (Wenderoth
u. Schmitz 2002, S. 172).

Ebenfalls befremdlich erscheint dem westlichen Beobachter die Selbstverständlichkeit, mit der die chinesischen Besucher die bequemen Ausstel-
lungsstücke, Betten und Sofas für ein Nickerchen nutzen. Gegen Mittag,
wenn alles müde zu werden beginnt, wird dann die Verkaufsfläche schnell
zu einem regelrechten Schlafsaal (Wenderoth u. Schmitz 2002, S. 169).

Beispiele wie diese stellen das Marketing noch nicht vor ernste Probleme.
Sie weisen aber darauf hin, dass das Verhalten der Konsumenten noch längst
nicht global standardisiert ist. Auf diese wie auf andere kulturelle Besonderheiten muss das Marketing Rücksicht nehmen. Diese Erfordernisse werden
im Folgenden diskutiert. Dabei legt der Beitrag seinen Schwerpunkt auf die
psychologische Seite des Marketing, also auf jenen Teil, der weniger mit der
Logistik bei der Umsetzung des Marketing-Mix zu tun hat als vielmehr mit
den Gesetzmäßigkeiten im Verhalten der Marktteilnehmer.

Standardisierung und Differenzierung

Eine Kernfrage beim internationalen Marketing ist stets: Darf die Marketingstrategie in allen angezielten Ländern die gleiche sein? Darf man mit der gleichen Werbung auftreten? Müssen Design des Produkts oder gar sein Name für den neuen Markt geändert werden? Eine neu angepasste Strategie wäre zum einen enorm kostenaufwendig. Zum anderen verringern sich mit der länderspezifischen Differenzierung die Chancen auf eine klare internationale Markenidentität.

Wenn mit einem einzigen Spot ein Produkt weltweit beworben werden könnte, dann würde dies mehrere Millionen Euro sparen. Bereits der Prozess der Namensgebung kann, wenn er sorgfältig durchgeführt wird, sehr aufwendig sein (Kohli et al. 2001). Gerade hier sollte die Internationalisierung bereits vorweg genommen und eine mögliche Übertragbarkeit in andere Sprach- und Kulturkreise erprobt werden.

Ob sich ein Name auch in fremden Sprachen bewährt, lässt sich in gewissen Grenzen vorhersagen. Gern werden hierzu klassische Negativbeispiele zitiert, etwa der Chevy Nova, der im spanisch sprechenden Kulturkreis noch vor der ersten Panne zu der spöttischen Assoziation Anlass gab: »Chevy no va – der Chevy geht nicht«. Im Französischen klang der Zweisitzer von Toyota MR 2 wie »merde«, was dort sicherlich ebenso wenig Hochwertigkeit suggeriert wie im Deutschen die Bezeichnung »Silver Mist« für ein Modell von Rolls-Royce (siehe etwa Kohli et al. 2001; Müller u. Kornmeier 1995).

Demgegenüber steht etwa der weltweite Erfolg des Allzeit-Positivbeispiels Coca-Cola. Wo selbst das hartnäckigste Festhalten an einer einheitlichen Markenpolitik an natürliche Grenzen gestoßen wäre, ist dem Konzern eine glückliche Fügung zu Hilfe gekommen. Als das Produkt auf den chinesischen Markt drängte, stellte sich das Problem, wie Coca-Cola in die fremde Schrift übertragen werden soll. In solchen Fällen gibt es zwei Optionen: Zum einen kann man versuchen, die Laute der Ursprungssprache zu bewahren. Das Ergebnis dieser Übersetzungen sind dann freilich in der Regel Unsinnswörter, die in der neuen Sprache keine Bedeutung haben. Zum anderen kann man aber auch versuchen, in den neuen Namen bestimmte Eigenschaften des Produkts aufzunehmen oder eine bereits vorhandene Bedeutung des Namens zu erhalten.

Im Fall von Coca-Cola ist der Spagat zwischen beiden Optionen gelungen. Das chinesische Wort bewahrt zum einen etwas vom ursprünglichen Klang, besitzt zusätzlich aber auch eine Bedeutung:

»Kekou kelè ist eine interpretierende lautangleichende Übernahme von *Coca-Cola*. ... Die chinesische Übersetzung kennt in China jedermann. Sie klingt phonetisch ähnlich wie *Coca-Cola*, so dass der Konsument sogleich an ein ausländisches Produkt denkt. Zusätzlich lenkt die Bedeutung der chinesischen Lautfolge die Fantasie jedoch in eine bestimmte Richtung. Denn sie besagt wörtlich: ›Es schmeckt gut, und man trinkt es mit Behagen.‹ Diese reizvolle Übersetzung kann sowohl unter marktpsychologischen wie kommerziellen Gesichtspunkten als ein hervorragendes Beispiel für die Übernahme eines fremden Produktnamens angesehen werden« (Jinlong 1994, S. 19). Ähnlich glücklich ist es IKEA ergangen. Die chinesische Übersetzung »Yi Jia« entfernt sich lautlich ebenfalls nicht weit von dem Original, und mit der Bedeutung »Geeignet für die Familie« kann der schwedische Möbelgigant sicher auch gut leben (vgl. Wenderoth u. Schmitz 2002, S. 168).

Weniger gelungen erscheint dagegen die chinesische Übersetzung des Wortes »Riesling«. Mit »Léi Silìng« nähert man sich zwar lautlich dem Ursprungsbegriff, jedoch handelt es sich bei der Übersetzung um eine militärische Anrede, ungefähr zu übersetzen als »Kommandeur Donner« (Jinlong 1994).

Könnte man auf eine aufwendige Anpassung des Marketing an die jeweils fremde Kultur verzichten, dann würde sich die damit verbundene Kostenersparnis zunächst in deutlich zentralistischeren Organisationsstrukturen bei den Firmen zeigen. Im nächsten Schritt ergäben sich Möglichkeiten, die Kosten- und Preisvorteile an die Konsumenten weiterzugeben, was die Position auf dem Markt stärkt. Eine starke Marktposition bedeutet nichts wesentlich anderes, als dass viele Leute das eigene Produkt kaufen, was wiederum ein Anzeichen zunehmender Homogenisierung der Märkte ist. Damit schließt sich ein theoretisch unterstellter Kreislauf (zitiert nach Müller u. Kornmeier 1995, S. 341 f.):

– *Homogenisierung* der Verbraucherbedürfnisse ermöglicht die
– *Standardisierung* der Marketingmittel. Dies ermöglicht die
– *Zentralisation* der Organsiationsstrukturen, was einen
– *Kosten- und Preisvorteil* bringt. Wird der an die Verbraucher weitergegeben, so stärkt sich die eigene Marktposition, was wiederum eine *Homogenisierung* der Verbraucherbedürfnisse zur Folge hat. Und so weiter.

Diese Idee gilt theoretisch. Praktisch steht diesem Kreislauf eine Reihe von Hindernissen im Weg, die weniger ein standardisiertes als vielmehr ein interkulturell differenziertes Marketing erfordern.

Warum ist interkulturelles Marketing notwendig?

Wer viel reist, wird in der Regel einen geschärften Sinn für kulturelle Unterschiede und Vielfalt entwickeln. Müller und Kornmeier (1995, S. 346) leiten daraus die These ab, dass sich aus immer häufiger werdenden Auslandsreisen ein allgemeines Bedürfnis nach Bewahrung kultureller Eigenheiten entwickelt. Die Motive hierzu dürften freilich sehr unterschiedlich sein. Zum einen ist die Fremdartigkeit der Zielkultur für den reisenden Touristen gerade eines seiner Motive beim Reisen; für reisende Geschäftsleute ist allerdings diese Fremdartigkeit mitunter eher ein Handicap. Zum anderen sieht sich vielleicht die bereiste Zielkultur ab einer gewissen Menge von Besuchern bedroht und befürchtet einen Identitätsverlust. Das Argument von Müller und Kornmeier zeigt aber eines: Manche Merkmale der Globalisierung, etwa der häufiger werdende Kontakt zwischen Angehörigen der jeweiligen Kulturen, kann gerade gegen die vollständige Homogenisierung der Lebensumstände sprechen.

Dieser Punkt findet sich auch auf der Ebene des Konsumgütermarketing wieder. Oft treten Produkte als »fremd« oder »exotisch« in Erscheinung und werden gerade dadurch für die Konsumenten in anderen Kulturen attraktiv. Eine allzu starke Anpassung an den ausländischen Markt wäre hier kontraindiziert, solange diese Anpassung den fremdländischen Charakter beeinträchtigt. Coca-Cola tritt so gesehen nicht unbedingt als ein »Allerweltsprodukt« auf, sondern eher als ein Botschafter für den American way of life. Auch IKEA bemüht sich, in China immer noch möglichst schwedisch zu erscheinen. Mit Hilfe einer Bildergalerie soll dem chinesischen Besucher sogar ein Eindruck von der schwedischen Landschaft und Lebenswelt vermittelt werden (Wenderoth u. Schmitz 2002, S. 168).

Möglicherweise werden etliche der bestehenden Unterschiede zwischen den Kulturen durch zunehmende Globalisierung eher bewahrt oder gar verstärkt, als dass sie eingeebnet würden. Mittelfristig ist es daher wohl unausweichlich, Marketingbemühungen an die angezielte Kultur anzupassen und zu differenzieren. Die folgenden Ausführungen sollen diese These anhand einer Reihe von Beispielen stützen. Dabei darf freilich nicht vergessen werden, dass die angesprochenen kulturellen Unterschiede auch unterschiedlich flexibel sind.

Politische und rechtliche Rahmenbedingungen

Eine frühe Hürde für interkulturelle Marketingbemühungen stellen Genehmigungsverfahren in dem Zielland dar. IKEA hat dank chinesischen Joint-Venture-Partnern nur die vergleichsweise geringe Wartezeit von einem halben Jahr bis zu Genehmigung hinnehmen müssen. Unerwartet waren dann allerdings noch Hygieneuntersuchungen, die ohne Ankündigung von Kantine und Toiletten auf Sofas, Vorhänge und Teppiche ausgedehnt

wurden, und ein plötzlicher Beschluss der Stadtverwaltung, der die Möbel-
firma zwang, ihre sämtlichen europäischen Stecker, obwohl für chinesische
Steckdosen tauglich, durch den amtlichen China-Stecker zu ersetzen
(Wenderoth u. Schmitz 2002, S. 171 f.).

Marketingstrategien müssen sich zudem an die lokalen Einstellungen
gegenüber der Marktentwicklung anpassen. Zum Beispiel funktioniert der
US-amerikanische Markt gegenüber dem europäischen sehr viel liberalis-
tischer. In Europa, vor allem in Deutschland, war es bis zum Zweiten Weltkrieg nicht ungewöhnlich, wenn Unternehmen Kartelle gebildet haben.
Ähnlich war es in Japan. Vor diesem historischen Hintergrund ist die Einstellung in den verschiedenen Ländern gegenüber der Gefahr von Mono-
polen noch immer unterschiedlich (vgl. Usunier u. Walliser 1993).

Auch das Eingreifen von Staat und Regierung in die Entwicklung einzelner Unternehmen – wie zum Beispiel die Intervention des deutschen Bun-
deskanzlers zur Rettung des Bauunternehmens Holzmann im Jahr 1999 –
wird in Europa in einem Ausmaß geduldet, wie es in den USA undenkbar
wäre.

Im Februar 2002 reagierte der Kommentator des »Time«-Magazins Josef
Joffe mit Unverständnis auf das abweisende Verhalten der deutschen Bun-
desregierung gegenüber Investitionsvorhaben aus dem Ausland. Joffe nennt
als Beispiele den australischen Medienunternehmer Rupert Murdoch, der
Interesse am zerfallenden Medienimperium von Leo Kirch angemeldet hatte,
sowie das amerikanische Telekommunikationsunternehmen Liberty Media
von John Malone. Im letzteren Fall hätte eine Investition aus dem Ausland
eine erhebliche Komfortverbesserung für private Internetnutzer bedeutet.
Die Übertragungsgeschwindigkeiten für Internetdaten liegen in den USA
mindestens sechsmal höher als dies die Telekom deutschen Kunden ermöglicht. Joffe folgert: »Again the basic mercantilist motto is this: ›Don't help the
consumer, protect the producer‹ – by keeping out foreign competition«
(»Time«, 25.2.2002, S. 25).

Verhaltensweisen wie diese prägen die Erwartungen ausländischer In-
vestoren, sie bilden eine wichtige Grundlage für interkulturelle Marketing-
entscheidungen.

Noch weiter gehende Einschränkungen gehen von den rechtlichen Rahmenbedingungen für das Marktverhalten aus. Auch hierin spiegeln sich
letztlich kulturelle Unterschiede, allerdings hat, wer gegen solche Bestimmungen verstößt, nicht allein den Misserfolg, sondern vermutlich gleich
ein Verbot zu fürchten. Interkulturell unterschiedliche rechtliche Bestimmungen betreffen zum Beispiel
– die Darstellung von Tabuthemen (Nacktheit, Sex, Tod) in der Werbung,
– Werbung mit und vor Kindern,
– Ladenschlusszeiten,

– Schutz der Verbraucher vor Missbrauch, zum Beispiel Druck durch bestimmte Verkaufsförderungsmaßnahmen (Werbegeschenke, Rabatte).

Der letztere Punkt wurde zum Beispiel in Deutschland bis vor kurzem vom Rabattgesetz geregelt, dem zufolge es nicht erlaubt war, Rabatte oder Geschenke zu gewähren, die über 3 Prozent des Warenwertes ausmachten. Dieses Gesetz stammte noch aus dem Jahr 1933 und war eigentlich dazu gedacht, Verbraucher vor einem allzu starken Druck durch Zuwendungen und Entgegenkommen der Verkäufer zu schützen. Der Gedanke hinter einem solchen Verbot entbehrt nicht der psychologischen Grundlage – die Erwartung, es sei für jeden mündigen Verbraucher ein Leichtes, sich dem situationalen Druck solcher Verkaufsstrategien zu entziehen, lässt sich demgegenüber wissenschaftlich wesentlich schlechter begründen (Cialdini 2001; Felser 2001).

Von Land zu Land unterschiedlich sind auch die Schutzmaßnahmen, die gegen Raubkopien oder das Fälschen von Markenartikeln ergriffen werden. China ist in diesem Punkt außerordentlich tolerant; hier werden jährlich Markenartikel im Wert von rund 15 Milliarden Euro kopiert. Daher hört zum Beispiel der Besucher in der Pekinger IKEA-Filiale regelmäßig: »Wir wünschen Ihnen eine schöne Zeit bei IKEA – aber machen Sie bitte keine Fotos!« (Wenderoth u. Schmitz 2002, S. 170).

Kulturelle und ökonomische Rahmenbedingungen

Manche Produkte sind so eng an kulturelle Gebräuche geknüpft, dass sie ohne den kulturellen Hintergrund überhaupt keinen Sinn ergeben, etwa Faschingskostüme, Halloween-Masken, aber auch Hochzeitskleider. Andere Produkte hängen möglicherweise etwas subtiler mit der jeweiligen Kultur zusammen, sind aber gleichwohl von dieser Rahmenbedingung abhängig. So hängen die Absatzchancen von Fertiggerichten davon ab, welche gesellschaftliche Funktion die Mahlzeiten haben: Wann, wie, welchem Kreis und in welcher Dauer werden sie eingenommen? Welche Rolle spielt hierbei die Zubereitung? Wie müssen sie zusammengesetzt sein?

Je nach Kultur ist es mehr oder weniger sinnvoll, auf Zeitersparnis, einfache Zubereitung, Haltbarkeit, Verfügbarkeit exotischer Zutaten oder andere Eigenschaften des Produkts hinzuweisen. Es lassen sich leicht Kulturen denken, in denen Fertiggerichte überhaupt keine Absatzchancen haben.

Besonders gravierend wirken Einschränkungen durch den ökonomischen Kontext: Eines der größten Probleme von IKEA in Peking stellen die beschränkten Wohnverhältnisse der chinesischen Bevölkerung dar. Einbauküchen oder Schrankwände verkaufen sich daher nur schlecht, denn »die durchschnittliche chinesische Küche ist so groß wie bei uns eine Garderobe« (Wenderoth u. Schmitz 2002, S. 170). Dieser Umstand hat erheblichen Einfluss darauf, womit in China Umsatz erzielt wird. Alles, was »platzsparend, an die Wand zu schrauben oder faltbar ist«, Becher und Teelichter verkaufen sich sehr gut, raumgreifende Möbel dagegen nicht.

Zudem liegen die Preise von IKEA noch immer – gemessen am chinesischen Einkommen – viel zu hoch. Obwohl IKEA in Peking wesentlich billiger ist als in Europa oder Nordamerika, gilt der Möbelkonzern noch immer als teuer. Weitere Preissenkungen sind daher geplant (Wenderoth u. Schmitz 2002, S. 170).

Zu den ökonomischen Rahmenbedingungen einer Kultur gehört auch, welches Gewicht bestimmte Konsumgüter im Gesamtbudget eines Haushalts einnehmen. Ein Land, in dem der Durchschnittsbürger zum Beispiel über 10 Prozent seines Einkommens für Bekleidung und Schuhe ausgibt, wird gegenüber dieser Produktkategorie interessierter sein als eines, wo für den einzelnen Konsumenten allenfalls 5 Prozent des Einkommens auf diesen Posten entfällt. Interessanterweise deutet gerade dieses Strukturmerkmal in Europa auf eine zunehmende Differenzierung zwischen den Kulturen. Von 1985 bis 1990 vergrößerten sich in fast allen größeren Produktkategorien die Unterschiede in der Ausgabenstruktur in den europäischen Ländern (Befunde zitiert nach Müller u. Kornmeier 1995, S. 344). Einzig die Ausgaben für Energie haben sich in den europäischen Ländern in den untersuchten fünf Jahren angeglichen. In anderen Bereichen wie etwa Körperpflegeprodukte, Bekleidung, Nachrichtentechnik oder Haushaltsführung vergrößerten sich die Unterschiede zwischen den Mitgliedern der Europäischen Gemeinschaft. Am stärksten divergent entwickelten sich die Ausgaben für Nahrungs- und Genussmittel, die mit einem Anteil von 20 Prozent die gewichtigste Produktkategorie in den europäischen Privathaushalten bilden.

Sozialpsychologische Rahmenbedingungen

Fragt man Mitarbeiter unterschiedlicher Nationen, welches Vorgesetztenverhalten sie bevorzugen, so erhält man mitunter deutlich unterschiedliche Präferenzen. Fragt man nun aber Mitarbeiter in internationalen Arbeitsgruppen, also Personen, die bereits in einer multikulturellen Umgebung arbeiten, verringern sich diese Unterschiede nicht etwa, sondern sie fallen sogar noch pointierter aus (vgl. Usunier u. Walliser 1993, S. 53 ff.). Dieser Befund unterstreicht, dass kulturelle Unterschiede in Einstellungen und Werthaltungen auch in multikulturellen Gesellschaften erhalten bleiben und dass sie dort womöglich noch verstärkt werden.

Aus sozialpsychologischer Perspektive ist dieser Befund nicht unbedingt überraschend. In einer Vielzahl von Arbeiten (z. B. Tajfel 1981) konnte gezeigt werden, dass Menschen eine ausgeprägte Neigung haben, Gruppenidentitäten zu bilden und nach außen zu kommunizieren – selbst wenn die Gruppe, der sie angehören eigentlich eine benachteiligte ist. Dies macht es zum Beispiel unplausibel, dass wirklich alle Menschen so sein und leben wollen wie Westeuropäer oder US-Amerikaner – selbst wenn die Angehörigen anderer Gruppen zugeben, dass etliche Elemente dieser Kulturen durchaus wertvoll und erstrebenswert sind.

Aus der genannten psychologischen Perspektive erscheint es sogar plausibel, dass Völker und Kulturen ein um so stärkeres Bedürfnis nach Abgrenzung und Eigenständigkeit haben, je näher sie den jeweils anderen sind. Danach wäre denn auch zu erwarten, dass Kulturen, die in demselben Unternehmen oder auch in demselben Nationalstaat aufeinander treffen, ausgeprägtere Gegensätze zeigen als Kulturen, die in einer gewissen Entfernung voneinander koexistieren.

Im Rahmen kleiner Gruppen haben sich die angedeuteten Abgrenzungsphänomene nachweisen lassen. Die Übertragung auf Kulturkreise, die gleich mehrere Staaten umfassen, ist zwar nahe liegend, enthält aber einen Großteil Spekulation. Gleichwohl drängt sich die Frage auf, inwieweit ein Globalisierungstrend, der vor allem von westlichen Werten geprägt ist, in nichtwestlichen Kulturen das Bedürfnis schürt, eigene Werte zu kommunizieren oder gar sich durch Abschottung oder offenen Kampf zur Wehr zu setzen.

Die Neigung, Identitäten durch Gruppenzugehörigkeit zu kommunizieren, kann man vermutlich als eine psychologische Konstante ansehen. Variabel ist allerdings, welches Kriterium die Gruppe definiert. Soziale Schicht, Nationalität oder Religion bilden auf unterschiedliche Weise Subkulturen. Die Gewichte zwischen diesen Gruppierungskriterien verschieben sich, je nachdem welches Kriterium im Vordergrund steht und besonders leicht »ins Auge fällt«.

Ein typischer Eigengruppen-Bonus zeigt sich auch im Marktverhalten. Zum Beispiel werden in der Regel Produkte aus dem eigenen Land bevorzugt. Dieser Haupteffekt wird allerdings durch die jeweilige Kultur noch einmal moderiert: Guerhan-Canli und Maheswaran (2000) konnten zeigen, dass Mitglieder einer eher kollektivistischen Kultur (Japan) das Produkt aus dem eigenen Land unter allen Umständen bevorzugten, auch wenn es im Qualitätsvergleich eigentlich das unterlegene war. US-amerikanische Konsumenten bevorzugten das Produkt aus dem eigenen Land nur, wenn es zudem eine überlegene Qualität zeigte.

Dimensionen der Unterschiedlichkeit

Usunier und Walliser (1993, S. 38 ff.) greifen Forschungsergebnisse aus verschiedenen Quellen auf und erstellen daraus eine Systematik kultureller Unterschiede. Wesentliche Unterscheidungsdimensionen sehen sie in den folgenden Merkmalen:
– die Bedeutung der einzelnen Person gegenüber der Gruppe,
– das Zeitverständnis,
– die Einstellung zum Handeln,
– das Selbstkonzept gegenüber dem Fremdkonzept.

Im Folgenden werden diese Dimensionen näher erläutert und ihre marktpsychologische Relevanz diskutiert.

Person und Gruppe

Die erste Dimension betont die Regeln der Gruppenzugehörigkeit, zum Beispiel was aus der Zugehörigkeit folgt oder unter welchen Bedingungen man Mitglied wird. Für das interkulturelle Marketing sind die Regeln der Gruppenzugehörigkeit aus vielen Gründen wichtig. Zwei Beispiele: Produkte, die geeignet sind, den Status in einer Gruppe zu verbessern, können diesen Zweck nur erfüllen, wenn die Regeln der Gruppenzugehörigkeit überhaupt die begehrte Statusverbesserung auf diesem Weg zulassen. Zum Beispiel konnten im Europa früherer Jahrhunderte Bürger durch Reichtum nicht in den Adelsstand aufsteigen. Wer damals Werbung für wirtschaftliche Höchstleistungen machen wollte, konnte daher das Werbeargument »Statusverbesserung« nur begrenzt einsetzen.

Es ist auch eine Frage der Gruppenzugehörigkeit, in welchem Ausmaß Vertrauen entgegengebracht wird. Ein Verkäufer, der zur »out-group« gehört, ist daher auf mehr vertrauensbildende Maßnahmen angewiesen als ein Verkäufer aus der »in-group«. So vertrauen zum Beispiel europäische IKEA-Kunden im wahrsten Sinn des Wortes »blind« darauf, dass in den Kartons das Produkt in der Farbe enthalten ist, die auch auf der Verpackung vermerkt ist. In der chinesischen Filiale dagegen »lagen immer jede Menge aufgerissene Packungen herum, weil die Kunden den Farb-Markierungen nicht trauten. Also ist IKEA-Bejing zu Sichtfenstern in den Kartons übergegangen« (Wenderoth u. Schmitz 2002, S. 172). Man mag darüber spekulieren, ob dieses Misstrauen darauf zurückgeht, dass Mitgliedern der »out-group« grundsätzlich weniger vertraut wird. Auch andere kulturelle Unterschiede kommen als Erklärung in Frage. So neigen die chinesischen Kunden dazu, Informationen auch dann zu erfragen, wenn sie sie schwarz auf weiß vor sich sehen. »›Die Chinesen lesen nicht gern‹, klagt ein chinesischer Verkäufer. Außerdem misstrauen sie Gedrucktem. ›Man fragt nach dem Weg nicht mit den Augen, sondern mit dem Mund‹, besagt ein Sprichwort« (Wenderoth u. Schmitz 2002, S. 173).

Zeitverständnis

Unterschiede im Zeitverständnis bestehen zum Beispiel darin, wie knapp das Gut »Zeit« überhaupt gesehen wird. Kulturen, wo Zeit nicht als knapp erlebt wird, sind auch weniger empfänglich für das Werbeargument der Zeitersparnis. Auch die Frage, welche Rolle die Vergangenheit oder die Zukunft spielen, wird von kulturell unterschiedlichem Zeitverständnis geprägt. Die uns selbstverständlich erscheinende Neigung, Erinnerungen zu dokumentieren, ist nicht in allen Kulturen gleich stark ausgeprägt. Ähnliches gilt für die detaillierte Planung der eigenen Zukunft. Produkte wie Fotoapparate, Alben oder Bausparverträge setzen demnach ein bestimmtes Zeitverständnis voraus, das nicht universell gültig sein muss.

Einstellung zum Handeln

Die Zukunftsorientierung spiegelt auch die dritte Dimension wider, die Einstellung zum Handeln. Die Vorstellung, durch das eigene Handeln Kontrolle auszuüben, Dinge zu verändern und die Natur zu beherrschen, ist stark westlich geprägt. Demgegenüber haben viele östliche Kulturen eine mehr fatalistische Einstellung. Wer dem Handeln einen hohen Stellenwert einräumt, wird auch dort zum Eingreifen geneigt sein, wo objektiv nur sehr wenig Einflussmöglichkeiten bestehen. So treffen in westlichen Kulturen Menschen vielerlei Maßnahmen, um zu verhindern, dass sie krank werden. Diese Neigung erstreckt sich dann auch auf Erkrankungen, bei denen die äußeren Einflussmöglichkeiten gering sind, so dass hier ein großer Markt für vermeintlich wie tatsächlich gesundheitsfördernde Produkte besteht.

Selbstkonzept und Fremdkonzept

Eine besonders hervorstechende Dimension, in der sich Kulturen unterscheiden, betrifft das Ausmaß, in dem die jeweilige Kultur Individualismus oder Kollektivismus unterstützt. Europäische Kulturen gelten üblicherweise als individualistisch, asiatische als kollektivistisch.

Was mit Kollektivismus gemeint ist, zeigt sich beispielhaft an der Beziehung des chinesischen Verbrauchers zu seiner Familie (z. B. Usunier u. Walliser 1993, S. 9 f.). In einem kollektivistischen Umfeld zu leben bedeutet für einen Chinesen:

- *Die Gemeinschaft hat Zugriff auf oder Einblick in Dinge, die nach westlichem Verständnis privat sind.* Dies kann im Einzelfall größere Freiheiten für Werbung bedeuten, die private und intime Belange der Verbraucher berührt – wenn dem nicht andere Tabus der Kultur entgegenstehen. Sicher bedeutet es aber, dass der Wunsch nach Privatheit, die Abgrenzung einer eigenen Intimsphäre vor der Allgemeinheit in der chinesischen Kultur nicht selbstverständlich ist und dass sich daher hieran kaum Erfolg versprechende Werbeargumente knüpfen lassen.

- *Die Handlungen einer Person sind nicht unbedingt Ausdruck ihrer Bedürfnisse und Motive.* Bei der Konsumentenbeeinflussung ist daher oft weder notwendig noch hinreichend, das Motiv einer einzelnen Person zu beeinflussen. Auch das Aufdecken nicht bewusster Motive oder impliziter Einstellungen im Rahmen der Marktforschung würde beim chinesischen Verbraucher noch weniger Rückschlüsse auf das Marktverhalten erlauben als bei europäischen.

- *Ziel des Handelns ist nicht das Glück des Einzelnen, sondern gemeinschaftliche Harmonie.* Die Verbesserung des Zusammenlebens ist ein durchaus vorhandenes Motiv. Produkte, die dies erleichtern, haben daher vergleichsweise günstige Erfolgsaussichten. Chinesen zeigen demzufolge auch ein deutlich geringeres Involvement bei Produkten, die nur für die eigene Person bestimmt sind, gegenüber Produkten, die für andere gedacht sind. Auch die Risikowahrnehmung beim Erwerb von Produkten ist von diesem Punkt betroffen: Während abendländische Konsumenten vermutlich ein Versagen des Produkts für ein besonders gravierendes Problem ansehen und im entsprechenden Fall nur geringe Hemmungen haben, sich beim Verkäufer zu beklagen, würde ein Chinese in seinem Beschwerdeverhalten von vornherein viel zurückhaltender sein. Ein besonderes Risiko sehen Chinesen darin, »das Gesicht zu verlieren«. Bei der Beschwerde gehen beide Beteiligten dieses Risiko ein (siehe auch Usunier u. Walliser 1993, S. 11).

- *Das Ziel der Harmonie wird oft über die sachlichen Ziele des Handelns gestellt.* Diese asiatische Eigenheit ist in der Zusammenarbeit oft ein

Hemmnis. So beklagt sich zum Beispiel der schwedische Vertreter von IKEA in Peking: »Man einigt sich mit einem chinesischen Verhandlungspartner . . ., und am nächsten Tag legt er seine alten Forderungen wieder auf den Tisch – als hätte es nie ein Ergebnis gegeben« (Wenderoth u. Schmitz 2002, S. 269). Die Einigung vom Vortag ist möglicherweise einzig einem harmonischen Zusammenleben geschuldet; man ist so in bestem Einvernehmen auseinander gegangen.

– *Die Gemeinschaft ist eine natürliche Gegebenheit, eine Selbstverständlichkeit. Sie wird daher nicht gepflegt durch Geschenke oder Beteuerungen der Zusammengehörigkeit.* Die europäisch geprägten Vorstellungen von Gemeinschaft unterscheiden sehr viele verschiedene Formen der Gemeinsamkeit, die auch in bestimmter Weise definiert und gepflegt werden müssen. Hierzu werden nicht zuletzt Produkte und Dienstleistungen genutzt, für die im chinesischen Kulturkreis kaum ein Markt vorhanden sein dürfte.

– *Die Gruppe kümmert sich um den Einzelnen, der Einzelne muss aber auch der Gruppe gegenüber loyal sein.* In einer kollektivistischen Gesellschaft ist es daher für den Einzelnen weniger dringlich, für sich selbst, das heißt auch: für seine eigene Zukunft zu sorgen. Dies motiviert zum Beispiel die Menschen weniger zu privater Vorsorge in Form von Kapitalanhäufung oder Versicherungen. Man kann auch spekulieren, dass sich die Loyalität der Gruppe gegenüber auch in Produkt- und Markenloyalität äußert, so dass es in kollektivistischen Kulturen schwieriger sein dürfte, bestimmte Konsumgewohnheiten aufzubrechen (siehe auch Usunier u. Walliser 1993, S. 48).

– *Die angemessene Verhaltensweise ist Anpassung, das Hervortreten des Einzelnen ist unerwünscht.* Dieses Merkmal ist vermutlich einer der hervorstechendsten Unterschiede zur westlichen Kultur. Die Diskrepanz in den Einstellungen zeigt sich bereits auf der Ebene von Redensarten: Während es im westlichen Kulturkreis heißt:»The squeaky wheel gets the grease«, warnt ein chinesisches Sprichwort:»The nail that stands out gets pounded down« (zitiert nach Baumeister 1995, S. 56). Dieser kulturelle Unterschied äußert sich zum Beispiel in unterschiedlich starken Neigungen, sich sozial erwünscht zu verhalten. Das Bedürfnis nach sozialer Billigung verfälscht regelmäßig Marktforschungsdaten. Keillor, Owens und Pettijohn (2001) konnten zeigen, dass bei diesen Verfälschungen interkulturelle Unterschiede bestehen.

In westlichen Kulturen findet sich leicht ein Markt für Produkte, die das Gefühl der Verbraucher fördern, einzigartig zu sein oder etwas Einzigartiges zu besitzen (z. B. Lynn u. Harris 1997). In China ist man mit diesem Verkaufsargument weit weniger erfolgreich, wie ein bemerkenswerter Flop von IKEA bei seinem ersten Weihnachts-Special zeigt: Ins Sortiment wurden kurzfristig mundgeblasene Sektgläser aufgenommen. Leider trinkt man in China ohnehin wenig Sekt. Noch lehrreicher war allerdings die Reaktion der chinesischen Kunden auf die wertvolle Handarbeit: Die individuell gefertigten Gläser hatten unvermeidliche kleine Fehler, die dem Kennerauge die Einzigartigkeit des Produktes belegen. Die chinesischen Verbraucher dagegen sahen in diesen Merkmalen nur völlig überflüssige Abstriche an der Perfektion (Wenderoth u. Schmitz 2002).

In der hier dargestellten Zuspitzung finden sich freilich die Gegensätze zwischen kollektivistischen und individualistischen Kulturen nicht in den jeweiligen Nationen, ja nicht einmal wenn man die üblicherweise plakativ vorgehende Fernsehwerbung betrachtet. Cho et al. (1999) verglichen Koreanische und US-amerikanische Werbespots und fanden in beiden deutliche individualistische wie kollektivistische Akzente. Unterschiede zeigten sich nur im relativen Gewicht der jeweiligen Inhalte.

Interkulturelle Gültigkeit der Konsumentenpsychologie: Allgemeinpsychologische Effekte

Die psychologischen Regeln, denen das Konsumentenverhalten folgt, können in unterschiedlichem Umfang als allgemein gültig angesehen werden.

Traditionell wird etwa in der so genannten Allgemeinen Psychologie unterstellt, dass die darin diskutierten Gesetzmäßigkeiten für alle Menschen gelten. Entsprechend müssten demnach allgemeinpsychologische Effekte auch im interkulturellen Marketing ohne weiteres übertragbar sein.

Für eine Vielzahl von allgemeinpsychologisch gültigen Regeln erweist sich jedoch die Kultur als ein wichtiger Moderator. So sollen zum Beispiel Afrikaner für bestimmte Formen optischer Täuschungen weniger anfällig sein als Europäer (Segall et al. 1990). Hier spielt ein wichtige Rolle, wie eingefahren bestimmte Wahrnehmungsgewohnheiten sind. Eingefahrene Muster bei der Informationsverarbeitung mögen auch für kulturabhängige Unterschiede in Intelligenzleistungen verantwortlich sein. Solche Unterschiede bestehen durchaus. Sie werden üblicherweise »herausgerechnet«, indem man für unterschiedliche Kulturen auch unterschiedliche Testnormen bestimmt.

Werbung als wesentliches Marketinginstrument setzt in ihrer Wirkung voraus, dass bestimmte Gesetze der Informationsverarbeitung für die gesamte angesprochene Zielpopulation gültig sind. Wenn etwa die Regel gilt, dass bei einer seriellen Präsentation die ersten und letzten Inhalte besser

erinnert werden als die in der Mitte, dann sollte man davon ausgehen können, dass dies überall auf der Welt in etwa gleich ist. Aus diesem bekannten
Effekt leitet sich die Empfehlung ab, in Werbespots die wichtigsten Informationen, etwa den Namen von Produkt oder Hersteller, an den Schluss
zu platzieren (zum Überblick siehe Felser 2001).

Tavassoli (1999) konnte allerdings zeigen, dass bei einer rein sprachlichen Präsentation die Erinnerungsleistungen von Chinesen und Amerikanern unterschiedlich stark von der seriellen Position der Informationen
abhing. Während bei Amerikanern die Anordnung der Wörter verhältnis-
mäßig eng mit der späteren Erinnerungsleistung zusammenhing, waren
bei Chinesen die semantischen Zusammenhänge zwischen den Begriffen
für die Erinnerung bedeutsamer.

Betrachtet man die Anzeigengestaltung im Unterschied zum Werbespot,
findet sich dort die Empfehlung, Informationen, die üblicherweise früh
wahrgenommen werden, links oben zu platzieren (z. B. Meyer-Hentschel
Management Consulting 1993). Diese Empfehlung jedoch beruht auf einem Effekt, der kulturell geprägt sein dürfte. Der theoretischen Annahme
zufolge neigt der Betrachter entsprechend der Lesegewohnheit dazu, links
oben mit der Betrachtung zu beginnen. Sollte nun der »eye-catcher«, etwa
ein Bild, an anderer Stelle der Anzeige platziert sein, dann richtet sich der
Blick automatisch darauf und kehrt dann in der Regel nicht mehr an den
gewohnheitsmäßig davor liegenden Punkt zurück, so dass Inhalte links
oben der Betrachtung verloren gehen.

Diese Regel sollte nun freilich in solchen Kulturen nicht gelten, in denen
die Leserichtung nicht links oben beginnt. Empirische Belege hierfür finden sich etwa für Japan, wo Betrachter von ihrer Lesegewohnheit her eher
dazu neigen sollten, rechts oben mit der Betrachtung zu beginnen (Yamanake 1962).

Wohlgemerkt: Hier mischen sich allgemeinpsychologische mit kulturspezifischen Befunden. In allen Kulturen wird man damit rechnen dürfen,
dass ein Bild in der Anzeige den Blick auf sich zieht. Um aber den restlichen
Anzeigenelementen eine Chance auf Beachtung zu sichern, wird man in
unserem Kulturkreis das Bild eher links, im japanischen dagegen eher
rechts oben platzieren.

Ein anderes Wahrnehmungsmerkmal, das für die Werbegestaltung wesentlich ist, betrifft die emotionale Wirkung von Farben. Auch hier gibt es
– neben einer Reihe von Gemeinsamkeiten – interkulturelle Unterschiede:
Adams und Osgood (1973) berichten aus einer Untersuchung in 23 verschiedenen Kulturen von einer weitgehend einhelligen Bevorzugung von
hellen gegenüber dunklen Farben. Aber auch bei der größten Übereinstimmung, nämlich der negativen Bewertung von Schwarz, fanden sich noch
immer Ausnahmen (Hindus aus Delhi).

Soziale Kognition

Etliche sozialpsychologische Techniken der Konsumentenbeeinflussung sind bereits interkulturell überprüft. Auch hier kann man davon ausgehen, dass die grundlegenden Prinzipien universell gelten. Gut nachgewiesen ist zum Beispiel die Gültigkeit von Konsistenzmechanismen (kognitive Dissonanz, Fuß-in-der-Tür-Technik), der Konsensheuristik (also der Neigung, eine Sache gut zu finden, nur weil andere sie gut finden) oder der Regel der Gegenseitigkeit (Cialdini 2001).

Gleichwohl ist auch hier die jeweilige Kultur eine wichtige Moderatorvariable. Dass man Partner in einer Verhandlung durch Gefälligkeiten und Entgegenkommen unter den Druck der Reziprozitätsnorm stellen kann, gilt zwar überall, trotzdem ist der dabei empfundene Druck in den verschiedenen Kulturen unterschiedlich stark. Cialdini et al. (2001) konnten in einem Vergleich zwischen Polen und den USA zeigen, dass sowohl Konsensheuristik als auch Konsistenzprinzipien in beiden Kulturen eine Beeinflussungswirkung haben. Es zeigte sich allerdings auch hier eine Moderation des Effekts durch die Kultur: In Polen war die Bereitschaft größer als in den USA, sich im Sinne der Konsistenztheorien passend zu einem vorherigen Commitment zu verhalten.

Die hier angesprochenen Beeinflussungsmechanismen wirken vor allem über die soziale Beziehung, etwa die Verkäufer-Kunde-Interaktion. In allen Kulturen spielt diese Beziehung für den Erfolg des Markthandelns eine wesentliche Rolle. In östlichen Kulturen wie China ist die soziale Beziehung sogar bedeutsamer als das Produkt, über das verhandelt wird. Die Beziehung selbst wiederum wird nach kulturspezifischen eigenen Regeln definiert, die wesentlich kohärenter sind, als dies in westlichen Kulturen üblich ist. Nach Befunden von Merrilees und Miller (1999) wird die Verkäufer-Kunde-Beziehung in westlichen Kulturen von verschiedenen, weitgehend unabhängigen Faktoren geprägt: »Gegenseitigkeit, Vertrauen, Freundlichkeit und gutes gegenseitiges Auskommen«. Östliche Kulturen unterscheiden demgegenüber weniger Beziehungsarten.

Ausblick

Grundsätzlich wird man wohl sagen können, dass die Voraussetzungen zur Angleichung der Märkte immer besser werden, dass wir uns also auf einem Weg zu immer weiter gehender Homogenisierung befinden. Insofern stellt sich wohl weniger die Frage, ob sich die Märkte angleichen, sondern eher, welche Faktoren einer vollständigen Homogenisierung entgegenstehen und ein interkulturelles Marketing notwendig machen. Diese Faktoren bilden auch gleichzeitig das »Arbeitsfeld« für das interkulturelle Marketing.

Für große Unternehmen wie etwa den Nestlé-Konzern macht längst der Umsatz im Heimatmarkt nur noch einen kleinen Teil des Gesamtumsatzes aus. In Deutschland wird zum Beispiel mindestens ein Drittel des Bruttosozialprodukts von der Ausfuhr von Waren und Dienstleistungen ins Ausland bestritten (Müller u. Kornmeier 1995). Im Fall von IKEA beläuft sich der Anteil, den der chinesische Markt am globalen Umsatz ausmacht, zwar nur auf ein Prozent. Aber wenn auf Dauer 20 Prozent der Weltbevölkerung von den Vorteilen schwedisch-westlicher Wohnkultur überzeugt werden können, dann wären auch dann noch riesige Gewinne zu erwarten, wenn auf den einzelnen Käufer weit unterdurchschnittliche Umsätze entfallen.

Literatur

Adams, F. M.; Osgood, C. E. (1973): A cross-cultural study of the affective meanings of color. Journal of Cross-Cultural Psychology 4: 135–156.

Baumeister, R. F. (1995): Self and identity: An introduction. In: Tesser, A. (Hg.), Advanced Social Psychology. New York, S. 51–97.

Cho, B.; Kwon, U.; Gentry, J. W.; Jun, S.; Kropp, F. (1999): Cultural values reflected in theme and execution: A comparative study of U.S. and Korean television commercials. Journal of Advertising 28: 59–73.

Cialdini, R. B. (2001): Influence – Science and Practice. 4. Auflage. Needham Heights, MA.

Cialdini, R. B.; Wosinska, W.; Butner, J.; Gornik-Durose, M. (2001): The differential impact of two social influence principles on individualists and collectivists in Poland and the United States. In: Wosinska, W. et al. (Hg.), The Practice of Social Influence in Multiple Cultures. Mahwah, NJ, S. 33.50.

Felser, G. (2001): Werbe- und Konsumentenpsychologie. 2. Auflage. Heidelberg/Stuttgart.

Guerhan-Canli, Z.; Maheswaran, D. (2000): Cultural variations in country of origin effects. Journal of Marketing Research 37: 309–317.

Jinlong, X. (1994): Coca-Cola, Minirock und Toffee. Die Bedeutung der Übersetzung von internationalen Warenbezeichnungen für den Markterfolg in China. Unijournal – Zeitschrift der Universität Trier 3: 18–20.

Keillor, B.; Owens, D.; Pettijohn, C. (2001): A cross-cultural/cross-national study of influencing factors and socially desirable response biases. International Journal of Market Research 43: 63–84.

Kohli, C.; LaBahn, D. W.; Thakor, M. (2001): Prozeß der Namensgebung. In: Esch, F.-R. (Hg.), Moderne Markenführung: Grundlagen – innovative Ansätze – praktische Umsetzungen. 3. Auflage. Wiesbaden, S. 451–474.

Lynn, M.; Harris, J. (1997): The desire for unique consumer products: A new individual differences scale. Psychology and Marketing 14: 601–616.

Merrilees, B.; Miller, D. (1999): Direct selling in the West and East: The relative roles of product and relationship (Guanxi) drivers. Journal of Business Research 45: 267–273.

Meyer-Hentschel Management Consulting (1993): Erfolgreiche Anzeigen: Kriterien und Beispiele zur Beurteilung und Gestaltung. Wiesbaden.

Müller, S.; Kornmeier, M. (1995): Internationales Konsumgütermarketing. In: Hermanns, A.; Wissmeier, U. K. (Hg.), Internationales Marketing Management. München, S. 339–386.

Segall, M. H.; Dasen, P. R.; Berry, J. W.; Poortinga, Y. H. (1990): Human Behavior in Global Perspective. New York.

Tajfel, H. (1981): Human Groups and Social Categories. Studies in Social Psychology. Cambridge.

Tavassoli, N. T. (1999): Temporal and associative memory in Chinese and English. Journal of Consumer Research 26: 170–181.

Usunier, J.-C.; Walliser, B. (1993): Interkulturelles Marketing. Mehr Erfolg im internationalen Geschäft. Wiesbaden.

Wenderoth, A.; Schmitz, W. (2002): Der lange Marsch zu »Billy«. Wohnkultur in China. Geo Jan. 2000: 162–174.

Yamanake, J. (1962): The prediction of ad readership scores. Journal of Advertising Research 2: 18–23.

Alexander Thomas

4. Interkulturelle Wissenschaftskooperation

Vorbemerkung

Schon die ersten Universitätsgründungen in Europa im 12. bis 13. Jahrhundert zeichneten sich dadurch aus, dass sowohl die Studenten als auch ihre Hochschullehrer europaweit Kontakte pflegten, Ideen austauschten, lehrend und lernend über die jeweiligen Herrschaftsgrenzen hinweg tätig waren. Wissenschaft als Handlungsfeld zur Erkenntnisgewinnung und Kooperation zwischen Wissenschaftlern war schon zu dieser Zeit sehr international ausgerichtet. In der Geschichte der modernen Wissenschaften, sowohl der Naturwissenschaften wie auch der Geisteswissenschaften, die sich in Europa und im europäischen Kulturkreis entwickelten und eine weltweite Verbreitung und Akzeptanz fanden, bildete sich allmählich die Überzeugung heraus, dass alles, was mit Wissenschaft zu tun hat, sowohl die wissenschaftliche Erkenntnis als auch das wissenschaftliche Handeln, selbst wertfrei sei und sich unabhängig von historischen, politischen und gesellschaftlichen Entwicklungsprozessen vollziehe. Diese Debatte um die Wertgebundenheit beziehungsweise Wertfreiheit der Wissenschaft ist noch keineswegs beendet.

Inzwischen hat die Internationalisierung vieler Lebens- und Gesellschaftsbereiche zu einer Intensivierung der Zusammenarbeit zwischen Menschen aus sehr unterschiedlichen Kulturen geführt. Im Bereich der berufsbedingten, grenzüberschreitenden Kooperation wächst die Einsicht, dass eine Sensibilisierung für die kulturbedingten Unterschiede im Denken, Empfinden und Handeln der Interaktionspartner und die Entwicklung einer entsprechenden interkulturellen Handlungskompetenz zentrale Voraussetzungen zum Erfolg sind. Konsequenterweise nimmt die Bereitschaft zur Absolvierung interkultureller Orientierungstrainings, zum Einsatz von auslandsbegleitenden interkulturellen Trainings und zur Teilnahme an Seminaren zur kulturallgemeinen und kulturspezifischen Sensibilisierung zu. Von Fach- und Führungskräften, besonders aus der Wirtschaft und aus den mit internationalen Problemstellungen befassten Bereichen der Gesellschaft, wird inzwischen die Ausbildung einer spezifischen Schlüsselqualifikation »Interkulturelle Handlungskompetenz« gefordert, um den wachsenden Anforderungen, die sich aus der Internationalisierung und Globalisierung ergeben, gerecht werden zu können.

Das Praxisfeld der internationalen wissenschaftlichen Zusammenarbeit ist aber von dieser Entwicklung erstaunlicherweise nur wenig berührt. So gibt es bislang kein vergleichbares Interesse bei Wissenschaftlern, sich auf die Zusammenarbeit mit ausländischen Partnern spezifisch vorzubereiten. Zwar wird auch von Wissenschaftlern nicht selten über Probleme in der Zusammenarbeit geklagt, die eindeutig auf kulturbedingte Missverständnisse, Fehlinterpretationen des Partnerverhaltens und Diskrepanzen zwischen Erwartungen an den Partner und seinen Reaktionen beruhen, doch unterstellen Wissenschaftler, ob Natur- und Geisteswissenschaftler, offensichtlich immer noch, dass wissenschaftliches Handeln und wissenschaftliche Zusammenarbeit nach universellen Regeln funktioniert und keiner kulturspezifischen Beeinflussung unterliegt. So ist es nicht verwunderlich, dass noch zur Jahrtausendwende 2000 der Präsident der Deutschen Gesellschaft für Psychologie in seinem Jahresbericht anlässlich des 42. Kongresses seiner Gesellschaft unwidersprochen behauptet, »internationale Kooperation an gemeinsamen Forschungsvorhaben setzt gemeinsame Forschungsthemen voraus. Ich sehe nicht, dass es spezifische nationale Besonderheiten hinsichtlich der Forschungsthemen in der Psychologie gibt. Es gibt allenfalls unterschiedliche Gewichte und Prioritäten oder Traditionen hinsichtlich spezifischer Zugänge, Fragestellungen und Methoden . . . Die Psychologie als Wissenschaftsdisziplin ist universell, die großen Forschungsthemen werden weltweit behandelt und die Regeln für gute wissenschaftliche Praxis besitzen auch in der Psychologie weltweite Geltung« (Kluwe 2001, S. 9).

Selbst Wissenschaftler, die zwar die Kulturbedingtheit wissenschaftlichen Arbeitens aus grundsätzlichen Erwägungen heraus akzeptieren, gehen womöglich in der konkreten Praxis ihrer grenzüberschreitenden Forschung davon aus, dass diese Einflussfaktoren zu vernachlässigende Größen sind, also weder den theoretischen noch den empirischen Teil des Forschungshandelns nachhaltig beeinflussen. Möglicherweise ist wissenschaftliches Handeln aber auch so sehr euro-amerikanisch, vom westlichen Denken und den Wertvorstellungen führender Industrienationen dominiert, dass sich eine Art universell gültiges und eventuell auch universell akzeptiertes, im Kern aber doch sehr kulturspezifisches Orientierungssystem in Form einer spezifischen wissenschaftlichen Systematik und Wissenschaftskultur durchgesetzt hat, der sich jeder, der heute international anerkannte Wissenschaft betreiben will, mehr oder weniger bedingungslos anpassen muss. Wissenschaftler aus Nationalkulturen, die diese als universell gültige Wissenschaftskultur selbst entwickelt haben, sowie Wissenschaftler aus Kulturen, die diesen sehr ähnlich sind, bemerken möglicherweise die Kulturbedingtheit ihres wissenschaftlichen Tuns überhaupt nicht (mehr), und Wissenschaftler aus anderen Kulturen sind aus Gründen der Akzeptanz und Anerkennung zur Anpassung (Überanpassung) gezwungen.

Die Problemlage

Es besteht bislang offensichtlich bei Wissenschaftlern kein durchgängiges Interesse, sich auf die Zusammenarbeit mit ausländischen Partnern gezielt vorzubereiten. So gibt es beispielsweise kein einziges interkulturelles Trainingsprogramm, mit dem sie sich für die Zusammenarbeit mit Wissenschaftlern aus anderen Nationen und Kulturen die erforderlichen Kompetenzen aneignen könnten. Andererseits ist zu beobachten, dass sich immer mehr Forscher aus verschiedenen sozial- und gesellschaftswissenschaftlichen Disziplinen wie Wirtschafts-, Rechts-, Politik-, Geschichts-, Sprach- und Literaturwissenschaft sowie Pädagogik, Soziologie, Psychologie mit kulturvergleichenden Themen und mit Problemstellungen befassen, die sich aus der Internationalisierung und Globalisierung weiter Bereiche des gesellschaftlichen Lebens ergeben. Genau dies aber erfordert vermehrt internationale Wirtschaftskooperation, und das auf hohem Niveau. Zudem führen die dabei gewonnenen Erkenntnisse bei ihnen immer häufiger zu der Einsicht, dass sie ihr eigenes wissenschaftliches Handeln im Zusammenhang mit internationalen Kooperationsprojekten selbst als kulturspezifisch determiniert betrachten müssen. Nur so können sie die Ressourcen, die ihre fremdkulturellen Partner in die Kooperation mit einbringen, ausschöpfen.

Welche konkreten Anforderungen sich daraus ergeben, soll zunächst einmal an zwei unterschiedlichen Problemsituationen demonstriert werden.

Problemsituation 1: Die deutsch-französische Wissenschaftlertagung

Ein deutscher Professor, der mit französischen Kollegen zusammenarbeiten will, berichtet:
»Ich war von einer deutsch-französischen Organisation zur Förderung der Zusammenarbeit zwischen beiden Völkern nach Paris eingeladen, um dort an einer Arbeitstagung zur Vorbereitung einer deutsch-französischen Wissenschaftlerkonferenz teilzunehmen. Ziel des Treffens, so war vorher

telefonisch vereinbart worden, sollte die Diskussion und Festlegung des Tagungsprogramms und begleitender Aktivitäten sowie die Auswahl der einzuladenden Teilnehmer auf deutscher und französischer Seite sein. Ich hatte bislang keine persönlichen Erfahrungen mit der einladenden Organisation gemacht und kannte weder die anderen Deutschen (zwei) noch die anderen französischen (drei) Sitzungsteilnehmer. Die Sitzung sollte vereinbarungsgemäß von 9.30 Uhr bis 18.00 Uhr stattfinden, was für mich bedeutete, einen Tag vorher mit dem Flugzeug anreisen zu müssen, um pünktlich sein zu können.

Da ich mich wegen der mir unbekannten Ortsverhältnisse recht früh auf den Weg gemacht hatte, erreichte ich das Tagungsgebäude schon um 9.15 Uhr, meldete mich am Empfang an und erfuhr dort, dass die Sitzung wohl erst gegen 10.00 Uhr beginnen werde. Nachdem ich um ein Gespräch mit dem französischen Kontaktpartner noch vor der Sitzung gebeten hatte, wurde mir der Tagungsraum aufgeschlossen, und ich begann mit der Einarbeitung in meinen bereits fertig skizzierten Programmvorschlag, den ich der Arbeitsgruppe vorstellen wollte. Um 9.30 Uhr trafen die beiden deutschen Teilnehmer ein, um 10.05 Uhr der französische Kontaktpartner und gegen 10.30 Uhr schließlich die letzten französischen Teilnehmer. Die Sitzung begann um 10.40 Uhr mit einer kurzen persönlichen Vorstellung der Anwesenden und einer Einführung in die Ziele der geplanten Wissenschaftlertagung durch den französischen Tagungsleiter. Danach wurde ich gebeten, mich zu der geplanten Tagung zu äußern.

Ich war froh, dass nun endlich gegen 11.00 Uhr die eigentliche Arbeitssitzung stattfinden konnte. Anhand einer vorbereiteten Folie mit einem ausgearbeiteten Tagungsprogramm (Referenten, Themenstellung, Zeitplanung, aufgeteilt in Vortragszeit, Diskussionszeit und Pausen) legte ich den versammelten Fachkollegen meine Vorstellungen von Zielen, Verlauf und Resultaten der geplanten Wissenschaftstagung dar. Während meines Vortrags fiel mir auf, dass nur ein Teilnehmer sich hier und da einige Notizen machte, die anderen mir aufmerksam und mit einer Mischung aus Erstaunen und Bewunderung zuhörten. Nach meinem etwa 40-minütigen Vortrag forderte der Tagungsleiter zur Diskussion auf, wobei ein französischer Teilnehmer mich bat, meinen Kulturbegriff und meine Vorstellungen von interkulturellem Lernen zu erläutern. Über diese Frage war ich sehr erstaunt, da ich schon zu Beginn meines Vortrags darauf speziell eingegangen war und meine Definition vorgestellt hatte. Nachdem ich nochmal kurz meinen Kulturbegriff und meine Definition von interkulturellem Lernen wiederholt hatte, entstand eine etwas längere Schweigepause. Es meldete sich niemand mehr zu Wort.

Kurz darauf stellte ein französischer Tagungsteilnehmer an den Tagungsleiter die Frage: ›Wann gehen wir essen?‹ Der Tagungsleiter fragte zurück: ›Essen wir deutsch oder französisch?‹ Auf meine etwas erstaunte Frage, was denn das bedeute, wurde mir mitgeteilt, dass dies bei deutsch-französischen Arbeitsbesprechungen eine durchaus übliche Frage sei, die bedeutete, wenn man deutsch essen geht, bestellt man belegte Brote, verzehrt diese am Tisch und arbeitet weiter; französisch essen zu gehen aber bedeutete, das nahe gelegene italienische Speiserestaurant aufzusuchen, was eine ausgezeichnete französisch-italienische Küche hat. Es wurde beschlossen, um 12.00 Uhr zum ›französischen‹ Essen aufzubrechen.

Während des Essens wurden intensive Unterhaltungen gepflegt, die aber zu keiner Zeit einen Bezug zur Arbeitsthematik hatten. Um 15.00 Uhr schließlich wurde die Tagung fortgesetzt mit einer ausführlichen Diskussion darüber, wen man von französischer Seite zu der geplanten Konferenz einladen sollte. Die Diskussion wurde unter den französischen Tagungsteilnehmern sehr lebhaft und kontrovers geführt, und man einigte sich schließlich nach etwa einer Stunde auf die einzuladenden Personen. Die Tagungsorganisation wurde vertrauensvoll in die Hände der einladenden Institution gelegt, bis schließlich gegen 16.30 Uhr ein Tagungsteilnehmer bemerkte, dass er in fünf Minuten leider die Versammlung verlassen müsse, da er bei einer späteren Abreise zu lange im Pariser Feierabendstau stecken bleibe. Die noch verbleibende Zeit wurde zur Diskussion eines akzeptablen Termins für ein neues Treffen und einige organisatorische Details aufgewandt.

Jedenfalls stand ich um 17.20 Uhr mitten in Paris an einer Metrostation und stellte mir die Frage, warum ich zwei Tage meiner Arbeitszeit für eine Arbeitstagung aufwende, um 40 Minuten lang auftragsgemäß ein von mir sorgfältig vorbereitetes Kongressprogramm vorzustellen, über das aber nicht diskutiert wird und dem auch von französischer Seite kein Gegenvorschlag gegenübergestellt wird. Zudem wurden aus meiner Sicht auf der Tagung eigentlich nur Belanglosigkeiten diskutiert, die so gut wie nichts mit dem vereinbarten Ziel zu tun hatten. Ich war enttäuscht darüber, dass hier eine Chance für eine produktive, sachliche Zusammenarbeit vertan worden war, und verärgert über die verlorene Zeit. Für mich war klar, die Franzosen sind nicht nur desinteressiert an dem, was ich als Deutscher vorschlage, sondern sie sind überhaupt nicht besonders an einer Zusammenarbeit mit Deutschen und schon gar nicht an der Durchführung einer deutsch-französischen Wissenschaftlertagung interessiert.

In einem späteren Gespräch mit dem französischen Tagungsleiter, in dem ich mich kritisch zu diesem ersten Treffen äußerte, wurde mir Folgendes erklärt: Über ein Zuspätkommen bei einem Arbeitstreffen würde sich in Frankreich niemand aufregen, wenn, wie in Paris, die Verkehrsverhältnisse für die anreisenden Teilnehmer nicht so gut kalkulierbar seien. Es sei für Franzosen höchst ungewöhnlich, wenn man bei einer ersten Zusammenkunft, anstatt sich langsam kennen zu lernen und näher zu kommen, sofort mit einer rein sachbezogenen Präsentation beginnt. Kein französischer Teilnehmer komme auf die Idee, zu einer solchen Sitzung mit einer perfekt bis ins Detail ausgearbeiteten Vorlage zu kommen und diese zu präsentieren. Das wäre auch von mir nicht so erwartet worden. Für die französischen Teilnehmer sei mein Vortrag mit seiner Systematik und Detailliertheit zu einem Zeitpunkt, zu dem mich noch niemand gekannt hätte, ein Zeichen für die typisch deutsche Art (eindeutig negativ bewertet) gewesen, mit einer solchen Situation umzugehen. Deshalb habe sich auch niemand der französischen Teilnehmer von meinem Vortrag angesprochen gefühlt, darauf zu antworten oder eine inhaltsbezogene Diskussion zu beginnen.

Aus französischer Sicht sei das eine durchaus sehr gelungene Arbeitstagung gewesen, da man sich kennen gelernt habe, viel miteinander gesprochen habe und mit der Überzeugung auseinander gegangen sei, dass es sich lohnen könnte, einmal eine deutsch-französische Wissenschaftlertagung zur interkulturellen Thematik zu starten.

In diesem Gespräch ist mir bewusst geworden, wie weit Deutsche und Franzosen sich kulturell unterscheiden, und zwar in Verhaltensbereichen, in denen man bei benachbarten Völkern mit einer so langen gemeinsamen Vergangenheit überhaupt nicht mehr mit Unterschieden rechnet. Anschließend habe ich die französischen Tagungsteilnehmer bewundert, dass sie überhaupt mit einem Deutschen, der sich aus französischer Sicht in dieser Erstbegegnungssituation so unmöglich verhalten hat, wissenschaftlich kooperieren wollen. Im Lauf der Jahre haben mehrere deutsch-französische Wissenschaftlertagungen und vorbereitende Arbeitssitzungen stattgefunden. Fremdkulturelle Erfahrungen habe ich während dieser Konferenzen und Tagungen ständig machen können. Oft habe ich mich geärgert, wie wenig effektiv und sachbezogen in Frankreich geplant und gearbeitet wird, jedenfalls erschien mir das so. Allmählich aber wurde ich fähig, zwischen der deutschen und der französischen Perspektive ein und desselben Sachverhalts zu wechseln, und hier und da gelang es mir, ungewohnte Verhaltensweisen der französischen Partner als Bereicherung zu erfahren und partiell für mich zu übernehmen.«

Problemsituation 2: Das Interview als interkulturell problematische Kommunikationssituation

Im Rahmen eines Forschungsprojekts mit dem Titel »Handlungswirksamkeit zentraler Kulturstandards in der Interaktion zwischen Deutschen und Chinesen« (Thomas u. Schenk 1996) wurden chinesische Manager befragt, die längere Zeit in Deutschland beruflich tätig waren und somit gut

Deutsch sprachen und die inzwischen in deutsch-chinesischen Joint Venture beschäftigt sind. Das Ziel der Befragung bestand darin, über diese »interkulturellen Experten« zu erfahren, welche kulturbedingten Missverständnisse sie in der Zusammenarbeit mit Deutschen erfahren hatten. Im Rahmen teilstrukturierter Interviews sollten sie über ihre eigenen Erlebnisse und Beobachtungen im Umgang mit Deutschen berichten, bei denen sich die Deutschen anders verhalten hatten, als sie es erwarteten, und weshalb ihnen das Verhalten der Deutschen unverständlich und nicht nachvollziehbar gewesen war. Es wurden 15 Interviews mit Managern aus unterschiedlichen Unternehmen durchgeführt.

Die deutschen Interviewer berichteten anschließend übereinstimmend, dass diese Interviewgespräche für sie außerordentlich schwierig gewesen seien. Sie hatten irgendwie das Gefühl, dass die Interviews zu recht unklaren Ergebnissen geführt hatten, ohne dass sie konkret sagen könnten, worauf sich dieses Gefühl stützt.

Erst nach einer Inhaltsanalyse der transkribierten Interviewtexte zeigte sich, dass die chinesischen Partner sich intensiv darum bemüht hatten, diese für sie schwierige Fragestellung (Bericht über »kritische« Interaktionssituationen) zu umgehen, die Problemsituation, über die sie eigentlich berichten sollten, zu negieren und sich möglichst wenig auf irgendetwas problematisch Erscheinendes festzulegen. Die Interviews waren zwar mit dem Ziel geführt worden, von den befragten chinesischen Managern eigene Erlebnisse und Beobachtungen im Umgang mit Deutschen geschildert zu bekommen, doch im Lauf des Interviews veränderte sich das Gespräch unmerklich in eine Richtung, die dazu führte, dass die chinesischen Manager, nachdem sie offensichtlich gemerkt hatten, dass ein Ignorieren dieser problematischen Fragesituation unmöglich war, immer mehr über die Probleme Deutscher in der Zusammenarbeit mit Chinesen in Deutschland und China berichteten. Diese Erfahrungen wurden aber in einem sehr allgemeinen und unverbindlichen Niveau formuliert.

Die in Tabelle 4 enthaltenen Aussagen unter dem Stichwort »Verhalten/Frage- und Antwortverhalten« sind Originaltexte aus einem Beispielinterview. Die Angaben unter dem Stichwort »Kognitionen (Intentionen, Attributionen etc.)« enthalten Vermutungen darüber, was sich der jeweilige Sprecher (deutscher Interviewer und chinesischer Interviewter) wohl gedacht hat. Diese Angaben stammen von einem deutschen und einem chinesischen Wissenschaftler, die sich in beiden Kulturen gut auskennen.

Beide Beispiele zeigen, dass internationale wissenschaftliche Zusammenarbeit in erheblichem Maß und für die beteiligten Personen meist unbemerkt vom jeweils kulturspezifischen Orientierungssystem, von dem die Wahrnehmung, das Denken, das Urteilen und das Verhalten beeinflusst werden, bestimmt sind.

Tabelle 4: Verhalten und Kognitionen beim Interviewen eines Chinesen durch einen Deutschen.

Verhalten Frage- und Antwortverhalten	Kognitionen (Intentionen, Attributionen etc.)
Deutscher: »Mich interessieren Ihre eigenen Erlebnisse oder Beobachtungen im Umgang mit Deutschen, bei denen sich die Deutschen anders verhielten, als Sie es erwarteten, und was für Sie völlig unverständlich und nicht nachvollziehbar war.«	*Deutscher:* Ich spreche ihn als Experten für interkulturelle Probleme an. Er muss sie kennen, er wird sie mir schildern können. *Chinese:* Also, ich soll ihm von meinen Problemen mit Deutschen erzählen.
Chinese: »In der Tat, es gibt da einen großen Unterschied zwischen der deutschen Mentalität und der chinesischen Mentalität.«	*Chinese:* Probleme zwischen Deutschen und Chinesen auszubreiten, schickt sich nicht, ist unhöflich. Mich als so unwissend darzustellen, dass ich deutsches Verhalten nicht verstehe, will ich nicht und ist eine Zumutung. Eine allgemein gehaltene Zustimmung, dass es Unterschiede gibt, wird den Frager wohl schon zufrieden stellen, und das heikle Thema ist so erledigt. *Deutscher:* Er ist für mich der richtige Interviewpartner, nun geht er in die Details.
Deutscher: »Fällt Ihnen da eine konkrete Situation ein? Irgendetwas, was Sie selbst erlebt oder beobachtet haben?«	*Deutscher:* Jetzt geht es los! *Chinese:* Was soll die Frage? Der hat noch nicht verstanden, dass ich darauf im Detail nicht eingehen will und kann.
Chinese: »Im Moment nicht, nur generell so.«	*Chinese:* Das ist doch wohl deutlich genug, aber nicht unhöflich. *Deutscher:* Der hat noch immer nicht richtig verstanden, auf was ich hinaus will. Da muss ich etwas deutlicher werden.
Deutscher: »Wenn Sie vielleicht an Verhandlungen oder Besprechungen denken oder solche Bereiche.«	*Chinese:* Dem muss ich jetzt klarmachen, dass ich keine Probleme mit den Deutschen habe, damit er mich positiv einschätzt und mit der persönlichen Fragerei aufhört. Aber ich muss ihn auch höflich behandeln.

(Fortsetzung S. 298)

Fortsetzung von Tabelle 4

Verhalten Frage- und Antwortverhalten	Kognitionen (Intentionen, Attributionen etc.)
Chinese: »Ja, für mich ist das natürlich ersichtlich, weil ich 12 Jahre in Deutschland gewesen bin und die deutsche Mentalität ein wenig kenne, und ich bin selbst Chinese und kenne auch die Chinesen. Für mich ist das offensichtlich, aber für manche Chinesen, die noch nie in Deutschland gewesen sind und sich nur über die Sprache mit den Deutschen verständigen können, aber nichts von dem sozialen Hintergrund wissen, da gibt es in der Tat Probleme.«	*Deutscher:* Also er kann doch von anderen etwas berichten, wenn er selbst keine Probleme hat. Jetzt nachfassen!
Deutscher: »Haben Ihnen andere schon mal von solchen Problemen berichtet, oder was wäre für Sie eine Situation, wo es für Sie ersichtlich wäre, und für jemand, der die Deutschen nicht so gut kennt, schwierig zu verstehen?«	*Chinese:* Der Deutsche will einfach nicht verstehen. Jetzt wühlt er schon wieder in Problemen.
Chinese: »Ich kann Ihnen momentan kein konkretes Beispiel nennen. Das fällt mir jetzt nicht ein. Es sind auch Kleinigkeiten, die im Alltag öfter passieren, das fällt auch nicht weiter auf. Denn was ist schon Missverständnis, ein Missverständnis ist der Schmierstoff des Lebens. Damit kann man durchaus leben.«	*Deutscher:* Der weicht mir wieder aus; aber so einfach kommst du mir nicht davon!
Deutscher: »Aber es kann ja auch zu ernsthaften Missstimmungen kommen, wenn man etwas falsch versteht.« *Chinese:* »Mit Chinesen ist das nicht so leicht.«	*Deutscher:* Ich verstehe nicht, warum er meine konkreten Fragen nicht beantwortet. Warum weicht er immer aus? Versteht er immer noch nicht, worum es hier geht, will er es nicht verstehen, oder will er nicht mit der Sprache heraus? Das ganze Drumherumgerede bringt nichts mehr. Ich werde das Interview wohl beenden müssen. *Chinese:* Wenn er schon nicht von der peinlichen und primitiven Fragerei lassen will, dann wäre es erträglicher, wenn die Probleme deutscher Manager im Umgang mit Chinesen angesprochen werden könnten.
Das Interviewthema verlagert sich nun mehr und mehr auf die möglichen Probleme deutscher Manager, mit der Lebens- und Arbeitssituation in China zurechtzukommen.	

Erstaunlich ist, wie wenig dies bislang in der internationalen wissenschaftlichen Zusammenarbeit, und dies gilt auch für die Psychologie, bemerkt und reflektiert wurde, obwohl Muzafa Sherif schon 1936 auf dieses Thema aufmerksam gemacht hatte: »Die Psychologie hat zwar die individuellen Unterschiede bei Reaktionen auf eine soziale Umwelt untersucht, sie hat jedoch nie anerkannt, dass jeder von uns eine solche Umwelt nach seinen eigenen Wahrnehmungsgewohnheiten wahrnimmt und dass Kulturgruppen sich unter Umständen deshalb im Verhalten unterscheiden, weil sie soziale Situationen grundsätzlich verschieden wahrnehmen.«

Kulturbedingt kritische Schnittstellen internationaler wissenschaftlicher Zusammenarbeit

Kulturell bedingte kritische Schnittstellen in der internationalen wissenschaftlichen Zusammenarbeit entstehen nicht nur aus nationalkulturellen Quellen, sondern auch aus der Wirksamkeit unterschiedlicher Wissenschaftskulturen (s. Abb. 6).

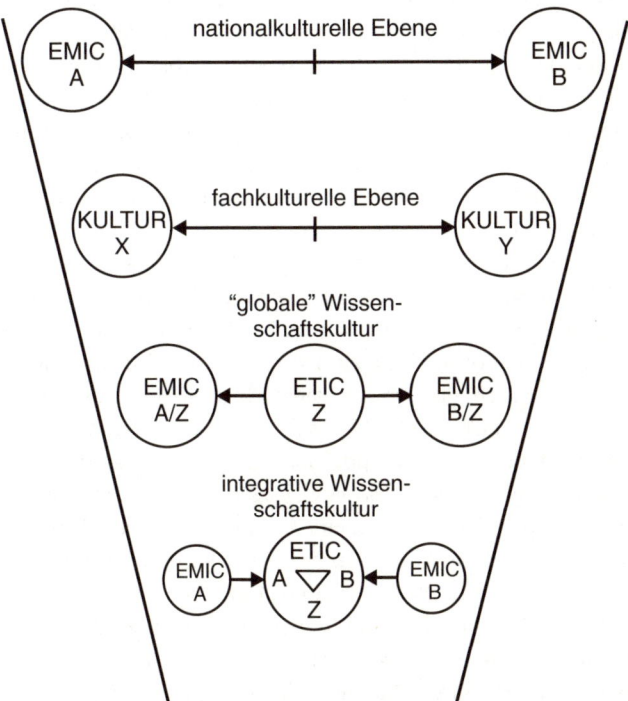

Abbildung 6: Konfligierende Kulturen in der internationalen wissenschaftlichen Zuammenarbeit

Zu unterscheiden ist zunächst einmal eine nationalkulturelle Ebene, auf der aufgrund des kulturspezifischen Orientierungssystems bestimmte Vorstellungen von Wissenschaft, wissenschaftlichem Arbeiten und dem wissenschaftlichen Umgang mit Gegenständen wissenschaftlicher Analyse sowie der Dokumentation und Verbreitung der gewonnenen wissenschaftlichen Erkenntnisse bedeutsam sind. Auf einer nächsten Ebene sind kulturelle Faktoren zu berücksichtigen, die aufgrund der spezifischen Orientierungssysteme, die in den jeweiligen Fachdisziplinen ausgebildet worden sind, Einfluss nehmen. Naturwissenschaftlich experimentell, empirisch arbeitende Disziplinen entwickeln andere Orientierungsmuster im Hinblick auf wissenschaftliches Arbeiten, die Bewertung wissenschaftlicher Ergebnisse (Qualitätsmaßstäbe), die Entwicklung wissenschaftlicher Theorien und Erklärungsmodelle.

Darüber hinaus kann man feststellen, dass sich weltweit eine allgemeine Wissenschaftskultur durchgesetzt hat, die – wenn auch weitgehend europäisch angloamerikanisch dominiert – als weltweit anerkanntes, wissenschaftliches Arbeiten global anleitendes, organisierendes, bewertendes und strukturierendes Orientierungssystem herausgebildet hat (in Abb. 6 »ETIC Z«). Die in den jeweiligen Nationalkulturen ausgebildeten Vorstellungen von Wissenschaft sind sicherlich von diesem globalen Wissenschaftsverständnis geprägt, zumal viele der in diesem System tätigen Wissenschaftler in Europa oder in den USA studiert oder aufgrund europäischer und amerikanischer Studienmodelle und daran ausgerichteter Fachliteratur bei ihrem Studium in ihren Heimatländern von dieser globalen Wissenschaftskultur beeinflusst worden sind.

Wenn beispielsweise auf einem internationalen Kongress für Kulturvergleichende Psychologie eine Gruppe koreanischer Forscher auftritt, die über Ergebnisse ihrer Untersuchung zum Selbst-Konzept in Korea berichten (»Relational self: an indigenous analysis of Korean students and adults«) und *erklären,* dass sie zur Datenerhebung und Datenanalyse ausschließlich US-amerikanische Methoden zur Erfassung von Selbst-Konzepten eingesetzt haben, und explizit *darlegen,* dass sie damit einen Beitrag zum ostasiatischen Konzept des Selbst leisten, dann ist diese Art von Forschung ein Beispiel dafür, wie mit einem Konzept »globaler Wissenschaftskultur« (»ETIC Z«) von Forschern gearbeitet wird, die, ohne sich dessen bewusst zu sein, in einer Wissenschaftskultur leben und arbeiten, die von nationalkulturellen und globalkulturellen Elementen bestimmt ist.

Eine moderne, den globalen Anforderungen entsprechende wissenschaftliche Kooperationskultur muss demgegenüber von Personen realisiert werden, die fähig sind, aus ihrem nationalkulturellen Orientierungssystem heraus über einen bewusst kritischen Reflexionsprozess in Richtung auf die Herstellung einer beide Einzelkulturen übersteigenden und die als global angenommene Wissenschaftskultur mit berücksichtigende, neuartige integrative Wissenschaftskultur hin zu denken und zu handeln (in Abb. 6 »ETIC-Dreieck zwischen A, B, Z).

Konkrete Schnittstellenprobleme interkultureller Wissenschaftskooperation

Auf der Basis der bislang relativ spärlichen Literatur über kulturell kritische Schnittstellen in der interkulturellen Wissenschaftskooperation (Bantz 1993; Bosley 1993; Sarapata 1985; Thomas u. Schenk 1996; Schroll-Machl 2001), den Ergebnissen einer Pilotstudie, in der 16 deutsche Wissenschaftler aus unterschiedlichen Disziplinen über ihre Probleme in der internationalen Zusammenarbeit befragt wurden, sowie aufgrund meiner eigenen Beobachtungen und Erfahrungen in einer über 20-jährigen Forschungskooperation mit Wissenschaftlern aus unterschiedlichen Kulturen lassen sich folgende für die internationale wissenschaftliche Zusammenarbeit relevanten, kulturell bedingt kritischen Schnittstellen definieren.

Asymmetrische Kontingenzbeziehungen
Die Dominanz der westlichen Wissenschaft, vor allem der US-amerikanischen Wissenschaft, bedingt durch eine Konzentration hoch qualifizierter Wissenschaftler in einem wissenschaftsförderlichen kulturellen, sozialen und ökonomischen Umfeld sowie vorhandenem Know-how und Kapitalpotenzial verursacht einen weltweiten Anpassungsdruck an das westliche/ US-amerikanische Wissenschaftssystem. Die Folge sind kritiklose Übernahme und Anwendung von im Westen entwickelten Forschungskonzepten, Theorien und Methoden seitens westlicher und nichtwestlicher Wissenschaftler, bedingungslose Anwendung dieser Methoden zur Gewinnung von wissenschaftlicher Reputation im Ausland und im eigenen Land sowie Anpassung an westliche Vorgaben, was Geld und Arbeitsplatzsicherheit verheißt.

Wissenschaftsverständnis und Wissenschaftstradition
Die Forscher in der internationalen wissenschaftlichen Zusammenarbeit bringen in der Regel eine von der Wissenschaftstradition ihres Heimatlandes geprägte Auffassung von Wissenschaft mit. Für Wissenschaftler aus westlichen Kulturen ist eher ein kausal-analytischer Erkenntnismodus vorherrschend, der ein Suchen, Definieren und Erklären von Ursache-Wirkungs-Verhältnis nahe legt. Wissenschaftler aus der asiatischen Wissenschaftstradition legen ihrem wissenschaftlichen Handeln eher einen induktiv-synthetischen Erkenntnismodus zugrunde, das heißt, sie suchen nach Interdependenzen zwischen den Phänomenen, betrachten die Naturgesetze und sozialen Systeme im Kontext eines Gefüges, das einer universellen Harmonie folgt. Auch die dem westlichen Wissenschaftsverständnis eigene scharfe Trennung zwischen Wissenschaftlichkeit und Nichtwissenschaftlichkeit ist für asiatische Wissenschaftler oft nicht recht nachvollzieh-

bar, da sie das vom Eigenen Abweichende durchaus auch als Erweiterung, Ergänzung und Kontrastierung zum bisher Bestehenden ansehen können, zum Beispiel die Diskussion um moderne westliche und traditionelle chinesische Medizin (Liang 1993).

Ein unterschiedliches Wissenschaftsverständnis kann sich auch in verschiedenen Arten der Repräsentation von Wissen äußern. So ist fraglich, ob eine fremde Kultur ihre wissenschaftlichen Erkenntnisse überhaupt in Form schriftlicher Präsentation, beispielsweise als Fachtext – wie im eurozentrischen Wissenschaftsverständnis üblich –, darstellt oder andere Präsentationsformen entwickelt. Denkbar und beobachtbar sind zum Beispiel bildliche Darstellungen, Gesang, Erzählung oder Theater, wie beispielsweise in Form des balinesischen Tanztheaters, in dem mündliche und situativ überlieferte theatrale Formen der Präsentation von Wissen durch eine gelungene Interaktion mit dem Publikum und aufgrund des vorherrschenden Improvisationspotenzials vollzogen wird.

Methoden der Datenerhebung und Datenanalyse
Besonders für sozialwissenschaftliche internationale Kooperation, und hier besonders für die psychologischen Fragestellungen, gilt, dass bestimmte Mess- und Beobachtungsmethoden, die in einer spezifischen Kultur entwickelt wurden, nicht einfach in einer anderen Kultur eingesetzt werden können (Ingleby 1995). Über dieses Problem ist im Rahmen kulturvergleichender psychologischer Forschung intensiv gearbeitet worden. Viele Forscher plädieren dafür, dass, bevor psychologische Messmethoden in anderen, nichtwestlichen Kulturen eingesetzt werden, erst einmal die Handlungswirksamkeit von Reizen in fremden Kulturen näher untersucht wird (Boesch 1971). Als erster Schritt sollen demgemäß für jede Kultur beziehungsweise für jede indigene Psychologie die jeweils spezifischen eigenkulturellen Vorannahmen, Voraussetzungen und Konzepte reflektiert und explizit gemacht werden. Als nächster Schritt sollte ein interkultureller Dialog über relevante Vorannahmen geführt werden, so dass gemeinsame konsensuelle Aspekte des jeweiligen Untersuchungsgegenstands festgehalten werden können. Auf Basis dieser Gemeinsamkeiten wären dann Kriterien zu definieren, an denen psychologische Konzepte getestet werden können, mit dem Ziel, psychologische Theorien zu entwickeln, die transkulturell empirisch anwendbar sind.

Kulturelle Normen
Unter Forschern aus verschiedenen Kulturen und in wissenschaftlichen Arbeitsgruppen kann eine hohe Variabilität von wissenschaftlich relevanten Normen bestehen. Dies gilt selbst dann, wenn die Gruppenmitglieder über ein gleich hohes Ausbildungsniveau und ähnliche akademische Sozialisa-

tionserfahrungen verfügen. Arbeits-, Konflikt- und Konversationsnormen, die in wissenschaftlichen Projektteams unterschiedlich ausgebildet sind, müssen reflektiert und konsensfähig gemacht werden (Bantz 1993).

Kommunikationsstile

Nationalkulturelle sowie wissenschaftskulturelle Unterschiede zeigen sich besonders deutlich in Vortragsstilen sowie in der Art und Weise, wie Forschungsanträge und Gutachten erstellt werden. So bewirkt beispielsweise ein mehr essayistischer Stil, der auf die Ästhetik der Sprache ebenso viel Wert legt wie auf den Inhalt, bei der Kommunikation und Präsentation von Forschungsergebnissen bei Wissenschaftlern, die es gewohnt sind, mit wissenschaftlichen Arbeiten einen nüchtern analytisch auf den Sachinhalt konzentrierten Kommunikations- und Präsentationsstil zu bevorzugen, eher eine negative Bewertung der wissenschaftlichen Qualifikation des Forschers und der Qualität der Forschungsergebnisse. Kulturbedingte Unterschiede sind zu beobachten in der Verwendung kritischer Bemerkungen zu Inhalt und Form von Forschungsanträgen (Gutachten) und Publikationen (Rezensionen) sowie zu der Frage, wann eine Forschungsarbeit so weit fortgeschritten ist und so viel inhaltlichen Tiefgang hat, dass sie zur Publikation reif ist. Bedeutsam ist, ob eher eine Konsens- oder eine Dissenskultur vorherrscht, ob eine im öffentlichen Raum stattfindende Kultur des Diskurses gepflegt wird oder ob nur im privaten Gespräch kontrovers diskutiert werden kann.

Erhebliche Missverständnisse können aus verschiedenen kulturspezifischen Kommunikationsstilen resultieren. So lässt sich beobachten, dass Mitglieder aus Low-context-Kulturen (z. B. Deutschland und USA) mehr sprechen und ihren Zuhörern durch die gesprochenen Worte Orientierung geben, wohingegen in High-context-Kulturen (z. B. Japan und China) deutlich weniger gesprochen wird, dafür aber eine Interpretation von dem, was gemeint ist, und nicht von dem, was gesagt wird, erforderlich ist. Für diese Interpretation sind nonverbale Signale wichtig, deren Bedeutung man aber verstehen muss. Personen aus High-context-Kulturen fühlen sich nicht unwohl, wenn in einem Gespräch lange Schweigepausen entstehen oder auf bestimmte verbale Aktionen keine Reaktion erfolgt. Von Personen aus Low-context-Kulturen wird langes Schweigen oder Schweigen an bestimmten Stellen eines Ereignisprozesses fälschlicherweise als Passivität, Desinteresse oder Unfähigkeit der Partner aus High-context-Kulturen interpretiert (Bosley 1993).

Sprache

Meist einigen sich Forscher in einem internationalen wissenschaftlichen Projekt auf eine gemeinsame Arbeitssprache, zum Beispiel Englisch, dennoch unterscheiden sich die Teilnehmer meist im Hinblick auf ihre Sprachkompetenz, oder besser gesagt, Sprachperformanz. Gerade im Bereich geistes- und sozialwissenschaftlicher Forschungskooperationen ist es schwieriger, komplexe theoretische Sachverhalte in einer fremden als der vertrauten Muttersprache darzustellen. Die Einbeziehung von Dolmetschern wäre zwar eine Lösung, führt aber in der Regel zu zusätzlichen Verstehensproblemen (Bantz 1993).

Auch die Beherrschung einer Fremdsprache garantiert noch nicht automatisch eine unproblematische interkulturelle Verständigung über fachspezifische Inhalte. Erst Kenntnisse über die fremdkulturellen Kommunikationsregeln können Verständigungsprobleme minimieren.

Wissenschaftliche Leistungen und ihre Bewertung
In der internationalen wissenschaftlichen Zusammenarbeit entstehen nicht selten Missverständnisse und Probleme aufgrund unterschiedlicher Vorstellungen über die Qualität und Bewertung von Leistungen (Bosley 1993). Nach westlichem Wissenschaftsverständnis wird Leistung daran gemessen, wie sehr sich ein Individuum von den anderen Gruppenmitgliedern abhebt, wie hoch das persönliche Engagement in der Arbeitsgruppe ist, wie gut sich jemand darzustellen versteht und in einer Konkurrenzsituation bewährt. Für Forscher aus anderen Kulturen, beispielsweise dem ostasiatischen Raum, werden gemäß dem Harmonieprinzip Leistungen vor allem daran gemessen, wie weit jemand zum Wohlergehen der Gruppe beigetragen hat, was er zum Erhalt der Harmonie und zum Abbau von Intragruppenkonkurrenzsituationen geleistet hat und wieweit es ihm gelungen ist, direkte Konfrontationen, zum Beispiel durch das Anbringen von Kritik und abweichenden Ansichten, zu vermeiden und Kohäsionskräfte zu fördern.

Entscheidungsprozesse
In westlichen Kulturen werden Entscheidungen bevorzugt individuell oder aufgrund eines demokratisch zustande gekommenen Mehrheitsvotums getroffen. In anderen Kulturen haben kollektive Entscheidungen, die nach dem Konsensprinzip entwickelt werden, den Vorrang. Schon allein daraus können in der wissenschaftlichen Zusammenarbeit erhebliche Verständigungsprobleme, Unsicherheiten, Desorientierungen und Zeitverzögerungen entstehen.

Einfluss durch Ideologien und politische Systeme
Insbesondere wenn die Forschungstätigkeit eines wissenschaftlichen Mitarbeiters von politischen Gremien und politischen Repräsentanten im Hei-

matland gefördert wird, kann dies dazu führen, dass unerwartete und negativ bewertete Forschungsresultate beschönigt oder eliminiert werden. Besonders dann, wenn Forschungsergebnisse zeigen, dass allgemein geteilte, religiös oder ideologisch verankerte Wertkonzepte in der Praxis nicht den Erwartungen entsprechen, werden nicht selten noch so sorgfältig erarbeitete wissenschaftliche Erkenntnisse dem Nationalstolz, dem Erhalt der Harmonie, den nationalen Überzeugungen, dem Gemeinwohl oder dem Anpassungsdruck gegenüber allgemein geteilten, wenn auch erwiesenermaßen wissenschaftlich falschen Überzeugungen geopfert. Beobachtungen aus der wissenschaftlichen Praxis zeigen, dass Daten, die das eigene Land oder die eigene Kultur in ein »negatives Licht« stellen könnten, ignoriert, geschönt und entsprechend den vorgegebenen Erwartungen uminterpretiert werden beziehungsweise dass auf entsprechende Befunde aggressiv reagiert wird (Sarapata 1985; Thomas u. Schenk 1996).

Statusprobleme
In vielen Kulturen wird das wissenschaftliche Geschehen erheblich beeinträchtigt durch Status- und Hierarchiebeziehungen, die sich an der Herkunft, am Geschlecht, am Alter und an der akademischen Position orientieren. Wissenschaftler, die in internationalen wissenschaftlichen Projekten mitarbeiten, werden auf der Basis ihrer unterschiedlichen akademischen Positionen, die sie im Heimatland bekleiden, spezifische Erwartungen bezüglich ihres sozialen Status in der Projektgruppe ausbilden. Die sich daraus ergebenden Ansprüche an Macht, Einfluss, Entscheidungsgewalt und Führungsrollen können zu unerwünschten und unproduktiven Hierarchiebildungen innerhalb der Projektgruppe führen und die wissenschaftliche Produktivität erheblich beeinträchtigen.

Prozessdynamik wissenschaftlichen Arbeitens
Ein markantes Beispiel für kulturbedingte Probleme bei der Anwendung von Methoden empirischer Sozialforschung ist der zu Beginn der Ausführungen dargestellte Prozessverlauf eines Interviews zwischen einem deutschen Interviewer und einem chinesischen Manager.

Dabei hatte sich gezeigt, dass die in der sozialwissenschaftlichen Forschung gut eingeführte und häufig praktizierte Methode des teilstrukturierten Interviews, die den zu Befragenden ein Maximum an Spielraum zur Äußerung eigener Erfahrungen, Einstellungen, Gedanken und Gefühle einräumt, keineswegs eine relativ »harmlose« Methode zur Erfassung psychischer Prozesse (Kognitionen, Emotionen, Intentionen etc.) bei allen möglichen denkbaren Themenkomplexen ist, sondern durchaus sehr

konkreten kulturspezifischen Einflussfaktoren und Restriktionen unterliegt. Für Menschen aus dem ostasiatischen Kulturkreis ist es von zentraler
Bedeutung, dafür Sorge zu tragen, dass ein hohes Maß an sozialer Harmonie in der zwischenmenschlichen Begegnung hergestellt wird. Über
Probleme in der interpersonalen Begegnung zu sprechen, sie zu thematisieren und vertiefend zu erörtern, ist für Chinesen ein Verstoß gegen die
Etikette, kann »Gesichtsverlust« bedeuten, führt zu Peinlichkeiten und aktiviert Gefühle von Unsicherheit, Angst und Scham. Die Beteiligung an
einem solchen Gespräch, selbst wenn sie im Rahmen einer wissenschaftlichen Untersuchung stattfindet, wird als so unangenehm empfunden,
dass in hohem Maß mit Vermeidungsverhalten reagiert wird (Schweigen,
Negieren, Verharmlosen, Bezugs- und Themenwechsel). Der chinesische
Manager im oben dargestellten Beispiel hat im Verlauf des Interviews das
ihm verfügbare kulturspezifische Problembewältigungsrepertoire eingesetzt, um diese peinliche Situation zu meistern. Der deutsche Interviewer
hat zwar erspürt, dass der Interviewverlauf nicht so recht seinen Erwartungen und Gewohnheiten entsprach, ohne aber zu erkennen und ange-
ben zu können, worin die Störung bestand. Im Vergleich zu Fragebogen-
untersuchungen wird hier der Vorteil des teilstrukturierten Interviews
wirksam. Der Interviewer merkt aus dem Reaktionsverhalten der Inter-
viewpartner, dass etwas nicht stimmt. Was nicht stimmt und worin sich
das begründet, wird aber auch ihm im Interview nicht evident, lässt sich
aber aus einer detaillierten Inhaltsanalyse des Gesprächsverlaufs ermit-
teln. Genau das aber ist beim Einsatz von Fragebögen nicht möglich.

Die Resultate selbst einer solchen interviewgestützten Befragung sind
eher als Artefakte denn als wissenschaftliche Erkenntnisse zu interpretieren, weil die themenbezogenen Aussagen des Interviewten konfundiert
sind mit kulturspezifischen Verhaltens- und Interpretationsgewohnheiten
im Kontext der Befragung über »kritische Interaktionssituationen«, im
vorliegenden Fall eben zwischen Deutschen und Chinesen.

Erfahrungsberichte, die bedauerlicherweise nur sehr spärlich vorhanden
sind, zeigen, dass in allen Phasen der wissenschaftlichen Zusammenarbeit,
zum Beispiel Konzeptentwicklung und Auswahl der Methoden, Erhebung
des Datenmaterials, Verfahren der Datenanalyse, Befundinterpretation bis
hin zur Publikation der Ergebnisse, kulturbedingte Missverständnisse und
Probleme auftreten können (Bantz 1993).

Konsequenzen für die internationale wissenschaftliche Zusammenarbeit

Es ist an der Zeit, dass auch in der internationalen wissenschaftlichen Zusammenarbeit ein dem Anspruch wissenschaftlichen Arbeitens angemessenes Qualitätsniveau interkultureller Handlungskompetenz erreicht wird. Dazu sind wissenschaftliche Arbeiten und darauf aufbauende praktische Konsequenzen, wie zum Beispiel die Entwicklung interkultureller Sensibilisierungstrainings, Orientierungstrainings für die Zusammenarbeit mit Wissenschaftlern aus spezifischen Kulturen und Orientierungstrainings für die Zusammenarbeit mit plurikulturell zusammengesetzten Forscherteams erforderlich. Daraus ergeben sich im Wesentlichen drei zentrale Konsequenzen:

– Kulturvergleichende und interkulturelle Forschung erfordert ein Forscherteam, in dem Wissenschaftler aus den betroffenen Kulturen zusammenarbeiten.

– Die wissenschaftliche Zusammenarbeit in einem internationalen Forscherteam ist oft von einer Fülle interkultureller Probleme beeinflusst. Dies ist den Teammitgliedern zwar nicht bewusst, doch leiden sie und leidet ihre Arbeit darunter. Deshalb müssen sie interkulturelle Kompetenz zur Problembewältigung entwickeln.

– Eine produktive wissenschaftliche Zusammenarbeit in einem gemischtkulturellen Forschungsteam ist nur möglich, wenn sich die beteiligten Personen Zeit nehmen und Anstrengungen aufwenden, ihre kulturspezifischen Vorstellungen von den im jeweiligen Projekt vorzuherrschenden wissenschaftlichen Standards, wissenschaftlichen Methoden, wissenschaftlichen Operationen, dem Einbringen von Ressourcen und dem Umgang mit den wissenschaftlichen Erkenntnissen zu thematisieren, zu diskutieren und – wenn möglich – aufeinander abzustimmen, zumindest aber zur Kenntnis zu nehmen und einer gegenseitigen Wertschätzung zu unterziehen.

Literatur

Bantz, C. R. (1993): Cultural diversity and group cross-cultural team research. Journal of Applied Communication Research 21(1): 1–20.

Boesch, E. E. (1971): Zwischen zwei Wirklichkeiten. Prolegomena zu einer ökologischen Psychologie. Bern.

Bosley, D. S. (1993): Cross-cultural collaboration: Whose culture is it, anyway? Technical Communication Quarterly 2(1): 51–62.

Ingleby, D. (1995): Problems in the study of the interplay between science and culture. In: Goldberger, N. R. (Hg.), The Culture and Psychology Reader. New York, S. 108–123.

Kluwe, R. H. (2001): Zur Lage der Psychologie: Perspektiven der Fortentwicklung einer erfolgreichen Wissenschaft. Psychologische Rundschau 52(1): 1–10.

Liang, Y. (1993): Fremdheitsproblematik in der interkulturellen Fachkommunikation. In: Albrecht, C.; Wierlacher, A. (Hg.), Kulturthema Fremdheit: Leitbegriffe und Problemfelder kulturwissenschaftlicher Fremdheitsforschung. München, S. 153–171.

Sarapata, A. (1985): Researchers' habits and orientations as factors which condition international co-operation in research. Science of Science 3(5): 157–182.

Sherif, M. (1936): The Psychology of Social Norms. New York.

Schroll-Machl, S. (2001): Businesskontakte zwischen Deutschen und Tschechen. Sternenfels.

Thomas, A.; Schenk, E. (1996): Abschlussbericht zum Forschungsprojekt: Handlungswirksamkeit zentraler Kulturstandards in der Interaktion zwischen Deutschen und Chinesen. Regensburg. (Unveröffentl. Manuskript)

Alexander Loch/Gerhard Seidel

5. Interkulturelle Entwicklungszusammenarbeit

Entwicklungszusammenarbeit (EZ), also die Kooperation mit Ländern und Regionen, die bis in die neunziger Jahre noch gemeinhin als »Dritte Welt« (Nohlen u. Nuscheler 1992) bezeichnet wurden, ist per se schon *inter*kulturell: Wenn das Deutsche Bundesministerium für wirtschaftliche Zusammenarbeit und Entwicklung (BMZ), die Gesellschaft für Technische Zusammenarbeit (GTZ) oder irgendein anderer der vielen Akteure im entwicklungspolitischen Umfeld mit Partnern in Übersee entwicklungsorientiert zusammenarbeitet, so begegnen sich über längere Zeiträume regional äußerst entfernte Kulturen.

Der zu überbrückende »cultural gap« hat in diesen Kontexten oft eine andere Qualität als beispielsweise bei deutsch-französischen oder deutsch-amerikanischen Kontakten. Wer als deutscher Agrarexperte mit illiteraten Bauerngruppen im Himalaya nachhaltige Ressourcenschutzprogramme implementiert, als Berater für Nichtregierungsorganisationen (NGOs) südlich der Sahara Aids-Projekte unterstützt oder in Kolumbien im Rahmen des Zivilen Friedensdienstes Mediationsaktivitäten begleitet, begibt sich im Moment seiner Ausreise in Handlungsfelder zugespitzter *Fremd*artigkeit.

In der Zentralstelle für Auslandskunde der Deutschen Stiftung für Internationale Entwicklung (DSE) in Bad Honnef bereiten sich Fach- und Führungskräfte von Organisationen der deutschen Entwicklungszusammenarbeit und ihre Familienangehörigen auf Ausreise, Leben und Arbeit in einem Entwicklungsland vor.

Die nachfolgenden Überlegungen zur Interkulturellen Kommunikation und Kooperation basieren auf den institutionellen Erfahrungen der Autoren mit spezifischen Trainingsprogrammen in der DSE.

Entwicklungspolitische Leitgedanken

Die Berücksichtigung der kulturellen Dimension gilt als eine Grundvoraussetzung für den nachhaltigen Erfolg von Entwicklungszusammenarbeit.

Ihre Veränderungsprozesse sind wie wirtschaftliche Aktivitäten in kulturell bedingte Wertvorstellungen eingebettet (Weiss 1999).

Da Entwicklungszusammenarbeit nicht in einem sozialen Vakuum stattfindet, ist Beratung, Know-how-Transfer, Management oder partizipative Projektarbeit immer eine Begegnung von Menschen, deren Denken und Verhalten kulturellen Mustern folgt. Interkulturelle Kompetenz ist daher eine Schlüsselqualifikation für globales Handeln und nachhaltige Kooperation in entwicklungspolitischen Kontexten.

Das Spezifische der interkulturellen Kommunikation in der Entwicklungszusammenarbeit liegt zum einen darin, dass – anders als in der Wirtschaftskommunikation – implizit immer ein »Partnerschafts«-Gedanke mitbewegt wird. Während der »Global Player« in *Business*-Kontexten die Effizienz seiner interkulturellen Kommunikation in direktem Zusammenhang mit dem wirtschaftlichen Erfolg seiner Geschäftsabschlüsse sieht, ist interkulturelle Kommunikation im Rahmen der Entwicklungszusammenarbeit an den Leitideen der Armutsminderung, des Respekts vor und der Empathie für andere Kulturen sowie an einer partnerschaftlichen Grundhaltung in der Zusammenarbeit orientiert. Entwicklung meint »die Verbesserung der Situation von Menschen gemäß ihren eigenen Kriterien und Zielen vor dem Hintergrund einer gemeinsamen globalen Verantwortung« (Bliss u. Schönhuth 2002).

Dies setzt unter anderem voraus, dass die ausreisenden Fachkräfte die kulturelle Bedingtheit ihrer eigenen Wert- und Orientierungssysteme wahrnehmen und lernen, andere Denk- und Verhaltensmuster der Partner vor dem Hintergrund des jeweiligen kulturellen Kontextes besser zu verstehen.

Nur durch das Verständnis und die Akzeptanz der Handlungsmotivationen der Partner können für beide Seiten befriedigende und nachhaltige Lösungen von Problemstellungen erarbeitet werden.

Eine weitere Besonderheit interkultureller Kommunikation in entwicklungspolitischen Praxisfeldern ist eine – im eigentlichen Sinne des Wortes – »exotische«: Ohne leichtfertig »Kulturen« mit Nationalstaaten vermischen zu wollen, geschweige denn einen naiv objektivistischen Kulturbegriff zu bemühen, kann doch konstatiert werden, dass der überwiegende Teil aller in den Human Relation Area Files (HRAF) gelisteten weltweiten »Kulturen« sich in den nationalstaatlichen Grenzen von Ländern befindet, die das Development Assistant Committees (DAC) zu den »Developing Countries« zählt. Zwischen EZ-Fachkräften und indigenen Gruppen, meist in der Peripherie von Entwicklungsländern, finden anhaltende interkulturelle Begegnungen statt, von denen sonst allenfalls noch Missionare und Feldforscher berichten könnten.

Von den gegenwärtig 190 Mitgliedsstaaten der United Nations sind die meisten Entwicklungs- oder Transformationsländer.

Der nordamerikanische und europäische interkulturelle Diskurs vernachlässigt diese Tatsache für gewöhnlich. Ein Kontinent wie Afrika, der – von Südafrika abgesehen – hinsichtlich der meisten Entwicklungsindikatoren (Bruttosozialprodukt, Kindersterblichkeit, Zugang zu Trinkwasser, Lebensqualitätsindex etc.) weltwirtschaftlich marginalisiert ist, ist aus inter-kultureller Perspektive (eben aufgrund seiner kulturellen Vielfältigkeit) sehr »reich«. Solcherlei Mannigfaltigkeit ist nun keineswegs ethnologische Liebhaberei. Im Kontext von Interkulturellen Trainingsmaßnahmen in der Entwicklungszusammenarbeit sind die Differenzierung und Komplexität kultureller vielfältigster Lebensformen in Regionen, die weithin medienvermittelt als homogen wahrgenommen werden (»Afrika – der Schwarze Kontinent«), eine besondere Herausforderung. Adäquate interkulturelle Trainingsprogramme sind somit in der DSE überhaupt nur durch die aktive Mitarbeit von Trainern und Trainerinnen aus Lateinamerika, Westafrika, Afrika südlich der Sahara, Pazifik, Süd- und Südostasien (d. h. aus Schwerpunkt- und Partnerländern des BMZ) realisierbar.

Trainingsphilosophie

Das einwöchige Vorbereitungsprogramm »Interkulturelle Kommunikation und Zusammenarbeit« (IKZ) strebt eine ganzheitliche Entwicklung an. Zum einen wird kognitiv ein Orientierungssystem aufgebaut, was durch Wissenserwerb, aber auch Umstrukturierungen (»Reframing«) gelingt. In diesem Zusammenhang wird während des Trainings anfangs vor allem mit vergleichenden Kulturkontrastierungen gearbeitet. Auslandserfahrene Teilnehmerinnen und Teilnehmer (nachfolgend geschlechtsneutral als TN abgekürzt) erhalten die Möglichkeit, aus einer erweiterten Perspektive über eigene bisherige kulturelle Erfahrungen zu reflektieren. Sie können die schon im Ausland erlebten Situationen und die Wahrnehmung ihrer Rolle darin dahingehend überprüfen, ob die damaligen Handlungen kontextangemessen waren.

Im Programm sind weiterhin gruppendynamische und »außerfachliche Effekte« beabsichtigt. Das Lernsetting ist so gestaltet, dass es den Faktor »Mensch« anspricht und zeitweilig als »Entschleunigungsoase« erlebt wird (was sich für den Umgang mit Zeitkonzepten vieler Entwicklungsländer als ebenso wichtig wie fachliches Know-how herausstellte).

Im Mittelpunkt steht also nicht ausschließlich die Vermittlung fremdkultureller Realität (oder gar eine Rezeptologie zum »richtigen« Umgang mit »Afrikanern, Asiaten, Latinos, Orientalen« u. a.). Auch ist keine Kom-

pensation von vermeintlichen Verhaltensmängeln oder kognitiven Defizi-
ten der TN intendiert. Vielmehr liegt dem Programm ein selbstaktualisie-
rendes, wachstums- und ressourcenorientiertes Menschen- und Teilneh-
merbild zugrunde. Neben dem expliziten Curriculum existiert auch ein
unausgesprochenes, das unter anderem Aspekte der Hinterfragung deutscher Selbstverständlichkeiten oder die Einübung von Empathie umfasst:
Zuhören können, Schwächen zugeben, Ängste artikulieren, zaghaftes Ausprobieren unvertrauter Verhaltensweisen in einem hierarchiefreien Raum
sollen ermöglicht werden.

Gelingt durch das Programm die Etablierung eines solch vertrauensbil-
denden Austauschs, so ergibt sich meist eine (intendierte) Weiterführung
der angestoßenen Thematiken auch in informellem Rahmen der Tagungs-
stätte, in der sich die Seminarteilnehmer in der Regel zur anschließenden
Sprachvorbereitung für mehrere Wochen aufhalten.

Zielsetzung

Das primäre Ziel des Programms »Interkulturelle Kommunikation und
Zusammenarbeit« ist eine Erweiterung der interkulturellen Handlungskompetenzen der TN. Sie nehmen die kulturelle Bedingtheit eigener Wert-
und Orientierungssysteme wahr und lernen, fremde Denk- und Verhaltensmuster der Partner besser zu verstehen. Sie setzen sich aktiv mit interkulturellen Kommunikations- und möglichen Konfliktformen in Alltag
und Arbeitswelt auseinander und üben, damit konstruktiv umzugehen.

Davon ausgehend, dass Menschen, die zur Vorbereitung in die Zentral-
stelle für Auslandskunde kommen, in ihrer bisherigen Enkulturation und
Sozialisation bereits ein erhebliches Maß an sozialer und intrakultureller
Kompetenz erworben haben, ist das Training weder als purer *Diversity*-
Grundkurs, noch als Anti-Rassismus- oder als reines *Culture-Awareness*-
Programm angelegt.

Vielmehr kann von einer vorhandenen generellen Sozialkompetenz und
einer zumeist partiellen interkulturellen Handlungskompetenz – erworben
durch vorherige Auslandsaufenthalte und geprüft in den Personalauswahl-
verfahren der Entsendeorganisationen – ausgegangen werden. Sie stellt eine wichtige Ressource dar, mit der im Trainingsverlauf gearbeitet werden
kann. Das Programm zielt auf die spezifische Erweiterung des eigenen Ver-
haltensrepertoires der TN ab. Die Potenziale partnerschaftlichen Zusam-
menarbeitens sollen erfahr- und konkretisierbar werden.

Interkulturell erfolgreiches Handeln in der EZ ist eine Mischung aus

Sachkompetenzen (wozu neben landeskundlichen, sprachlichen und entwicklungspolitischen Fachkompetenzen auch kulturstrategische Alltagskompetenzen zählen) und Sozialkompetenzen (z. B. Kommunikations-, Team- und Streitfähigkeit, Empathie), aber auch Selbstkompetenzen (z. B. Selbstreflexion, Selbstvertrauen und Selbstregulierung).

Der Kompetenzbegriff verleitet dazu anzunehmen, man müsse lediglich punktuelle Defizite kompensieren – doch Ziel des Kurses ist gerade nicht eine einzelheitliche, symptomorientierte Strategievermittlung, sondern vielmehr ein ganzheitlicher Reflexions- und Weiterentwicklungsprozess in Richtung einer Art »fully functioning intercultural personality«. Wer seine Partner in einem Entwicklungsland verstehen, akzeptieren und beraten will, muss zunächst ein Gespür und Wissen für seine eigene kulturelle Verfasstheit entwickelt haben.

Auf Anfrage der Entsendeorganisationen liegt ein neuer Schwerpunkt des interkulturellen Trainings für Entwicklungsländer auf Managementbezogenen Aspekten (Motivation von Mitarbeitern, Führungsverhalten u. a.). In diesem Sinne werden derzeit berufsfeldspezifische Materialien erarbeitet (beispielsweise zum interkulturellen Management in der öffentlichen Verwaltung).

Einige Modifikationen in der Zielsetzung und Durchführungspraxis ergaben sich weiterhin in den letzten Jahren durch die speziellen Erfordernisse für Fachkräfte des Zivilen Friedensdienstes (ZFD): War »Konflikt« bei der interkulturellen Begegnung seit jeher schon strukturell und damit ein nicht wegzudenker Themenkomplex bei der Vorbereitung, hat sich die Anforderung an kultursensible Konfliktarbeit – gerade auch in Antizipation möglicher unerwünschter Nebenwirkungen der EZ (paradigmatisch meist als »*Do no harm*« diskutiert) – nun solchermaßen verschärft, dass dazu Spezialprogramme entwickelt wurden.

Methodik und Inhalte

Das Trainingsprogramm von »Interkulturelle Kommunikation und Zusammenarbeit« ist handlungsorientiert, da es auf konkrete Praxisanforderungen vorbereiten will. Es bleibt nicht bei einer ausschließlich theoretischen Reflexion von kultureller Diversität stehen, sondern vermittelt flexible Handlungsstrategien zur Orientierung und Bewältigung typischer interkultureller Begegnungssituationen.

Die methodische und inhaltliche Gestaltung hat sich in den letzten Jahren verstärkt von etablierten Ansätzen, wie sie zum Beispiel von Thomas

(1996) oder Hofstede (1993) vertreten werden, wegbewegt und eher postmoderne, konstruktivistische und akkulturationstheoretische Impulse von internationalen Autoren verschiedener Disziplinen (Ethnologie, Psychologie, Soziologie, Linguistik, Entwicklungsländerforschung) aufgegriffen und in einem neuen Rahmenkonzept vereinheitlicht.

Die kommunikativ-verhaltensbezogene Dimension begründet, warum es sich bei dem Programm »Interkulturelle Kommunikation und Zusammenarbeit« im weiteren Sinne um ein »Training« handelt: Situations- und kulturangemessenes Verhalten wird in interkulturellen Rollenspielen aktiv eingeübt. Typen von Kommunikationsproblemen in Kontaktsituationen können nicht nur theoretisch diskriminiert und benannt werden, sondern Lösungsstrategien werden probehandelnd in Szene gesetzt. Hierbei kommt dem Regionaltrainer in dem bikulturellen Trainertandem eine wichtige Rolle zu. In ausgewählten Inszenierungen kann der Umgang mit der anderen Seite des Kontrastierten erprobt werden. Im Idealfall merkt der TN dann, wie er unter Stress und Zeitdruck auf sein »kulturelles Heimatgebiet« rekurriert. In der Seminarsituation findet bereits reale interkulturelle Kommunikation statt.

Die Themen von Fallstudien und *critical incidents* sind aus der Praxis für die Praxis entstanden und damit eine Leitlinie für die Seminarkonzeption und Verpflichtung der Trainer.

Im geschützten Rahmen können neue Handlungsmuster – zum Beispiel für den Umgang mit (vermeintlicher) Korruption oder einer plötzlichen Straßenblockade zur Landeshauptstadt – ausprobiert werden. Die alltägliche Performanz eingeübter Strategien wird dabei nie völlig über Bord geworfen. Jedoch gelingt probeweise in Rollenspielen ein reversibler Perspektivenwechsel und die antizipatorische Auseinandersetzung mit diffus bedrohlichen oder uneindeutigen Situationen (z. B. Umgang mit indirekter Kritik am »reichen, technologisierten Deutschen«), die danach »bearbeitbarer« werden.

Die Auswahl der thematischen Schwerpunkte folgt den Erkenntnissen aus xenologischer Forschung und entwicklungspolitischer Praxis. Statt zur Sensibilisierung »imaginäre Kulturen« zu simulieren (wie in den Anfangsstadien der Vorbereitung von Entwicklungshelfern keineswegs unüblich), wird mit realen kritischen Situationen, die empirisch belegt sind, gearbeitet. Das ist nicht nur ökonomisch, sondern erleichtert den Lerntransfer. Das Kulturverständnis variiert zwischen den Trainern, ähnelt aber tendenziell einem dynamischen Modell (Leenen et al. 2002) zur interkulturellen Kompetenz in der Sozialen Arbeit. Thematische Klassiker sind unter anderem:

- Erstkontakte mit verschiedenen Partnern (Antrittsbesuch, Ministerien, Kirchen etc.),
- Know-how-Transfer (gerade auch im Kontext partizipativer Verfahren),
- Kommunikation in Behörden, beim Zoll, in Ministerien etc.,

- Gespräche mit Hausangestellten,
- Konflikt- und Problemlösungsverhalten,
- Planungen und Verhandlungen; Meetings,
- Geschlechterrollen,
- Korruption,
- Zeitbegriffe,
- die Reflexion und Herausbildung eines Berufsethos,
- Deutsche/Europäische Communities,
- Anpassungsschwierigkeiten (v. a. auch bei mit ausreisenden Familienmitgliedern),
- Stereotypenbildungen,
- Umgang mit Bedrohungssituationen,
- Zwickmühlen partnerschaftlicher Kooperation (z. B. Prozessorientierung versus Implementierungsdruck).

Bearbeitet wird, was für den Alltag der Entwicklungszusammenarbeit bedeutsam ist. Da Fachkräfte der Entwicklungszusammenarbeit heute überwiegend in beratender Funktion tätig sind, ist vor allem Rollenklärung mit dem einheimischen Partner unter Berücksichtigung des jeweiligen kulturellen Kontextes ein wichtiges Themenfeld. Dabei gilt es, die Seminarteilnehmer darin zu unterstützen, sich auf unterschiedliche und kulturell bedingte Beratungsverständnisse einzustellen. Ein situationsgerechtes Wahrnehmen und Überprüfen sowie eine zielorientierte, kuturadäquate Anpassung ihres zukünftigen Beratungshandelns soll gefördert werden.

Weiterhin werden Aspekte des interkulturellen Managements bei der Umsetzung und Zielerreichung von Projektaufgaben wie die Gestaltung interkultureller Teamarbeit, Strategien partizipativer Entscheidungsfindung, kultursensible Personalführung und interkulturelle Verhandlungsführung bearbeitet.

Durch das Programm wird eine zunehmende mentale Orientierung in den sozialen Systemen der Gastlandregion intendiert. Orientierung wird nicht durch Anekdoten und repzeptologische Aneinanderreihung von »do's and dont's« beim Brunnenbau erreicht, sondern durch maßvolle Komplexitätsreduktion und Herausarbeiten von Strukturen, die den meisten interkulturellen Begegnungssituationen zugrunde liegen.

In der abschließenden Querschnittsanalyse – einer zusammenfassenden Auswertung aller im Kursverlauf erstellten und visualisierten thematischen Essentials im *Contrast-Culture*-Modus – werden auf einem mittleren Abstraktionsniveau die Ergebnisse vereinheitlicht und die zugrunde liegende kulturelle Logik herausgearbeitet.

Der TN erkennt, dass die einzelnen Inhaltsfelder nicht zusammenhanglos nebeneinander stehen – also zum Beispiel Zeitbegriffe durchaus etwas mit Religion zu tun haben können, die sich ihrerseits auf das Arbeitsverhalten auswirkt, welches wiederum von den Zeitbegriffen mitbestimmt ist –, sondern ein kohärentes System bilden. Ein Orientierungssystem kann sich aufbauen.

Im Idealfall gelingt dabei ein phänomenologisches Vorgehen: Die Beschreibungsbegriffe bei den Auswertungen werden zum Erklärungsvokabular: Eine Flipchart zum Thema »Antrittsbesuch« hält die emotionalen Anteile der Teilnehmerperspektive mit den Worten fest: »Der (Asiate) wollte überhaupt nicht zur Sache kommen!«, derweil der Regionaltrainer kontrastiv erlebte: »Der (Deutsche) war überhaupt nicht an einer Beziehung zu mir interessiert«, eignet sich zur Herausstellung des Gegensatzpaars: *Sachorientierung* versus *Beziehungsorientierung*.

Contrast Culture entspricht dabei unserem deutschen Stil der Informationsstrukturierung, nämlich der Polarisierung in Oben und Unten, Schwarz und Weiß, Soll und Haben, arm und reich, entwickelt und rückständig. Genau dieser dichotome Reduktionsmodus muss nun seinerseits aufgedeckt werden, um nicht bei simplifizierter Kontrastierung stehen zu bleiben, die in Stereotypen enden kann. Hier tritt wieder der Regionaltrainer aus dem Entwicklungsland auf den Plan: Im Identifikationsprozess mit seinen bikulturellen Anteilen merken die TN, wie weit die vereinfachte Kontrastierung trägt; in einem gleichberechtigten wertschätzenden Umgang der beiden Trainer unterschiedlicher Herkunft wird ein Exempel des interkulturellen Umgangs statuiert (Modelllernen).

Multimediale Trainingsmaterialien zur Entwicklungszusammenarbeit

Die sprachliche, landeskundliche und interkulturelle Vorbereitung in der Zentralstelle für Auslandskunde bedient sich vielfältiger multimedialer Trainingsmaterialien, die zum Teil auch intern entwickelt werden.

Öffentlich zugänglich sind im Internet die regelmäßig aktualisierten Landeskundlichen Informationsseiten (http://www.dse.de/za/lk/laender.htm) zu einer Vielzahl von Entwicklungsländern.

Eine erste Version einer Multimedia-CD-ROM, Interkult 1.0 (Loch et al. 1999) wurde als eine spezifisch auf Entwicklungszusammenarbeit zugeschnittene interkulturelle Trainingsmaterialie konzipiert und produziert. Typische Problemsituationen des Lebens und Arbeitens in Afrika, Lateinamerika und Asien und Strategien zum effektiven und wertschätzenden Umgang mit ausländischen Partnern sind anhand kleiner Videosequenzen multimedial aufgearbeitet. Mittels eines Archivs zu interkulturellen Themenkomplexen – in Form von Expertenstatements, Texten und Animationen – kann der Anwender dann die Critical Incidents eigenständig bearbeiten, ein interkulturelles Assessment vornehmen und eine Selektion für ihn relevanter Informationen abspeichern.

Nach wie vor ist jedoch das durch Personen geführte Training in Gestalt des bikulturell zusammengesetzten Trainerteams der entscheidende Faktor, damit in einer konstruktiven Lernpartnerschaft die interkulturelle Kompetenz von ausreisenden Fachkräften der Entwicklungszusammenarbeit wachsen kann.

Ausblick

Die Relevanz interkultureller Kompetenzen in einer sich zunehmend globalisierenden Welt ist vielfach beschrieben worden. Wer interkulturell zusammenarbeitet, um zu *ent*wickeln, wird ganz offensichtlich erst einmal *ver*wickelt.

Da gegenwärtig bereits etwa zwei Drittel der Trainingsteilnehmer über Arbeitserfahrungen in Entwicklungsländern verfügen, trägt ein zeitgemäßes Programmdesign weniger Züge eines konventionellen Verhaltenstrainings, sondern entwickelt sich mehr zu einem interkulturellen Coaching, in dem die Dialektik von Ver- und Entwicklung bearbeitbar wird.

Dass Kulturen unterschiedlich sind, ist evident. Über Fernsehen, Zeitungen, Internet werden wir permanent mit Fremdbildern versorgt. Ein vertieftes Verständnis der Entwicklungsländerthematik erfordert zwar weiterhin zunächst eine intensivere landeskundliche Auseinandersetzung (die in der DSE separat neben den interkulturellen Trainingsprogrammen erfolgt).

Die *inter*kulturelle Herausforderung liegt – jenseits von Contrast Culture – darin, immer wieder das »Dazwischen« neu auszuhandeln, nicht zuletzt, weil auch die Entwicklungsländer (eben weil sie Entwicklungsländer sind!) sich verändern. Die bequemen Kategorien von den »zu modernisierenden«, »unterentwickelten« Afrikanern müssen dekonstruiert und der Blick für das »Inter«, für Wechselwirkungen – global wie in konkreten Interaktionsdyaden – muss geschärft werden.

Offen bleibt allerdings die Frage, wer eigentlich die Partner in den Entwicklungsländern auf den verwickelnden Umgang mit »ihren« Deutschen vorbereitet . . .

Literatur

Bliss, F.; Schönhuth, M. (2002): »Ethische Leitlinien« für die entwicklungspolitische Praxis. Entwicklungsethnologen rufen zur Selbstverpflichtung auf. E + Z – Entwicklung und Zusammenarbeit 1: 4–5.

Hofstede, G. (1993): Interkulturelle Zusammenarbeit. Kulturen – Organisationen – Management. Wiesbaden.

Leenen, W. R.; Groß, A.; Grosch, H. (2002): Interkulturelle Kompetenz in der sozialen Arbeit. In: Auernheimer, G. (Hg.), Interkulturelle Kompetenz in der pädagogischen Praxis. Opladen.

Loch, A.; Priller, M.; Feibig, D. (1999): Interkult 1.0. Bad Honnef. Deutsche Stiftung für Internationale Entwicklung. (Unveröffentl. Multimedia-CD-ROM)

Nohlen, D.; Nuscheler, F. (Hg.) (1992): Handbuch der Dritten Welt. Bonn.

Thomas, A. (Hg.) (1996): Psychologie interkulturellen Handelns. Göttingen.

Weiss, D. (1999): Kultur und Entwicklung. Entwicklung ist, was geschieht, wenn Kreativität sich entfalten kann. In: Thiel, R. (Hg), Neue Ansätze zur Entwicklungstheorie. Bonn, S. 366–378.

Stefan Kammhuber/Gabriel Layes

6. Internationale Militäreinsätze

Das Profil des »neuen Soldaten«

Die Veränderung der weltpolitischen Lage in den neunziger Jahren führte auch zu einer tief greifenden Veränderung des Aufgabenfelds der deutschen Bundeswehr. War sie zuvor eine ausschließlich auf die Landesverteidigung ausgerichtete Armee, so veränderte sich schrittweise ihr Profil zu einer internationalen Interventionsarmee, die in Krisen unter UNO-, NATO- oder KSZE-Mandat auch militärisch Verantwortung übernimmt. Die Einsatzformen werden für die deutschen SoldatInnen vielfältiger. Trugen die ersten Einsätze in Somalia und Kambodscha noch rein humanitären Charakter, so kamen in Kroatien, Bosnien und Afghanistan robuste und damit gefährlichere Mandate hinzu.

In der öffentlichen Debatte wurde und wird breit darüber diskutiert, ob Strukturen und Ausstattung der Bundeswehr die Übernahme dieser internationalen Aufgaben überhaupt erlauben. In den Blick der Öffentlichkeit fiel weniger, wie sehr sich durch die Profilveränderung der Bundeswehr auch das Anforderungsprofil erweitert und das Selbstverständnis der Soldaten und Soldatinnen verändert hat. Wo es früher für den deutschen Soldaten ausreichte, über ein klares Feindbild zu verfügen und sein militärisches Handwerk zu beherrschen, um potenzielle Angreifer abzuschrecken, so steht der international eingesetzte Soldat vor der schwierigen Aufgabe, in einem zumeist unübersichtlichen Konflikt mit mehreren Parteien den mühsam gewonnenen Frieden zu bewahren, für ihn zu werben und Aufbauhilfe zu leisten. Je nach Konfliktlage geschieht dies unter der Gefahr für Leib und Leben.

Neben der militärisch-technischen Fähigkeit werden dabei zusätzliche Kompetenzen für Soldaten wichtig, wie zum Beispiel das Ziel des Einsatzes verständlich und überzeugend der Einsatzlandbevölkerung zu erklären, zwischen vormals verfeindeten Konfliktparteien zu vermitteln, Kompromisse zu ermöglichen, beim Wiederaufbau mit den Einheimischen zusammenzuarbeiten, aber dabei immer auch in der Lage zu sein, sich gegen Aggressionen zu wehren. Diese Aufgaben werden dadurch erschwert, dass sich die Soldaten in einem für sie zumeist fremden Kulturkontext mit ungewohnten klimatischen Bedingungen befinden und mit Menschen kooperieren sollen, deren Lebensgewohnheiten ihnen mehr oder weniger unbekannt sind. Die Soldaten leisten dies als Teil eines internationalen Gefüges zusammen mit Kameraden aus befreundeten Armeen, die wiederum in anderen kulturellen Orientierungssystemen sozialisiert wurden und deren Armeekultur sich unter Umständen sehr unterschiedlich zur deutschen Bundeswehrkultur ausgebildet hat. Sie befinden sich also in einer vielfachen kulturellen Überschneidungssituation, zu deren Bewältigung sie über eine hohe Ausprägung an interkultureller Handlungskompetenz verfügen müssen.

Eine Vielzahl von Stressoren in Auslandseinsätzen macht die Umsetzung interkultureller Handlungskompetenz zu einem schwierigen Unterfangen: die eigene Gefährdung, die hohe Arbeitsbelastung, die Trennung von Familie und Freunden, die eingeschränkte Sexualität, die stark eingeschränkte Privatsphäre oder das Erleben von schrecklichen Kriegsfolgen (Burghardt 2001). Ein großer Teil der Aufmerksamkeit der Soldaten gilt dabei zwangsläufig dem Management der eigenen Befindlichkeit und wird von der Aufmerksamkeit für die Komplexität fremder Kulturen abgezogen. Ein deutscher Soldat berichtet aus seinem Einsatz in Kroatien:

»Wenn Sie immer nur so Ausschnittsbilder gesehen haben und stehen dann aber in so einem Dorf, das jetzt im Zuge des Krieges total kaputt ist, und Sie stehen auf dem Marktplatz und hören nicht mal 'nen Vogel pfeifen oder 'nen Hund bellen, überhaupt nichts, tote Hose, wirklich alles kaputt, und es liegt irgendwie so ein kalter Geschmack oder Geruch von verbrannten Gummireifen in der Luft, dann merkt man erst mal, was da eigentlich war. Die Medien geben so eine Distanz, man guckt halt und stumpft nach Jahren auch ab« (Thomas et al. 1997, S. 89).

Das interkulturelle Handlungsfeld in internationalen Einsätzen der Bundeswehr

Die interkulturellen Kontaktsituationen von Soldaten und Soldatinnen in Auslandseinsätzen können systematisiert werden (Tab. 5; Kammhuber 2000; Thomas et al. 1997). Sie werden weiter unten näher ausgeführt.

Die Kontakthäufigkeit und -intensität nimmt mit wachsender Führungsverantwortung zu. Der Bewegungsspielraum von Mannschaftsdienstgraden ist aufgrund der Gefahrenlage durch restriktive Ausgangsbestimmungen zu-

Tabelle 5: Interkulturelle Kontaktsituationen von Soldaten bei Auslandseinsätzen

Kontakte mit fremd-kulturellen Soldaten	Zivil-militärische Zusammenarbeit (formell)	Zivil-militärische Kontakte (informell)
– Konvoi und Patrouillen	– Repräsentation	– Öffentliches Leben
– Lageausgabe, Briefing, Besprechungen	– Presse- und Öffentlich-keitsarbeit	– Wiederaufbau
– Einsatzaufträge	– Personalauswahl und -betreuung	– Humanitäre Hilfsaktionen
– Freizeit	– Verhandlungsführung	– Straßenverkehr
	– Verwaltung	– Private Einladungen
	– Medizinische Versorgung	– Freizeit

meist sehr eingeengt, wohingegen Soldaten mit Leitungsaufgaben in den unterschiedlichsten Situationen, wie beispielsweise bei Verhandlungen mit einheimischen Funktionsträgern oder in der internationalen Militärzusammenarbeit, weitaus häufiger interkulturelle Begegnungen erleben.

Dementsprechend berichten Soldaten mit Führungsverantwortung mehr kritische Interaktionssituationen und Kulturschockerlebnisse als andere. Besonders häufig werden solche Situationen von Soldaten geschildert, die in UNO-Beobachter-Missionen eingesetzt wurden. Dort fehlt, bedingt durch die internationale Zusammensetzung der Beobachterteams, das gewohnte soziale Netzwerk, in dem sich die Soldaten über das Erlebte so austauschen können, dass sie ein wirkliches Verständnis für ihre Probleme und Sorgen beim Gegenüber wahrnehmen können. Im Gegenteil kann das Beobachterteam selbst eine Quelle interkulturell bedingter Probleme und Konflikte werden, wie folgender Bericht eines deutschen Hauptmanns nach einer UNO-Beobachtermission zeigt:

»Bei einem Beobachtungsauftrag bin ich mit einem koreanischen Offizier in die Berge gefahren. Wir hatten ein Versorgungsfahrzeug, einen Pickup. Und Dieselfässer hintendrauf, die wir für die Fahrzeuge brauchten und um Generatoren oder Funkgeräte zu betreiben. Und dann sind wir oben gewesen. Er hat mir permanent erzählt, welche große Nummer er in seiner Armee gewesen ist. Als es dann daran ging, das Dieselfass abzuladen, hat er sich geweigert. Als Major müsse er so etwas nicht tun. Ich habe ihm dann klar gemacht, dass das Fass aber abgeladen werden muss und ihm nichts anderes übrig bleibe, als mir jetzt zu helfen. Er hat sich dann wieder geweigert und mir gedroht, mich zu schlagen und zu züchtigen. Ich hätte nichts zu sagen, er sei schließlich Major und ich nur Hauptmann ...« (Thomas et al. 1997, S. 120).

Kontakte mit fremdkulturellen Soldaten

Die internationale militärische Zusammenarbeit in Auslandseinsätzen, die häufig als selbstverständlich und reibungslos angesichts der gefährlichen Aufgaben vorausgesetzt wird, ist geprägt von den teilweise sehr unterschiedlichen Armeekulturen und den eng mit diesen verwobenen Nationalkulturen. Unterschiedliche Vorstellungen von Hierarchie, Führungsaufgaben und Führungsselbstverständnis kennzeichnen nicht nur die deutsch-koreanische Kooperation, sondern zum Beispiel auch die deutsch-französische Zusammenarbeit (s. Kap. I, 2.1) oder auch die deutsch-englische Militärkooperation (II, 2.2).

»Bei uns herrscht sowohl im Einsatz als auch in der Friedensverwaltung ein anderer Umgangston untereinander. Für mich ist der Mannschaftsdienstgrad, der Wehrpflichtige ein vollwertiger Mitarbeiter und Kamerad, den ich respektiere mit all seinen Vor- und Nachteilen, während die Dienstgradgruppentrennung in der britischen Armee sehr dominant ist. Sie werden's erleben, dass ein Major nicht mit dem Hauptmann spricht... Es wäre undenkbar, dass im Offiziersheim ein Mannschaftsdienstgrad im Kreis von Offizieren steht und dort seine Dose Bier trinkt« (Thomas et al. 1997, S. 121).

Häufig sind die Unterschiede in der Machtdistanz zwischen Dienstgraden eng verbunden mit unterschiedlichen Befehlsstrukturen innerhalb der Armee. Eine wichtige Dimension ist in diesem Zusammenhang die Unterscheidung zwischen Befehlstaktik und Auftragstaktik. Die Begriffe beschreiben, wie viel Handlungsspielraum einem Soldaten bei der Erfüllung seines Auftrags bleibt. In Armeen, die nach dem Prinzip der Auftragstaktik operieren, wird zwar ein klares Ziel vorgegeben, der Weg zu diesem Ziel bleibt aber in der Verantwortung der betroffenen Einheiten, denen damit automatisch auch mehr Verantwortung zukommt. Dagegen bewegt sich das Handeln von Soldaten in Armeen, die nach dem Prinzip der Befehlstaktik vorgehen, strikt in den Grenzen des ausgegebenen detaillierten Befehls. Der Vorteil einer solchen Vorgehensweise liegt in der Vermeidung von Fehlern und Risiken insbesondere auf den nachgeordneten Diensträngen, ihr Nachteil in einer relativen Unflexibilität, auf neue Anforderungen zu reagieren, wie folgendes Beispiel eines deutschen Soldaten beim Bosnien-Einsatz deutlich macht:

»Ich hatte Antrag auf Unterstützung mit Motorola-Gerät und eigenem Frequenzpool bei der Brigade gestellt. Trotz der Zuständigkeit der Brigade für diesen Antrag hatte man dort Scheu, diesen Auftrag ›anzunehmen‹. Erst als er schriftlich gestellt wurde, wurde dieser Antrag bearbeitet. In der Folge wollte der französische Brigadeoffizier nicht selbstständig entscheiden. Warum ist mir schleierhaft. Denn das Material war vorhanden. Die Verantwortung wurde jedoch nach oben auf die Divisionsebene delegiert. Schließlich musste die Division das dann nochmal alles prüfen und daraus resultierten dann wieder Rückfragen. Insgesamt dauerte dieser Vorgang dann drei Wochen, bis eine endgültige Entscheidung durch die Division gefällt wurde. Eine Nutzung des Geräts für die geplante Operation war so nicht mehr möglich. Diese Mischung aus Bürokratie und Befehlsstrukturen, die kaum Eigenverantwortlichkeit zulassen, hat mich schon sehr genervt.«

Diese (Armee-)Kulturdimension ist wie alle Kulturdimensionen perspektivenabhängig, das heißt während die deutsche Armee im Vergleich zur französischen eher nach Auftragstaktik arbeitet, wirkt sie aus Sicht der niederländischen Verbündeten eher befehlsorientiert (Janssen 1996).

Bei der Planung und Durchführung internationaler Militärkooperationen sollte deswegen ein besonderes Augenmerk auf die zusammenzuführenden Armeekulturen und deren Kulturstandards gelegt werden, um etwaige Missverständnisse und Fehlinterpretationen zu vermeiden und eine produktive Zusammenarbeit zu gewährleisten.

Informelle zivil-militärische Kontakte

Internationale militärische Einsätze werden zur Verhinderung von Bürgerkriegen, wie in Mazedonien, zu deren Beendigung, wie im Kosovo, oder beim Wiederaufbau nach dem Ende eines bewaffneten Konflikts notwendig. Damit die verfeindeten Bevölkerungsgruppen auch in Zukunft koexistieren können, kommen auf die internationalen Soldaten komplexe Aufgaben zu, deren Bewältigung einem Drahtseilakt gleicht. Sie müssen es schaffen, im Konflikt neutrale, aber dennoch vertrauenswürdige Gesprächspartner zu bleiben und für ein friedliches Miteinander zu werben. Dabei dürfen sie nicht vergessen, dass bereits die Anwesenheit einer fremden Armee im eigenen Land für eine Bevölkerung eine Demütigung bedeutet, die diese nur allzu schnell wieder vergessen machen will.

Die Kontakthäufigkeit zur einheimischen Zivilbevölkerung hängt stark von dem Auftrag der betreffenden Einheit ab. Begegnungen ereignen sich meist während Konvoi- und Patrouillenfahrten, bei Kontrollen am Checkpoint, in der medizinischen Versorgung der Zivilbevölkerung, oder beim Wiederaufbau von Häusern und Brücken. Ein bestimmender Faktor für die Initiierung und den Verlauf dieser zumeist kurzfristigen Kontakte ist dabei, ob das Gastland eine eher positive oder negative Einstellung den Soldaten einer jeweiligen Nation gegenüber ausgebildet hat. Ein deutscher Oberstleutnant berichtet aus dem Somalia-Einsatz der Bundeswehr:

»... in der ersten Zeit waren die Somalier ja außerordentlich freundlich, haben uns eigentlich immer nett zugewinkt. Später, als dann das Ende der Mission bekannt wurde bei den Somaliern, sackte dann die Freundlichkeit doch erheblich ab, und es wurden dann teilweise, wenn wir durch das Land fuhren, solche Gesten des Halsabschneidens oder Aufhängens gemacht, teilweise wurde auch mit Steinen geworfen« (Thomas et al. 1997, S. 104).

Die interkulturellen Begegnungen im Einsatz wirken auf die Soldaten zumeist diffus, schwer durchschaubar und damit bedrohlich. Um die Gefährlichkeit einer Situation, zum Beispiel während einer Autokontrolle an einem Checkpoint, angemessen einschätzen zu können, ist es für die Soldaten bedeutsam, die kulturellen Verhaltens- und Handlungsmuster differenziert wahrnehmen und beurteilen zu können, wie das verbale und nonverbale Verhalten der zu kontrollierenden Personen. Einerseits kann eine Überreaktion aufgrund vermeintlich aggressiven Verhaltens leicht zu einer Eskalation führen, andererseits eine Unterschätzung der Situation die eigene Person und die Kameraden in Gefahr bringen.

Formelle zivil-militärische Zusammenarbeit

Auf Soldaten und Soldatinnen mit Führungsfunktionen kommen neben den militärischen Aufgaben auch komplexe Managementaufgaben zu, zum Beispiel die Auswahl und Führung des einheimischen Personals im deutschen Lager, die Verhandlung mit örtlichen Behörden oder Privatpersonen über die Anmietung von Liegenschaften, die Organisation der Pressearbeit sowie repräsentative Pflichten im Rahmen von Einladungen oder Empfängen. Die damit betrauten Soldaten können dabei von dem vor allem in den Bereichen der Wirtschafts- oder Entwicklungszusammenarbeit (s. Kap. II, 5) gewonnenen Erkenntnissen über interkulturelle Verhandlungstechniken (s. Band 1, Kap. II, 2.2), interkulturelles Rechtsverständnis (s. Kap. II, 9), interkulturelles Führungsverhalten (s. Band 1, Kap. II, 2.5) profitieren.

Interkulturelle Vorbereitung für Auslandseinsätze

In der Truppenpsychologie wird der interkulturellen Handlungskompetenz als einer für internationale Verwendungen notwendige Fähigkeit besondere Bedeutung beigemessen (Puzicha et al. 2001).

Die Vorbereitung der Bundeswehr für »out of area«-Einsätze beinhaltet bereits spezifische Themenblöcke, in denen die Soldaten nicht nur mit den historischen und politischen Wurzeln des Konflikts der betreffenden Region vertraut gemacht werden, sondern auch in realitätsnahen Szenarios im Rahmen der UNO-Ausbildung schwierige Konfliktsituationen in Rollenspielen mit einer eigens dafür ausgebildeten »Gastlandbevölkerung« bestehen müssen (Bucher 2001; Folkerts 2001).

Eine umfassende Ausbildung interkultureller Handlungskompetenz für Soldaten besteht aus:

Kulturallgemeine Sensibilisierung

Eine kulturallgemeine Sensibilisierung ist für Soldaten am Beginn ihrer militärischen Laufbahn wichtig, damit sie ein Bewusstsein für die eigenkulturelle Sozialisation entwickeln und nachfolgende kulturspezifische Informationen entsprechend einordnen können. Insbesondere Soldaten, die in Beobachtermissionen in internationalen Teams kooperieren müssen, bedürfen einer intensiven kulturallgemeinen Ausbildung anhand von handlungsfeldspezifischen Kulturdimensionen (Thomas et al. 1998), die sie für verschiedenste (Armee-)Kulturen sensibilisiert. Diese kulturallgemeine Sensibilisierung kann durch multimediale Lernprogramme unterstützt werden, die für die Bundeswehr entwickelt wurden und verfilmte kritische Interaktionssituationen aus bisherigen Auslandseinsätzen enthalten (Kammhuber 2000).

Kulturspezifische Vorbereitung

In einer einsatznahen, kulturspezifischen Maßnahme auf der Basis von zuvor erhobenen und aufbereiteten Kulturstandards sollten die Soldaten auf das jeweilige Einsatzland vorbereitet werden. In ihr sollte ebenso eine intensivere kulturspezifische Vorbereitung auf die binnenmilitärische Kooperation mit der jeweils relevanten befreundeten Armee integriert sein, da hier eine besonders hohe Interaktionshäufigkeit und damit Konfliktmöglichkeit gegeben ist.

Vorort-Coaching

In der Bundeswehr wurden Truppenpsychologen als interkulturelle Coachs ausgebildet, die im Einsatzland die Soldaten informieren und unterstützen können. Interkulturelle Trainings im Vorfeld können niemals auf die Vielzahl der Situationen vollständig vorbereiten, denen die Soldaten im Einsatzland begegnen werden. Eine qualifizierte Betreuung vor Ort, die kulturspezifische Informationen weitergeben, den Eingewöhnungsprozess begleiten und bei der Bewältigung schwieriger Situationen unterstützen kann, ist deswegen dringend erforderlich.

Reintegrationsvorbereitung

Die Verlängerung der Einsatzdauer auf nun sechs Monate vergrößert die Problematik der Reintegration der Soldaten und Soldatinnen in den heimischen (Dienst-)Alltag. Die Soldaten leisten ihren Einsatz in Krisenregionen in einer Nachkriegsphase. Sie sind konfrontiert mit unendlichem Leid, unvorstellbaren Grausamkeiten und zumeist bitterer Armut. Die Heimkehr in das eigene, wohlhabende Land führt bei einigen SoldatInnen zu Wertekonflikten, die von ihrer nächsten Umwelt nur bedingt nachvollzogen werden können. Eine Entfremdung von Familie und Freunden kann die Folge sein. Ebenso ist eine Heimkehr an den bisherigen Arbeitsplatz zumeist verknüpft mit einer Einschränkung der dienstlichen Verantwortlichkeiten und Kompetenzbereiche, die im Einsatzgebiet breiter definiert waren. Auf die mit einer Heimkehr verbundenen Schwierigkeiten werden die Soldaten hingewiesen und in nachfolgenden Reflexionsseminaren haben sie die Möglichkeit, eventuell aufgetretene Probleme zu besprechen und Lösungsstrategien zu entwickeln.

Interkulturelles Wissensmanagement in der Bundeswehr

Für die einsatznahe interkulturelle Vorbereitung von Soldaten für Auslandseinsätze bedarf es geeigneten Trainingsmaterials, das aktuell und für die Soldaten relevant ist. Durch die Institutionalisierung eines interkulturellen Wissensmanagementsystems innerhalb der Bundeswehr kann dies geleistet werden. In einer Studie konnte gezeigt werden, dass es möglich ist, über eine vormals fremde Kulturregion, innerhalb von acht Wochen Vorbereitungszeit, handlungsfeldspezifische und psychologisch relevante Informationen in Form von systematisierten kritischen Interaktionssituationen für die oben angeführten Situationstypen zu erheben und in eine Trainingskonzeption umzusetzen (Kammhuber 2000; Thomas et al. 1998). Zur Erhebung dieser Informationen bedarf es eines in der interkulturellen Thematik qualifizierten Personals, das in der Lage ist, in der Zusammenarbeit mit Experten für die jeweilige Kulturregion das gewonnene Datenmaterial zu bewerten und zu ordnen. Einfacher gestaltet sich dieses Verfahren für längerfristig angelegte Engagements der Bundeswehr in spezifischen Regionen. Es können dort die Erfahrungen der Soldaten in Form von kritischen Interaktionssituationen,

Fremd- und Selbstbildern erhoben werden, die nach einer qualifizierten Aufbereitung in die Vorbereitung des nächsten Kontingents einfließen können. So hat das folgende Kontingent die Möglichkeit, anhand der aktuellen, handlungsfeldspezifischen Problemsituationen des vorangegangenen sich auf seinen Einsatz vorzubereiten, was den Transfer des Gelernten nachhaltig unterstützt.

Literatur

Bucher, E. (2001): Truppenpsychologische Aspekte der Kontingentausbildung am VN-Ausbildungszentrum der Bundeswehr. In: Puzicha, K. J.; Hansen, D.; Weber, W. W. (Hg.), Psychologie für Einsatz und Notfall. Bonn, S. 135–139.

Burghardt, H. (2001): Grundlagen der Personalauswahl: Anforderungsprofile für den Auslandseinsatz. In: Puzicha, K. J.; Hansen, D.; Weber, W. W. (Hg.), Psychologie für Einsatz und Notfall. Bonn, S. 28–40.

Folkerts, H. J. (2001): Die VN-Ausbildung in Hammelburg. In: Puzicha, K. J.; Hansen, D.; Weber, W. W. (Hg.), Psychologie für Einsatz und Notfall. Bonn, S. 128–134.

Janssen, C. J. (1996): Ein bisschen bi schadet nie. Truppenpraxis & Wehrausbildung 8: 558–565.

Kammhuber, S. (2000): Interkulturelles Lernen und Lehren. Wiesbaden.

Puzicha, K. J.; Hansen, D.; Weber, W. W. (Hg.) (2001): Psychologie für Einsatz und Notfall. Bonn.

Thomas, A.; Kammhuber, S.; Layes, G. (1997): Interkulturelle Kompetenz. Handbuch für internationale Einsätze der Bundeswehr. Untersuchungen des Psychologischen Dienstes der Bundeswehr. München.

Thomas, A.; Layes, G.; Kammhuber, S. (1998): Sensibilisierungs- und Orientierungstraining für die kulturallgemeine und kulturspezifische Vorbereitung von Soldaten auf internationale Einsätze der Bundeswehr. Untersuchungen des Psychologischen Dienstes der Bundeswehr. München.

Ute Schönpflug

7. Migration und Integration

Migration und ihre Erscheinungsformen

Unter Migration werden aus Gründen der Begrenzung dieses Beitrages alle Wanderungserscheinungen von Einzelpersonen oder Gruppen unterschiedlicher Ethnien verstanden, die dazu dienen, den Lebensmittelpunkt in einen räumlich-sozial-kulturell unterschiedlichen Kontext zu verlagern. Binnenwanderungen beziehungsweise Landflucht bleiben unberücksichtigt. Migrantengruppen lassen sich unterscheiden nach Freiwilligkeit und Dauerhaftigkeit der Migration: Freiwillige Migranten sind Einwanderer, die dauerhaft ihren Lebensmittelpunkt verlagern, Arbeitsmigranten tun dies ihrer Absicht nach vorübergehend, bleiben dann aber in der Regel im Gastland, vor allem wegen der Ausbildung ihrer Kinder. Sie nehmen selten die Staatsbürgerschaft des Aufnahmelandes an, es sei denn, das Aufnahmeland erlaubt die doppelte Staatsangehörigkeit. Die zweite Generation, besonders wenn sie im Gastland geboren wurde, bürgert sich mit größerer Wahrscheinlichkeit ein. Unfreiwillige Migration von Flüchtlingen in der Regel aus Gründen von Naturkatastrophen oder Kriegen oder von Asylsuchenden aus Gründen der politisch-religiösen Verfolgung unterscheiden sich durch die ihnen eingeräumte Dauer ihres Aufenthalts: Flüchtlinge können langfristig vom Gastland aufgenommen werden, Asylsuchende in der Regel nur so lange, wie die persönlichen Gefahren in ihrem Heimatland bestehen.

Die mit Migration verbundenen Praxisfelder ergeben sich vor allem in der Aufnahmegesellschaft, aber auch innerhalb der Migrationsgruppen. Je-

Tabelle 6: Typen von Wanderungsgruppen

Migranten	Freiwilligkeit des Kontakts	
	freiwillig	*unfreiwillig*
dauerhaft	Immigranten	Flüchtlinge
zeitweilig	Migranten (Arbeit, Ausbildung)	Asylsuchende

de dieser vier Migrantengruppen erfordert ihre eigenen formellen Institutionen und informellen Einrichtungen, die ihren Zugang zum Gastland, ihren Status und ihre Integration im Gastland regeln.

Kulturkontakte und Akkulturation

Die Lebensbewältigung im Gastland, besonders aber Arbeitswelt und Ausbildung der Kinder führen zu Kulturkontakten zwischen den Migrantengruppen und den Bewohnern des Gastlandes. Diese Kulturkontakte gestalten sich je nach Einstellung der Migrantengruppen zur Aufnahmekultur und umgekehrt vielseitig im *Akkulturationsprozess*. Unter Akkulturation versteht man den Prozess der Veränderung von Gruppen oder Individuen durch Kulturkontakte. Akkulturation ist keineswegs ein symmetrischer Prozess.

In der kulturvergleichenden Psychologie wird zwischen der Gruppen- und der individuellen Ebene unterschieden. Psychologische Initiativen, den Akkulturationsprozess zu analysieren und in der Praxis mit zu gestalten, zielen eher auf die psychologischen Veränderungen von Individuen durch die Kulturkontaktsituation ab (*psychologische Akkulturation*; Graves 1967). Bei der Analyse der Akkulturation von Gruppen geht es vor allem um politische, sozioökonomische und kulturelle Veränderungen, bei individueller Akkulturation vor allem um die Veränderung von Personmerkmalen durch die Kulturkontaktsituation, um die Veränderung der persönlichen Ressourcen, mit denen Individuen mit unterschiedlichen Voraussetzungen den Akkulturationsprozess durchlaufen. Persönliche Ressourcen sind Personmerkmale, die bei der Bewältigung von Anforderungen hilfreich und nützlich sind. Bildung und Intelligenz sind gute Beispiele für wertvolle Ressourcen im Akkulturationsprozess. Nicht nur Padilla (1980) stellte fest, dass Akkulturationsgrad und Bildung der Migranten hoch korrelieren. Im Akkulturationsprozess müssen Elemente der eigenen Kultur aufgegeben werden, weil sie zum Beispiel nicht mehr funktional sind. Berry (1992) nennt dies »culture shedding« oder »kulturelles Verlernen«.

In der französischen kulturvergleichenden Psychologie wird der Terminus »Interkulturation« gebraucht (vgl. Camilleri u. Malewska-Peyre 1997). Sie meinen damit solche Prozesse der Interaktion, die von der Zugehörigkeit zu unterschiedlichen Kulturen geprägt sind. Diese Interaktion sind die Mittel zur Konstruktion einer neuen durch Interkulturation gewonnenen Integrationskultur.

Die Reichweite der Akkulturationsformen gibt Abbildung 7 wieder.

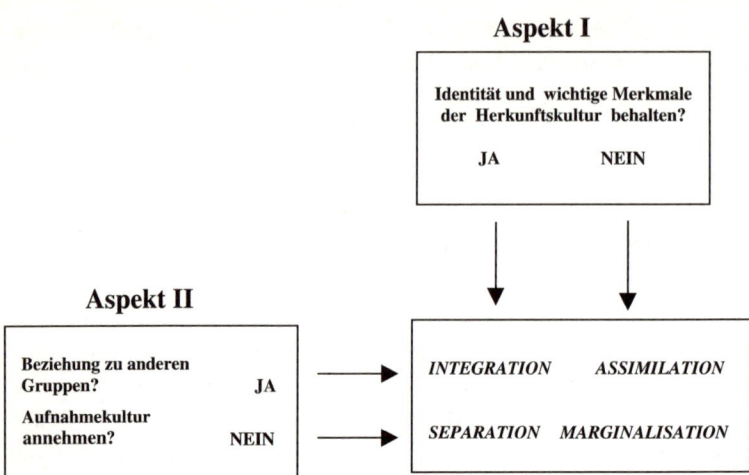

Abbildung 7: Vier Akkulturationsstrategien je nach der Entscheidung in zwei wichtigen Aspekten der Migrantensituation (nach Berry 1980)

Die Offenheit für die Zuordnung zur Aufnahmegesellschaft einerseits und die Loyalität der eigenen Herkunftsgesellschaft gegenüber in der ethnischen Selbstzuordnung andererseits sind zwei zentrale Komponenten des Akkulturationsprozesses. Berry hat aus diesem Ansatz zentrale Akkulturationsstrategien herausgestellt (1980; Berry et al. 1989; vgl. Abb. 7). Zwei im Akkulturationsprozess stets gleichzeitig sich stellende Grundthemen und die dichotom konzeptualisierte Stellungnahme zu ihnen im Sinne einer Bejahung oder Verneinung ergeben vier unterschiedliche Akkulturationsstrategien. Das eine Thema besteht aus der Frage nach der Beibehaltung der kulturellen Herkunftsidentität und das andere aus der Frage der Bejahung oder Verneinung von Kontakten mit der Aufnahmegesellschaft. Bejaht man beide Themen, ist die resultierende Akkulturationsstrategie die *Integration*. Verneint man beide, ergibt sich eine *Marginalisation* des Migranten. Wird kein Kontakt mit der Aufnahmegesellschaft angestrebt und steht die Herkunftsidentität im Vordergrund, lebt ein Migrant die *Separation*; zieht er die Aufnahmegesellschaft seiner Herkunftsidentität vor, dann geht er den Weg der *Assimilation*.

Empirische Untersuchungen zu Bevorzugungen der Akkulturationsstrategien erwiesen die Integrationsstrategie als die meist bevorzugte sowohl von Erwachsenen als auch von Kindern in einer multikulturellen und einer monokulturellen Gesellschaft. Als zweite Wahl wählen selbstbewusste europäische Migranten in Kanada (Ungarn) Separation, aber auch westliche Migranten in Japan bevorzugen diese Strategie wie auch Immigranten aus Entwicklungsländern nach Norwegen (Sam 1995). Nach Schmitz (1994) steht die Wahl der Akkulturationsstrategie im Zusammenhang mit

Persönlichkeitsmerkmalen. Personen mit hohem Anspruchsniveau wählen eher eine Assimilations- als eine Integrationsstrategie.

Integration erlaubt den Migranten eine (bi)kulturelle Identität: Sie beinhaltet die Kontakte zu Mitgliedern des Aufnahmelandes, aber auch die Bejahung der eigenen kulturellen (ethnischen, sozialen) Herkunftsidentität. Bikulturelle Identität als konsequente Variante der Integration erfordert doppelte sozial-kulturelle Selbstdefinition und Orientierung.

Praxisfelder in der Aufnahmegesellschaft

Aufnahmegesellschaften definieren sich als Einwanderungsland oder als eher »geschlossene« Gesellschaften, in denen eine stark begrenzte Zuwanderung möglich ist. Entscheidet sich ein Land für Einwanderung, für temporäre Arbeits- oder Ausbildungsmigration, aber auch aus humanitären Gründen für die Aufnahme von Flüchtlingen und Asylsuchenden, so ergeben sich eine Vielzahl von Aufgaben, die in der Regel institutional gebunden sind. Hierfür ist als gesetzvorschlagende Institution in der Regel in Demokratien das Innenministerium eines Landes zuständig. Gesetzgenehmigende Gewalt haben in der Regel die Parlamente. Zu den Obliegenheiten der staatlichen Institutionen des Aufnahmelandes gehört es,

– die Aufnahmerichtlinien für die vier verschiedenen Migrantengruppen (s. Tab. 6) sowie Nachzugsregelungen (von Familienmitgliedern) festzulegen;

– die Aufenthaltsrichtlinien für die Migrantengruppen zu bestimmen: vor allem Dauer und Sozialversorgung (Arbeitslosigkeit, Erwerbsunfähigkeit, Krankheit) aus staatlicher Versorgung;

– Kriterien für Arbeitsgenehmigungen festzulegen; Arbeitslosen- und Sozialversicherungsumstände, Ausbildungsmaßstäbe zu erarbeiten, Arbeitsbereiche zu bestimmen, die Arbeitskräfte aus dem Ausland aufnehmen müssen, um effizient zu sein, oder aufnehmen können, damit die Sozialversorgung durch die öffentliche Hand entlastet ist;

– Einbürgerungskriterien zu erarbeiten und umzusetzen: notwendige Mindestaufenthaltsdauer bis zur Einbürgerung, maximale Anzahl möglicher Einbürgerungen pro Jahr, Mindestalter, Möglichkeit doppelter Staatsangehörigkeit, Kulturkenntnisse des Aufnahmelandes (Sprache, Landeskunde), Ausbildungsgrad der zukünftigen Staatsangehörigen, aber auch Staatsangehörigkeit gegeben durch Ort der Geburt;

– Rahmenrichtlinien für eine erwünschte Akkulturationsform zu erarbeiten, Diskrimination und Fremdenfeindlichkeit in ihren Erscheinungen und ihren Ursachen zu erfassen, Präventionsmaßnahmen aufzubauen und deren Einhaltung zu kontrollieren;

- Schulungsangebote für verschiedene Beratungsangebote der Migrantengruppen für Mitglieder des Aufnahmelandes und der Migrantengruppen anzubieten;
- Einrichtungen für medizinische Beratung mit fachlich ausgebildeten Ethnopsychologen, -psychiatern und -medizinern zu finanzieren;
- für alle Gruppen – außer den Immigranten – Rückkehranreize und Rückkehrregelungen auszuarbeiten;
- Initiative, Organisation der Ausführung der oben genannten Aufgaben durch das Amt der oder des Ausländerbeauftragten als dauerhafte Vermittlung zwischen Aufnahmegesellschaft und Migrantengruppen zu konzentrieren.

Diese neun institutionalisierten Aufgaben des Aufnahmelandes können nicht nur nach ökonomisch-politischen Vorgaben des Aufnahmelandes gelöst werden. Jedes Aufnahmeland muss die kulturellen Besonderheiten der betroffenen Migrantengruppen berücksichtigen: Migrantengruppen aus Herkunftskulturen, in denen beispielsweise Frauen und Mädchen eine untergeordnete Rolle zukommt, sollten nicht gezwungen werden, Frauen in Repräsentativpositionen zu benennen. Dieser Akkulturationsschritt sollte in einer Integrationsatmosphäre der Kulturkontakte in Übereinstimmung mit der Migrantengruppe eingeleitet werden. Wird hier Assimilationsdruck ausgeübt, ergeben sich unter Umständen anomische Folgen für Migrantenfamilien und für das Zusammenleben der intraethnischen Netzwerke. Ein Beispiel sind die unmündigen Migrantinnen, die ihr Elternhaus unter Leidensdruck gegen den Willen der Eltern verlassen, weil sie bei gelungener Integration in die Kultur des Aufnahmelandes von Akkulturation geprägte (emanzipierte) Wertorientierungen entwickelt haben, die ein Zusammenleben mit einer traditionellen Familie unmöglich erscheinen lassen. Diese Situation war Anlass für die Gründung von Wohnheimen für diese Zielgruppe (vgl. den Bericht zur Situation von ausländischen Mädchen und Frauen von Skakowski 1991).

Zu den neun Aufgabenfeldern des Aufnahmelandes im Einzelnen liegen folgende Erkenntnisse über die Integration nach Aufnahme in das Gastland vor: Die Ethnizität der Migrantengruppen kovariiert in der Regel auf soziodemographischer Ebene mit sozialökonomischem Status (einschließlich Bildungsniveau, Berufsstatus und Einkommen), Familienstruktur (einschließlich Familiengröße und -zusammensetzung), auf der Ebene individueller Orientierungen mit religiösen Überzeugungen, Werthaltungen, Sozialisationszielen und -strategien, Sprachgebrauch und Ausprägung ethnischer Identität, auf der Ebene von Personmerkmalen mit persönlichen

Ressourcen wie Bewältigungskompetenz und soziale Kompetenz sowie Wohlbefinden und Entwicklungspotenzial.

Im Migrationskontext kovariiert Ethnizität auch mit dem Grad der Diskriminierung oder der Akzeptanz der Aufnahmegesellschaft gegenüber der Migrationsgruppe. Die Akzeptanz hängt ab von der gesellschaftlichen Distanz zwischen Aufnahmegesellschaft und Minoritätengruppen, besonders von der ethnischen Dichte der Minoritäten in bestimmten Regionen: Je größer die Minoritätengruppe im Verhältnis zur Majorität und je ghettoähnlicher sie sich ansiedelt, umso geringer ist die Wahrscheinlichkeit der Akzeptanz durch die Majorität (vgl. Coenders u. Scheepers 1998). Akzeptanz hängt aber auch von der sozialen Distanz der Aufnahmegruppe ab: Verschiedene kulturelle Gruppen beachten das Gastrecht, vermeiden aber in Migrantenkontakten Situationen mit geringer sozialer Distanz wie Einheirat in die eigene Familie. Die Aufrechterhaltung sozialer Distanz kann auch von der Migrantengruppe selbst ausgehen, denn Kulturkontakte könnten die eigenen Werte und Orientierungen in Frage stellen (vgl. moslemische Migranten im christlichen Europa; Rebzani 2000).

Der ethnische Identifikationsansatz in der Migrationsforschung setzt an einem zentralen psychologischen Punkt der Akkulturation an: Ethnisch-kulturelle Selbstkategorisierungen bestimmen sehr stark mit ihnen zusammenhängende soziale Orientierungen und soziales Verhalten der Migranten in Kulturkontakten. Damit wird auch die Anpassungsleistung der Migranten im Gastland entscheidend über ethnische Identifikation geregelt. Im Stressbewältigungsansatz der Akkulturationsforschung (vgl. Berry 1980; 1997) wird das Wohlbefinden als Kriterium für eine gelungene Integrationspolitik betont.

Die mit diesem Ansatz verbundene Akkulturationsforschung (Berry et al. 1987; 1989) befasst sich vorwiegend mit der Vorhersage von psychologischer Anpassung an die neuen Lebensumstände nach der Migration. Der Einfluss eines kritischen Lebensereignisses wie die Migration ist in der Regel negativ für das psychische Wohlbefinden und korreliert signifikant mit psychosomatischen Beschwerden (z. B. bei Studenten im Ausland: Ward u. Kennedy 1993; bei Flüchtlingen aus der DDR kurz vor Grenzöffnung: Schönpflug 1994; Schwarzer u. Jerusalem 1994). Individuelle Differenzen in der Wahrnehmung von Stressoren, entweder als Bedrohung oder als Herausforderung, dürften hier eine entscheidende Rolle spielen. Zheng und Berry (1991) untersuchten eine Reihe von Stressoren bei chinesischen Migranten auf Zeit und dauerhaft bleibenden Immigranten chinesischer Herkunft in Kanada und verglichen sie mit nichtchinesischen Kanadiern. Chinesische Migranten sahen Sprache, Kommunikation, Diskrimination, Heimweh und Einsamkeit als problematischer an als chinesische Immigranten oder nichtchinesische Kanadier.

Der Bewältigungsprozess reagiert auf die Bewertung der Erfahrungen während des Akkulturationsprozesses. Bindungslosigkeit führt zu erhöhten psychologischen und psychosomatischen Symptomen (vgl. Chataway u. Berry 1989). Cross (1997) fand heraus, dass Bewältigungsstrategien sich je nach kulturellem Hintergrund unterschieden: In individualistischen Kulturen ist das direkte problemangehende Bewältigen eine effektive und bevorzugte Strategie, während in kollektiven Kulturen eher indirekte Strategien angewendet wurden. Hier liegt nahe, ein Modell der kulturellen Passung von Bewältigungsstil und kulturellem Kontext aufzustellen.

Interkulturelles Lernen beschäftigt sich mit den Fertigkeiten, die ein Migrant erwerben muss, um in der neuen Umwelt zurechtzukommen. Konflikte treten auf, wenn ein Migrant die notwendigen sozialen Fertigkeiten nicht erworben hat. Kommunikationsformen und soziale Regeln, Konventionen und Gebräuche des sozialen Verhaltens variieren beträchtlich über Kulturen hinweg. Deswegen ist die Wahrscheinlichkeit für unerfreuliche und verwirrende Erfahrungen hoch. Für das Verstehen von Personen und sozialen Situationen anderer Kulturen gibt es bereits interkulturelle Trainingsprogramme (vgl. Fowler u. Mumford 1995). Ward, Bochner und Furnham (2001) klären über den Abbau von Kulturschock auf. Über Videotraining werden soziale Fertigkeiten im Umgang mit den Besonderheiten der kontaktierten Kultur erläutert und geübt. Aufklärung ist dabei eine wichtige erste Komponente. Rollenspiele und Beobachtungslernen am Modell sind häufig eingesetzte Trainingstechniken. Es gilt zu berücksichtigen, dass Training zwar Verhaltensänderungen und Erwerb von Fertigkeiten bewirkt, aber wenig Einstellungsänderungen (Randolph et al. 1977).

Im Rahmen von alltäglichen Kulturkontaktsituationen bewirken die sozialen Netzwerke der Migranten ein solches Training auf natürliche Weise. Nach Bochner et al. (1977; Furnham u. Bochner 1982) leben Migranten in drei Netzwerken: im Netzwerk der Herkunftsethnie, in bikulturellen Netzwerken aus Mitgliedern der eigenen und der Aufnahmegesellschaft und in einem multikulturellen Netzwerk. Bochner fand, dass interkulturelles Lernen direkt von der Anzahl der Freunde und Bekannten in der Gastgesellschaft abhängt. Diejenigen, die mit den Mitgliedern der Aufnahmegesellschaft häufig Kontakt haben, weisen geringe Anpassungsprobleme auf.

Informelle Einrichtungen für Migranten von der Seite des Gastlandes sind Freizeitprogramme wie literarische und Theaterveranstaltungen, Feste, Zeitungen, Medienzeit in Radio und Fernsehen gemeinsam mit/für Migranten. Die informellen Kontaktveranstaltungen drücken den Willen der beiden beteiligten Gruppen aus, ein Konzept des Zusammenlebens zu entwickeln. Nach den offiziellen Programmen der politisch Verantwortlichen soll die Integration der Migranten in die Aufnahmegesellschaft das Ziel all dieser Aktivitäten sein. Die informellen Unternehmungen dienen durch Eigenanstrengungen diesen offiziellen Zielen – gewollt oder ungewollt.

Praxisfelder von der Seite der Migrantengruppen

Migrantengruppen unterscheiden sich in ihren Anstrengungen, ihre Interessen und Bedürfnisse im Aufnahmeland durch Institutionen des öffentlichen Rechts vertreten zu lassen. Da Migranten lediglich Aufenthalts- und Arbeitsgenehmigungen, aber keine staatsbürgerlichen Rechte haben, fehlt es ihnen an rechtsgestützten politischen Institutionen. Es gibt aber in Migrantengruppen inoffizielle Eigeninitiativen; diese sind je nach Migrantengruppe unterschiedlich zahlreich und effizient. Migrantengruppen aus den anderen europäischen Ländern sind in der Lage, sich muttersprachliche Kindergärten und Schulen einzurichten, Kirchen zu unterhalten, Clubs (z. B. Sport) und Kultureinrichtungen zu gründen; Migranten aus anderen Entwicklungs- oder Übergangsländern bringen wenig Ressourcen und Unterstützung aus dem Herkunftsland mit. Soweit diese Einrichtungen das Ziel haben, die Herkunftskultur im Gastland zu bewahren, wirken sie der Integration entgegen und leisten Vorschub für die Akkulturationsstrategie der Separation vom Aufnahmeland. Wenn sie ihr Programm definieren als Bemühungen, ihre Kultur den Mitgliedern des Aufnahmelandes nahe zu bringen und diese einzubringen, leisten sie einen Beitrag zu einer Symmetrisierung von Akkulturation und damit zu einem sozialen Gleichgewicht in der Integration.

Praxisfelder und Anwendungsmöglichkeiten der Akkulturationspsychologie für eine erfolgreiche Integration in die Aufnahmegesellschaft auf der Seite der Migrantengruppen sind:

– Kulturgruppen (Theater, Folklore, Vereinigungen und Ausstellungen für bildende Kunst) gründen;
– religiöse Gemeinschaften und -zentren unterhalten;
– Sportclubs einrichten;
– Bildungseinrichtungen (eigene Kindergärten, Schulen bzw. bikulturelle/bilinguale Kindergärten und Schulen) gründen;
– Vertretungen eigener Gruppen in politischen Gremien, Medien und anderen öffentlichen Einrichtungen wie Bildungseinrichtungen des Aufnahmelandes durchsetzen, um eigene Bedürfnisse und Interessen zu artikulieren;
– Beratungsstellen für den Umgang mit Behörden und der rechtlichen Situation im Aufnahmeland anbieten;
– Einrichtungen für Familien- und medizinische Beratung organisieren;
– interkulturelle Lernprogramme anbieten.

Diese acht Aufgaben oder Praxisfelder, die sich aus der Lebensbewältigung von Migrantengruppen im Gastland ergeben, werden in Gemeinden nur

dann mit öffentlichen Mitteln des Gastlandes über Zuwendungen finan-
ziert, wenn sie vom Gastland als nützlich für eine Politik der Integration
angesehen werden. Eine Integrationspolitik des Aufnahmelandes setzt auf
Initiativen in dieser Richtung aus den Kreisen der Migrantengruppen, da
sie auf deren Kooperation angewiesen ist. Das Feststellen der Bedürfnisse
der Migranten kann nicht allein dem Aufnahmeland überlassen werden, es
muss aus den Reihen der Migranten selbst kommen (vgl. Wederspahn
2000). Diese Bemühungen variieren mit der Bedeutung der Migrantengruppe für das Aufnahmeland. Folgende Lebensumstände sind für die Erfüllung der acht Aufgaben zu berücksichtigen:

Immigranten und Migrantengruppen entwickeln eine enge Bindung
und Verpflichtung an ihre Familie, nicht zuletzt deshalb, weil die Familien
für die Zukunft ihrer Kinder die Migration auf sich genommen haben
(Suarez-Orozco 1989). Sie leben oft unter ihrem Lebensstandard, um ihren
Kindern gute Bildungschancen zu ermöglichen.

Die Geburtenrate der Ausländer pflegen sich denen des Gastlandes anzupassen, vor allem, wenn die zweite Generation ihren Nachwuchs plant.
Die Familiengröße der ersten Generation ist zwar zunächst noch vom Her-
kunftsbereich bestimmt, denn einerseits wandern Familien in der Regel
nach und im Aufnahmeland werden noch Kinder, meistens eins (vgl. Morgenroth u. Merkens 1997), geboren, andererseits liegt in der zweiten Generation keine solche Zweiphasigkeit der Familienvergrößerung vor, und es
wird die Kinderzahl an den Kinderzahlnormen des Gastlandes ausgerichtet. Auch hier spielen Sozialstatus und Koorientierung der Ehepartner eine
Rolle. Je höher der Bildungsgrad in der Türkei umso geringer ist die Kinderzahl in der Türkei und im Aufnahmeland.

Kleinkinder wachsen in der Regel in der Herkunftsfamilie auf; sie stellt
eine Entwicklungsnische auch im Aufnahmeland bereit. Lamb et al. (1998)
untersuchten, inwieweit sich grundlegende Muster der Kindererziehung in
der Akkulturationssituation ändern. Dies ist in der Vorschulzeit eher nicht
der Fall, weil das Kind in den Rhythmus der Herkunftsfamilie eingebettet
ist: Schlaf-Wach-Rhythmus, Erziehung durch ältere Geschwister, lange
Stillzeiten, starke Bezogenheit zur Mutter. Mit Beginn der Schulzeit im Aufnahmeland wird diese Einbindung in die weitgehend von der Herkunftskultur bestimmte Entwicklungsnische erweitert um Sitten und Gebräuche
und Rituale sowie Bezugspersonen aus der Aufnahmegesellschaft. Die
Schule wird gewichtiger Lebensbereich für Kinder und Eltern. Mangels
Sprach- und Kulturkenntnisse (auch manchmal der Kulturfertigkeiten Lesen und Schreiben) können Kinder in der Schule selten durch ihre Eltern
unterstützt werden.

Die Bildungschancen der Migrantenkinder sind damit denen der Kinder
der Aufnahmegesellschaft nicht vergleichbar, da sie im Elternhaus nicht die

gleichen Fertigkeiten und Wissensbestände vermittelt bekommen und Unterstützung bei der Bewältigung der Bildungsanforderungen erfahren können. Die Bildungsstatistik für ausländische Jugendliche in Deutschland verglichen mit deutschen Jugendlichen weist eine deutliche Benachteiligung der ausländischen Jugendlichen hinsichtlich Zugang zur höheren Bildung, zur Berufsausbildung und zum Arbeitsmarkt auf (vgl. Hopf 1990). Die Diskrimination ausländischer Jugendlicher in den Bildungsinstitutionen und auf dem Arbeitsmarkt ist wahrscheinlich, wenn auch nicht unvermeidbar (Faist 1994). Andere Autoren vermuten, dass es kulturspezifische Werte und Verhaltensweisen von Migranten sind, auf die der im Vergleich zu deutschen Kindern geringere Schulerfolg von Migrantenkindern zurückgeführt werden kann: In türkischen Familien zum Beispiel steht eine traditionelle Haltung zum Wissen den modernen Lehrprogrammen entgegen. Weiterhin vermittelt und fordert das Bildungssystem der westlichen Aufnahmegesellschaften individualistische Orientierungen, die wiederum der Familienorientierung, insbesonders der türkischen, griechischen und italienischen Migranten, entgegenstehen (Leenen et al. 1990). Darüber hinaus sind Migrantenfamilien in der Regel Unterschichtfamilien, was Bildungsniveau und Einkommen anbelangt. Damit sind der gesamte Sozialisationsprozess, auch Erziehungsstile und Vorbildmöglichkeiten der Eltern wenig bildungsfördernd. Die Bildungsbenachteiligungen der ausländischen Kinder und Jugendlichen sind daher wohl eher ein schicht- als ein kulturspezifisches Problem. Türkischen Eltern in Deutschland hingegen wird eher ein geringeres Interesse an der Ausbildung ihrer Kinder nachgesagt; dies wird aber durch Umfragen nach den gewünschten Bildungsabschlüssen für die Kinder widerlegt (Schönpflug u. Alamdar-Niemann 1993).

Einzelne Migrantengruppen bilden hier eine Ausnahme. Griechische Migrantenkinder erreichen ein höheres Bildungsniveau als andere; unter anderem deshalb, weil diese Gruppe eigene griechischsprachige Oberstufen in Deutschland eingerichtet hat. Auch sind Bildungsunterschiede in den Migrationswellen zu beobachten. Nauck et al. (1998) zeigten durch eine Reanalyse des Sozioökonomischen Panels (SOEP), dass bereits mit drei Jahren erste Bildungsunterschiede zwischen Migranten- und deutschen Kindern zu erkennen sind. Eintritt und Dauer der Grundschulausbildung weisen keine nennenswerten Unterschiede auf. Der Anteil deutscher Kinder in der Hauptschule liegt bei 32 Prozent, für Migrantenkinder aber bei 56 Prozent. Deutsche Kinder sind vermehrt in der Realschule und doppelt so häufig wie Migrantenkinder im Gymnasium zu finden. Geschlechtsspezifische Quoten sind nicht zu beobachten. Migrantenkinder treten früher aus dem allgemein bildenden Schulsystem aus. Den Schritt in die Erwerbstätigkeit machen Migrantenjugendliche früher als deutsche. Aber doppelt so viele Migrantenjugendliche wie deutsche sind nach dem Schulaustritt erst einmal arbeitslos. Die Wahrscheinlichkeit einer Berufsausbildung ist in beiden Gruppen vergleichbar (vgl. Seifert 1992).

Das Einreisealter des Kindes bestimmt nur sehr schwach negativ die Wahrscheinlichkeit, den Abiturabschluss zu erreichen. Es hat aber einen etwas höheren (negativen) Einfluss auf die Deutschkenntnisse der Eltern und das kulturelle Klima im Elternhaus (Medien aller Art usw.). Weiterhin gehen mit höherem Einreisealter eine größere Kinderzahl einher, die sich wiederum negativ auf die Abiturwahrscheinlichkeit jedes Kindes auswirkt. Kuo und Tienda (1995) fanden, dass der niedrigere generationale Status (erste und zweite Generation) der stärkste Prädiktor für Schulerfolg war, stärker noch als die elterliche Bildung und Einkommen.

Neuere Forschungen in den USA lassen erkennen, dass fortschreitende Akkulturation für die Entwicklung von Migrantenkindern nicht vorteilhaft sein muss. So bedeutet Assimilation im Kontext USA, sich den Standards der Mehrheit der weißen amerikanischen Jugendlichen anzugleichen; diese sind aber im Durchschnitt weniger leistungsmotiviert, zeigen mehr problematisches Verhalten als Jugendliche der meisten anderen ethnischen Gruppen in den USA. Sich zu akkulturieren heißt, dieses amerikanische Werte- und Verhaltensnormmuster zu übernehmen. Fuligni (1998) berichtet, dass mit jeder Generation und damit auch mit fortschreitender Angleichung die Bildungsstandards von Migrantengruppen in den USA sinken. Der sinkende Bildungsstandard geht gleichzeitig einher mit der Zunahme an problematischen Verhaltensweisen (Allen u. Mitchell 1998).

Informelle Praxisfelder, die sich aus den Interessen und Bedürfnissen der Migrantengruppen für sich selbst ergeben, bestehen vor allem in der Vermittlung zwischen Heimatland und Aufnahmeland. Rückkehroptionen sind nur zu einem Teil durch ökonomische Anreize vom Aufnahmeland oder vom Herkunftsland zu steuern, vielmehr liegt es vor allem an der Bindung an die Familie im Heimatland oder im Gastland, ob die erste Generation zurückkehrt. Die Bindung an die Familienmitglieder im Herkunftsland (zurückgelassene Kinder und später Kindeskinder) kann beispielsweise durch spezielle Reiseangebote in das Herkunftsland gepflegt werden. Die zweite Generation kann durch Ausbildungsangebote zur Rückkehr mit ihren Eltern bewogen werden. Das Aufnahmeland kann hierfür wenig leisten, außer finanzielle Anreize für die freiwillige Rückkehr zu bieten oder durch Nicht-Verlängerung der Aufenthaltsgenehmigungen die Rückkehr zu erzwingen. Beratungsstellen von Migranten für Migranten sind neben Rückkehrberatungen Familienberatungen, Ausbildungsberatungen, Freizeiteinrichtungen wie ethnische Theater oder Folkloreclubs, Alphabetisierungs- und Berufsberatungsmaßnahmen, in der Regel für Frauen ohne Schulabschluss.

Die Vielfalt der Aufgaben, die sich aus der Kulturkontaktsituation durch Migration ergeben, erfordert Anstrengungen von Seiten der Migranten und der Aufnahmegesellschaft. Nur wenn Kulturkontakte von beiden Seiten gestaltet werden können, kann sich Integration als Akkulturationsform entwickeln. Und nur wenn Integration angestrebt und umgesetzt wird, wird der Akkulturationsprozess für die Migranten optimiert. Psychisches Wohlbefinden und körperliche Gesundheit, Selbstwert und soziale Bindungen, Bildungs- und Arbeitsmarktchancen stehen dann nicht unter Ausgrenzungs- und Diskriminationsdruck und erlauben ein gleichgewichtiges Zusammenleben von Migrantengruppen und Aufnahmegesellschaft. Insgesamt sind von 1975 bis 2000 eine Million Migranten in Deutschland eingebürgert worden (vgl. Santel 2002). Sie sind somit Deutsche geworden. Ein Großteil der Nachkommen der zweiten und dritten Generation kommen bereits als deutsche Staatsbürger auf die Welt nach der veränderten Rechtslage vom 1.1.2000. In Deutschland sind damit die Rahmenrichtlinien für eine Politik der Integration geschaffen. Sie muss jedoch in vielen Bereichen noch konkretisiert werden; so auch die Akzeptanz auf dem Arbeitsmarkt, wo Arbeiter ausländischer Herkunft immer noch eher in den Kategorien »ungelernte und angelernte Arbeiter« übervertreten, in der Kategorie »Angestellte« aber untervertreten sind. Das Kernproblem der Integration von Arbeitsmigranten und Einwanderern in Deutschland ist ihre hohe Arbeitslosenquote. Aufgefangen wird die Gefahr der Marginalisierung in Deutschland durch Einbeziehen in das kollektive Sozialversicherungssystem. Verstärkte Anstrengungen zu ihrer Weiterbildung und beruflichen Qualifikation sind dringend geboten.

Literatur

Allen, L.; Mitchell, C. (1998): Racial and ethnic differences in patterns of problematic and adaptive development. An epidemiological review. In: McLeod, V. C.; Sternberg, L. (Hg.), Studying Minority Adolescents. Conceptual, Methodological and Theoretical Issues Mahwah, NJ, S. 29–54.

Berry, J. W. (1980): Acculturation as varieties of adaptation. In: Padilla, A. (Hg.), Acculturation: Theory, Model and Some New Findings. Boulder, CO, S. 9–25.

Berry, J. W. (1992): Acculturation and adaptation in a new society. International Migration 30: 69–85.

Berry, J. W. (1997): Migration, acculturation and adaptation. Applied Psychology: An International Review 46: 5–34.

Berry, J. W.; Kim, U.; Mindo, T.; Mok, D. (1987): Comparative studies of acculturative stress. International Migration Review 21: 491–511.

Berry, J. W.; Kim, U.; Power, S.; Young, M.; Bujaki, M. (1989): Acculturation attitudes in plural societies. Applied Psychology: An International Review 38: 185–206.

Bochner, S.; McLeod, B.; Lin, A. (1977): Friendship patterns of overseas students: A functional model. International Journal of Psychology 12: 277–297.

Camilleri, C.; Malewska-Peyre, H. (1997): Socialization and identity strategies. In: Berry, J. W.; Segall, M. H.; Kagitcibasi, C. (Hg.), Handbook of Cross-Cultural Psychology. Band 2: Basic Processes and Human Development. Boston, MA, S. 41–68.

Chataway, C. J.; Berry, J. W. (1989): Acculturation experiences, appraisal, coping and adaptation: A comparison of Hong Kong Chinese, French and English students in Canada. Canadian Journal of Behavioral Science 21: 295–301.

Coenders, M.; Scheepers, P. (1998): Support for ethnic discrimination in the Netherlands 1979–1993: Effects of period, cohort and individual characteristics. European Sociological Review 14: 405–422.

Cross, S. (1997): Self-construals, coping, and stress in cross-cultural adaptation. Journal of Cross-Cultural Psychology 26: 673–697.

Faist, T. (1994): Ein- und Ausgliederung von Immigranten: Türken in Deutschland und mexikanische Amerikaner in den USA in den achtziger Jahren. Soziale Welt 44: 275–299.

Fowler, S. M.; Mumford, M. G. (Hg.) (1995): Intercultural Sourcebook: Cross-Cultural Training Methods. Vol. 1. Yarmouth, ME.

Furnham, A.; Bochner, S. (1982): Social difficulty in a foreign culture: An empirical analysis of culture shock. In: Bochner, S. (Hg.), Culture in Contact: Studies in Cross-Cultural Interactions. Oxford, UK, S. 161–198.

Fuligni, A. J. (1998): Adolescents from immigrant families. In: McLeod, V. C.; Steinberg, L. (Hg.), Studying Minority Adolescents. Mahwah, NJ, S. 127–143.

Graves, T. D. (1967): Psychological acculturation in a tri-ethnic community. Southwestern Journal of Anthropology 23: 337–350.

Hopf, D. (1990): Die Schule und die Ausländerkinder. In: Max-Planck-Institut für Bildungsforschung (Hg.), Das Bildungswesen in der Bundesrepublik. Deutschland. Berlin, S. 197–216.

Kuo, W. H.; Tienda, M. (1995): Optimism and achievement: The educational performance of immigrant youth. Social Science Quarterly 76: 1–19.

Lamb, M. E.; Leyendecker, B.; Schölmerich, A.; Fracasso, M. P. (1998): Everyday experiences of infants in Euro-American and Central American immigrant families. In: Lewis, M.; Feiring, C. (Hg.), Families, Risk, and Competence. Mahwah, NJ, S. 113–131.

Leenen, W. R., Grosch, H.; Kreiodt, U. (1990): Bildungsverständnis, Plazierungsverhalten und Generationenkonflikt in türkischen Migrantenfamilien. Ergebnisse qualitativer Interviews mit »Bildungserfolgreichen« Migranten der zweiten Generation. Zeitschrift für Pädagogik 36: 753–771.

Morgenroth, O.; Merkens, H. (1997): Wirksamkeit familialer Umwelten türkischer Migranten in Deutschland. In: Nauck, B.; Schönpflug, U. (Hg.), Familien in verschiedenen Kulturen. Stuttgart, S. 302–323.

Nauck, B.; Diefenbach, H.; Petri, K. (1998): Intergenerationale Transmission von kulturellem Kapital unter Migrantenbedingungen. Zeitschrift für Pädagogik, 44, 701–722.

Padilla, A. (1980): Acculturation: Theory, Model and Some New Findings. Boulder, CO.

Randolph, G.; Landis, D.; Tzeng, O. (1977): The effects of time and practice upon culture assimilator training. International Review of Intercultural Relations 1: 105–119.

Rebzani, M. (2000): Discrimination ethnique à l'embauche des jeunes: une analyse psychosociale. Revue Européenne des Migrations Internationale 16: 29–52.

Sam, D. L. (1995): Acculturation attitudes among young immigrants as a function of perceived parental attitudes to cultural change. Journal of Early Adolescence 15: 238–258.

Santel, B. (2002): Integriert oder randständig? Zur wirtschaftlichen Situation von Einwanderern in Deutschland. IZA, 1, 20–31.

Schmitz, P. C. (1994): Personality and acculturation. Cahiers Internationaux de Psychologie Sociale 24: 33–53.

Schönpflug, U. (1994): Belastung und persönliche Krise. In: Schwarzer, R.; Jerusalem, M. (Hg.), Gesellschaftlicher Umbruch als kritisches Lebensereignis. Weinheim.

Schönpflug, U.; Alamdar-Niemann, M. (1993): Erziehungsklima und Schulbiographie. Unterrichtswissenschaft 21: 126–146.

Schwarzer, R.; Jerusalem, M. (Hg.) (1994): Gesellschaftlicher Umbruch als kritisches Lebensereignis. Weinheim, S. 167–182.

Seifert, W. (1992): Die zweite Ausländergeneration in der Bundesrepublik. Längsschnittbeobachtungen in der Berufseinstiegsphase. Kölner Zeitschrift für Soziologie und Sozialpsychologie 44: 677–696.

Skakowski, U. (1991): Ausländische Mädchen und Frauen. München: Bayrischer Staatsminister für Arbeit, Familie und Sozialordnung.

Suarez-Orozco, M. M. (1989): Central American refugees and US high schools: A psychosocial study of motivation and achievement. Stanford, CA.

Ward, C.; Kennedy, A. (1993): Psychological and socio-cultural adjustment during cross-cultural transitions: A comparison of secondary students at home and abroad. International Journal of Psychology 28: 129–147.

Ward, C.; Bochner, S.; Furnham, A. (2001): Psychology of Cultural Shock. 2. Auflage. London.

Wederspahn, G. M. (2000): Intercultural services. A worldwide buyer's guide and sourcebook. Houston/Texas.

Zheng, X.; Berry, J. W. (1991): Psychological adaptation of Chinese sojourners in Canada. International Journal of Psychology 26: 451–470.

Ramazan Salman/Thomas Hegemann

8. Interkulturelle Dimensionen in psychosozialer und medizinischer Praxis

Die zentrale Herausforderung der psychosozialen und gesundheitlichen Versorgung der Migranten und Migrantinnen liegt in der Verbesserung des Verständnisses für die kulturellen Hintergründe, die aktuellen Lebensbedingungen und die Anforderungen der Migration der zugewanderter Patienten und Klienten.

Die Mehrheit der Migranten müssen zu den sozial benachteiligten Gruppen der Bevölkerung gerechnet werden, die ebenso, wie vergleichbare »einheimische« Populationen, unter überdurchschnittlicher Arbeitslosigkeit, nachteiligen Bildungsvoraussetzungen, Kinderreichtum, finanziellen Krisen und schlechten Wohnverhältnissen leiden. Dazu kommen Verständigungsschwierigkeiten auf unterschiedlichen Ebenen: auf sprachlicher mit dem Umfeld des Aufnahmelandes und auf familiärer durch sich rasch wandelnde Vorstellungen über die Generationen- und Geschlechterrollen. Umso beachtlicher ist, wie gut die große Mehrheit von ihnen die Anforderungen der Integration bewältigt und zur Kreativität und Vielfalt unseres Landes beiträgt!

Der Zugang dieser Menschen zu den bestehenden Angeboten der Sozial- und Gesundheitsdienste ist zwar formal gegeben, wird aber durch strukturelle Barrieren auf ganz unterschiedlichen Ebenen erschwert. Es mangelt an muttersprachlichen Fachpersonen, qualifizierten Dolmetschern, transkulturellen Kompetenzprofilen und den erforderlichen psychosozialen Rahmenbedingungen, welche Medizinern, Therapeuten und Pflegepersonal helfen könnten, den ihnen gestellten Versorgungsauftrag auch für Migranten ausreichend zu erfüllen. Durch Verzicht auf Koordination und einheitliche Standards werden fachliche Qualität sowie Organisations- und Personalplanung ebenso nachteilig beeinflusst wie sachliche Kosten- und Nutzenüberlegungen.

Es scheint eine menschliche Neigung zu sein, beschriebene Lebensfragen und Lebensproblematiken entsprechend eigener erlernten Vorgehensweisen, Routinen und Praktiken zu erfassen und zu konzipieren und nach persönlichen Haltungen zu bewerten. In Fällen, in denen Professionelle und Klienten kulturell, sprachlich, geschlechtlich, sozial oder bildungsmäßig unterschiedliche Hintergründe haben, kann es zu Stellungnahmen sowohl von Seiten der Fachleute wie der Klienten kommen, die vom Gegenüber als nicht passend erlebt werden. Leicht kann so die Kommunikation zusammenbrechen und Verständigung als nicht mehr möglich erscheinen. Sprach- und Kulturgrenzen können diese Barrieren noch weiter erhöhen. Zu Konflikt und Dissens fördernden Themen zählen in gesundheitlichen und psychosozialen Einrichtungen (Salman et al. 1999):

- unterschiedliche Vorstellungen und Bewältigungsstrategien von Krankheit,
- familiäre und soziale Probleme oder Krisen,
- migrationsbedingte Biographien und entsprechende Belastungen,
- der Grad der Akzeptanz von Migranten durch die Mehrheitsbevölkerung,
- unterschiedliche Sichtweisen über Sinn und Zweck spezieller Serviceeinrichtungen und die Aufgaben und Rollen der darin Tätigen,
- Unerfahrenheit mit kulturfremdem Verhalten, Umgangs- und Ausdruckformen,
- abweichende Erwartungen an das Verhalten des Gegenübers.

Professionelle Angebote in den Regeldiensten des Sozial- und Gesundheitswesen stehen folglich vor der Aufgabe, die hier beschriebenen Zugangsbarrieren abzubauen (Salman 2001a). Der Einbezug migrationsspezifischer und soziokultureller Aspekte und die Berücksichtigung von Migranten als spezielle Zielgruppe der Sozial- und Gesundheitsdienste erfordert bei allen Aktivitäten der Prävention, Beratung, Betreuung und Therapie interkulturell gesicherte Angebotsstrukturen im Gesundheitswesen und entsprechende Leitlinien (Machleidt 2002; Domenig 2001).

Auch wenn hoch qualifizierte und soziale gut abgesicherte Migrantinnen und Migranten (Expatriates) ebenfalls als Patienten in unseren Gesundheitsdiensten erscheinen, umfassen diese nur eine sehr kleine Personengruppe, die durch ihrer besseren Ressourcen weit besser ausgerüstet ist, mit kulturellen Unterschieden umgehen zu können. Dieser Beitrag beschränkt sich daher auf die alltäglichen Probleme weniger privilegierter Menschen aus anderen Kulturen.

Soziale und gesundheitliche Belastungen sowie Ressourcen der Migranten

Migrationsprozesse sind bei einem hohen Anteil der Migranten durch vielfältigste Überforderungssituationen gekennzeichnet. Die Vielfalt neuer Aspekte, Verlusterlebnisse, rechtliche Unsicherheit, Diskriminierungserfahrungen, unsichere Zukunftsaussichten oder Sprachprobleme führen zu Stress und zu gesundheitsgefährdenden Belastungen. Das Erleben dieser Erfahrungen über lange Zeiträume vertieft Überforderungssituationen und begünstigt die Chronifizierung von Leiden – wenn die Migration noch von traumatischen Ereignissen begleitet wird, bei denen auch Folter, Misshandlung oder andere Übergriffe eine Rolle spielen, gilt dies in ganz besonderer Weise.

Nach den Ergebnissen der Stressforschung (Lazarus u. Launier 1981; Collatz 1995) wirken sich vor allem plötzlich auftretende, einschneidende Lebensereignisse und Verluste (life-events) sowie chronische Stressoren in Verbindung mit alltäglichen Ereignissen, Ärgernissen oder Bedrängnissen negativ auf die Gesundheit der Menschen aus. Soziale und psychische Ereignisse, die den normalen Lebenslauf unterbrechen und erhöhte Anpassungsleistungen erfordern, ohne dass die bisher bewährten Bewältigungsmethoden zum Einsatz gebracht werden können, zählen zu solchen Stressoren. Als besonders belastend werden Ereignisse erlebt, die unüberschaubar und als unbeeinflussbar wahrgenommen werden und negative Folgen oder Verluste befürchten lassen.

Die Betroffenen erleben einen Orientierungs- und Kontrollverlust. Weder können Sie auf externe vertraute Unterstützungssysteme zugreifen noch auf internalisierte und erlernte Bewältigungsstrategien (Thomas 1996; Tuna 1999). Ohnmachtsgefühle, Identitätskrisen, Entwurzelung, Rollendiffusionen, Generationskonflikte und innerfamiliäre Zerrissenheit sind dann schnell die Folge. Je mehr sich solche Ereignisse anhäufen und je intensiver diese auf die Betroffenen einwirken, desto größer wird die Wahrscheinlichkeit, dass große Belastungen mit den normalen Bewältigungspotenzialen nicht mehr verarbeitet werden können. Als Folge treten emotionale Spannungszustände auf, die sich psychisch und körperlich ausdrücken können. In diesem Zusammenhang wurden in der wissenschaftlichen Literatur bisher Herz-Kreislauf-, Magen-Darm-, Rheuma- und psychiatrische oder psychosomatische Erkrankungen beschrieben (Collatz u. Fischer 1998).

Die von Migranten zu bewältigenden Anpassungsleistungen sind beachtlich. In der Fremde werden viele bisher bestimmende kulturelle und gesellschaftliche Haltungen – je nach Bildung und Herkunftsregion in unterschiedlichem Ausmaß – in Frage gestellt. Dies betrifft, um nur einige zu nennen, Essgewohnheiten, Kleiderordnung, Wohn- und Hygienevorstellungen, Arbeitsgewohnheiten, die Gestaltung sexueller Beziehungen, Trauer- und Bestattungszeremonien, das Feiern von Festen, die Gestaltung von Ruhe- und Urlaubszeiten, den Umgang mit Krankheiten und die Haltung zu Gesundheit, Krankheit und dem Körper ganz allgemein. Viele erleben eine große Spannung, möglichst viel der eigenen Kultur zu wahren und sich dennoch fremden Gegebenheiten zu öffnen und Verhaltensweisen schrittweise zu modifizieren.

Viele Migranten können diese Spannung gut bewältigen und finden kreative neue Lösungen für das eigene Leben und das ihrer Familie. In diesem Anpassungsprozess treten aber auch Gefühle der Ratlosigkeit, Angst oder Scham auf. Die Anpassung an veränderte Kleiderordnungen und Gesundheitsvorstellungen kann zu Schamgefühlen führen; die Veränderung der Geschlechterrollen können Fragen der persönlichen Ehre aufwerfen. Kulturelle und ethnische Herkunft beeinflussen und bestimmen auch gesundheitliche Vorstellungen. Sie beeinflussen das Schmerzempfinden, sie bestimmen, welche Zustände wir als gesund oder als krank bezeichnen, wie wir diese zum Ausdruck bringen, welche Ursachen wir für welche Krankheiten für akzeptabel halten (Littlewood 2001).

Migration ist auf der individuellen Ebene ein im Kern psychisch vermittelter Prozess des sich Anpassens (Sluzki 2001) und auf der gesellschaftlichen Ebene ein Prozess der Veränderung von gesellschaftlichen Machtdifferenzialen (Hettlage-Vargas 1992; Salman 1995). In diesem Prozess wird der psychische Haushalt und die Gesamtheit affektiver Valenzen der Migranten und Migrantinnen ebenso neu strukturiert wie ihr gesellschaftliches und familiäres Beziehungsgefüge. Immer wieder müssen die Veränderungen des persönlichen Beziehungsgefüges in Interaktion mit der eigenen Umwelt in eine neue Balance gebracht werden. Zugleich verändern sich die aus der Herkunftsgesellschaft importierten familiären Machtverhältnisse, meistens zugunsten von Frauen und Jugendlichen. Diese Veränderungen – so sehr sie auch aus der Perspektive westlicher Denkstile erwünscht sein mögen – bedeuten nicht für alle Beteiligten eine angenehme Entwicklung. Beispielsweise können für patriarchalisch sozialisierte Männer beschriebene Veränderungen zu heftigen – nicht selten schmerzhaften – Herausforderungen und zu Anpassungsdruck führen.

Die meisten Migranten werden auch von der für westliche Gesellschaften typischen Veränderung der Familienstrukturen in Richtung einer zunehmenden Individualisierung und Ausdünnung privater familiärer Hilfenetze unvorbereitet getroffen. Schubert (1990) stellte fest, dass insbesondere im Bedarfsfall die Dichte von Hilfeoptionen im Alter drastisch bis auf weniger als die Hälfte sinkt, obwohl im Alter der Bedarf an Hilfen erheblich steigt.

Die Mehrzahl der Migranten stammt aus Kulturen, in denen das Familienleben von verbindlicheren Regelungen der Beziehungsgestaltung geprägt ist als bei den »Einheimischen«. Der Grad der individuellen Freiheiten variiert dabei sehr stark je nach Herkunftsregion, Bildungsstand, Alter der Eltern bei der Migration, Migrationsalter, Geburtsland, verwandtschaftlichen Bindungen und Subgruppen in der Migration. Alle Familien-mitglieder stehen unter Druck, den unterschiedlichen Anpassungsanfor-derungen gerecht werden zu wollen oder zu müssen. Die Umsetzung kann in der Praxis jedoch von mehreren Faktoren behindert werden (Salman 1995). Als wichtigster Faktor kann hierbei der Widerspruch zwischen kul-turellen Normen, Werten, Traditionen und geschlechtlichen sowie gene-rativen Machtverhältnissen angeführt werden. Dies trifft besonders auf jüngere Menschen zu. Als selbstständiges Individuum zu agieren – bei-spielsweise wichtige Entscheidungen im persönlichen Beziehungsleben zu treffen – mag in der Aufnahmegesellschaft die gesellschaftlich bevorzugte Handlungs- und Erziehungsmaxime sein. In der Herkunftsgesellschaft, welche von den Eltern repräsentiert und durchgesetzt wird, könnte ein solches Verhalten eher sanktioniert werden, wie beispielsweise bei türki-schen Familien zu beobachten ist. In bestimmten Zusammenhängen kann ein solches Lebensgefüge sehr harte Konsequenzen verlangen, wenn den Interessen des Familiensystems als Ganzem höhere Priorität eingeräumt wird als denen des einzelnen Individuums.

Da Migranten in weit geringerem Maß als Einheimische auf außerfami-liäre Ressourcen zurückzugreifen können – Unterstützungssysteme der Großfamilie und der Verwandtschaft wurden in der Heimat zurückgelas-sen –, ist die Erwartungshaltung gegenüber den engsten Familienangehö-rigen groß. Wenn die nachwachsende Generation jedoch aufgrund des Wandels von Wertvorstellungen immer mehr die traditionellen Aufgaben verweigert, führt dies nicht nur zu schmerzhaften Konflikten, sondern im-mer häufiger dazu, dass in Krisensituationen außerfamiliäre fachliche Hilfe in Anspruch genommen wird. All dies ist nicht ohne Folgen auf die Inan-spruchnahme von sozialen und gesundheitlichen Diensten.

Kulturspezifische Sichtweisen von Krankheit und Gesundheit

Bei Migranten und ihren Behandlern kommt es nicht selten zu Fehlinter-pretationen von Krankheitsdarstellungen und -bewertungen, die sich aus soziokulturell differierenden Kontexten ergeben. Auf Seiten der »Versor-ger« erschwert eine meist biomedizinisch, somatisch ausgerichtete, einsei-tige Krankheitsbehandlung die Situation. Ein »Einverständnis im Missver-ständnis« ist dann leicht die Konsequenz (Collatz 1995).

Das Zentralinstitut für die Kassenärztliche Versorgung (1989) kam zu dem Ergebnis, dass erhebliche kommunikative Schwierigkeiten die Versorgung der Migranten überproportional negativ beeinflussen. Die Kluft zwischen den Auffassungen deutscher Patienten und ihren Ärzten, bezogen auf Bewertungen zum Krankheitsverständnis und zur Krankheitsschwere, fiel wesentlich geringer aus als die zwischen Migranten und ihren Ärzten. Es wird berichtet, dass offensichtlich deshalb Fehlbehandlungen überrepräsentiert bei Migranten vorliegen und beispielsweise Psychopharmaka oder somatische Behandlungsformen vielfach eingesetzt werden, selbst wenn psychosomatische, präventive, psychotherapeutische oder rehabilitative Leistungen wesentlich hilfreicher hätten sein können. Entsprechend ist auch eine Störung der Arzt-Patient-Interaktion und sind Vorurteile sowohl bei den Behandlern als auch bei Migranten wesentlich häufiger anzutreffen (Leyer 1991; Fernando 1991). Eine Klärung der Frage, ob der Einsatz von Fachleuten aus der gleichen Kultur zu besseren Ergebnissen führen würde, wäre hier sicher interessant.

Erklärungen für die hier beschriebenen Kommunikationsprozesse werden von einer Reihe ethnomedizinischer Autoren diskutiert (Kleinman 1980; Littlewood u. Lipsedge 1997; Krause 1998; Hörbst u. Lenk-Neumann 2002). Krankheitskonzepte sind keine statischen, klar umrissenen Phänomene, sondern befinden sich in einem dynamischen Veränderungsprozess in Abhängigkeit von soziokulturellen und ökonomischen Rahmenbedingungen. Die Vorstellungen des Einzelnen werden kulturell übermittelt – Schmerzauffassungen ebenso wie jedes andere Krankheitsverhalten. Wir lernen also neben einer bestimmten Umgebung sowohl, in welcher akzeptablen Art und Weise Schmerz und Krankheit auszudrücken sind, als auch mit welchen ärztliche Erklärungen und Aktivitäten ihnen zu begegnen ist.

Technisch-biologische Krankheitsverständnisse sind in westlichen Ländern vorherrschend, aber auch religiös-fundierte und magische haben bei uns eine reiche Tradition. In vielen Kulturen werden die Gewichtungen anders gesetzt. In den meisten Kulturen treten sie in sich überschneidender und sich nicht ausschließender Form auf. In religiös-fundierten Vorstellungen werden Erkrankungen auf das direkte oder indirekte Einwirken von übersinnlichen, göttlichen und spirituellen Kräften zurückgeführt. Erkrankungen werden hier als die Folge von Regelübertretungen Einzelner oder ganzer Kollektive gegen Gebote verstanden. Magische Vorstellungen messen bestimmten Menschen besondere Fähigkeiten oder Kräfte zu – im Guten wie im Schlechten. Beiden ist gemein, dass Krankheiten immer in einem Zusammenhang mit sozialen Interaktion betrachtet werden (Hegemann u. Salman 2001).

Da Migranten Anpassungsanforderungen unterliegen, passen sie einerseits ihr Krankheitsverständnis und -verhalten schrittweise ihren neuen Umfeldern an, behalten aber auch ihre mitgebrachten Vorstellungen und

Ausdrucksformen bei und entwickeln so neue individuelle Schwerpunkte (Krause 1998). Untersuchungen zu Krankheitskonzepten in türkischen Familien (Leyer 1991; Röder u. Opalic 1987) bestätigen dies beispielhaft. Traditionelle Heiler, beispielsweise muslimische Hodjas, werden eher in Anspruch genommen, wenn sich mit naturwissenschaftlichen, technischen Behandlungsmethoden keine Erfolge zeigen, wie dies gerade bei lang andauernden und chronischen Krankheiten der Fall ist. Auch sprachlich können traditionelle Erklärungsmuster neben biologisch-medizinischen gebraucht werden. Das »Fallen« einzelner Organe (Leyer 1991), beispielsweise der Leber, wird in einer Reihe von Kulturen als Ausdruck für Verlust und Trauer angesehen oder der Fall des Nabels bedeutet, dass die Person aus dem Gleichgewicht geraten ist.

Dimensionen professioneller interkultureller Arbeit

Interkulturelle Öffnung

Sollen alle gesellschaftlichen Gruppen, einschließlich derer aus anderen Kulturen, effizient und effektiv im Gesundheitswesen integrativ versorgt werden, ist nach Pavkovic (2001) und Hinz-Rommel (1994) die Sicherung von Strukturqualität, Konzeptqualität, Mitarbeiterqualität, Prozessqualität und Ergebnisqualität für transkulturelle Handlungskompetenzen unerlässlich.

- Eine interkulturelle Öffnung ist Voraussetzung für Strukturqualität. Diese setzt die Akzeptanz kultureller Vielfalt der »Kunden« voraus und die schrittweise Schaffung und den Ausbau der Rahmenbedingungen wie die Etablierung von Dolmetscher-Diensten und die Vernetzung und Kooperation mit Migrationsdiensten.
- Die Anerkennung von Menschen aus anderen Kulturen als spezifische Zielgruppe und die konsequente Erforschung ihrer Bedürfnisse begründen die Konzeptqualität transkultureller Handlungskompetenz.
- Um die Mitarbeiterqualität zu sichern, ist der Ausbau multiethnischer und multilingualer Arbeitsteams erforderlich und die spezifische Fort- und Weiterbildung aller Fachkräfte.
- Zur Prozessqualität ist eine kontinuierliche interkulturelle Reflexion darüber erforderlich, ob die Routinen der Institution die erhofften Resultate erbringen können.
- Zur Sicherung der Ergebnisqualität sind die Überprüfung der Wirksamkeit erbrachter Leistungen, der professionellen Nachsorge und der Einbindung in Selbsthilfegruppen notwendig.

Aufbau interkultureller Kompetenz

Grundlage interkultureller Kompetenz ist die Fähigkeit, über kulturelle Grenzen hinweg kommunizieren zu können. Sie erfordert Aufmerksamkeit für die sozialen Dimensionen des Lebens und psychischen Leidens. Über Fachkompetenz der eigenen Branche hinaus erfordert dies im Speziellen:

– Die Bereitschaft von Professionellen, über die eigene Person und Position zu reflektieren und sich darüber klar zu werden, dass Selbstbeschreibungen nicht losgelöst von kulturellen Umfeldern sind. Weiterhin gehört dazu, sich darüber klar zu werden, wie man über Normalität oder Gesundheit denkt und über Abweichungen davon.

– Eine zweite Voraussetzung ist die Bereitschaft der Mitarbeiter und Mitarbeiterinnen psychosozialer und gesundheitlicher Einrichtungen, ihr Wissen über Werte und Ansichten der Kulturen, mit denen sie am häufigsten zu tun haben, zu erweitern. Grundkenntnisse darüber, was es für die individuelle und familiäre Entwicklung bedeutet, beispielsweise in einer islamischen oder einer kommunistischen Gesellschaft aufgewachsen zu sein, sollten jedem in diesem Bereich Tätigen geläufig sein. Es gibt ganz unterschiedliche Möglichkeiten, sich mehr Wissen über Kulturen zuzulegen: Aufsuchen, Reisen, Lesen, Fort- und Weiterbildung.

– Die wichtigste Voraussetzung ist es, über dieses Wissen zu reflektieren, um nicht stereotypen Vorstellungen zu erliegen. Islamisch/kommunistisch/türkisch kann für Einzelne etwas ganz Unterschiedliches bedeuten. Migranten beispielsweise waren häufig schon in ihrem Herkunftsland in einer Minderheitensituation und wollen nicht mit generalisierten Vorstellungen über dieses Land und seine Kultur gesehen werden. Wie oben ausgeführt übernehmen Professionelle wie Klienten nicht nur die überlieferten Sichtweisen, Werte, Ansichten und Haltungen ihrer Herkunftskultur. Sie können auch wählen, wie sie diese Möglichkeiten modifizieren und sie auch in konkreten sozialen und wirtschaftlichen Kontext in Abhängigkeit von eigenen Stärken und Schwächen auf ganz individuelle Weise weiterentwickeln wollen.

– Für Migranten erfolgt diese Weiterentwicklung üblicherweise anders als bei Menschen, die in ihrer Herkunftskultur verbleiben. Ähnliches gilt für Gesellschaften, die rapide Transformationsprozesse durchlaufen, wie dies beispielsweise in Ländern des ehemaligen Ostblocks und in praktisch allen Großstädten der »Dritten Welt« der Fall ist. Gerade Jugendliche sind Vorreiter einer solchen Weiterentwicklung, die mit ganz charakteristischen Krisen einhergeht. Die Vermittlung einer guten Verbindung zwischen den kulturellen Werten der Vergangenheit der Klienten und deren sozialen Gegenwart ist eine besondere Aufgabe interkultureller Beratung und Therapie.

Arbeit mit Dolmetschern

Eine effiziente Verständigung kann nur erreicht werden, wenn die Äußerungen der Gesprächspartner so verstanden werden, wie sie jeweils gemeint sind. Am leichtesten gelingt dies, wenn die gleiche Sprache gesprochen wird. Bei den zahlreichen unterschiedlichen Sprachen der Klienten und einem deutlichen Unterangebot sprachkompetenter Fachleute wird man auf Dolmetscher zurückgreifen müssen, falls der Patient keine oder unzureichende Sprachkenntnisse hat, um das Gespräch in der Beratung oder in der Therapie auf einem für beide Seiten akzeptablen Niveau führen zu können. Aus einer oft hilflosen Sprachlosigkeit entsteht so ein wechselseitiger Dialog mit dem Patienten, der neue Perspektiven eröffnet (Salman 2001b).

Um diesen Effekt zu erzielen, sind fachliche Standards für das Dolmetschen in psychosozialen und gesundheitlichen Einrichtungen einzuhalten: Die genuine Aufgabe von Dolmetschern ist es, Sprachrohr der Beteiligten zu sein und nicht eigene Gespräche oder Kontakte mit Patienten zu führen. Dolmetscher werden in der Regel lediglich auf sprachliche und nicht auf therapeutische oder Kompetenzen der Sozialarbeit zurückgreifen können. Letztere obliegen behandelnden oder betreuenden Fachpersonen; Übersetzung dagegen ist eine Sekundärkompetenz. Ein Dolmetscher kann daher nicht zugleich übersetzen, als Sozialarbeiter oder Pfleger tätig sein und selbstständig innerhalb von Beratungs- und Therapieprozessen agieren. Dolmetscher und Patienten werden durch dieses Delegationsprinzip überfordert.

Um ein fachlich angemessenes Dolmetschen garantieren zu können, sollte mit dem Dolmetscher ein Vorgespräch geführt werden, in dem die bisherigen Erfahrungen mit dem Klienten dargestellt werden und das Ziel des Gesprächs vorgestellt wird. Dies ermöglicht, sich auf zu erwartende Schwierigkeiten vorbereiten zu können. Von gleicher Bedeutung ist das Nachgespräch, in dem sich Fachkräfte nach der Verabschiedung des Klienten kulturell fremde Themen und Verhaltensweisen vom Dolmetscher erklären lassen können.

Vieles spricht dafür, in diese Arbeit geschulte Dolmetscher einzubeziehen. Zunehmend werden spezialisierte Dolmetscherdienste für diesen Bereich aufgebaut, die fachliche kompetente Personen für den Einsatz in sozialen und gesundheitlichen Einrichtungen schulen und vermitteln (Heise et al. 2000; Hegemann 2002).

Die große Mehrheit der Dolmetscher haben als Migranten, entsprechend den von Sluzki (2001) beschriebenen Migrationphasen, eigene Erfahrungen mit innerfamiliären Zerreißproben, Identitätskrisen, Geschlechterrollenproblemen und Rollendiffusionen gemacht. Auch haben sie, ähnlich wie die Patienten, eventuell schmerzhafte Diskriminierungserfahrungen zu verarbeiten. Deshalb bewährt es sich, bei der Auswahl von

Dolmetschern auf Personen zuzugehen, für die kulturelle Vielfalt zu einer lebensgeschichtlichen Selbstverständlichkeit gehört. Dies erleichtert es, sich abzugrenzen, eigene Übertragungen zu vermeiden und eine Haltung der Neutralität aufrechtzuhalten.

Neutralität gehört neben der Fachlichkeit zu den wichtigsten Fähigkeiten von Dolmetschern. Sie umfasst, wörtlich sowie inhaltlich genau, kommentarlos und unparteiisch zu übersetzen und sich an die Schweigepflicht zu halten. Sie stellt eine besondere psychische und ethnische Herausforderung dar, denn es ist nicht immer leicht, sich nicht mit Patienten zu solidarisieren und so in die Rolle eines Koalitionspartners oder eines Ko-Therapeuten zu geraten. Der Einsatz von Verwandten und Freunden des Klienten ist gerade aus Gründen der Neutralität als problematisch anzusehen.

Der Einsatz möglichst gleichgeschlechtlicher Dolmetscher und nicht zu große Altersunterschiede haben sich bewährt. Auch Kontinuität in den Gesprächsbeziehungen durch den Einsatz von Dolmetschern, mit denen bereits positive Erfahrungen erzielt wurden, ist sinnvoller als ständig wechselnde Dolmetscher innerhalb einer Beratung oder Therapie.

Dolmetscherdienste, wie sie oben beispielhaft erwähnt wurden, achten darauf, ob Dolmetscher für bestimmte Fachgebiete und auch persönlich geeignet sind. Vertrauen und Respekt wachsen eher durch kontinuierliche Zusammenarbeit, in der beide Seiten gemeinsam Erfahrungen sammeln und dazu lernen können (vgl. Salman 2001a).

Interkulturelle Teamarbeit

Generell orientiert sich interkulturelles Arbeiten im Gesundheitswesen in Prävention, Beratung und Therapie an der Lebenswirklichkeit der Migranten und Migrantinnen. Sie motiviert, beteiligt und vernetzt Vereine, Organisationen und Key-Personen der Migranten im Rahmen präventiver, ambulanter und stationärer Maßnahmen. Integrative Gesundheitssicherung und -förderung basiert auf emanzipatorischen Grundlagen (Schneller et al. 2001). Deshalb ist es notwendig, die Personalpolitik der Einrichtungen, insbesondere die Einstellungspraxis in Richtung einer erhöhten Beschäftigung von Migranten, in den Fachdiensten weiterzuentwickeln.

Interkulturelle Teams bieten in besonderer Weise die Chance, bedarfsorientierte Angebote für spezielle Zielgruppen unter den Migranten zu erarbeiten und transkulturelle Kompetenzen durch Reflexion zu stärken und weiterzuentwickeln (Pavkovic 2001). Interkulturelle Teams in psychosozialen und medizinischen Fachdiensten sind bisher eher die Ausnahme, obwohl in Einrichtungen mit muttersprachlichem Angebot der Anteil der diese aufsuchenden Migranten stark angestiegen ist. Dabei sind Migranten sicherlich nicht automatisch die besseren Fachkräfte. Ihre Landsleute fassen jedoch eher zu ihnen Vertrauen, fühlen sich verstanden und aufgehoben. Die Kluft zwischen Behandelnden und Behandelten wird nicht noch durch eine zweite – die der fehlenden Identifikation und Verständigung – vergrößert. Mit zunehmender Behandlung von Fachkräften mit Migrationshintergrund werden Migranten damit belohnt, dass ihre Selbstwahrnehmung und die Fremdwahrnehmung von ihrem Leiden sich decken und somit Kommunikation und Therapie möglich werden. An dieser Stelle soll jedoch einem möglichen Missverständnis, dass Migranten nur Migranten und deutsche Fachkräfte nur Deutsche behandeln sollten, vorgebeugt werden. Es geht langfristig um die Zusammenführung zweier Erfahrungsbereiche in ein transkulturelles Ganzes und nicht um die Spaltung in monokulturelle Lager.

Gerade die lang andauernde Zusammenarbeit in interkulturellen Teams macht auch Nicht-Migranten durch die gesammelten Erfahrungen und den Austausch mit Kolleginnen und Kollegen mit Migrationshintergrund zu interkulturell kompetenteren Fachkräften.

Beraterische und therapeutische Haltung

Im Kontakt mit Menschen aus anderen Kulturen hat sich die Haltung der anteilnehmenden und wohlwollenden Neugier bewährt (Cecchin 1988). Fremd erscheinende Meinungen und Verhaltensweisen sollten die Neugier wecken, herauszufinden, welche Gründe es aus einer Kultur heraus für ein spezielles, einem selbst ungewöhnlich erscheinendes Verhalten geben mag. Berater haben, wie alle Menschen, eigene Meinungen zu den verschiedenen Fragen des Lebens. Sie müssen daher nicht allem, dem sie begegnen zustimmen. Die konsequente Beachtung der Relativität von Werten und die Haltung der Neutralität ist jedoch eine Grundvoraussetzung, ohne die transkulturelle Kommunikation nicht gelingen kann.

An diesem Konzept orientierte Praktiker fördern die Vielschichtigkeit unterschiedlicher Selbstbeschreibungen, legen sich aber auf keine fest. Sie ermutigen die Klienten, die verschiedenen Ebenen des Lebens und der eigenen Person zu erforschen. Sie wertschätzen, dass in konkreten soziokulturellen Situationen eine Haltung oder eine bestimmte Vorgehensweise praktischer oder leichter handhabbar sein kann, wissen aber auch, dass es genauso gut eine andere sein kann. Sie ermutigen Klienten dazu, zuerst einmal mit veränderten Gedanken und Sprachstilen zu experimentieren, die später Möglichkeiten zu Verhaltsänderungen eröffnen.

Diese Haltung durchzieht den gesamten Behandlungs- oder Beratungsprozess. Es kann dennoch dazu kommen, dass Haltungen und Sichtweisen der Patienten derart konfrontieren, dass auf Seiten der Professionellen Befangenheit oder Betroffenheit entstehen können. Berater sollten daher ihre persönlichen Grenzen immer besser kennen lernen und bemerken, wann sie die wohlwollende Neugier verlieren.

Es ist wichtig anzuerkennen, dass diese Grenzen in der transkulturellen Kommunikation immer auftreten können. Viel nützlicher, als zu versuchen sie zu vermeiden, ist es, sie frühzeitig zu erkennen. Es empfiehlt sich, eigene Methoden zu entwickeln, um zu einer Haltung der anteilnehmenden Neugier (zurück-)finden zu können (Cecchin 1988). Die Thematisierung kulturell unterschiedlicher Haltungen hat sich bewährt, da sie den Klienten in den meisten Fällen ja bekannt sind.

In solchen Fällen von Beratern und Therapeuten selbst wahrgenommene kulturelle Unterschiede und Übersetzungsschwierigkeiten anzusprechen, eröffnet die Möglichkeit, sich als aufmerksam für dieses Thema einzuführen. Es obliegt dann den Klienten, darüber zu befinden, welche Relevanz sie diesen zumessen. Auch für transkulturell Interessierte und Aufmerksame ist es unmöglich, alle Kulturen und ihre reichhaltigen Facetten zu kennen. Die Haltung der anteilnehmenden Neugier lädt Menschen, die Erfahrung mit Rassismus und anderen Formen von Diskriminierung gemacht haben oder die aus anderen Gründen Vertrauensvorbehalte haben, dazu ein, sich mehr über Wertsysteme, Traditionen und Emotionen auszutauschen und zu reflektieren.

Auftragsklärung

Am Anfang eines klientenorientierten Services steht die Klärung der Anliegen und deren Abstimmung mit den eigenen Ressourcen und Möglichkeiten. In transkulturellen Kontakten ist dies von besonderer Wichtigkeit, da Selbstverständlichkeiten noch weniger zu erwarten sind als bei Menschen aus vertrauten Kulturen. »Wer will was von wem?« ist die zentrale Frage. Die Befolgung dieser Grundsätze bewährt sich bereits bei der ersten Kontaktaufnahme. Keller (1996) plädiert dafür, aus der oben beschriebenen Haltung der anteilnehmenden Neugier heraus erst einmal zu klären, mit welcher Erwartung sich ein Klient einer psychosozialen Einrichtung annähert. Er empfiehlt zu prüfen, ob man es mit Zwangspatienten zu tun hat, die nachfühlbare Vertrauensvorbehalte haben, oder ob mit Versorgung oder Ruhe Suchenden, mit Neugierigen, die sich umschauen möchten, mit Menschen, die einen medizinischen Service oder Informationen suchen, oder mit Therapiekunden in engeren Sinn, die ihr Leben ändern wollen. Dieses Vorgehen erleichtert es, mit angepassten Angeboten die unterschiedlichen Bedürfnisse der Klienten und ihrer Angehörigen anzusprechen. Es erhöht auch die Chance, dass Zwangspatienten zu Neugierigen werden oder Erholung und Versorgung Suchende zu Therapiekunden.

Sehr häufig stimmen die Beschreibungen, die Mitarbeiter oder Träger über ihre Einrichtung haben, nicht mit denen der Klienten überein. Eine sorgfältige Klärung erhöht daher die Chance, dass Optionen erweitert werden können. Unerlässlich für eine erfolgreiche transkulturelle Kommunikation sind zudem eine transparente Darstellung der Sinnzusammenhänge der Routinen, eine Verlässlichkeit der Zusagen (selbst dann, wenn sie enttäuschend sein mögen) und das Bemühen, kulturellen Bedürfnissen im Rahmen der institutionellen Möglichkeiten entgegenzukommen, beispielsweise durch Berücksichtigung religiöser Speisegebote und durch das Angebot von Gebetsmöglichkeiten.

Kontext- und Ressourcenorientierung

In der ethno- und sozialmedizinischen Literatur ist immer wieder auf die Dynamik von Macht- und Einflussunterschieden zwischen Professionellen und Patienten, zwischen unterschiedlichen Berufsgruppen (Ärzte, Pflegende, Sozialarbeiter etc.) und zwischen psychiatrischen Institutionen (z. B. Unikliniken, Landeskrankenhäuser, komplementäre Dienste) hingewiesen worden. Diese Dynamiken nehmen beträchtlichen Einfluss auf die Kommunikation zwischen den Beteiligten. Es liegt daher an den Professionellen, jeweils eine Atmosphäre des Vertrauens zu schaffen, in der die verschiedenen Fragen des sozialen und gesundheitlichen Lebens besprechbar werden. Menschen, die mit Rassismus oder anderen Formen von Diskriminierung Erfahrungen gemacht haben, achten sorgfältig darauf, ob ihr Gegenüber ihnen vertrauenswürdig erscheint.

Es ist hilfreich, sich immer wieder zu vergegenwärtigen, dass Menschen nur dann soziale und gesundheitliche Dienste in Anspruch nehmen, wenn sie die anstehenden Probleme mit eigenen Mitteln nicht mehr lösen können. Das zentrale Thema in beraterischen und therapeutischen Kontexten ist »Versagen und Misserfolg«. Sich selbst erzählte Geschichten, die sich jahrelang, häufig sogar über mehrere Generationen hinweg als hilfreich und unterstützend erwiesen haben, können in einer sich verändernden Umwelt nicht mehr passend sein (siehe Sluzki 2001). Kaum jemand erlebt dies so direkt wie Migranten und Migrantinnen in ihren Familien. Verschiedene Generationen und Geschlechter beteiligen sich dann an unterschiedlichen Diskursen, die vielfach neue Entwicklungen einleiten können, in ungünstigen Fällen aber nicht mehr kompatibel sind. Krankheiten können da eine Möglichkeit des Auswegs sein, andere sind Delinquenz, Sucht, Suizidalität oder andere Formen des Abbruchs von Beziehungen.

Im Umgang mit Menschen, die an einen derartigen Punkt der Niederlage angekommen sind und die sich selbst und anderen überwiegend Geschichten von Ausweglosigkeit erzählen, haben sich lösungsorientierte Vorgehensweisen bewährt. Vertraute Rituale können genutzt werden und es kann zum Experimentieren mit neuen eingeladen werden . Erzählerische Konstruktionen bleiben auf diese Weise im Fluss und offen für die Veränderlichkeit und Dynamik der Zeitumstände und stellen so die emanzipatorischste Form der Unterstützung dar.

Dazu gehören neben der Beachtung der Gegebenheiten der eigenen Einrichtung auch die aktuellen und vergangenen Lebensbedingungen, da kulturelle Determiniertheit von Verhalten nur verstanden wird, wenn man sich mit diesen vertraut macht. Bedenkenswerte Aspekte sind:

- die Einbindung in Netzwerke (Familie, Freunde, Nachbarschaft, Arbeitskollegen, religiöse Gemeinschaften, Vereine, Parteien etc.),
- die aktuellen Lebensbedingungen (Situation: Wohnen, Arbeit, Ausbildung, Sprache, Gesundheitsversorgung etc.),
- Der Migrationsstatus der Betroffenen und ihren Familien (Situation: rechtlich, psychologisch, gesundheitlich, sprachlich, Identität, Anpassung etc.).

Sinnvoll ist es, die Aufmerksamkeit für Zusammenhänge von Leid, Symptomen und sozialen Umfeldern zu schärfen und sozialmedizinische und sozialpsychologische Grundfertigkeiten zu erwerben.

Professionelle achten letztlich auch darauf, dass gute Rahmenbedingungen herrschen, die zur Vertrauensbildung beitragen. Dazu gehört die Beschreibung der Möglichkeiten und Grenzen der Einrichtung, die Einführung des Einsatzes von professionellen Dolmetschern, die Einbeziehung von muttersprachlichen Fachkräften, die konsequente Verfolgung eines lösungs- und ressourcenorientierten Ansatzes und die Einbeziehung der Familie und von kulturellen Gemeinschaften. Denn die Mehrzahl der Menschen aus anderen Kulturen sind dichter in familiäre und andere soziale Bezüge eingebunden. Grundkenntnisse darin, Familiengespräche führen zu können, haben sich daher in dieser Arbeit bewährt (Hegemann et al. 2000). All dies erleichtert es Menschen aus anderen Kulturen, ihre eigenen Ressourcen besser nutzen zu können.

Bestätigung und Ermutigung

Im Lauf von Beratungsprozessen gilt es, Klienten zu ermutigen, mit neuen Erfahrungen in den für sie nicht immer leichten Migrationskontexten zu experimentieren und schrittweise eine größere Sicherheit zu erwerben.

Meistens gelingt das nicht, ohne sich auch als Person zu zeigen. Viele Menschen aus unterschiedlichen Kulturen machen keine so deutliche Unterscheidung zwischen professionellen und privaten Beziehungen, wie das in westlichen Kulturen mittlerweile üblich ist. Es bedarf daher an Fingerspitzengefühl, einen ganz persönlich Stil zwischen freundlicher Zuwendung und angemessener Abgrenzung zu finden. Auch dies lernt man am besten in interkulturellen Teams.

Migranten profitieren davon, von Professionellen Bestätigung zu erfahren und zu hören, dass ihre kulturellen Umgehensweisen mit den Anforderungen das Lebens sinnvoll und für andere bereichernd sein können. Von Zeit zu Zeit gilt es, Bilanz zu ziehen, welche Entwicklungen erreicht werden konnten, welche weiteren Herausforderungen warten und welche als unabänderlich erlebten Dimensionen des Lebens man vorläufig annehmen muss. Möglicherweise ergeben sich zu einem besseren Zeitpunkt neue Chancen; denn Kontexte ändern sich und neue Entwicklungen bieten sich immer. Gerade von Menschen aus anderen Kulturen kann man lernen, dass das Leben prozesshaft verläuft und der Einzelne immer in größere Zusammenhänge eingebunden ist.

Gestaltung von Lernkulturen und konstruktiven Rollen

Alle genannten Dimensionen professioneller interkultureller Arbeit in der psychosozialen und medizinischen Praxis können nur gepflegt und ausgebaut werden, wenn es gelingt, eine Lernkultur zu etablieren, in der die Repräsentanten unterschiedlicher kultureller und professioneller Herkunft voneinander und miteinander lernen.

Bewährt hat sich, wenn Institutionen sich auf Leit- und Menschenbilder einigen, die davon ausgehen, dass Menschen in der Lage sind, ihre Probleme und mögliche Lösungen zu beschreiben, dass sie über Ressourcen verfügen, die besser als bisher genutzt werden könnten, und dass alle Kulturen mehr oder weniger nützliche Lösungsmöglichkeiten für menschliche Probleme, gesundheitliche wie soziale, entwickelt haben. Zugegebenermaßen ein vielleicht vereinfachendes Konzept, welches aber ohne größere Schwierigkeiten in unterschiedliche Kulturen (auch Berufskulturen) übertragbar ist.

Wie in allen anderen gesellschaftlichen Bereichen auch, ist eher eine institutionelle Kultur anzustreben, die in letzter Zeit mit dem Schlagwort der lernenden Organisation (Senge 1999) beschrieben wurde. Es gilt, Feedback-Schleifen einzuführen, die ein Lernen aus der Praxis ermöglichen, und Erfahrungen, die im Umgang mit Patienten gesammelt werden, in der Gestaltung von Rahmenbedingungen umzusetzen.

Auf Leitungen kommen damit ganz neue Verantwortungen zu, Rahmenbedingungen zu fördern, die erfahrungsgestütztes Lernen ermöglichen. Dazu gehören im Besonderen die Förderung persönlicher Kompetenzen, die dem Einzelnen gestatten, sich in komplexen beruflichen und institutionellen Kontexten bewegen zu können.

Kulturelles Lernen geschieht primär, wie alles Lernen, im Austausch mit anderen. Deshalb ist der Aufbau interkultureller Teams so bedeutsam. Auch in direkten Trainingskontexten hat sich das Lernen in interkulturellen Gruppen bewährt, was durch die wissenschaftlichen Konzepte der Lernpädagogik bestätigt wird.

Je mehr alle Mitarbeiterinnen und Mitarbeiter darin gefördert werden, ihre Beobachtungen und Meinungen in eine gemeinsame Suche nach einer schrittweisen Verbesserung des interkulturellen Angebots einzubringen, desto kreativere Lösungen können für die Klienten gefunden werden.

Schlussbetrachtungen

Wie die Entwicklung in Ländern zeigt, die sich früher als Deutschland für eine interkulturelle Öffnung entschieden haben, kommen Entwicklungen in dieser Richtung nicht nur Migranten und Menschen aus fremden Kulturen zugute, sondern allen Klienten, denn die Zunahme kultureller Vielfalt und Unterschiedlichkeit scheint ein unaufhaltsamer Prozess zu sein.

Die zentralen Dimensionen interkultureller psychosozialer und medizinischer Praxis sind die Förderung von interkultureller Kompetenz bei allen Beschäftigten in den sozialen und gesundheitlichen Servicediensten und der Auf- und Ausbau förderlicher Rahmenbedingungen:

- Die viel beschworene Öffnung der Dienste kann nur gewährleistet werden, wenn den hier lebenden Klientinnen und Klienten, die aus anderen Kulturen stammen und in ihrer großen Mehrheit unter eher schlechteren Lebensbedingungen leben, angemessene Angebote gemacht werden, die die bestehenden Zugangsbarrieren senken.
- Interkulturelle Kompetenz und interkulturelles Handeln beinhalten die Fähigkeit, Haltungen gegenüber Menschen anderer kultureller und sozialer Herkunft zu entwickeln, die von Anteilnahme, Neugier und Interesse geprägt sind. Voraussetzung dafür ist eine Selbstreflexion über eigene Haltungen und soziokulturell geprägte Wertvorstellungen sowohl auf einer persönlichen wie institutionellen Ebene.
- Unverzichtbar sind weiterhin Kenntnisse über soziokulturelle und migrationsspezifische Hintergründe von Migranten und den Lebensbedingungen in einer Minoritätensituation.

- Interkulturell versiert Handelnde vermeiden negative Bewertungen von Unterschieden, haben Respekt vor anderen Auffassungen und reflektieren den eigenen kulturellen Hintergrund.
- Zur Entwicklung kultursensibler Servicedienste und Institutionen ist eine Orientierung an interkultureller Kompetenz als Querschnittsaufgabe erforderlich.
- Leitungs- und Planungsebenen tragen hier besondere Verantwortung. Eine diesbezügliche Personalpolitik und die konsequente Beachtung sprachlicher Verständigung mit Hilfe von versierten Dolmetschern sind hier die unmittelbarsten Ziele.
- Die Berücksichtigung von Migranten in Evaluation, Dokumentation und Epidemiologie schafft erst die Voraussetzungen für eine verbesserte Konzeption und Planung und zur Überprüfung der Wirksamkeit erbrachter Leistungen.
- Je besser entsprechende Lern- und Betriebskulturen dazu gepflegt werden, umso größer ist die Chance, dass kreative Lösungen für die anstehenden Probleme gefunden werden können.

Abschließend soll auf die wesentliche Strategie und Methodik beraterischer und therapeutischer Arbeit mit Migranten und Migrantinnen hingewiesen werden:

- Migranten sind Menschen, die sich auf der Reise von der einen zur anderen Kultur und entsprechenden Werten sowie Verhaltensweisen befinden. Sie bringen Sichtweisen, Werte, Religionen, Familiensysteme, Geschlechterrollen, Autoritätsverhältnisse und vieles mehr mit. Sie treffen auf ebensolche, aber auf kulturell, historisch und gesellschaftlich anders beschaffene. Nach der Ankunft müssen beide Richtungen miteinander abgeglichen und nach Möglichkeit ausbalanciert werden.
- Therapeuten und Berater oder auch andere Professionelle können Migranten dabei helfen, psychisch und physisch ein versöhnliches Auskommen mit den herkunftsgesellschaftlichen und den Verhältnissen der Aufnahmegesellschaft zu finden. Es gilt, nicht nur von der einen zu anderen Kultur zu begleiten, sondern dazu beizutragen, dass genügend geeignete und bewährte Sichtweisen und Ressourcen beider Kulturen zu einem neuen bikulturellem Ganzen führen können. Es ist hier, in anderen Worten ausgedrückt, die Rede von dem Aufbau einer neuen polyvalenten Identität. So können alte und neue Wurzeln in neuem Grund greifen und den Betroffenen Sicherheit und Halt geben.
- In therapeutischen und beraterischen Kontexten sollten die Hintergründe und Phasen von Anpassungsprozessen (Sluzki 2001) und der Entstehung von Bikulturalität mit den Betroffenen reflektiert und diese moti-

viert werden, die eigenen Anpassungsverläufe zu beeinflussen und zu gestalten.

– Es hat es sich bewährt, nicht nur zwischen Migranten und Einheimischen Verhandlungs- und Kommunikationsprozesse zur besseren Verständigung zu stimulieren. Auch innerhalb der persönlichen Familien- und Beziehungsnetzwerke der Migranten – so beispielsweise zwischen Eltern und Kindern oder zwischen Partner und Partnerin – sollte über Anpassungsprozesse, kulturelle Vielfalt und den Vorteil von Verhandlung und Kompromiss kommuniziert werden. Denn die Mehrzahl der kulturellen und durch den Anpassungsdruck resultierenden Konflikte in der Migration finden nicht zwischen Migranten und Einheimischen, sondern zwischen Migranten selbst statt. Dies trifft häufig auf die unterschiedlichen Sichtweisen zu Geschlechterrollenverhältnissen oder Autoritätsbalancen zwischen Jugendlichen und Eltern zu. Die konfliktreiche Grundfrage für Migranten scheint zu sein: Wie weit soll die Anpassung an das Neue gehen und wie viel darf vom Alten aufgegeben werden, um die eigene Migration zu einem Erfolg zu führen?

Literatur

Cecchin, G. (1988): Zum gegenwärtigen Stand von Hypothetisieren, Zirkularität und Neutralität: Eine Einladung zur Neugier. Familiendynamik 13: 190–203.

Collatz, J. (1995): Auf dem Weg in das Jahrhundert der Migration. Auswirkungen der Migrationbewegungen auf den Bedarf an psychosozialer und sozialpsychiatrischer Versorgung. In: Koch, E. et al. (Hg.), Psychologie und Pathologie der Migration. Deutsch-türkische Perspektive. Freiburg.

Collatz, J.; Fischer, G. C. (1998): Krankheit, Kranksein und häufige Erkrankungsverläufe. In: Burchard, G. D. (Hg.), Erkrankungen bei Immigranten. Diagnostik, Therapie, Begutachtung. Stuttgart u. a., S. 16–31.

Domenig, D. (Hg.) (2001): Professionelle Transkulturelle Pflege. Handbuch für Lehre und Praxis in Pflege und Geburtshilfe. Bern u. a.

Fernando, S. (1991): Mental Health, Race and Culture. London.

Hegemann, T. (2002): Das Bayrische Zentrum für Transkulturelle Medizin e. V. in München. In: Hegemann, T.; Lenk-Neumann, B. (Hg.), Interkulturelle Beratung – Grundlagen, Anwendungsbereiche und Kontexte in der psychosozialen und gesundheitlichen Versorgung. Berlin.

Hegemann, T.; Salman, R. (Hg.) (2001): Transkulturelle Psychiatrie. Konzepte für die Arbeit mit Menschen aus anderen Kulturen. Bonn.

Hegemann, T.; Asen, E.; Thomson, P. (2000): Familienmedizin für die Praxis – ein Handbuch für Hausärzte. Stuttgart.

Heise, T.; Collatz, J.; Machleidt, W.; Salman, R. (2000): Das Ethno-Medizinische Zentrum Hannover und die Medizinische Hochschule Hannover im Rahmen der transkulturellen Gesundheitsversorgung. In: Heise, T. (Hg.): Transkulturelle Beratung, Psychotherapie und Psychiatrie in Deutschland. Berlin.

Hettlage-Vargas, A. (1992): Bikulturalität – Privileg oder Belastung? In: Kürsat-Ahlers, E. (Hg.), Die multikulturelle Gesellschaft: Der Weg zur Gleichstellung? Frankfurt a. M.

Hinz-Rommel, W. (1994): Interkulturelle Kompetenz. Münster/New York.

Hörbst, V.; Lenk-Neumann, B. (2002): Gesundheit, Krankheit und Behandlung im Spannungsfeld der Kulturen – medizinethnologische Ansätze für Praktiker. In: Hegemann, T.; Lenk-Neumann, B. (Hg.), Interkulturelle Beratung – Grundlagen, Anwendungsbereiche und Kontexte in der psychosozialen und gesundheitlichen Versorgung. Berlin.

Keller, T. (1996): Systemische Handeln Im Alltag des Psychiatrischen Krankenhauses. In: Keller, T.; Greve, N. (Hg.), Systemische Praxis in der Psychiatrie. Bonn.

Kleinman, A. (1980): Patients and Healers in the Context of Culture. Berkeley u. a.

Krause, I. B. (1998): Therapy Across Culture. London.

Lazarus, P. S.; Launier, R. (1981): Streßbezogene Transaktionen zwischen Person und Umwelt. In: Nitsch, J. R. (Hg.), Streß: Theorien, Untersuchungen, Maßnahmen. Bern.

Leyer, E. M. (1991): Migration, Kulturkonflikt und Krankheit. Opladen.

Littlewood, R. (2001): Von Kategorien zu Kontexten – Plädoyer für eine kulturumfassende Psychiatrie. In: Hegemann, T.; Salman, R. (Hg.), Transkulturelle Psychiatrie. Konzepte für die Arbeit mit Menschen aus anderen Kulturen. Bonn.

Littlewood, R.; Lipsedge, M. (1997): Aliens and Alienists: Ethnic Minorities and Psychiatry. London.

Machleidt, W. (2002): Die 12 Sonnenberger Leitlinien zur psychiatrisch-psychotherapeutischen Versorgung von MigrantInnen. Der Nervenarzt 73: 1208–1209.

Pavkovic, G. (2001): Interkulturelle Teamarbeit. In: Hegemann, T.; Salman, R. (Hg.), Transkulturelle Psychiatrie. Konzepte für die Arbeit mit Menschen aus anderen Kulturen. Bonn.

Röder, F.; Opalic, P. (1987): Der Einfluß des Hoca (magischer Heiler) auf türkische psychiatrische Patienten in der Bundesrepublik – eine Auswertung klinischer Fallbeispiele. Psychiatrische Praxis 14: 157–162.

Salman, R. (1995): Hintergründe gelungener Migration. In: Koch, E. et al. (Hg.), Psychologie und Pathologie der Migration. Deutsch-türkische Perspektiven. Freiburg, S. 90–100.

Salman, R. (2001a): Zur Gesundheitsversorgung von Migranten. In: Domenig, D. (Hg.), Professionelle Transkulturelle Pflege. Handbuch für Lehre und Praxis in Pflege und Geburtshilfe. Bern u. a., S. 87–98.

Salman, R. (2001b): Sprach- und Kulturvermittlung. Konzepte und Methoden der Arbeit mit Dolmetschern in therapeutischen Prozessen. In: Hegemann, T.; Salman, R. (Hg.), Transkulturelle Psychiatrie – Konzepte für die Arbeit mit Menschen aus anderen Kulturen. Bonn.

Salman, R.; Tuna, S.; Lessing, A. (Hg.) (1999): Handbuch interkulturelle Suchthilfe. Modelle, Konzepte und Ansätze der Prävention, Beratung und Therapie. Gießen.

Schneller, T.; Salman, R.; Goepel, C. (Hg.) (2001): Handbuch Oralprophylaxe und Mundgesundheit bei Migranten – Stand, Praxiskonzepte und interkulturelle Perspektiven in Deutschland und Europa. Bonn.

Schubert, H. J. (1990): Private Hilfenetze. Solidaritätspotentiale von Verwandtschaft, Nachbarschaft und Freundschaft. Ergebnisse einer Netzwerkanalyse. Hannover.

Senge, P. (1999): Die fünfte Disziplin – Kunst und Praxis der lernenden Organisation. Stuttgart.

Sluzki, C. (2001): Psychologische Phasen der Migration und ihrer Auswirkungen. In: Hegemann, T.; Salman, R. (Hg.), Transkulturelle Psychiatrie. Konzepte für die Arbeit mit Menschen aus anderen Kulturen. Bonn.

Thomas, A. (1996): Kulturvergleichende Psychologie. Göttingen.

Tuna, S. (1999): Konzept, Methoden und Strategien migrationsspezifischer Suchtpräventionsarbeit. In: Salman, R. et al. (Hg.), Handbuch interkultureller Suchthilfe. Gießen.

Zentralinstitut für die Kassenärztliche Versorgung in der Bundesrepublik Deutschland (1989): Die EVaS-Studie. Eine Erhebung über die ambulante medizinische Versorgung in der Bundesrepublik Deutschland. Köln.

Gabriele Britz

9. Rechtsverständnis und Rechtspraxis aus interkultureller Perspektive

Das Recht, seine Interpretation und Anwendung im Rechts- und Geschäftsverkehr wie auch seine Fortentwicklung und Anwendung durch Gerichte und Behörden sind kulturell bedingt. Aus einer Innenperspektive wird das nicht immer wahrgenommen. Es kann auch gar nicht ohne weiteres wahrgenommen werden. Wer kein anderes Rechtssystem außer dem eigenen kennt, kann das Ausmaß kultureller Bedingtheit dieses eigenen Rechts allenfalls erahnen. Regelmäßig hält er die vertrauten Regeln aber für selbstverständlich und für »normal«. Das ergeht nicht nur Rechtslaien so, sondern erst recht denjenigen, die das Recht von Berufs wegen anwenden. Ihnen erscheint das Recht, das sie anwenden, ebenso wie das, was sie daraus im Wege der Interpretation machen, als eine Sammlung allgemeiner, neutraler Regeln. Erst eine rechtsvergleichende und eine interkulturelle Perspektive lassen die kulturelle Bedingtheit des Rechts sichtbar werden.

Die Einsicht in die kulturelle Bedingtheit des eigenen Rechts erschließt sich nicht bloß in der theoretischen Befassung mit dem Recht, sondern ergibt sich auch in der täglichen Rechtspraxis: Wer sich etwa in Vertragsanbahnung mit japanischen Geschäftspartnern befindet, versteht erst allmählich, dass eine mündliche positive Antwort keineswegs eine rechtsverbindliche Zusage bedeuten muss, dass es vielmehr – kulturell bedingt – ein klares »Nein« oftmals nicht geben wird und darum bei jedem »Ja« die Möglichkeit mitzudenken ist, es könne »Nein« gemeint sein. Die Gepflogenheiten des Geschäfts und Rechtsverkehrs scheinen trotz globalisierter Wirtschaft noch kulturell bedingt zu sein. Auch der internationale wirtschaftliche Rechtsverkehr ist darum nach wie vor interkulturell, auch wenn sich kulturell bedingte Unterschiede im Geschäftsgebaren mit der Zeit mehr und mehr einebnen dürften. Die kulturelle Bedingtheit der eigenen Usancen zeigt sich aber eben erst im interkulturellen Geschäfts- und Rechtskontakt. In diesem Kapitel geht es vor allem um die interkulturelle Rechtsperspektive, die durch die Begegnung von Immigranten mit dem deutschen Recht eröffnet wird. Insbesondere interkulturelle Rechtsstreitigkeiten unter Beteiligung von Zuwanderern erschließen allen Beteiligten – auch den professionellen Rechtsanwendern – eine interkulturelle Perspektive auf ihr Recht, weil hier das eigene Recht mit den kulturell bedingten Rechtsauffassungen des anderen konfrontiert wird. Es soll zunächst an einem Beispiel aus der Rechtsprechung die Schwierigkeit illustriert werden, die kulturelle Bedingtheit und damit die Partikularität des eigenen Rechts überhaupt wahrzunehmen. Anschließend wird ein exemplarischer Überblick über praktisch relevante Felder interkultureller Rechtsbeziehungen gegeben und zum Schluss dargelegt, wie Recht und Rechtspraxis auf interkulturelle Herausforderungen reagieren.

Zur Schwierigkeit, die kulturelle Bedingtheit des eigenen Rechts zu erkennen

Die Schwierigkeit, die kulturelle Bedingtheit des eigenen Rechts zu erkennen, lässt sich an einer Entscheidung des Berliner Verwaltungsgerichts illustrieren (VG Berlin, Neue Zeitschrift für Verwaltungsrecht NVwZ 1994, 617 f.; dazu Britz 2000b). Hier hatte ein muslimischer Vater die sozialhilferechtliche Erstattung von Kosten für die vom Türkisch-Islamischen Friedhofs- und Bestattungsverein nach islamischem Ritus durchgeführte Waschung seiner verstorbenen Tochter verlangt. Der Sozialhilfeträger lehnte die Kostenerstattung ab. Das VG entschied, dass die Ablehnung rechtswidrig war. Will man den interkulturellen Aspekt dieses Rechtsstreits genau erfassen, muss man den rechtlichen und tatsächlichen Hintergrund des Falls näher betrachten.

Der Sozialhilfeträger lehnte die Kostenerstattung mit der Begründung ab, Kosten, die im Zusammenhang mit der Religionsausübung stünden, würden generell nicht erstattet. Der Vater berief sich hiergegen auf § 15 Bundessozialhilfegesetz (BSHG). Nach dem Wortlaut von § 15 BSHG werden die erforderlichen Kosten der Bestattung übernommen. Erforderlich in diesem Sinne sind nach der herrschenden Ansicht in Rechtsprechung und Fachliteratur jene Kosten, die bei einem »ortsüblichen angemessenen Begräbnis« anfallen. Dabei bestimmt sich das Maß des Erforderlichen »unter Berücksichtigung der jeweils herrschenden Lebensgewohnheiten«. In der Mehrzahl juristischer Publikationen wird die Auffassung vertreten, dass hierzu nicht der religiös bedingte Bestattungsaufwand gehöre. Wäre dies richtig, hätte der Vater die Weigerung des Sozialhilfeträgers, seine Kosten zu erstatten, tatsächlich hinnehmen müssen. Denn diese Kosten waren durch die Befolgung des islamischen Bestattungsritus bedingt.

Betrachtet man allerdings genauer, was Rechtsprechung, Verwaltung und Fachliteratur im Einzelnen zu den erforderlichen Kosten zählen, kann die Richtigkeit der Feststellung, es würden keine religiös bedingten Bestattungskosten übernommen, bezweifelt werden. Danach scheinen die Sozialhilfeträger für die Kosten einer christlichen Trauerfeier durchaus aufzukommen. In der Berliner Sozialhilfepraxis wurden beispielsweise die Kosten für die Benutzung der Trauerhalle für die Trauerfeier, die Beleuchtung, das Ausschmücken der Trauerhalle, Benutzung der Orgel, für Organisten und Redner übernommen. All dies sind Bestandteile einer christlichen Trauerfeier: Die Trauerhalle ist der Raum, in dem die christliche Trauerfeier stattfindet, auf der Orgel werden christliche Lieder gespielt – für den islamischen Bestattungsritus wären weder Trauerhalle noch Orgel erforderlich, denn die Totenwäsche ersetzt die christliche Trauerfeier. Bei anderen für erstattungsfähig gehaltenen Kosten tritt der christliche Charakter noch deutlicher zutage; etwa bei den Gebühren für ein Grabkreuz. Das Kreuz hat in der islamischen Bestattungszeremonie keine Bedeutung.

Der Befund erscheint demnach eindeutig: Aufgrund der Auslegung, die § 15 BSHG in der Rechtsanwendung erfährt, werden doch auch solche Kosten erstattet, die in Zusammenhang mit der (christlichen) Religionsausübung stehen. So hat es auch das VG Berlin im konkreten Fall gesehen und hat darum aus Gleichheitserwägungen auch den Anspruch des Vaters auf Kostenerstattung bejaht. Wenn Schrifttum und Rechtsprechung im Übrigen hingegen der Ansicht sind, es würden keine Kosten der Religionsausübung übernommen, scheinen sie eben zu irren.

Bei genauerem Hinsehen ist es jedoch kein »glatter Irrtum«, dem die Mehrheit in Rechtsprechung und Literatur hier unterliegt. Das Problem ist vielmehr das Fehlen einer interkulturellen Perspektive auf die Rechtsanwendung. Aus der eigenen kulturell bedingten Perspektive ist die Einschätzung, die Kosten für Benutzung der Trauerhalle und Orgelspiel stünden nicht im Zusammenhang mit Religionsausübung, nämlich durchaus treffend. Tatsächlich fallen in Deutschland auch bei atheistischen Bestattungsfeiern genau jene – eben der christlichen Zeremonie zugeschriebenen – Kosten an: Auch bei atheistischen Beerdigungen wird die Trauerhalle genutzt, bloß dass in diesem Fall eine weltliche Ansprache gehalten und auf der Orgel weltliche Musik gespielt wird. Auch auf den Gräbern von Atheisten werden – jedenfalls vorübergehend – Holzkreuze errichtet. Das Holzkreuz ist schlicht der Stellvertreter des teureren Grabsteins. Die Berliner Verwaltung hat darum mit einigem Recht die Ansicht vertreten, es würden keine Kosten übernommen, die im Zusammenhang mit der Religionsausübung stünden: Stolgebühren werden ohnehin nicht übernommen und übernommene Kosten für einzelne Bestandteile der Beerdigungszeremonie übersteigen nicht, was bei einem säkularen Begräbnis in Deutschland allgemein üblich ist. Richtig ist demnach, dass diese Zeremoniebestandteile nicht zwingend religiösen Charakter haben, sondern unabhängig von religiösen Bindungen der Betroffenen zum Inhalt der in Deutschland allgemein üblichen Bestattungszeremonie geworden sind. Bei der Anwendung des § 15 BSHG scheinen demnach religiöse Aspekte keine Rolle zu spielen. Maßgeblich sind allein die herrschenden Lebensgewohnheiten und Auffassungen über ein angemessenes, ortsübliches Begräbnis. Das ist der aus einer allein intrakulturellen Perspektive richtige Befund.

Erst die interkulturelle Perspektive auf den Konflikt lässt erkennen, wie sehr das Recht und seine herrschende Interpretation hier kulturell bedingt sind. Die »allgemeine« Auffassung über ein ortsübliches angemessenes Begräbnis ist maßgeblich durch christliche Traditionen und damit durch einen ganz bestimmten kulturellen Hintergrund geprägt, die hierin fortwirken. Das »allgemein« übliche Begräbnis mag aus Sicht derer, die einen christlichen kulturellen Hintergrund haben, zwar heute in vielen Fällen nicht mehr religiösen, sondern vielmehr »allgemeinen« Charakter haben; die äußere Form des christlichen Bestattungsbrauchs ist aber eben doch erhalten geblieben. Das bemerkt, wer nach islamischem Ritus bestatten möchte, weil er mit vielen Zeremoniebestandteilen, deren Kosten übernommen werden, nichts anfangen kann (Trauerhalle, Orgelspiel, Grabkreuz). Umgekehrt werden die aus seiner Sicht erforderlichen Zeremonieelemente (Totenwäsche) nicht übernommen. Die nach herrschender Rechtsauffassung »allgemeine« Bestattungszeremonie ist also aus interkultureller Perspektive in höchstem Maß kulturell bedingt. Wahrgenommen wird dies aber erst durch die Konfrontation mit einer anderen, ebenso kulturell bedingten Rechtsauffassung.

In diesem Beispiel ist die kulturelle Bedingtheit des Rechts und seiner Interpretation aus einer interkulturellen Perspektive, die die Sicht eines muslimischen Beteiligten als Vergleichsmaßstab heranziehen konnte, gut sichtbar hervorgetreten. Die kulturelle Bedingtheit der Rechtsansichten hatte hier einen religiösen Hintergrund. Selbstverständlich ist kulturelle Bedingtheit von Recht nicht immer auf eine religiöse Prägung zurückzuführen. Auch sonstige Formen kultureller Prägung sind denkbar. Wenn etwa im Sozialhilferecht der Umfang bestimmter staatlicher Leistungen »unter Berücksichtigung der jeweils herrschenden Lebensgewohnheiten« bestimmt wird, dann fließen hier auch religionsunabhängig bestimmte kulturelle Prägungen in die Rechtsanwendung ein. Religiöse Einflüsse sind allerdings sehr stark und lassen Differenzen zudem besonders deutlich zutage treten. Wie das Beispiel illustrieren haben sollte, ist es gerade die kulturelle Bedingtheit durch Einflüsse religiöser Traditionen, die aus einer intrakulturellen Perspektive leicht verkannt wird, weil die religiöse Herkunft bestimmter Lebensgewohnheiten im Rechtsalltag einer stark säkularisierten Gesellschaft unerkannt bleibt. Das Recht wird hier als allgemein, nicht religiös beeinflusst und damit auch als wenig kulturell begriffen. Erst die interkulturelle Perspektive lässt die eigentliche Prägung des Rechts und seiner Anwendung deutlich werden.

Praktisch relevante Felder interkultureller Rechtsbeziehungen

In der Entscheidungspraxis der Gerichte finden sich zahlreiche interkulturelle Rechtsstreitigkeiten. Jedes Rechtsverhältnis zwischen Personen mit unterschiedlichem kulturellen Hintergrund birgt die Möglichkeit, dass die Beteiligten auf die kulturelle Bedingtheit des für ihr Rechtsverhältnis maßgeblichen Rechts stoßen. In den seltensten Fällen sind die damit verbundenen Konflikte durch internationale Kollisionsnormen oder auch nur durch nationale Kollisionsregeln gelöst. Gerade weil sich eine interkulturelle Perspektive auf das eigene Recht nicht von selbst eröffnet, können denkbare Kollisionen kaum antizipierend vom Gesetzgeber gelöst werden. Vielmehr muss das Recht, muss vor allem die Rechtsanwendung in den und auf die konkreten Konstellationen reagieren. Der folgende Überblick über praktisch relevant gewordene Fälle interkultureller Rechtsbeziehungen kann und soll darum nicht systematisch abstecken, wo Interkulturalität im Recht Bedeutung erlangen könnte. Er dient vielmehr der Illustration des Umfangs, der Vielfalt und auch der Zufälligkeit möglicher Konstellationen interkultureller Rechtsanwendung. Dabei beschränken sich die folgenden Beispiele auf Fälle von durch Einwanderung »importierter« Interkulturalität und die damit erzeugte interkulturelle Perspektive auf das deutsche Recht. Nicht berücksichtigt sind die ebenso denkbaren Konstellationen, in denen im Ausland lebende Deutsche Interkulturalitätserfahrungen mit fremdem Recht machen.

Staatliche Verfahren (Gerichtsverfahren, Verwaltungsverfahren)

Interkulturelle Rechtsbeziehungen entstehen unmittelbar zwischen Staat und Individuum, wenn Immigranten in staatlichen Verfahren (Gerichts- und Verwaltungsverfahren) beteiligt sind. An mehreren Punkten erweist sich hier, dass die Verfahrensgestaltung als solche kulturell bedingt ist. Besonders offensichtlich ist dies bei der gesetzlichen Festlegung der Verfahrenssprache. Verfahrenssprache ist in Gerichts- und Verwaltungsverfahren Deutsch. Für diejenigen, die der deutschen Sprache nicht (hinreichend) mächtig sind, ist die Verfahrenskommunikation darum allein wegen der Sprache interkulturelle Kommunikation, die für sie mit gewissen Verfahrensschwierigkeiten verbunden ist. Allerdings wurden eine Reihe von Regeln geschaffen, die etwaige Sprachschwierigkeiten berücksichtigen (dazu weiter unten). Die Kommunikation erweist sich aber nicht allein wegen der Sprache als interkulturell. Auch im Übrigen sind Verhalten und Verhaltenserwartungen der Verfahrensbeteiligten kulturell bedingt. Um die Chancen und Schutzmechanismen eines Verfahrens nutzen zu können, bedarf es einer gewissen kulturellen Vertrautheit, insbesondere einer Vertrautheit mit den kulturell bedingten Verhaltenserwartungen des Gerichts oder der Behörde. Eine wichtige Rolle kann der kulturelle Kontext auch im Rahmen medizinischer und psychologischer Begutachtung spielen (Pfefferer-Wolf u. Fabricius 1999). Im Strafprozess wird darum die Notwendigkeit eines Pflichtverteidigers bejaht, wenn der Angeklagte einen ganz fremden kulturellen Hintergrund hat (s. etwa LG Braunschweig, Strafverteidiger [StV] 1994, 476; OLG Karlsruhe, Neue Zeitschrift für Strafrecht NStZ 1987, 522; LG Freiburg, StV 1986, 472). Es wird angenommen, dass ein solcher Angeklagter sich allein möglicherweise nicht ordnungsgemäß verteidigen, vor allem nicht die geeigneten Sach- und Prozessanträge stellen kann. Dabei wird das Problem zu Recht nicht allein bei der Sprache gesehen; dafür würde es ja genügen, einen Dolmetscher zur Verfügung zu stellen. Vielmehr wird die kulturelle Unvertrautheit im Ganzen als Problem wahrgenommen.

Ein völlig anderer Aspekt interkultureller Gerichtsverfahren, der etwas von der Zufälligkeit und Unvorhersehbarkeit interkultureller Falldimensionen offenbart, ist in einem vom Bundesverfassungsgericht entschiedenen Fall hervorgetreten (BVerfG, Neue Juristische Wochenschrift NJW 1993, 3316 f.): Hier hatte eine deutsche Frau erfolglos versucht, gem. § 395 II Nr. 1 Strafprozessordnung (StPO) als Nebenklägerin im Prozess wegen der Tötung des Mannes zugelassen zu werden, mit dem sie nach »Sinti-Art« verheiratet war und mit dem sie 26 Jahre zusammengelebt hatte. Ihre Zulassung wurde abgelehnt, weil die nach Sinti-Art geschlossene Ehe mangels Einschaltung eines Standesbeamten nach deutschem Recht nicht wirksam war. Das Bundesverfassungsgericht war der Ansicht, der Schutzbereich des Ehegrundrechts (Art. 6 I GG) sei nicht berührt, weil keine Ehe im Sinne des Grundgesetzes bestand. Hier tritt Interkulturalität also gleich dreifach in Erscheinung: Kulturell bedingt sind das deutsche Eheschließungsrecht, die Interpretation von § 395 II Nr. 1 StPO wie auch das Verständnis der grundrechtlich geschützten Ehe in Art. 6 I GG.

Besondere Gewaltverhältnisse

Eine interkulturelle Dimension im unmittelbaren Verhältnis zwischen Staat und Individuum kann sich des Weiteren in den so genannten besonderen Gewaltverhältnissen ergeben (Schule, Bundeswehr, Strafvollzug). Hier besteht schon quantitativ eine enge Beziehung zwischen Staat und Individuum, die auch qualitativ durch ein teilweise besonderes Pflichtenverhältnis gekennzeichnet ist. Der Staat hat hier größeren unmittelbaren Einfluss auf die individuelle Lebensgestaltung des Einzelnen als im sonstigen

Bürger-Staat-Verhältnis. Ein beachtlicher Teil des Tagesablaufs von Strafgefangenen, Schülern und Soldaten ist staatlich reglementiert. Der Staat entscheidet, mit welchen Fächern sich ein Schüler zu befassen hat, und bestimmt neben den Eltern die Erziehungsziele. Für Soldaten und Strafgefangene ist beispielsweise auch der Speiseplan staatlich festgelegt. In dieser Steuerung der Lebensgestaltung kann sich wiederum kulturelle Bedingtheit von Staat und Recht manifestieren. Gerechnet wird hier erst einmal mit dem kulturellen »Normalbürger«. Wenn dieses Bild des kulturellen Normalbürgers mit anderen Anforderungen und Erwartungen an die Lebensgestaltung konfrontiert wird, zeigt sich dessen kulturelle Bedingtheit. Praktisch relevant wird dies immer wieder, wenn Moslems betroffen sind: Muslimische Schülerinnen sollen aus Sicht der Eltern nicht am koedukativen Sport- und Sexualkundeunterricht teilnehmen. Muslimische Schülerinnen und Schüler sollen nicht zu Klassenfahrten mitfahren. Soldaten und Strafgefangene benötigen aus religiösen Gründen vom Speiseplan abweichende Kost. Probleme wirft auch die Einhaltung religiöser Feiertage und Gebetsverpflichtungen auf. Auf einige dieser Aspekte von Interkulturalität stellen sich die Behörden zunehmend ein (siehe etwa zur Befolgung islamischer Speisevorschriften im Strafvollzug OLG Koblenz, Entscheidungen in Kirchensachen 31, 519 ff.). Bei anderen, insbesondere bei den Schulfragen, geschieht dies aus nahe liegenden grundsätzlichen Erwägungen nur zögerlich (zur sehr umstrittenen Befreiung muslimischer Mädchen vom Sportunterricht BVerwG, NVwZ 1994, 578 ff.; OVG Münster, NVwZ 1992, 77 ff.; OVG Lüneburg, NVwZ 1992, 79 ff.).

Materielles Verwaltungsrecht

Kulturelle Bedingtheit und interkulturelle Herausforderungen erweisen sich darüber hinaus bei der Anwendung des materiellen Verwaltungsrechts. Interkulturalität spielt in den unterschiedlichsten Fallgestaltungen eine Rolle. Gezeigt wurde dies bereits für die Interpretation bestimmter Regelungen im Sozialhilferecht. Einige andere Beispiele sollen die Vielfalt materiellrechtlicher Fragen mit interkulturellem Bezug andeuten.

Besonders gründlich wurde der Aspekt der Interkulturalität in einem weiteren, bereits 1979 vom VG Berlin (Aktenzeichen: 14 A 591.78, unveröffentlicht) entschiedenen Rechtsstreit behandelt, der darum näher dargestellt werden soll. Hier hatte ein griechischer Apotheker, der der in Griechenland lebenden türkischen Minderheit angehörte, die Erteilung der Apotheker-Approbation für Deutschland beantragt. Nach § 4 der Bundes-Apothekerordnung (BApO) in der damaligen Fassung durfte einem Ausländer nur dann eine Approbation gewährt werden, wenn dies im öffentlichen Interesse lag oder die Versagung eine außergewöhnliche Härte darstellte. Nach Auffassung des Gerichts lag eine Betätigung des Klägers als Apotheker im öffentlichen Interesse. Nach der Regelung sei der Apotheker berufen, die Bevölkerung ordnungsgemäß mit Arzneimitteln zu versorgen. Er diene damit der Gesundheit des einzelnen Menschen und des gesamten Volkes. Ein öffentliches Interesse an der Erteilung einer Approbation an einen Ausländer sei daher dann anzuerkennen, wenn durch diese Maßnahme Versorgungsmängel ausgeglichen werden können. Dabei sei zu berücksichtigen, dass die BApO vor allem eine qualitativ gleichwertige – »ordnungsgemäße« – Versorgung aller Bevölkerungsteile, auch der ausländischen Minderheiten, bezwecke. Durch die in Berlin an und für sich in ausreichender Anzahl vorhandenen Apotheken sei zum damaligen Zeitpunkt eine ordnungsgemäße Versorgung des griechischen und türkischen Bevölkerungsanteils nicht gewährleistet gewesen. Die den Apothekern unter anderem obliegende Prüfung und Abgabe von Arzneimitteln sei verbunden mit Beratungspflichten und Aufklärungspflichten, namentlich bei der Abgabe rezeptfreier Arzneimittel, deren Einnahme weder ärztlich verordnet noch überwacht wird. Wegen der Integrationsschwierigkeiten der »Gastarbeiter« (diese Bezeichnung würde man heute richtigerweise nicht mehr verwenden) könne die erforderliche Beratung und Aufklärung durch deutsche Apotheker schon wegen sprachlicher Barrieren nur unvollkommen vorgenommen werden. Es könne nicht davon ausgegangen werden, dass der Gesetzgeber eine qualitativ geminderte Arzneimittelversorgung des ausländischen Bevölkerungsteils bewusst in Kauf genommen habe, als er – in Kenntnis des »Gastarbeiterproblems« – die Arzneimittelversorgung der Bevölkerung grundsätzlich Deutschen vorbehalten hat. Dem Vorbehalt liege die Erwägung zugrunde, dass von einem in Deutschland tätigen Apotheker erwartet werden müsse, dass er mit Sprache, Lebensart und Bedürfnissen seiner – im Wesentlichen deutschen – Kundschaft vertraut ist und Kenntnisse über die in Deutschland übliche medizinische Versorgung mit Arzneimitteln und die hierfür maßgeblichen Rechtsvorschriften besitzt. Diese auf die ordnungsgemäße Arzneimittelversorgung eines im Regelfall deutschen Kundenkreises zugeschnittene Erwägung treffe aber für solche Gebiete nicht zu, in denen wegen eines erheblichen ausländischen Bevölkerungsanteils von vornherein regelmäßig mit einer großen Anzahl ausländischer Apothekenkunden bestimmter Nationalitäten zu rechnen ist. Hier erfordere die ordnungsgemäße Krankenversorgung, auf die auch Ausländer entsprechend der Staatszielbestimmung der Sozialstaatlichkeit Anspruch erheben können, dass solche Apotheker in ausreichender Anzahl vorhanden sind, die als Landsleute des ausländischen Kundenkreises mit dessen Sprache, Bedürfnissen und Lebensgewohnheiten vertraut sind.

Im Ergebnis wurde die Ablehnung der Approbation durch die Behörde für rechtswidrig gehalten.

Interkulturalität spielte hier zwar – anders als in den Sozialhilfefällen – nicht unmittelbar für die Beziehungen zwischen Antragsteller (Apotheker) und Behörde eine Rolle. Das Gericht hat aber gesehen, dass die interkulturelle Kommunikation zwischen Apotheker und Apothekenkunden Schwierigkeiten bereiten kann, und hat dies bei der Interpretation der BApO berücksichtigt. Hier zeigt sich, dass Recht zwar wegen seiner eigenen kulturellen Bedingtheit – wie in den Sozialhilfefällen – einerseits selbst unmittelbar Gegenstand und Anlass interkultureller Kommunikations- und Kooperationsschwierigkeiten sein kann, wenn nämlich kulturell bedingte Uneinigkeit über die richtige Auslegung des Rechts besteht; dass das Recht jedoch andererseits auch zur Behebung interkultureller Kommunikationsschwierigkeiten, die nicht unmittelbar mit dem Recht, sondern zum Beispiel mit medizinischer Versorgung zu tun haben, eingesetzt werden kann.

Strafrecht

Die kulturelle Bedingtheit des Rechts selbst spielt wiederum im Strafrecht eine große Rolle. Selbstverständlich sind auch die Strafnormen und die dahinter stehenden Wertungen kulturell bedingt. Besonders deutlich zeigt sich das an den weit über die juristische Fachöffentlichkeit hinaus wahrgenommenen »Blutrachefällen« (beispielsweise BGH, NStZ 1995, 79). In den Blutrachetaten äußern sich oft dem deutschen Recht fremde, durch einen anderen kulturellen (selten hingegen: rechtlichen) Hintergrund bedingte Ehrvorstellungen, die das stärkere Tötungsverbot des deutschen Rechts seinerseits als kulturell bedingt erscheinen lassen. Die Strafjustiz nimmt den interkulturellen Aspekt dieser Taten natürlich wahr, hat aber beachtliche Schwierigkeiten, hierauf konsistent zu reagieren. Praktisch außer Diskussion steht, dass durch Ehrvorstellungen motivierte Tötungshandlungen ihren Unrechtsgehalt an sich nicht wegen dieser dahinter stehenden Motivation verlieren. Hingegen ist bislang keine Einigkeit darüber erzielt, inwieweit der kulturelle Hintergrund bei der Bestimmung des Ausmaßes von Unrecht und Schuld eine Rolle spielt. Berücksichtigung finden kann er zum Beispiel bei der Frage, ob Totschlag oder Mord vorliegt, oder auch bei der Entscheidung, ob man es mit einem minder schweren Fall zu tun hat.

Auch in etwas weniger spektakulären Fällen als den Blutrachetaten wird kulturelle Bedingtheit des Strafrechts deutlich: Vor interkulturelle Herausforderungen sah sich das Strafrecht etwa auch im Fall einer in Deutschland lebenden berberischen Mutter gestellt, die ihrem bettnässenden Sohn einem Brauch ihres Stammes gemäß heiße Stricknadeln auf den Bauch drückte, um das Bettnässen zu beenden. Aus Sicht der Mutter war das, was sie tat, eine »Heilbehandlung«. Nach gängiger Anwendung deutscher Strafrechtsvorschriften hatte man es hingegen eher mit einer strafbaren Körperverletzung zu tun (Fabricius 1991).

In einem anderen Fall (LG Mannheim, NJW 1990, 2212 f.) war ein der islamischen Sekte Ahmadijja anhängender pakistanischer Staatsangehöriger wegen unterlassener Hilfeleistung nach § 323c Strafgesetzbuch (StGB) angeklagt. Seine Nachbarin hatte abends an seine Tür geklopft und ihn gebeten, einen Krankenwagen zu holen, nachdem sie zuvor von ihrem Lebensgefährten einen – letztendlich tödlichen – Messerstich in den Rücken erhalten hatte. Sie war nur mit einer Unterhose und einem T-Shirt bekleidet, roch nach Alkohol und hatte Blut am Bein. Der Angeklagte war nach den Feststellungen des Gerichts von Abscheu und Ekel ergriffen, schloss die Tür und legte sich schlafen. Die Frau hätte gerettet werden können, wenn der Angeklagte unverzüglich einen Krankentransport veranlasst hätte. Das Landgericht verneinte die Strafbarkeit wegen unterlassener Hilfeleistung, weil die Hilfeleistung nicht zumutbar gewesen sei. Der Angeklagte habe in Einklang mit den für ihn geltenden sittlichen-religiösen Vorschriften gehandelt, als er sich von der nur spärlich bekleideten, betrunkenen, fremden Frau entsetzt abwandte. Die Zumutbarkeit der Hilfeleistung im Sinne von § 323c StGB richte sich nach »dem allgemeinen Sittengesetz«, das heißt nach allgemeinen sittlichen Maßstäben. Das bedeute, dass außer Lebenserfahrung und Vorbildung auch Persönlichkeit und Herkunft des Täters zu berücksichtigen seien. Insofern dürften auch die Besonderheiten, die sich aus der Zugehörigkeit zu einem anderen Kulturkreis, insbesondere zu einer anderen Religion oder Weltanschauung, ergeben, nicht außer Acht gelassen werden.

Zivilrecht

Auch private Rechtsbeziehungen können auf verschiedenste Weise interkulturell sein und dementsprechend Fragen der interkulturellen Rechtsanwendung aufwerfen. Einen wichtigen Bereich, der in jüngster Zeit zunehmend an praktischer Relevanz und gesetzgeberischer Aufmerksamkeit gewinnt, bilden die auch kulturell bedingten Diskriminierungen in Privatrechtsbeziehungen. Stellt etwa ein Arbeitgeber eine Arbeitnehmerin nicht ein, weil sie aus religiösen Gründen ein Kopftuch trägt, oder wird einem Mieter gekündigt, weil die fremdländischen Essensgerüche die Hausgemeinschaft stören, hat man es mit Ungleichbehandlungen in interkulturellen Privatrechtsbeziehungen zu tun, für deren rechtliche Beurteilung die

Juristen bislang nicht über umfassende und allgemein konsentierte Maßstäbe verfügen. Ein für den Privatrechtsverkehr gedachtes Antidiskriminierungsgesetz ist derzeit in Arbeit.

Vielfach virulent geworden ist Interkulturalität auch im Familienrecht. Es liegt auf der Hand, dass das Familienrecht in besonderem Maß kulturell bedingt ist. Insbesondere die rechtliche Ausgestaltung des Eltern-Kind-Verhältnisses ist erheblich kulturell geprägt; Konflikte mit anderen Familienvorstellungen sind unvermeidlich (Ehringfeld 1997). Praktisch spielt dies etwa in Sorgerechtsentscheidungen eine Rolle, wenn Gerichte das (kulturell bedingt verstandene) Kindeswohl durch besonders rigides Verhalten der Eltern gefährdet sehen, die betroffenen Eltern aber aufgrund ihrer (ebenfalls kulturell bedingten) Erziehungsvorstellungen meinen, nur das Beste für ihr Kind zu tun (LG Berlin, FamRZ 1983, 944; OLG Düsseldorf, FamRZ 1984, 1258 ff.; KG, NJW 1985, 69; Bay OLG, FamRZ 1993, 230). In diesen familienrechtlichen Streitigkeiten besteht Interkulturalität allerdings in der Regel weniger in der Rechtsbeziehung zwischen den Privaten (hier: zwischen Eltern und Kind), sondern vielmehr zwischen Privaten (hier: den Eltern) und dem über das Sorgerecht entscheidenden Gericht.

Zu interkulturellen Rechtsstreitigkeiten unmittelbar zwischen Privaten kommt es hingegen im Mietrecht. Die Kündigung wegen interkultureller Spannungen innerhalb der Hausgemeinschaft wurde bereits als Beispiel genannt (siehe etwa LG Oldenburg, Wohnungswirtschaft und Mietrecht 1983, 317). Zahlreiche Gerichtsverfahren wurden auch über die Forderung ausländischer, zugewanderter Mieter geführt, eine Satellitenschüssel installieren zu dürfen, um Fernsehprogramme in ihrer Sprache und aus ihrem Herkunftsland empfangen zu können. Ob der Eigentümer dies zulassen muss, ist im Mietrecht nicht ausdrücklich geregelt. Die Gerichte haben lange keine einheitliche Auffassung zu der Frage gefunden. Am Ende hat das Bundesverfassungsgericht zugunsten der Mieter entschieden, dass der Eigentümer deren Interesse am Empfang ihrer Fernsehprogramme berücksichtigen müsse (Amtliche Sammlung der Entscheidungen des Bundesverfassungsgerichts BVerfGE 90, 27, 36 f.; BVerfG, NJW 1994, 2143).

Zu interkulturellen Rechtsstreitigkeiten kann es auch – über die erwähnte Diskriminierungsproblematik hinaus – im Arbeitsverhältnis kommen. Denkbar ist etwa, dass Arbeitgeber und muslimische Arbeitnehmer keine einvernehmliche Lösung darüber finden, ob und wie den Arbeitnehmern die Einhaltung ihrer Gebetsverpflichtungen während der Arbeitszeit ermöglicht wird. Auch die Einhaltung von Fastenvorschriften könnte im Einzelfall Probleme aufwerfen. Zur Regelung dieser Fragen war in einem Entwurf der sächsischen Landesverfassung folgende Bestimmung vorgesehen: »Angehörige nationaler Minderheiten können in Sachsen ohne irgendwelche Nachteile in ihren Arbeits- oder Dienstverhältnissen ihre besonderen gesetzlich festgelegten Feiertage begehen.« Dieser Entwurf wurde jedoch nicht realisiert. Arbeitnehmern zu ermöglichen, ihre kulturell bedingten Lebensgewohnheiten beizubehalten, war auch Ziel eines ebenfalls nicht realisierten Verordnungsentwurfs zu § 120c I Gewerbeordnung (GewO). Nach § 120c I GewO hat der Arbeitgeber dafür zu sorgen, dass Gemeinschaftsunterkünfte so beschaffen und ausgestattet sind, dass das sittliche Befinden der Arbeitnehmer nicht beeinträchtigt wird. § 27 VI des Entwurfs einer AusführungsVO zu § 120c GewO sah darum folgende Bestimmung vor: »Sind ausländische Bewohner in einer Gemeinschaftsunterkunft untergebracht, so müssen, wenn es die Lebensgewohnheiten dieser Bewohner erfordern, besondere Toiletten (Hocktoiletten) vorhanden sein.«

Ein letztes Fallbeispiel soll den Eindruck von der Bandbreite interkultureller Rechtsfragen auch in den Privatrechtsbeziehungen abrunden. In einer Entscheidung zur Kraftfahrt-Haftpflichtversicherung (LG Köln, Schaden-Praxis 1995, 55 f.) ging es um die Leistungspflicht des beklagten Haftpflichtversicherers, weil der türkische Unfallverursacher möglicherweise unberechtigt vermeintliche Ansprüche gegen ihn ohne vorherige Zustimmung der Versicherung befriedigt und damit eine versicherungsrechtliche Obliegenheit verletzt hatte. Danach ist der Versicherungsnehmer bei Haftpflichtschäden nicht berechtigt, ohne vorherige Zustimmung des Versicherers einen Anspruch ganz oder zum Teil anzuerkennen oder zu befriedigen, sofern nicht der Versicherungsnehmer nach den Umständen des Einzelfalls die Anerkennung oder Befriedigung der Ansprüche nicht ohne offenbare Unbilligkeit verweigern konnte. Das Gericht verneinte die Verletzung von Obliegenheiten und damit auch die Leistungsfreiheit des Versicherers. Angesichts der schweren Unfallfolgen – zwei Türkinnen waren zu Tode gekommen – habe es aus Sicht des Versicherungsnehmers als seine sittliche Pflicht erscheinen müssen, schnell berechtigte Ansprüche zu befriedigen, insbesondere eine ausreichende Genugtuung zu leisten. Dabei müssten auch die nationalen und kulturellen Usancen berücksichtigt werden. Es sei davon auszugehen, dass sich der Kläger als in Deutschland lebender Türke aus moralischer Sicht gegenüber Ansprüchen türkischer Staatsbürger besonders verpflichtet fühle, zumal sich der Unfall in seiner Heimat ereignete.

Vor allem dieses letzte Beispiel sollte deutlich machen, dass auch im Privatrechtsverkehr mit kulturell bedingt sehr unterschiedlichen Vorstellungen von Recht gerechnet werden muss.

Reaktionen von Recht und Rechtsanwendern auf interkulturelle Herausforderungen

Ist die kulturelle Bedingtheit von Recht und Rechtsauffassungen erst einmal erkannt, stellt sich in jedem Einzelfall aufs Neue die Frage, welche Konsequenzen daraus zu ziehen sind. Diejenigen, die das Recht mit bindender Interpretationsmacht anwenden, können die kulturelle Bedingtheit des Rechts und seiner Interpretation entweder ignorieren und es auch in interkulturellen Rechtsverhältnissen wie gewohnt anwenden, oder sie können versuchen, die andere Sicht aufzugreifen und bei der Rechtsanwendung einfließen zu lassen. Eindeutige Leitlinien stehen dabei nicht zur Verfügung. Auf die geschilderten interkulturellen Rechtskonflikte waren alle Beteiligten, auch die damit befassten Behörden und Gerichte, kaum vorbereitet. Dass die gewohnte Anwendung des Rechts in bestimmten Konstellationen Probleme aufwerfen kann, ergab erst die anhand des konkreten Falls eröffnete interkulturelle Perspektive. Der Gesetzgeber hatte hierfür keine besonderen Regelungen getroffen. Allgemeine Rechtsgrundsätze, wie die damit verbundenen Rechtsfragen zu lösen sind, haben sich bislang auch in der Rechtspraxis kaum herausgebildet. Insbesondere gibt es keine allgemein konsentierte Regel, nach der das Maß gegenseitiger Rücksichtnahmepflichten in interkulturellen Privatrechtsverhältnissen eindeutig bestimmt werden könnte. Im Prinzip lassen die Gesetze ihren Anwendern hinreichend Spielraum, der kulturellen Bedingtheit des Rechts in interkulturellen Rechtskonflikten Rechnung zu tragen. Die »unbestimmten Rechtsbegriffe«, die sich in den Gesetzen aller Rechtsgebiete in großer Zahl finden, ermöglichen dem Richter eine stark auf den konkreten Einzelfall zugeschnittene Anwendung des Rechts, bei der interkulturelle Aspekte berücksichtigt werden können. Allein die Möglichkeit, der kulturellen Bedingtheit des Rechts Rechnung zu tragen, besagt aber eben noch nichts über die Notwendigkeit, dies zu tun. Die Rechtsanwender sind darum im konkreten interkulturellen Rechtsstreit sehr auf sich selbst gestellt. Entsprechend uneinheitlich sind die Strategien, die zur Lösung solcher Konflikte herangezogen werden. Allerdings lassen sich aus der Verfassung durchaus Anhaltspunkte und Grundsätze für die Entscheidung interkultureller Rechtsfragen gewinnen (Britz 2000a).

Ein spezifisches Problem interkultureller Rechtsbeziehungen ist allerdings durch Gesetze, Rechtsprechung und juristische Fachliteratur sehr viel stärker juristisch verarbeitet als die anderen: das Problem der Sprache. Für das Gerichtsverfahren ist das Sprachproblem im Gerichtsverfassungsgesetz (GVG) gelöst. Die Gerichtssprache ist nach § 184 GVG Deutsch. Nach § 185 I GVG muss jedoch für das Gerichtsverfahren ein Dolmetscher gestellt werden (zur Sprachregelung im Gerichtsverfahren Hufen 2000, § 35

Rn. 12; Kopp 1994, § 55 Rn. 9 ff.). Abweichend ist die Sprachfrage in § 23 Verwaltungsverfahrensgesetz (VwVfG) für das Verwaltungsverfahren geregelt. Einen Anspruch darauf, einen Dolmetscher gestellt zu bekommen, besteht hier nicht. Die Sprachschwierigkeiten werden durch § 23 VwVfG im Wesentlichen als ein vom Fremdsprachigen allein zu lösendes Problem behandelt (kritisch dazu Hufen 1998, S. 151 ff.). Die Rechtspraxis geht über diesen Standard jedoch längst hinaus, zumal sich etwa die Notwendigkeit, einen Dolmetscher hinzuzuziehen, aus anderen Rechtsgrundsätzen ergeben kann (ausführlich zur Hinzuziehung eines Dolmetschers im Verwaltungsverfahren Stelkens u. Schmitz 2001, Rn. 24 ff.). Nicht nur angesichts der Immigration Fremdsprachiger nach Deutschland muss im Verwaltungsverfahren flexibler mit Sprache umgegangen werden, als es der Wortlaut von § 23 VwVfG vermuten lässt. Auch die Europäisierung und Globalisierung der Wirtschaft entfaltet hier flexibilisierende Wirkung. Eine Vielzahl von Verwaltungsverfahren wird transnational geführt; auf die Verwendung insbesondere der englischen Sprache zu verzichten, ist hier nicht denkbar (Stelkens u. Schmitz 2001, Rn. 3).

Dass gerade das Sprachproblem intensiver geregelt ist als andere Fragen interkultureller Rechtsbeziehungen, dürfte zum einen daran liegen, dass es besonders drängend ist. Zum anderen ist es aber auch eher vorhersehbar und inhaltlich leichter fassbar als andere Aspekte interkultureller Rechtsanwendung. Dass verschiedene Sprachen voneinander abweichen und die Verwendung der deutschen Sprache als Rechtssprache jene vor Schwierigkeiten stellt, die eine andere Sprache sprechen, ist offensichtlich. Inwiefern sonstige kulturelle Prägungen des Rechts voneinander abweichen, lässt sich nicht so leicht sagen, schon weil sich spezifische Kulturen und damit ihr Anteil an der Prägung von Rechtsvorstellungen nicht eindeutig beschreiben und abgrenzen lassen.

Schluss

Aus interkultureller Perspektive zeigt sich die kulturelle Bedingtheit des Rechts. Der kulturelle Hintergrund schlägt sich sowohl im materiellen Recht – also in den Regelungen in der Sache – als auch in den Regelungen über die rechtlichen Verfahren nieder. Dadurch sind Rechtsanwender und Rechtsbetroffene vor Schwierigkeiten gestellt, die nicht umfassend durch abstrakte Regelungen gelöst werden können. Vielmehr muss von Fall zu Fall entschieden werden, ob die andere Sichtweise auf das Recht berücksichtigt werden kann. Die gesetzlichen Sprachregelungen für Gerichts- und

Verwaltungsverfahren stellen insofern eine Ausnahme dar. Auch über das Sprachproblem hinaus scheinen die kulturell bedingten Verfahrensschwierigkeiten am ehesten allgemeiner Regelung zugänglich. Hier muss nicht jedes Hindernis, das sich einem Verfahrensbeteiligten mit anderem kulturellen Hintergrund stellen kann, im Einzelnen erkannt und benannt werden. Vielmehr genügt es, das Problempotenzial abstrakt festzustellen. Darauf kann durch die rechtliche Gewähr von besonderem Verfahrensbeistand reagiert werden. Ein Beispiel hierfür ist das Recht auf einen Pflichtverteidiger im Strafverfahren.

Die vorgestellten Beispiele interkultureller Rechtsanwendung stammen alle aus der nationalen Rechtspraxis und betreffen Konstellationen, in denen Migranten mit dem deutschen Recht in Kontakt kommen. Interkulturalität ist darüber hinaus in internationalen (Wirtschafts-)Rechtsbeziehungen denkbar. Insbesondere machen auch im Ausland lebende Deutsche Interkulturalitätserfahrungen mit dem dortigen Recht. Diese Aspekte interkultureller Rechtspraxis sind bislang aus rechtswissenschaftlicher Perspektive kaum erforscht.

Literatur

Britz, G. (2000a): Kulturelle Rechte und Verfassung. Über den rechtlichen Umgang mit kultureller Differenz. Tübingen.

Britz, G. (2000b): Der Einfluss christlicher Tradition auf die Rechtsauslegung als verfassungsrechtliches Gleichheitsproblem? Juristenzeitung 2000: 1127 ff.

Ehringfeld, K. (1997): Eltern-Kind-Konflikte in Ausländerfamilien. Berlin.

Fabricius, D. (1991) Der praktische Fall: Strafrecht – Heilung oder Kindesmisshandlung? Juristische Schulung 1991: 393 ff.

Hufen, F. (1998): Fehler im Verwaltungsverfahren. 3. Auflage. Baden-Baden.

Hufen, F. (2000): Verwaltungsprozessrecht. 4. Auflage. München.

Kopp, F. O. (1994): Verwaltungsgerichtsordnung, 10. Auflage. München.

Pfefferer-Wolf, H.; Fabricius, D. (1999): Unbewusstheit im gutachterlichen Prozess, transkulturell wie intrakulturell. Beobachtungen und Überlegungen aus medizinischer, psychologischer und juristischer Sicht. In: Collatz, J. (Hg.), Begutachtung im interkulturellen Feld. Berlin, S. 87 ff.

Stelkens, P.; Schmitz, H. (2001): § 23. In: Stelkens/Bonk/Sachs (Hg.), Verwaltungsverfahrensgesetz. 6. Auflage. München.

Ulrich Wagner/Rolf van Dick/Oliver Christ

10. Interkulturalität in der Schule

Der Begriff Interkulturalität ist, zumindest für den schulischen Kontext, mehrdeutig. Gemeint sein könnte die Verortung der Schule selbst, die sich als Ausbildungsstätte für Schülerinnen und Schüler fremder Herkunft versteht, wie US-amerikanische Schulen in Deutschland. Der Begriff könnte sich auch auf die Lehrinhalte beziehen, die beispielsweise im Geographie- oder Geschichtsunterricht behandelt werden. Interkulturalität kann aber auch die Kompetenz der am System Beteiligten thematisieren, die der Schülerinnen und Schüler sowie der Lehrerinnen und Lehrer. Dieser Beitrag befasst sich mit der Entwicklung von Interkulturalität von Schülerinnen und Schülern und der Rolle, die die Schule dabei einnimmt.

Was unter Interkulturalität von Personen, hier Schülerinnen und Schülern, verstanden wird, ist allerdings oft ebenfalls nicht klar. Häufig ist gemeint, dass die so bezeichneten Personen frei sind von Ressentiments und Feindlichkeit gegen fremde Gruppen, ein anderes Begriffsverständnis bezieht sich auf interkulturelle Kompetenz, das heißt die Fähigkeit, mit Situationen angemessen umgehen zu können, die von Akteuren mit unterschiedlichen kulturellen Hintergründen gestaltet werden. Beide Phänomene wollen wir hier thematisieren.

Die Beschäftigung mit dem Thema Interkulturalität als Abwesenheit von Rassismus oder als interkulturelle Kompetenz geschieht schwerpunktmäßig durch unterschiedliche Interessengruppen, nämlich durch Vertreter einer Menschenrechtsposition, die Abwertung von Menschen aufgrund ihrer Zugehörigkeit zu einer ethnischen Gruppe für moralisch und ethisch unakzeptabel halten und – neuerdings – durch Wirtschaftslobbyisten, die den Deutschen interkulturelle Kompetenz abverlangen, um Deutschland attraktiv für hoch qualifizierte Einwanderer zu machen. Dieses Kapitel beschäftigt sich mit der Frage, welche Rolle die Schule in der interkulturellen Erziehung (Auernheimer 1995), also bei der Entwicklung von Interkulturalität ihrer Schüler und Schülerinnen spielt und wie sie damit diesen gesellschaftlichen Interessen nachkommt.

Die Schule im Einwanderungsland Deutschland

Deutschland ist seit langem Einwanderungsland. 1998 war die Zuwanderungsrate nach Deutschland bezogen auf die Gesamtbevölkerung größer als die eines klassischen Einwanderungslandes wie Kanada. Gegenwärtig haben von den 82 Millionen in Deutschland lebenden Menschen etwa 13 Millionen einen Geburtsort außerhalb von Deutschland. Die größten Gruppen sind deutschstämmige Aussiedler, Asylbewerber und Flüchtlinge sowie Arbeitsmigranten, von den Letzteren sind mit gegenwärtig etwa zwei Millionen Menschen die Türken die stärkste Gruppe.

Trotz dieser Zuwanderungsgeschichte hat die offizielle Politik bis in die jüngste Vergangenheit zurückgewiesen, dass Deutschland Einwanderungsland ist. Dies hat Spuren hinterlassen: Die beharrliche Verweigerung, sich mit der Frage von Einwanderung inhaltlich zu befassen, hat erst die Möglichkeit geschaffen, die Ausländer- und Einwanderungsdebatte politisch zu instrumentalisieren und damit Rassismus und Fremdenfeindlichkeit in die Mitte der Gesellschaft zu tragen (vgl. Wagner et al. 2001b). Für die Schule hat die fast fünfzigjährige Leugnung der faktischen Einwanderung zur Folge, dass diese zentrale gesellschaftliche Bildungsinstitution sich dem Thema Interkulturalität nur äußerst unzureichend systematisch widmet.

Interkulturelle Erziehung

Zentrale Sozialisationsagenten für Interkulturalität sind Eltern, Gleichaltrige und die Schule. Entwicklungspsychologische Untersuchungen zeigen, dass Kinder ihren Eltern in der Einstellung zu Fremden oft folgen; sie tun dies auch dann, wenn sie in anderen Lebensbereichen mit ihren Eltern weitgehend gebrochen haben. Die Eltern tragen also ein hohes Maß an Verantwortung für die Entwicklung von Interkulturalität ihrer Kinder. Die gesellschaftlichen Einflussmöglichkeiten auf den elterlichen Sozialisationsprozess sind allerdings gering: Fremdenfeindlich eingestellte Eltern werden kaum dazu zu bringen sein, ihren Kindern andere Überzeugungen zu vermitteln. Auch die Übernahme von Einstellungs- und Überzeugungsmustern durch Peers ist nur schwer zu beeinflussen, sozialpädagogischen Interventionen sind wegen der Freiwilligkeit der Angebote oft enge Grenzen gesetzt. In der interkulturellen Erziehung fällt somit der Schule eine besondere Aufgabe zu.

Die Schulzeit spielt für die Entwicklung ethnischer Einstellungen und den Erwerb interaktiver Kompetenzen unbestritten eine erhebliche Rolle.

Die Schülerinnen und Schüler befinden sich in einer Entwicklungsphase, in der sich negative Einstellungen gegenüber »fremden« Gruppen verfestigen. Gleichzeitig ist in der Schule die Möglichkeit gegeben, alle potenziell Anzusprechenden zumindest physisch zu erreichen. Nach Beendigung der Schulzeit werden insbesondere Angebote zum Abbau von Vorurteilen nur selten von den Zielgruppen wahrgenommen, für die sie eigentlich gedacht sind: Rassisten gehen Antirassismustrainings aus dem Weg.

Dass bereits in der Grundschule Interkulturalität von Bedeutung ist und interkulturelle Probleme existieren, konnten wir in einer Befragung von über 1 200 Schülerinnen und Schülern der vierten Grundschulklassen und ihren Lehrkräften demonstrieren (vgl. Wagner et al. 2001a). In soziographischen Wahlen zeigen deutsche Kinder eine klare Präferenz für die eigene ethnische Gruppe, sie wollen lieber neben deutschen Kindern als neben Klassenkameraden anderer Herkunft sitzen. Auch in Umfragen äußern deutsche Kinder diesen Alters bereits eine deutliche Bevorzugung der Deutschen und die Ablehnung von ethnischen Minderheiten. In unserer Befragung zeigten Schülerinnen und Schüler aus Aussiedlerfamilien und türkische Schülerinnen und Schüler dagegen ein umgekehrtes Präferenzmuster: Sie bevorzugen die deutsche und nicht ihre eigene Gruppe. Dies repliziert die Befunde der US-amerikanischen Vorurteilsforschung bis zum Ende der sechziger Jahre, dass weiße Kinder andere weiße Kinder bevorzugten, afroamerikanische Kinder aber ebenfalls die Kinder aus der statushöheren weißen Gruppe. Erst mit der Bürgerrechtsbewegung der sechziger Jahre und der zunehmenden Orientierung auf die Werte der eigenen Gruppe begannen farbige US-amerikanische Kinder, der eigenen ethnischen Gruppe den Vorzug zu geben.

Lehrerinnen und Lehrer

In welcher Weise übernehmen nun Lehrerinnen und Lehrer die Erziehung zur Interkulturalität? In einem breit angelegten Forschungsprojekt (gefördert von der Volkswagen-Stiftung) haben wir Lehrerinnen und Lehrer einzeln und in Gruppendiskussionen interviewt, mit standardisierten Messinstrumenten befragt und die von ihnen unterrichteten Schülerinnen und Schüler untersucht.

Wesentliches Ziel des Projekts war festzustellen, wie Lehrerinnen und Lehrer mit interkulturellen Differenzen und Problemen in der Schule umgehen. Dazu wurden, nach Interviews mit ausgewählten Lehrkräften, mehrere interkulturell problematische Situationen vorgegeben und gefragt, wie die Lehrerinnen und Lehrer auf diese reagieren würden. Nach Expertenurteilen ist die Thematisierung der Problemsituation in der Klasse eine pädagogisch sinnvolle Reaktion, pädagogisch weniger sinnvoll sind Bestrafungsmaßnahmen, wie Sanktionen gegen die betroffenen Schülerinnen und Schüler oder das Einschalten des Schulamts. Insgesamt zeigte sich, dass die Lehrkräfte sehr viel stärker mit Thematisierung als mit Bestrafung reagierten, also pädagogisch adäquat handelten. Allerdings wurden bestimmte interkulturelle Problembereiche, wie das Tragen eines Kopftuchs, von vielen Lehrerinnen und Lehrer nicht behandelt, also nicht thematisiert, was als Form des Verleugnens eines Problems angesehen werden kann.

Die Ergebnisse unserer Untersuchungen verweisen allerdings auch auf bedeutsame Unterschiede zwischen den befragten Lehrerinnen und Lehrern. So setzten autoritärer eingestellte Lehrkräfte häufiger Bestrafung ein als weniger autoritäre Lehrerinnen und Lehrer. Thematisierung wurde häufiger von Lehrerinnen und Lehrern eingesetzt, die positive Akkulturationseinstellungen im Sinne einer Offenheit für eine multikulturelle Gesellschaft hatten, als von solchen mit Präferenzen für Assimilation oder Separation von ausländischen Menschen. Setzt man die Einstellungen der Lehrerinnen und Lehrer zu Einstellungen und Verhalten der von ihnen unterrichteten Schülerinnen und Schülern in Beziehung, zeigten sich ebenfalls interessante Zusammenhänge: Wenn die Klassenlehrerin oder der Klassenlehrer zum Beispiel die Auffassung vertrat, Immigranten sollten sich assimilieren, das heißt der deutschen Kultur anpassen und dabei ihre Herkunftskultur vernachlässigen, äußerten die gleichzeitig befragten Schüler aus Aussiedlerfamilien eher den Wunsch, Kontakte mit ihren autochthonen deutschen Mitschülerinnen und Mitschülern aufzunehmen. Vertrat die Klassenlehrerin oder der Klassenlehrer hingegen eine Akkulturationseinstellung, die auf eine multikulturelle Gesellschaft abzielt, bemühten sich die Aussiedlerkinder weniger um ihre »eingeborenen« Klassenkameraden. Für türkische Schülerinnen und Schüler, die vermutlich selbst eher eine Präferenz für multikulturelle Formen des Zusammenlebens haben, finden sich solche Zusammenhänge nicht.

Insgesamt kann man die Ergebnisse unserer Befragungen und Experimente so zusammenfassen, dass Lehrerinnen und Lehrer durchaus bemüht sind, interkulturelle Inhalte und Probleme im Unterricht angemessen zu thematisieren. Allerdings werden informell auch immer wieder Klagen darüber vorgetragen, dass Lehrerinnen und Lehrer sich in ihrer Ausbildung auf die speziellen Anforderungen interkultureller Erziehung nur unzureichend vorbereitet fühlen.

Unterrichtsprogramme

Gegenwärtig sind etwa 10 Prozent der Schülerinnen und Schüler in Deutschland nichtdeutscher Nationalität, dazu kommt allerdings noch ein erheblicher Anteil von Kindern, deren Eltern außerhalb Deutschlands geboren wurden, wie die Kinder aus Aussiedlerfamilien. Dollase, Ridder, Bieler, Woitowitz und Köhnemann (2002) haben in einer groß angelegten Umfrage an nordrhein-westfälischen Schulen gefunden, dass mit zunehmendem Anteil nichtdeutscher Schüler in den Klassen die Bewertung der jeweils anderen ethnischen Gruppen positiver wird, die soziometrischen Beziehungen weniger von ethnischen Gruppenzugehörigkeiten geprägt sind und auch die Zufriedenheit mit Lehrern und Unterricht höher wird als in rein deutschen Schulklassen oder solchen mit geringeren Ausländeranteilen. Dieser Befund widerspricht einer weit verbreiteten Überzeugung, wonach mit steigendem Ausländeranteil »die Schule schlechter werde«. Der Befund von Dollase und Mitarbeitern bestätigt gleichzeitig erneut die Kontakthypothese, wonach sich mit zunehmenden Kontakten zwischen Personen aus fremden Gruppen die gegenseitigen Einschätzungen verbessern (Pettigrew u. Tropp 2000).

International gibt es eine Vielzahl von Vorschlägen zur Verbesserung interkultureller Kompetenzen und zum Abbau von Vorurteilen, die auch im schulischen Umfeld zum Einsatz kommen können und dort sogar nachgewiesen wirksam sind (Stephan 1999; Wagner et al. 2002). Als besonders wirksam erwiesen haben sich Programme des kooperativen Gruppenunterrichts, die auf die nachgewiesen günstige Wirkung von interkulturellen Kontakte bauen (vgl. Slavin u. Cooper 1999). Allport hatte bereits in seinem berühmten Buch von 1954 Bedingungen formuliert, unter denen Intergruppenkontakte in besonderem Maß zum Abbau gegenseitiger Feindseligkeiten und Ressentiments beitragen. Zu diesen gehören gleicher Status in der Kontaktsituation, die Verfolgung gemeinsamer übergeordneter Ziele, Gelegenheit zum Aufbau persönlicher Beziehungen und die Unterstützung von Intergruppenkontakten durch anerkannte Autoritäten. In kooperativen Gruppenunterrichtsprogrammen werden diese optimalen Bedingungen für effektiven Intergruppenkontakt umgesetzt: Die Schulklasse wird in Kleingruppen eingeteilt, die wöchentlich mehrere Stunden über einen längeren Zeitraum hinweg zusammenarbeiten. Dabei wird große Sorgfalt darauf verwendet, dass die Kleingruppen – anders als dies üblicherweise bei Gruppenunterricht in der Schule der Fall ist – ethnisch und leistungsmäßig heterogen zusammengesetzt sind. Das Unterrichtsmaterial für die Kleingruppen ist so gestaltet, dass die Einzelmitglieder einer Kleingruppe über unterschiedliche Teilinformationen verfügen. Zur Bearbeitung einer Biographie beispielsweise erhält ein Schüler Informationen zur

Kindheit der Persönlichkeit, ein zweiter zum Jugendalter und so weiter. Das Unterrichtsziel kann daher nur erreicht werden, wenn alle Mitglieder der Kleingruppen, also auch die möglicherweise sprachschwachen Schülerinnen und Schüler aus ethnischen Minderheiten, ihren spezifischen Beitrag leisten und kooperativ interagieren. Einzelne Programme sehen darüber hinaus noch stützende Maßnahmen vor, die sicherstellen sollen, dass tatsächlich alle Schülerinnen und Schüler den gewünschten erfolgreichen Beitrag leisten können. Diese Form des kooperativen Gruppenunterrichts ist nicht nur effektiv in der Vorurteilsreduzierung; weil sie auch eine Möglichkeit bieten, dass insbesondere leistungsschwächere Kinder Erfolgsrückmeldungen bekommen, tragen die Programme darüber hinaus bei zur Anhebung der Selbstwertschätzung, der Leistungsmotivation und der Leistung insbesondere von Kindern ethnischer Minderheiten. Der Lernzuwachs von leistungsstärkeren Schülerinnen und Schülern wird davon nicht beeinträchtigt. Kooperative Gruppenunterrichtsprogramme werden in den USA und in Israel (dort zur Integration neuer jüdischer Einwanderer) mit Erfolg eingesetzt, in Deutschland sind sie leider weitgehend unbekannt.

Andere Programme zur Förderung von Interkulturalität in der Schule basieren stärker auf der Vermittlung von Informationen. Eine aus dem US-amerikanischen Raum stammende Intervention insbesondere gegen vorurteilige Einstellungen ist »die value-confrontation« technique von Rokeach (1971). Sie kann sowohl bei Schülerinnen und Schülern als auch bei Lehrerinnen und Lehrern angewendet werden. Ziel der Maßnahme ist es, die Teilnehmerinnen und Teilnehmer dazu zu bringen, über ihre eigenen Wertvorstellungen zu reflektieren. Dazu werden sie aufgefordert, 10 Werte wie Gleichheit und Freiheit nach dem Grad ihrer persönlichen Wichtigkeit in eine Rangreihe zu bringen. Dabei zeigt sich oftmals, dass Freiheit sehr hoch eingeschätzt, Gleichheit aber als wesentlich weniger wichtig betrachtet wird. Diese Diskrepanzen werden mit den Teilnehmerinnen und Teilnehmern intensiv diskutiert, wodurch Vorurteile reduziert werden sollen. Einige Studien können die Effektivität der Technik nachweisen (vgl. Wagner et al. 2002), deutschsprachige Evaluationsstudien fehlen aber auch für diese Maßnahme.

Sehr viel breiter als die punktuell ansetzende »value-confrontation« technique sind multikulturelle Erziehungsprogramme angelegt, wie das bundesweite Schulprojekt »Schule ohne Rassismus«. Das Programm zielt darauf ab, mittels unterschiedlicher Aktionen, die Themen wie Rassismus, Interkulturalität und Gewaltfreiheit thematisieren, kulturelle Unterschiede anzusprechen und ein Verständnis für die Relativität eigener Kulturstandards (Thomas 1996) zu vermitteln. Ein weiteres Ziel multikultureller Curricula ist, Schülerinnen und Schülern aus ethnischen Minderheiten die Entwicklung einer positiven ethnischen Identität zu ermöglichen. Multikulturelle Erziehungsprogramme sind oft von großem Enthusiasmus der Beteiligten getragen, ihre Ziele sind aber nicht immer klar definiert. Bislang fehlt auch eine umfassende systematische Evaluation der Wirksamkeit der Programme (vgl. Wagner et al. 2002).

Das, was in der Schule geschieht, ist natürlich eingebettet in die politische und gesellschaftliche Entwicklung. Die Abhängigkeit des schulischen Geschehens von der sie tragenden Gesellschaft wird auch darin deutlich, dass es international eine Fülle von Maßnahmen zur Förderung von Interkulturalität in der Schule gibt, aber nur ein Bruchteil dieser Möglichkeiten in deutschen Schulen systematisch umgesetzt wird. Auch dies geht zurück auf die jahrzehntelange Leugnung der Tatsache, dass Deutschland ein Einwanderungsland ist: Wenn Deutschland kein Einwanderungsland ist, gibt es keine Einwanderer – auch nicht in Schulen – und keine Notwendigkeit, Interkulturalität zum prominenten Thema zu machen.

Ein Blick in die Zukunft

Interkulturalität wurde hier auf eine spezifische Weise diskutiert: Menschen mit hoher Interkulturalität sollten sich dadurch auszeichnen, dass ihr Umgang mit Fremden weniger von Vorurteilen geprägt ist und dass sie gleichzeitig die notwendigen Kompetenzen für einen effektiven Verlauf interkultureller Begegnungen aufweisen. Bislang ist weitgehend unklar, wie diese beiden Merkmale, Vorurteilsfreiheit und interkulturelle Kompetenz, miteinander verknüpft sind. Eine Möglichkeit besteht darin anzunehmen, dass sie unabhängig voneinander sind: In stratifizierten multiethnischen Gesellschaften weisen auf der einen Seite die Mitglieder der Führungsschicht häufig ein hohes Maß an Kompetenz auf, mit den Mitgliedern der unterlegenen ethnischen Gruppen zur Durchsetzung ihrer Interessen zu interagieren. Auf der anderen Seite setzt die Entwicklung echter interkultureller Kompetenz vermutlich wesentlich die Fähigkeit zur Relativierung der eigenen Kulturstandards voraus, das heißt die Fähigkeit zu erkennen, dass die scheinbar festen und unverrückbaren Grundannahmen der eigenen Gesellschaft und Kultur doch relativer und veränderbarer sind, als dies aus einer kulturellen Innenperspektive erscheint (Thomas 1996). Damit ist gleichzeitig eine wesentliche Voraussetzung für die Prävention und den Abbau vorurteiliger Einstellungen gegeben. Aus diesen Überlegungen ergibt sich, dass der Abbau fremdenfeindlicher Einstellungen und die Förderung interkultureller Kompetenz erfolgreich Hand in Hand gehen, das eine wird auf Dauer kaum ohne die Realisierung des anderen möglich sein.

Oben hatten wir dargestellt, dass die Forderungen nach Maßnahmen zur Vorurteilsreduktion oder zur Entwicklung interkultureller Kompetenz oft von verschiedenen Gruppen mit unterschiedlichen Motiven vorgetragen werden. Deutschland wird auch zukünftig Einwanderungsland sein. Keine moderne Zivilgesellschaft kann es sich leisten, Teile ihrer Bevölkerung auf Dauer mit rassistischen Argumenten zu diskriminieren und von der gesellschaftlichen Partizipation auszuschließen. Deutsche Profit- und Non-Profit-Organisationen werden mehr und mehr in internationale Kooperationen eingebunden, zunehmend notwendiger werden damit interkulturelle Kompetenzen für die Interaktion am Arbeitsplatz, in internationalen Verhandlungen und so weiter. Aus moralisch-ethischen wie aus wirtschaftlichen Gründen wird Interkulturalität zum zentralen Thema. Die Sozialisationsinstanz für die Ausbildung der dafür notwendigen Überzeugungen und Kompetenzen wird auch zukünftig die Schule sein – eine eigentlich triviale Erkenntnis, die sich nur endlich in politischem Handeln niederschlagen muss.

Literatur

Allport, G. W. (1954): The Nature of Prejudice. Reading.

Auernheimer, G. (1995): Einführung in die interkulturelle Erziehung. Darmstadt.

Dollase, R.; Ridder, A.; Bieler, A.; Woitowitz, K.; Köhnemann, I. (2002): Soziometrische Beziehungen und Fremdenfeindlichkeit in Schulklassen mit unterschiedlichem Ausländeranteil. In: Boehnke, K.; Fuß, D.; Hagan, J. (Hg.), Jugendgewalt und Rechtsextremismus – Soziologische und psychologische Analysen in internationaler Perspektive. Weinheim, S. 183–194.

Pettigrew, T. F.; Tropp, L. R. (2000): Does intergroup contact reduce prejudice? Recent Meta-Analytic Findings. In: Oskamp, S. (Hg.), Reducing Prejudice and Discrimination. Mahwah, S. 93–115.

Rokeach, M. (1971): Long-range experimental modification of values, attitudes, and behavior. American Psychologist 26: 453–459.

Slavin, R. A.; Cooper, R. (1999): Improving intergroup relations: Lessons learned from cooperative learning programs. Journal of Social Issues 55: 647–663.

Stephan, W. (1999): Reducing Prejudice and Stereotyping in Schools. New York.

Thomas, A. (1996): Analyse der Handlungswirksamkeit von Kulturstandards. In: Thomas, A. (Hg.), Psychologie interkulturellen Handelns. Göttingen, S. 107–135.

Wagner, U.; Christ, O.; van Dick, R. (2002): Die empirische Evaluation von Präventionsprogrammen gegen Fremdenfeindlichkeit. Journal für Konflikt- und Gewaltforschung 4: 101–117.

Wagner, U.; van Dick, R.; Petzel, T.; Auernheimer, G. (2001a): Der Umgang von Lehrerinnen und Lehrern mit interkulturellen Konflikten. In: Auernheimer, G.; van Dick, R.; Wagner, U.; Petzel, T. (Hg.), Interkulturalität im Arbeitsfeld Schule. Opladen, S. 17–40.

Wagner, U.; van Dick, R.; Zick, A. (2001b): Sozialpsychologische Analysen und Erklärungen von Fremdenfeindlichkeit in Deutschland. Zeitschrift für Sozialpsychologie 32: 59–79.

Autorenregister

■ Stichwortregister

■ Die Autorinnen und Autoren

Abbas Amin M. A. ist interkultureller Trainer für den arabischen Kulturkreis und Lehrbeauftragter für Arabisch an der Universität Regensburg.

Dr. disc. pol. Christian Boness ist Diplom-Theologe und Oberstudienrat. Er war mehrere Jahre im Entwicklungsdienst tätig sowie UNESCO-Koordinator für Schulpartnerschaften.

Dr. Pawel Boski ist Professor am Institute of Psychology of Cross-Cultural Relations der Warsaw School of Advanced Social Psychology in Warschau.

Prof. Dr. Gabriele Britz ist Professorin für Öffentliches Recht und Europarecht an der Universität Gießen.

Dipl.-Psych. Oliver Christ ist Stipendiat der Studienstiftung des deutschen Volkes und promoviert an der Universität Marburg zum Thema Belastung und Beanspruchung im Referendariat.

Isabelle Demangeat arbeitet als Interkulturelle Beraterin und Organisationsentwicklerin.

Dr. Rolf van Dick ist Wissenschaftlicher Assistent in der Arbeitsgruppe Sozialpsychologie am Fachbereich Psychologie der Universität Marburg.

Prof. Dr. Georg Felser, ist Professor für Wirtschaftspsychologie an der Hochschule Harz in Wernigerode.

Dr. med. Thomas Hegemann, Facharzt für Psychiatrie, Kinder- und Jugendpsychiatrie und Psychotherapeutische Medizin, Systemischer Therapeut und Supervisor; er ist tätig in eigener Praxis sowie im Bayerischen Zentrum für Transkulturelle Medizin.

Dr. phil. Stefan Kammhuber, Diplom-Psychologe, ist Berater und Trainer für Interkulturelle Personalentwicklung, Organisationskommunikation und Rhetorik in Industrie und Verwaltung.

Dr. Eva-Ulrike Kinast arbeitet als selbstständige HR-Management-Beraterin und Coach für Unternehmen weltweit.

Dr. Yong Liang ist Professor am Fachbereich II, Sinologie der Universität Trier.

Dipl.-Psych. Alexander Loch ist Mitarbeiter bei Inwent GmbH – Vorberei-tungsstätte für Entwicklungszusammenarbeit in Bad Honnef.

Dr. Vladimir Lyskov-Strewe ist interkultureller Trainer für Osteuropa, Or-ganisationsberater und Inhaber der »Praxis für Interkulturelles Leben und Arbeiten« in Berlin.

Claude-Hélène Mayer M.A. ist Ethnologin, Trainerin und Mediatorin am Institut für Interkulturelle Praxis und Konfliktmanagement (IIPK), Göt-tingen.

Dipl.-Psych. Markus Molz ist Wissenschaftlicher Mitarbeiter an der Ar-beitsstelle Multimedia der Universität Koblenz-Landau und freiberuflicher Berater von Projekten und Organisationen im Non-profit-Bereich im Sin-ne des Diversity Management.

Dr. Tobias Nickel, Diplom-Psychologe, ist Leiter Technologie-Kommuni-kation bei der BMW AG München.

Ivan Nový ist Professor für Psychologie und Soziologie im Management an der Wirtschaftsuniversität Prag, Unternehmensberater und Management-trainer für namhafte Firmen.

Dipl.-Psych. Katharina Rottenaicher ist im Corporate Finance/Controlling der EADS in München tätig.

Dipl.-Sozialwiss. Ramazan Salman ist Geschäftsführer des Ethnomedizini-schen Zentrums in Hannover und Berater für interkulturelle Organisa-tionsentwicklung.

Dipl.-Psych. Stefan Schmid ist Wissenschaftlicher Mitarbeiter am Institut für Psychologie, Abteilung Sozialpsychologie und Organisationspsycholo-gie der Universität Regensburg.

Dr. Ute Schönpflug ist Privatdozentin für Entwicklungspsychologie an der Universität Halle.

Dr. phil. Sylvia Schroll-Machl, Diplom-Psychologin, arbeitet als freiberuf-liche Trainerin und Coach für namhafte Firmen, Organisationen und Mi-nisterien im Bereich interkultureller Trainings und interkultureller Perso-nalentwicklung.

Dipl.-Psych. Gerd Seidel ist Mitarbeiter bei Inwent GmbH – Vorberei-tungsstätte für Entwicklungszusammenarbeit in Bad Honnef.

Emily Slate M. A. (Psychologie/USA u. Kanada) hat die fachliche Verant-wortung für interkulturelles Training bei Siemens Business Services in Deutschland.

Prof. Dr. Siegfried Stumpf ist Professor an der Fachhochschule Köln (Campus Gummersbach) für Kommunikationspsychologie und Führungslehre.

Dr. Masako Sugitani ist Professor an der Literarische Fakultät, Deutsche Abteilung, Kansai Universität Osaka/Japan.

Dr. phil. Alexander Thomas ist Professor für Sozialpsychologie und Organisationspsychologie an der Universität Regensburg.

Dr. Hora Tjitra ist tätig bei Change International Consulting & Training in Andernach.

Dr. Ulrich Wagner ist Professor am Fachbereich Psychologie der Universität Marburg.

Dipl.-Psych. Ulrich Zeutschel ist tätig bei der kbp Organisationsberatung in Hamburg sowie als freiberuflicher Trainer, Moderator und Forschungs-Consultant.

Interkulturelle Kompetenz

Handbuch Interkulturelle Kommunikation und Kooperation

Band 1: Grundlagen und Praxisfelder

Herausgegeben von Alexander Thomas, Eva-Ulrike Kinast, Sylvia Schroll-Machl. 2003. 463 Seiten mit 23 Abbildungen und 14 Tabellen, kart. ISBN 3-525-46172-0

Band 1 des Handbuchs legt die Grundlagen interkulturellen Handelns dar. Die Anwendungsebenen des Regensburger Konzepts zur Befähigung werden klar umrissen: Diagnose, Training, Evaluation, Coaching. Schließlich werden die Praxisfelder interkultureller Kompetenz definiert. Sie münden in ein strategisches Gesamtkonzept für Interkulturalität in Unternehmen.

Sylvia Schroll-Machl
Die Deutschen – Wir Deutsche
Fremdwahrnehmung und Selbstsicht im Berufsleben

2002. 216 Seiten mit 2 Abbildungen und 1 Tabelle, kart. ISBN 3-525-46164-X

Sylvia Schroll-Machls Thema sind deutsche Kulturstandards: empirisch ermittelt, systematisch dargestellt, mit einem Augenzwinkern aufbereitet. Ihre Zielgruppen sind Deutsche und Ausländer, die beruflich mit Deutschen zu tun haben. Ihr Ziel ist es, das gegenseitige Verständnis zu fördern und den Umgang miteinander zu erleichtern.

Sylvia Schroll-Machl
Doing Business with Germans
Their Perception, Our Perception

2003. 216 Seiten mit 3 Abbildungen und 1 Tabelle, kart. ISBN 3-525-46167-4

Handlungskompetenz im Ausland
Trainingsprogramme für Manager, Fach- und Führungskräfte

Mit Cartoons von Jörg Plannerer.

Sabine Foellbach / Katharina Rottenaicher / Alexander Thomas
Beruflich in Argentinien
2002. 149 Seiten mit 10 Cartoons, kart. ISBN 3-525-49053-4

Alexander Thomas / Eberhard Schenk
Beruflich in China
2001. 148 Seiten mit 11 Cartoons, kart. ISBN 3-525-49050-X

Stefan Schmid / Alexander Thomas
Beruflich in Großbritannien
2002. 169 Seiten mit 11 Cartoons, kart. ISBN 3-525-49051-8

Marlis Martin / Alexander Thomas
Beruflich in Indonesien
2002. 177 Seiten mit 11 Cartoons, kart. ISBN 3-525-49052-6

Claude-Hélène Mayer / Christian Boness / Alexander Thomas
Beruflich in Kenia und Tansania
2003. 154 Seiten mit 10 Cartoons, kart. ISBN 3-525-49054-2

Tatjana Yoosefi / Alexander Thomas
Beruflich in Russland
2003. 132 Seiten mit 8 Cartoons, kart. ISBN 3-525-49056-9

Sylvia Schroll-Machl / Ivan Nový
Beruflich in Tschechien
2003. 144 Seiten mit 8 Cartoons, kart. ISBN 3-525-4 9055-0

V&R
Vandenhoeck & Ruprecht